Concevoir et créer un site web POUR LES NULS

4e édition

Concevoir et créer un site web POUR LES NULS

4e édition

Lisa Lopuck - David A. Crowder

FIRST
Interactive

Concevoir et créer un site web pour les Nuls (4e édition)

Cet ouvrage comporte des extraits de Internet pour les Nuls.

Publié par Wiley Publishing, Inc.
111 River Street
Hoboken, NJ 07030-5774
USA

Edition française publiée en accord avec Wiley Publishing, Inc.
© 2009 Éditions First
60 rue Mazarine
75006 Paris - France
Tél. 01 45 49 60 00
Fax 01 45 49 60 01
E-mail : firstinfo@efirst.com
Web : www.editionsfirst.fr
ISBN : 978-2-7540-2425-9
Dépôt légal : 1e trimestre 2011

Collection dirigée par Jean-Pierre Cano
Edition : Pierre Chauvot
Traduction : Philip Escartin

Imprimé en France

Sommaire

Introduction

Vous avez peut-être un site Web qui ne vous donne pas entière satisfaction ou vous projetez d'en créer un et souhaitez qu'il soit absolument parfait. Vous avez visité des sites extraordinaires et n'avez qu'une idée en tête : que le vôtre rivalise d'ingéniosité et d'inventivité avec eux ! Bientôt, votre rêve sera réalité. Dans cet ouvrage, vous découvrirez les principaux outils, techniques, stratégies, trucs et astuces qui vous permettront de créer le site dont vous rêvez.

Si vous n'avez aucune expérience de la création Web, cet ouvrage présente les outils avec lesquels vous pourrez concevoir des animations, des images et des sites, sans que vous ayez à saisir une seule ligne de code HTML, XML, DHTML ou encore JavaScript. « Une ligne de code ? » D'accord ! Votre interrogation montre que ce livre est vraiment fait pour vous.

Au sujet de ce livre

Ce livre n'est pas un ouvrage de plus sur la conception de sites Web. Il s'agit de bien autre chose. Nous avons décidé d'écrire *le* livre, le seul qui nous eût été vraiment utile pour créer notre premier site Web, tout en sortant des sentiers battus. Nous avons rassemblé et testé une multitude d'outils, de trucs et d'astuces, et de sites Web, afin de sélectionner les meilleurs pour les partager avec vous. Nous sommes impatients de vous les faire découvrir. Parmi la vingtaine d'ouvrages d'informatique et sur l'Internet dont nous sommes les auteurs ou coauteurs, celui-ci est vraiment notre préféré.

À la fois drôle et sérieux, cet ouvrage vous donnera des idées amusantes pour égayer votre site, ainsi que des astuces pour gagner de l'argent grâce à l'Internet.

Pour profiter de ce livre

Chaque chapitre est une entité indépendante. Vous n'êtes pas obligé de lire tout le livre, ni de le lire linéairement. Feuilletez le sommaire, consultez l'index et lancez-vous ! Lorsque vous aurez fini de lire les parties qui vous intéressent le plus, jetez quand même un œil aux autres, vous y découvrirez une foule d'informations étonnantes et inattendues ! Vous ne le regretterez pas, car tous les chapitres offrent de véritables trésors !

Connaissances de base

Nous partons du principe que vous ne disposez pas forcément d'une expérience en matière de création de pages Web, mais que vous connaissez ce nouveau média et désirez y apparaître un jour ou l'autre pour donner à votre vie une dimension planétaire.

Nous ne sommes même pas certain que vous ayez déjà travaillé (sinon tenté de le faire) dans un programme de création Web comme Dreamweaver CS5, dans le Bloc-notes de Windows, dans un éditeur de texte UNIX ou dans tout autre programme dont la simple évocation du nom enfoncerait davantage le clou de votre ignorance. En revanche, nous supposons que les commandes et fonctions principales de votre système d'exploitation (disons Windows 7) sont acquises. Ainsi, quand nous vous demandons de copier et coller du texte ou de sauvegarder votre fichier, vous comprenez de quoi il retourne.

Conventions utilisées dans ce livre

Cet ouvrage est conçu et organisé avec rigueur. Nous respectons certaines règles de typographie et de mise en forme précises qui vous permettront de vous y retrouver facilement.

Le code, qui fait régulièrement son apparition, ressemble à ceci :

```
<HTML>
<HEAD>
<SCRIPT>
...
</SCRIPT>
<TITLE>
...
</TITLE>
</HEAD>
...
```

Dans cet ouvrage, les éléments HTML sont en lettres capitales et leurs attributs en lettres minuscules, comme dans cet exemple :

```
<INPUT type="hidden" name="answer" value="yes">
```

(Vous n'y comprenez rien ! Tant mieux ! Vous n'avez pas acheté ce livre pour rien !) Si la valeur d'un attribut est saisie en casse normale, vous la recopiez telle quelle. L'italique indique qu'il s'agit de caractères joker que vous devez remplacer par une valeur réelle. Dans l'exemple suivant, remplacez *monimage* par le nom de l'image que vous souhaitez utiliser ; *photofamille.jpg*, par exemple. (Notez l'extension .jpg qui désigne un format de fichier très répandu sur le Web, média qui n'en supporte que deux autres : GIF et PNG.)

```
<IMG src="monimage">
```

Comment est organisé cet ouvrage

Le souci premier de ce livre est la clarté. Il se compose de sept parties, chacune comptant deux à cinq chapitres, eux-mêmes organisés en sections. Les trois premières parties sont dédiées à la conception pure et dure, les autres sont plus orientées vers les outils et le développement de sites.

Première partie : Démarrage d'une conception de site

Cette partie du livre aborde la rencontre de l'équipe, la façon d'organiser un site Web, la construction de la carte de site. En fait, il existe un tel travail de préparation pour l'élaboration d'un site Web professionnel que vous ne toucherez pas un seul pixel avant le Chapitre 5. À la fin de cette partie, vous saurez comment démarrer l'élaboration d'un site Web professionnel, et surtout envisager son accessibilité aux personnes souffrant d'un handicap. Au début de la deuxième partie, vous serez prêt à passer à la production.

Deuxième partie : Des images pour le Web

En tant que créatif, bientôt professionnel du Web, c'est la partie du livre que vous attendiez, celle où vous allez retrousser vos manches pour commencer à construire des images Web. Que vous veniez de l'imprimerie ou débutiez en tant que concepteur, vous avez besoin de connaître les outils, astuces, problèmes et techniques qui entrent en jeu dans la conception d'images Web.

Une de vos plus grandes responsabilités en tant que concepteur Web est de créer une interface graphique utilisateur dont le visiteur comprend le sens et dont il est capable de se servir pour naviguer correctement sur le site. Après avoir organisé un site en catégories et sous-catégories logiques, le concepteur doit penser un système homogène de navigation (boutons, icônes et liens textuels) fournissant au visiteur les outils pour naviguer et ne pas se sentir perdu.

Troisième partie : Production finale

Nous allons découvrir ensemble les trucs et astuces permettant de rendre votre site fonctionnel, plus esthétique et plus vivant.

On vous indique ici mille façons de bien faire fonctionner votre site et de lui donner un look d'enfer, tant sur le plan visuel qu'audio. Il traite des différentes manières d'ajouter des fonctionnalités à votre site Web, dont des outils de recherche et de navigation. Vous découvrirez où trouver des images et des éléments multimédias.

Quatrième partie : L'art de recevoir ses visiteurs

Cette partie vous apprend à impliquer vos visiteurs pour qu'ils reviennent avec plaisir. Vous découvrirez comment recevoir des commentaires de la part de vos visiteurs à l'aide de sondages, de formulaires, de messages et de salons de discussion. Vous trouverez également des jeux et un guide plein de nouveautés pour un site en perpétuelle évolution.

Cinquième partie : Création Web : Demandez le programme !

Même si son contenu intéresse tous les créateurs Web, cette partie s'adresse davantage à ceux qui veulent créer un site sans saisir la moindre ligne de code HTML ou JavaScript. Vous découvrirez la philosophie du travail dans Flash CS5, le logiciel phare de création d'animations et d'interfaces Web interactives, ainsi que la création et l'optimisation des images dans des programmes aussi réputés que Fireworks CS5 et Photoshop CS5. Vous toucherez également du bout du doigt les principes de mise en page, de gestion et de maintenance des sites dans l'application Web Dreamweaver CS5. Nous ferons également allusion au problème iWeb sur Mac idéal pour créer une maquette que vous soumettrez à un client.

Sixième partie : Publier son site et le faire connaître

La sixième partie vous dévoile ce qu'il faut savoir pour mettre votre site en ligne et le rendre accessible au plus grand nombre. Vous apprendrez à utiliser les options des hébergeurs de sites Web, à vous inscrire dans les moteurs de recherche et à créer des liens réciproques avec d'autres sites. À l'issue de cette partie, vous saurez également garder le contact avec vos visiteurs pour ne pas tomber dans les oubliettes du Web.

Septième partie : Les dix commandements

Eh oui, cet ouvrage ne serait pas un *Pour les Nuls* sans les incontournables « dix commandements » ! Vous trouverez dans cette partie des tas de sites incontournables et des tonnes d'astuces.

Glossaire

Ce glossaire très complet vous propose un répertoire des termes techniques qui ont pu vous dérouter dans cet ouvrage.

Les icônes de cet ouvrage

Les icônes situées en marge indiquent que le sujet abordé est d'un intérêt particulier.

Il n'est absolument pas nécessaire de connaître ces détails techniques, mais ils peuvent s'avérer intéressants.

Attention ! Il s'agit là d'un sujet délicat, soyez vigilant !

Une astuce qui vous fera gagner un temps précieux.

Il s'agit là d'informations particulièrement utiles à ne jamais oublier !

Se plonger dans cet ouvrage

Eh bien, tournez la page, parcourez le sommaire ou partez en quête du sujet qui vous préoccupe dans l'index, et plongez-vous dans cet ouvrage riche et passionnant !

L'un des points les plus délicats a été d'attribuer à chaque site visité la bonne partie, le bon chapitre, la bonne section. Un même site couvre souvent de nombreux domaines, aussi nous vous conseillons, lorsque vous visitez un site, de le décortiquer en long, en large et en travers, pour y découvrir les trésors et ressources qu'il recèle !

Bonne lecture !

Première partie

Le processus de création d'un site Web

"Je ne comprends pas trop, chaque fois que j'anime un joueur de golf, j'entends le club qui cogne contre mon écran."

Dans cette partie...

La conception de pages Web professionnelles est une entreprise complexe qui nécessite une collaboration de plusieurs intervenants, chacun veillant à ce qu'un ensemble d'éléments fonctionne parfaitement bien. Aussi, si vous souhaitez embrasser la carrière de concepteur de sites Web (ou *Web designer ;* ça fait mieux sur une carte de visite !), la première chose à comprendre est le processus de production de tels sites.

Au Chapitre 1, nous verrons les différentes personnes qui interviennent dans la création d'un site Web, et leurs responsabilités dans le processus de production. Au Chapitre 2, nous nous attaquerons à ce processus et montrerons comment les studios de création gèrent des projets Web de A à Z.

Chapitre 1

De la prétention à devenir concepteur Web

Dans ce chapitre :

- Rôles et responsabilités des membres de l'équipe.
- Se préparer à la carrière de concepteur Web.

L'industrie de l'Internet vous plonge dans un univers aux possibilités infinies. C'est plutôt une bonne nouvelle pour tous ceux qui souhaitent devenir des professionnels en la matière. Certes, l'industrie commence à prendre de la bouteille, et pourtant, les possibilités sans cesse renouvelées dans ce domaine donnent l'impression que nous découvrons quotidiennement des contrées inexplorées (ou des ressources inexploitées).

La conception Web ne se limite pas à la création de pages jolies à regarder. Dans ce livre, vous découvrirez toute une série de superbes pages dont les liens les relient d'une manière utile aux visiteurs. Donc, en tant que concepteur, vous devez veiller à l'aspect esthétique du site, mais aussi à la cohérence de sa navigation. De même, vous devez être capable d'y insérer des technologies en tout genre pour rendre le site des plus novateurs et des plus attrayants.

Cette tâche est-elle insurmontable ? N'ayez crainte, les équipes de travail sont faites pour vous aider à accomplir votre devoir. Il est rare de rencontrer en une seule et même personne quelqu'un capable de coder en HTML, PHP, XML, AJAX et j'en passe, de concevoir de superbes images ou encore d'intégrer des animations et de l'interactivité Flash à grand renfort de programmation ActionScript et/ou JavaScript. Le concepteur Web est là pour comprendre le processus de conception d'un site, ce qu'il est possible ou pas d'y faire. Votre tâche essentielle est de contrôler la production du site et de gérer une équipe d'intervenants, chacun spécialisé dans un domaine où, pour vous, il doit être le meilleur.

Ce chapitre présente les différents acteurs de la conception d'un site Web.

Les équipes de conception

La conception d'un site Web est une tâche tellement énorme que, pour la mener à bien, une équipe entière est réellement nécessaire. Dans cette section, nous présentons les acteurs majeurs, leurs rôles, et les moments où vous devez recourir à leurs services.

Équipe marketing : ils ont l'IDEE

À la préhistoire de la conception Web, il était possible sans effort de placer un site sur Internet et d'en tirer du trafic. Aujourd'hui, sur les autoroutes bien encombrées d'Internet, un plan de marketing est indispensable. L'équipe marketing doit donc être impliquée dès le début du projet de site. Elle a en charge les éléments suivants :

- **Définir les objectifs du site.** Le site Web doit dire les bonnes choses. Il n'y a rien de pire que des visiteurs ne comprenant pas l'intérêt du site.

  N'OUBLIEZ PAS

  Vous avez en général trois à quatre secondes pour faire passer votre message principal sous forme de mots et d'images, et ainsi accrocher le visiteur. Si les visiteurs ne captent pas le message, ils s'orienteront vers les concurrents. Après tout, il est aussi facile de taper leur URL que la vôtre.

- **Attirer les visiteurs.** Le travail le plus dur de l'équipe marketing est de savoir comment attirer les surfeurs vers le site. Cet aspect est vital ; l'équipe commerciale doit donc travailler dès le démarrage sur le plan marketing.

Gestion de projet

Kelly Goto

Directeur de création, `www.gotomedia.com` (Figure 1.1).

Une bonne gestion de projet consiste à maintenir en phase les membres des équipes de développement Web tout au long du projet. L'équilibrage entre les besoins du client, les objectifs du site, la faisabilité et le budget est un constant défi. Établir des moyens clairs de communication signifie comprendre les besoins du client et des membres des équipes. C'est un travail vital pour le succès du projet. Il faut conserver des objectifs clairs au cours de chaque phase de développement, gérer l'embonpoint que les projets ont tendance à prendre et essayer d'anticiper l'avenir.

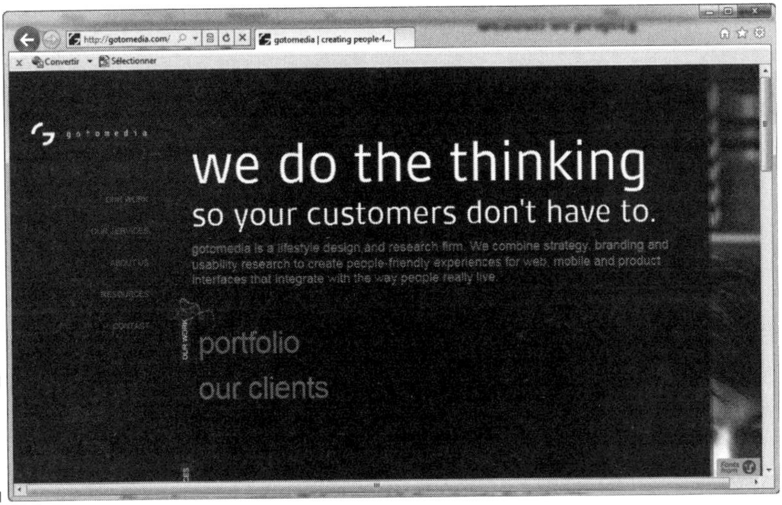

Figure 1.1 : Le site gotomedia.

Équipe production : ne pas prendre ses rêves pour la réalité

Lorsqu'un client est excité par un projet de site Web, ses yeux tendent à devenir plus gros que son budget. Entre autres responsabilités, il revient à la production de gérer les attentes du client de façon que le projet reste réalisable. Du début à la fin du processus, la production doit empêcher tout dérapage du projet, des membres des équipes, du client et des ressources.

La réalité de la création des sites Web impose aux concepteurs, donc aux responsables, de respecter dès aujourd'hui les impératifs de la Loi sur l'égalité des droits et des chances. Il est aujourd'hui fait obligation à tous les sites Web de se mettre en conformité avec cette loi. Quelles en sont les implications ? C'est très simple : un site Web doit être accessible aux personnes handicapés, et ceci quel que soit leur infirmité. Vous en saurez davantage en lisant la section « L'accessibilité : une réalité technique à ne pas négliger », à la fin de chapitre.

Concepteurs des visuels

Le concepteur est l'une des personnes les plus importantes de l'équipe, car il ne pense pas uniquement l'architecture du site, mais aussi la navigation et l'interface utilisateur. De plus, il a en charge l'aspect visuel du site ; il lui faut penser l'intégration du texte, des images et de l'animation pour créer un visuel unique servant l'objectif et l'image du client.

De nombreux concepteurs Web viennent de l'imprimerie. Si c'est votre cas, le plus dur à apprendre est de tirer le meilleur parti des technologies et des options de navigation qui s'offrent à vous. Souvent, les concepteurs graphiques issus de l'imprimerie commencent par créer des interfaces très lourdes d'un point de vue graphique, au visuel certes agréable mais peu pratiques. Elles se téléchargent lentement et sont difficiles à automatiser ou à actualiser. La page Web de la Figure 1.2 est une page d'accueil inutile. En outre, pouvez-vous dire ce qui est cliquable dans cette page qui ne contient aucun bouton ou lien souligné indiquant les éléments sur lesquels il est possible de cliquer ? En revanche, la page Web illustrée à la Figure 1.3 présente une navigation claire dans sa partie supérieure. Un concepteur Web n'est efficace que s'il comprend que la structure des pages Web doit répondre à un besoin de clarté, de visibilité et de productivité.

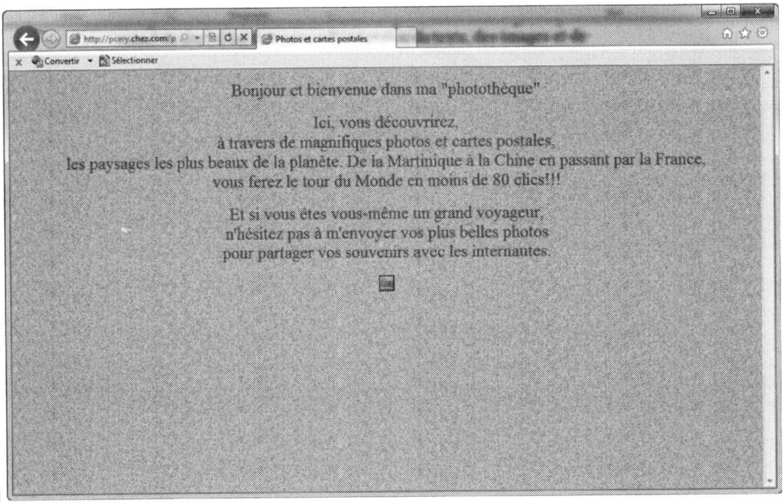

Figure 1.2 : Une page d'accueil Web totalement inutile.

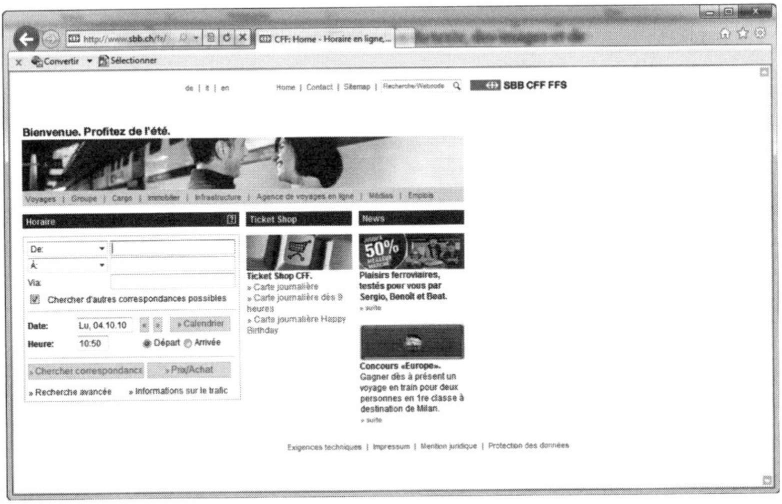

Figure 1.3 : Cette conception modulaire facilite la création et la mise à jour du code HTML. Les options de navigation sont claires.

Architectes

Voilà une appellation qui peut en surprendre plus d'un ! Pourtant, le rôle de l'architecte Web est assez simple à comprendre. Il doit établir un plan du site de manière à ne pas oublier le plus petit lien entre les pages, et définir une cohérence de navigation.

Le plan achevé va vous permettre de créer le *diagramme* du site Web, ce qui est le début de la carte du site. Nous disons « début » car une carte de site peut devenir très détaillée : elle montre bien plus qu'une énumération de pages et de caractéristiques. Les cartes de sites précisent les liaisons entre les pages et à quel niveau les bases de données interviennent.

La création du diagramme est simple, puisqu'elle consiste à dessiner une case pour chaque page du site Web. Sur une grande feuille de papier, dessinez une case afin de représenter la page d'accueil. Au-dessous, créez une case pour chaque idée principale du plan. Les cases des idées principales sont généralement alignées pour former une rangée, comme sur la Figure 1.4.

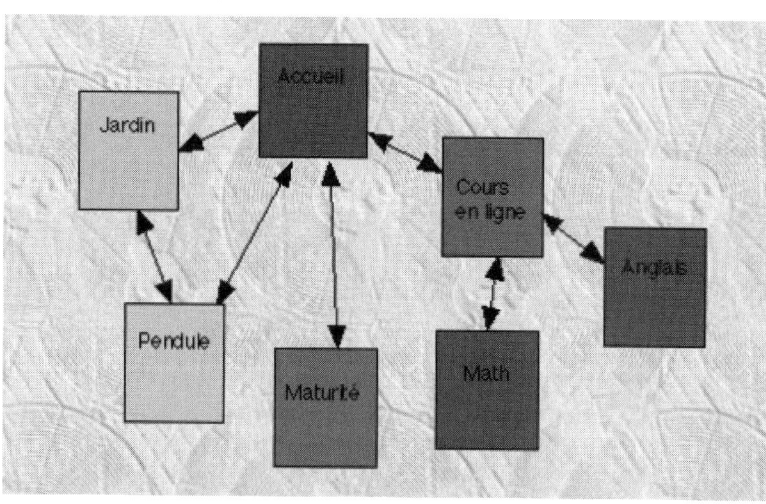

Figure 1.4 : Une carte du site réalisée sur papier servira d'épreuve de contrôle pour le site Web.

Au-dessous de chaque idée principale, dessinez une colonne de cases représentant chaque sous-section de votre plan. À la fin, le diagramme doit comporter trois ou quatre rangées de cases recréant la hiérarchie de votre plan. Une fois que le diagramme contient une case pour chaque page Web, vous pouvez commencer à établir un système de navigation qui mènera les visiteurs d'une page à l'autre. Vous pouvez également dessiner un brouillon du contenu de chaque page. Avec ce niveau de détail, le diagramme devient une véritable carte de site.

Une bonne carte de site peut révéler des difficultés d'exploitation du site avant même d'en commencer la production. Si la carte comporte trop de catégories principales un peu légères en contenu, vous allez produire un site qui ensevelira le visiteur sous un déluge d'options et encombrera l'écran. Inversement, si la carte du site comporte trop peu de catégories principales, chacune bourrée de contenu, vous produirez un site où la navigation prend beaucoup de temps au visiteur qui n'en finit plus de cliquer pour parvenir à l'information qui l'intéresse.

Le bon nombre de catégories principales est de cinq à sept. Dans chaque catégorie principale, essayez de ne pas dépasser deux niveaux de sous-catégories.

Concepteurs du contenu

L'équipe qui s'attache au contenu du site prend en charge tout l'aspect textuel. De nombreux sites Web sont davantage des copies de magazines ou de livres et, comme eux, ils sont faciles à mettre régulièrement à jour sans devoir repenser toute la mise en page.

Pour cette raison, un projet Web a deux visages :

- **Contenu stratégique :** il est pris en charge par une personne qui identifie les éléments devant être copiés à chaque page– par exemple, les en-têtes, les listes à puces et les descriptions –, ainsi que les règles qui s'appliquent à chacun d'eux comme le nombre de mots et de caractères.

- **Rédacteur :** il s'agit de la personne qui travaille à l'écriture des éléments textuels.

Comme le Web n'est pas une version améliorée du Minitel, vous devez y limiter le texte au maximum. En effet, personne n'aime lire de longues pages de texte sur un écran. Par conséquent, l'aspect textuel d'un site doit jouer sur le poids des mots dans un espace réduit à sa plus simple expression.

N'OUBLIEZ PAS

Vous avez tout au plus trois ou quatre secondes pour faire passer votre message. Si vous l'agrémentez d'éléments graphiques, vous allez attirer le visiteur et l'inciter à aller plus loin dans la découverte de vos pages.

Spécialistes multimédias

Avec l'émergence de technologies médias spécialisées comme l'audio MP3, Flash, RealMedia, QuickTime, WMA et WMV les possibilités de créer de sympathiques logos qui tournent, virevoltent et chantent sont infinies. C'est pourquoi il est nettement préférable de laisser la conception sonore, l'animation complexe et la production de vidéo à un professionnel spécialisé. C'est particulièrement vrai pour le développement Flash. Flash est un logiciel permettant de créer des animations, des vidéos et des applications très interactives. Pour avoir une idée des possibilités de Flash, visitez le site d'Adobe à l'adresse `www.adobe.com/fr/products/flash/flashpro/`. (La version CS5 de cette application vient tout juste de sortir comme le montre la Figure 1.5)

HTML

Bien que l'HTML soit un langage de codage, être capable de l'employer correctement demande beaucoup de créativité. Par exemple, les divers navigateurs interprètent le code de façon différente, ce qui est susceptible de torpiller une mise en page. Un bon *codeur HTML* excelle à trouver des solutions pour contourner les incompatibilités des navigateurs et pour optimiser les temps de téléchargement de la page.

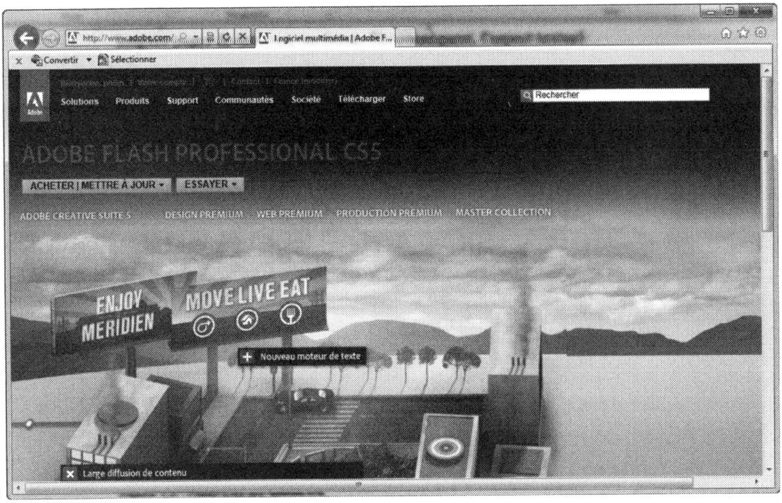

Figure 1.5 : Flash CS5 sur adobe.fr

Programmeurs

Un site Web moderne n'existe pas sans le travail du programmeur. Ce dernier est capable d'insuffler réellement la vie au site en le rendant dynamique (en jargon technique, un *site dynamique* est un site Web automatisé).

Un site Web se compose souvent de centaines de pages. En réalité, ce n'est qu'à moitié vrai : les programmeurs vous aideront à construire quelques pages Web modèles que vous réemploierez un peu partout dans le site. De la sorte, vous pourrez créer rapidement un site Web composé de centaines de pages, comme le montre la Figure 1.6. Une base de données en ligne injecte différentes données dans le modèle pour générer chaque nouvelle page.

En plus de l'écriture des pages modèles à l'aide de logiciels de développement comme le langage de script PHP (Hypertext Preprocessor), Microsoft ASP (Active Server Pages) et Allaire Cold Fusion, les programmeurs créent également les bases de données en ligne qui contiennent toute l'information. La création de bases de données est susceptible d'être si complexe qu'il faut souvent faire appel à un spécialiste pour effectuer cette tâche.

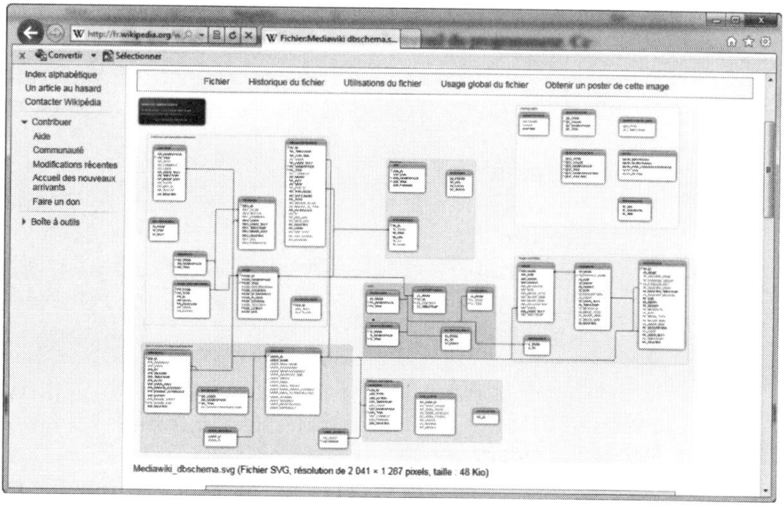

Figure 1.6 : Quelques pages HTML modèles et une base de données permettent de créer des centaines de pages Web.

Commencer une conception Web

Maintenant que vous connaissez les différents intervenants dans la conception d'un site Web, l'heure est venue de vous tourner vers le processus de production lui-même.

Le reste de ce livre explore les techniques de conception Web qui permettent d'en appréhender la création du début à la fin. Voici quelques questions que vous devez systématiquement vous poser et auxquelles vous devez tout aussi systématiquement apporter des réponses. Par où commencer ? Comment organiser toutes les informations ? Comment concevoir une navigation simple et efficace ? Comment créer les éléments graphiques ? Enfin, comment créer un site en HTML, et que veulent dire tous ces acronymes étranges ?

Gagner en expérience

Voici que se pose la fameuse question : qui de la poule ou de l'œuf était là en premier ? A votre niveau, elle se mue en : comment gagner en expérience alors que je n'ai encore rien fait ? La réponse est toute simple : vous êtes votre propre expérience ! Par conséquent, créez des sites imaginaires qui vous serviront de carte de visite lorsque vous démarcherez auprès de clients potentiels. Voici quelques considérations à garder à l'esprit :

- **Demandez l'aide d'un ami.** Tout le monde a au moins un ami intéressé par la conception Web. Commencez par lire l'ouvrage *Design Web pour les Nuls* de bout en bout, puis demandez à un ami de participer à la création d'un site Web. En réunissant vos forces et votre passion, vous délivrerez un premier projet tout à fait pertinent.
- **Associez-vous à d'autres professionnels du Web.** Après avoir travaillé avec votre ami, vous comprendrez que la conception Web de qualité ne peut se résumer à l'intervention passionnée de deux individus. Essayez d'augmenter le niveau de votre expérience Web en partenariat avec plusieurs professionnels de la profession (tient, on dirait du Godard dans le texte !). Proposez vos compétences à titre gracieux.
- **Créez un portfolio.** Concevez et créez votre propre site Web. Montrez-y tout ce vous savez faire. Il se peut que vous ayez besoin de l'aide de professionnels pour obtenir exactement ce que vous désirez.
- **Visitez d'autres sites.** Le Web est sans doute le meilleur endroit pour trouver des idées de design. Visitez des sites qui mettent à votre disposition des outils gratuits ou payants comme ToWeb à l'adresse `http://www.lauyan.com/fr/tw-demo/index.html`.

Dès que vous avez suffisamment confiance en vous pour partir à la recherche de clients, cherchez cette fois encore des opportunités en ligne. Lancez une recherche dans un moteur comme Google ou bien, si l'anglais ne vous rebute pas, consultez le site Web `http://paris.fr.craigslist.org/` qui est une formidable ressource pour les travailleurs indépendants (*freelance*). Là, vous cliquerez sur le lien « france » de la rubrique europe. Vous pouvez également consulter le forum Developpez.com (en français) à l'adresse suivante : `http://www.developpez.net/forums/`.

L'accessibilité : une réalité technique à ne plus négliger

Il faut que les concepteurs Web s'y préparent dès maintenant, et même d'une manière très urgente. Le handicap est enfin devenu une priorité dans notre pays et ceci au nom de la devise républicaine : Liberté, Égalité, Fraternité. Or, force est de constater que tout le monde n'est pas logé à la même enseigne, et notamment en matière d'informatique et plus spécifiquement d'Internet.

Méditez cette citation de Tim Berners Lee, inventeur du World Wide Web : « Le pouvoir du Web est son universalité. Qu'il soit accessible par n'importe qui quel que soit son handicap est un de ses aspects essentiels. »

Le défi est légal et technique. Légal car à partir de maintenant et malgré un délai qui sera laissé aux sites Web afin de se mettre en conformité, il faudra que la majorité des sites présents et à venir soient accessibles aux personnes handicapées et plus spécialement aux malvoyants. Dans un premier temps, seuls seront concernés les sites publics ou assimilés. Mais à terme, c'est l'ensemble des sites d'entreprises qui devra se conformer à cette règle de l'égalité numérique. Et la France accuse un énorme retard.

Mais, concrètement, qu'est-ce qu'un site Internet accessible ? C'est tout simplement un site dont le contenu est utilisable par n'importe quelle personne qui le visite, et quelle que soit la nature de son handicap et le matériel qu'il utilise.

L'enjeu est de taille. Imaginez les déficients visuels. A priori, pour ces personnes, la navigation sur le Web est impossible. Et bien elle devra l'être en respect des nouvelles directives européennes. Elle devra profiter d'une description sonore de la page Web, avec ses liens, son texte, ses éléments interactifs et ses vidéos. Le pilotage, donc la visite devra se faire à la voix, soit par un système de reconnaissance vocale intégré au site Web, soit par celui du système d'exploitation (comme on en trouve désormais sous Windows 7 et sous Mac OS X), soit par une description audio de la page et des liens. De même, pour les personnes âgées, ou les personnes qui ont des difficultés pour lire le contenu des pages Web, un système devra permettre d'agrandir les zones visitées.

La vidéo sur Internet pose un problème d'accessibilité énorme. Pourtant, il faudra rendre ce système accessible. Le site Web de vidéo en ligne DailyMotion a récemment intégré à son player en ligne un système qui permet de faire apparaître ou non des sous-titres. Vous tapez vous-mêmes les sous-titres en question, ce qui est un premier pas essentiel vers la consultation d'une vidéo par les malentendants. Mais pour les déficients visuels, et notamment les aveugles, les sites qui font de la vidéo leur fond de commerce en ligne (la VOD pour ne pas la nommer) se doivent de proposer un système de lecture de l'image. En d'autres termes, la vidéo se met en pause automatiquement, et une voix décrit l'image et l'action à la personne aveugle. Ceci devra être mis en œuvre pour toutes les vidéos. La tâche s'avère colossale.

Il existe déjà des systèmes d'assistance comme WebAnywhere qui est techniquement capable de lire le contenu d'une page Web, mais avec d'énormes restrictions. Regardez la vidéo de démonstrations de ce système sur le site à l'adresse suivante : `http://www.mydigitallife.info/2008/07/21/web-based-screen-reading-for-the-blind-via-webanywhere/fr/` (en anglais). Ce système est perfectible, et un développement purement francophone devra être réalisé dans la mesure où la traduction de pages Web en français est approximative, que les sites en Flash ne sont pas descriptibles, et que les fichiers externes ne sont pas lus (comme les documents PDF). De plus WebAnywhere ne soulage pas l'équipe de conception Web du développement des systèmes de lecture vidéo avec description des images, sous-titrage amovibles, etc.

Le défi est gigantesque, mais le handicap est énorme à vivre. Je me souviens aussi d'un slogan publicitaire : « Le progrès ne vaut que s'il est partagé par tous. » En effet ! L'univers numérique, les nouveaux moyens de communications liés au Web ne doivent pas exclure le monde du handicap. En tant que concepteur Web, il est de votre devoir de veiller à cette accessibilité. Dans un premier temps, tous les sites de services publics doivent répondre à ces critères d'accessibilité. Demain, les sites commerciaux suivront, dans la logique du droit à l'égalité. Préparez-vous dès maintenant !

Chapitre 2

Du concept à la réalisation

Dans ce chapitre :

- Définir ses objectifs et ses besoins.
- Créer un plan du projet.
- Concevoir des cartes du site et des diagrammes.
- Développer une stratégie de conception du contenu visuel et graphique.
- Test, lancement et maintenance.

Développer un site Web de qualité professionnelle est un peu comme produire un film. Pour parvenir au contrôle de tous les intervenants et de tous les éléments à intégrer dans les pages, vous devez faire preuve de méthodologie.

Le processus de création d'un site se déroule en cinq étapes essentielles : la définition, la conception, le développement, les tests et le lancement, la maintenance. Définir ces étapes est essentielle pour bien faire comprendre au client l'étendue du travail demandé.

Ce chapitre vous guide dans le processus suivi par les plus grands studios de création Web. Sachez que ce processus sera le même si vous développez des DVD ou du contenu pour les téléphones mobiles. Il est impératif de lire ce chapitre.

Phase 1 : définition

Cette première phase est celle de la réflexion qui précède l'action. Vous devez définir les objectifs commerciaux du site et comprendre les besoins de votre client.

Comprendre les objectifs du site

De la petite entreprise à l'immense société, la première étape est la même : comprendre, en respectant un ordre de priorités bien spécifique, les trois objectifs majeurs que poursuit l'entreprise et que la conception Web va permettre d'atteindre. Ces objectifs vont influencer la structure du site, son aspect visuel, sa mise en page et le choix du contenu.

Par exemple, lorsque vous refaites la conception du site d'une école de natation, le client souhaite que le visiteur accède à une multitude d'informations depuis divers emplacements du site. Il désire également que les clients puissent à tout moment téléphoner pour obtenir une formation personnalisée à la natation. Ainsi, la page d'accueil illustrée à la Figure 2.1 contient des informations clés affichées dans un design qui poursuit les objectifs du club de natation.

Apprécier les impératifs commerciaux

TRUC

Voici un autre exercice fort utile. Il consiste à s'asseoir avec le client et à dresser une liste de toutes les choses nécessaires au site. Voici une petite astuce : posez vos phrases de manière impérative, dans le style : « Le site devrait permettre de faire ceci. »

Comportement à tenir :

- **Soyez toujours plus haut.** C'est une attitude, une posture de supériorité toute relative que vous devez prendre vis-à-vis de votre client. Vous verrez que très rapidement le client passera du *il faut que* à *est-il possible de*... Pas pareil, hein ?

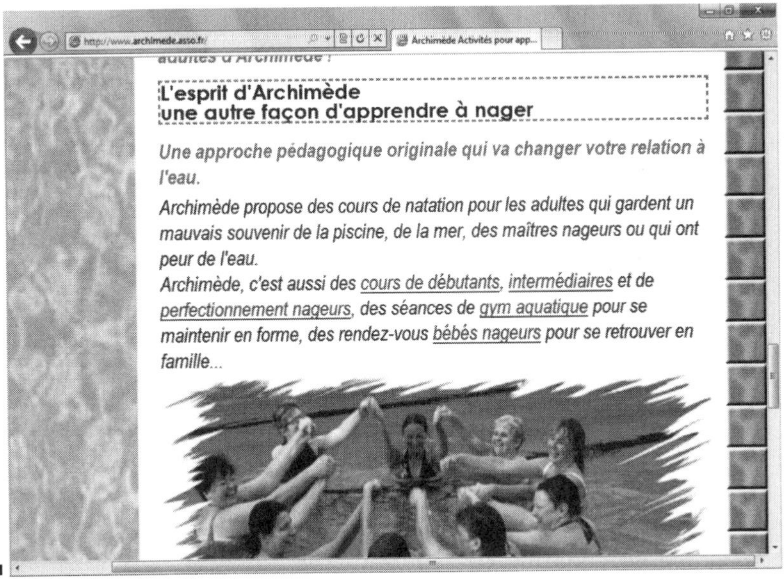

Figure 2.1 : La première étape d'une conception Web consiste à comprendre les objectifs commerciaux du site qui vont influencer sa structure, son contenu et les choix esthétiques.

- **Dressez une liste.** Assenez au client des phrases comme :
  - Possibilité de s'enregistrer.
  - Possibilité de se connecter/déconnecter.
  - Possibilité de consulter une vitrine de nouveaux produits chaque mois.
  - Possibilité pour mon équipe d'actualiser quotidiennement le contenu de la page d'accueil.
  - L'accessibilité aux handicapés.
- **Priorités.** Groupez chaque « possibilité » par priorité comme *1* est impératif, *2* serait bon d'en disposer, *3* à envisager lors d'un futur développement.

Créer un plan du projet

Une fois que vous connaissez le niveau d'intervention de vos équipes, vous devez créer un plan du projet qui va lister toutes les étapes reprenant les cinq phases principales, et où devront figurer le nombre d'heures de travail, le coût et les personnes qui interviendront sur le projet.

TRUC

La meilleure méthode pour concevoir un plan permettant de respecter les délais impartis pour la conception du site consiste à commencer par la fin et à remonter dans le temps en fixant des événements clés.

Phase 2 : conception

Lorsque vous achetez un jouet demandant « un peu de montage », vous savez que vous êtes bon pour une migraine. La plupart des gens passent la première demi-heure à essayer de monter l'ensemble sans recourir à la notice. Ce n'est qu'après s'être arraché la moitié des cheveux qu'ils se décident à lire le manuel.

Créez le plan du site

En conception de site Web, nombreux sont ceux qui se mettent directement à construire un site sans passer par quelque épreuve de contrôle, c'est-à-dire sans rédiger le moindre *plan de site*. Se précipiter sur un travail comme celui-ci est presque un aller simple pour le désastre. D'une part, l'équipe n'aura pas de direction de travail cohérente. D'autre part, sans plan, vous ne pouvez absolument pas anticiper l'ensemble du contenu, des pages et autres caractéristiques nécessaires pour élaborer le site. Avant de partir bille en tête, vous devez créer un plan comme celui de la Figure 2.2.

Par exemple, imaginez-vous arrivé à la moitié de la construction du site et vous apercevoir que vous avez oublié d'inclure une caractéristique essentielle, comme une fenêtre de connexion de membre. Vous allez devoir reprendre toutes les pages qui auraient été correctes dès le début si vous aviez eu un plan.

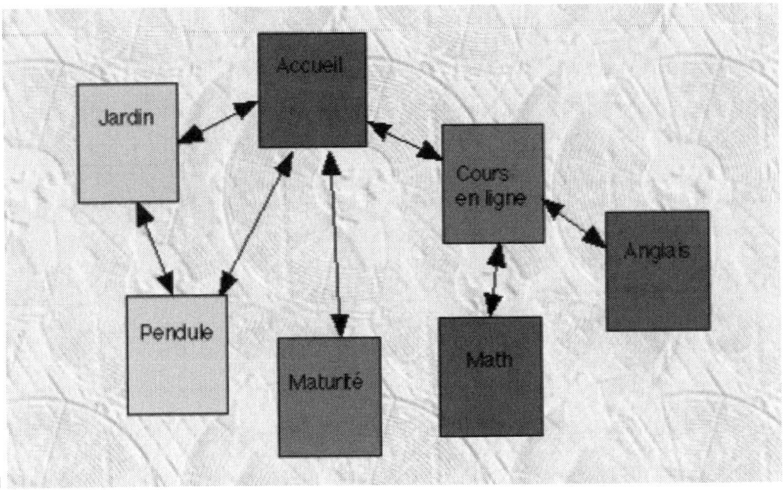

Figure 2.2 : Un plan montre les sections majeures du site Web et la manière de les interconnecter. Les interconnexions posent les bases du système de navigation.

Passer un peu de temps à créer un plan pour le site vous fera gagner beaucoup de temps et d'argent en cours de route.

Concevoir un plan pour chaque page

Le plan du site donne une vision globale du… site. En revanche, il ne détaille pas la structure des pages. Vous devez donc créer une série de diagrammes définissant l'arborescence interne de chaque page du site.

Pendant la phase de conception, les architectes collectent toutes les informations des membres de l'équipe de création, et conçoivent un diagramme illustrant la mise en page comme celui de la Figure 2.3. Vous y trouvez les éléments suivants :

- Schéma de la *navigation globale*, c'est-à-dire celle qui apparaît sur chaque page de votre site.
- Blocs de texte et d'éléments multimédias avec définition de leurs emplacements respectifs.
- Interaction, c'est-à-dire la manière dont les visiteurs utilisent les éléments de la page.

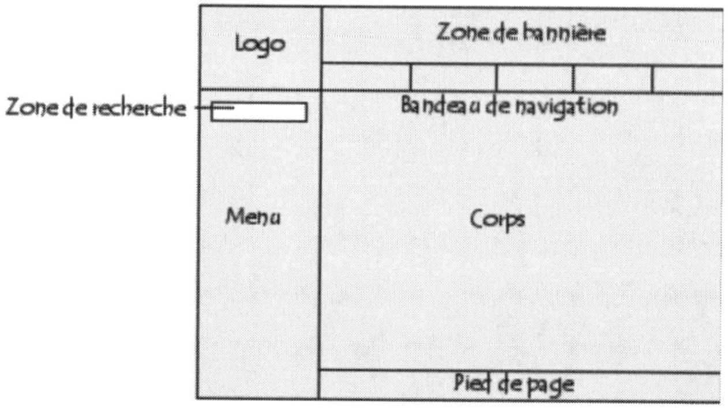

Figure 2.3 : Plan d'une page Web.

Tests utilisateurs

Tester le plan des pages avec des utilisateurs est un processus que vous devez entamer dès la phase de conception et poursuivre dans la phase de développement. Plus les tests seront faits tôt, plus rapides seront les ajustements qui interviennent juste avant la production elle-même. Le test sera d'autant plus important pour sa conformité aux règles d'accessibilité aux handicapés, ne serait-ce que dans un premier temps, pour qu'il fonctionne correctement avec des solutions comme WebAnywhere.

TRUC

Il est possible d'envisager deux sites : un pour les personnes valides, et une version spécialement adaptée aux handicapées où, en simplifiant l'interface, ils auront malgré tout accès aux mêmes informations, produits, etc.

Plus loin dans ce livre, vous trouverez des techniques de test des fonctions essentielles de votre site Web.

Intégrer le contenu dans votre plan

Dans le plan, vous pouvez suggérer de nouvelles zones de contenu, sans pour autant savoir d'où proviennent ces données potentielles, leur importance quantitative et la fréquence de leur mise à jour.

Si le site utilise un *système de gestion du contenu* (une base de données qui accueille tout votre texte et remplit automatiquement vos pages), la personne chargée du contenu textuel crée une liste de tous les types de composants pour chaque page et par catégorie, c'est-à-dire en-têtes, légendes, descriptions, et sous-types à l'intérieur de chaque type. Elle établira aussi les règles pour chaque type de contenu comme le nombre de caractères.

Définir la convivialité

Une fois que vous avez défini la carte du site avec le client et développé le plan des pages, les graphistes peuvent entamer leur analyse de l'aspect purement visuel du site Web.

TRUC

La pratique veut que l'on travaille d'abord sur l'aspect graphique de la page d'accueil et d'une *sous-page* (n'importe laquelle). Cela donne la charte graphique à respecter sur l'ensemble des pages du site. Cette première étape conditionne aussi le graphisme de la navigation. Personnellement, j'aime disposer d'au moins trois directions conceptuelles différentes développées par trois graphistes tout aussi différents. Cette stratégie donne plus de choix au client. La Figure 2.4 montre deux approches du plan d'une page. Voyez comme chaque conception graphique crée une atmosphère spécifique.

Phase 3 : développement

Comme vous avez pu le constater, un gros travail de planification est nécessaire avant de commencer à travailler sur le visuel. Ici, vous allez avoir des tonnes d'idées. Une fois que vous vous serez mis d'accord avec le client sur un design, vous pourrez préparer des modèles pour faciliter la production. Dans cette phase, vous préparerez les vidéos, l'audio, les animations Flash et les graphiques qui prendront place dans les pages Web. Interviennent ensuite les programmeurs qui veillent au bon fonctionnement de tous ces éléments en

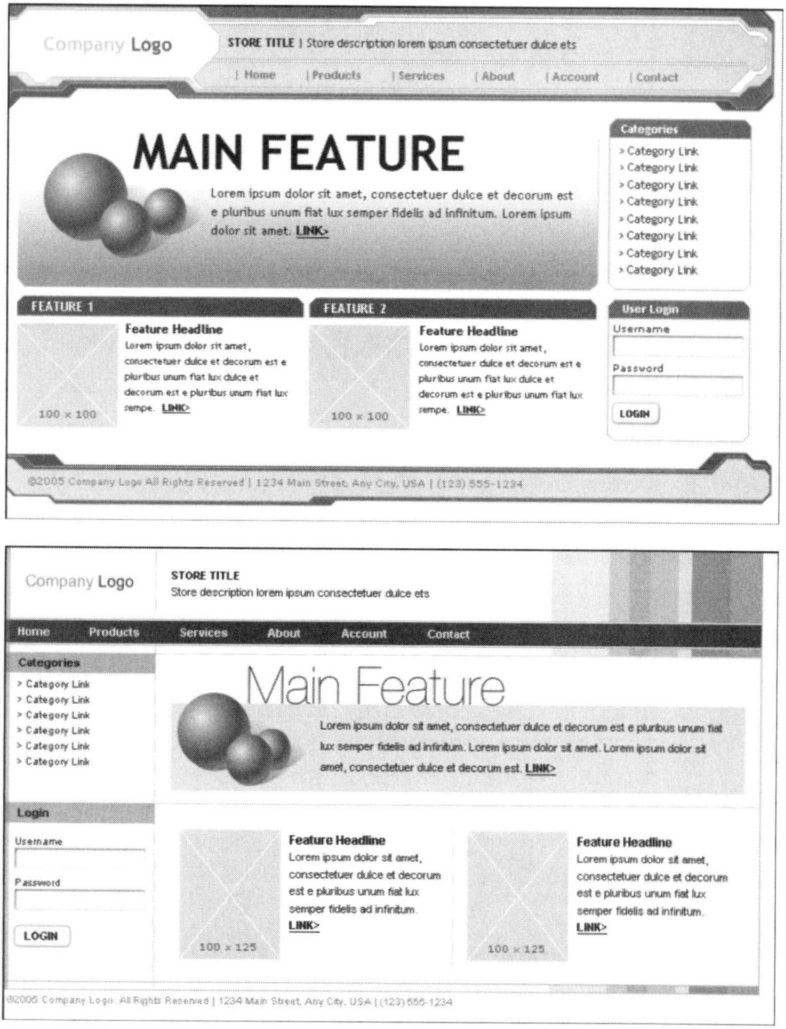

Figure 2.4 : Deux déclinaisons graphiques différentes d'un même plan de page Web.

créant le code HTML (ou autre) nécessaire. À la fin de cette phase, le site est prêt à être testé.

Production des images

Une fois que le client a choisi une orientation visuelle pour le site, le travail de production peut réellement commencer. Le moyen le plus efficace pour produire les nombreuses images nécessaires est de travailler à partir de *modèles*. La plupart des sites Web comportent un certain nombre d'éléments répétés : boutons, titres, barres de navigation. L'emploi de modèles garantit la cohérence visuelle du site, et permet en outre de déléguer la production graphique à une équipe tout en étant assuré de l'homogénéité des images.

Utilisez un programme comme Photoshop ou Fireworks pour produire les modèles de conception, puis les images réellement employées sur le site. La Figure 2.5 montre un modèle de bouton et les calques Photoshop qui ont permis de le créer. Vous trouverez des versions d'évaluation de ces programmes à l'adresse : `www.adobe.fr`

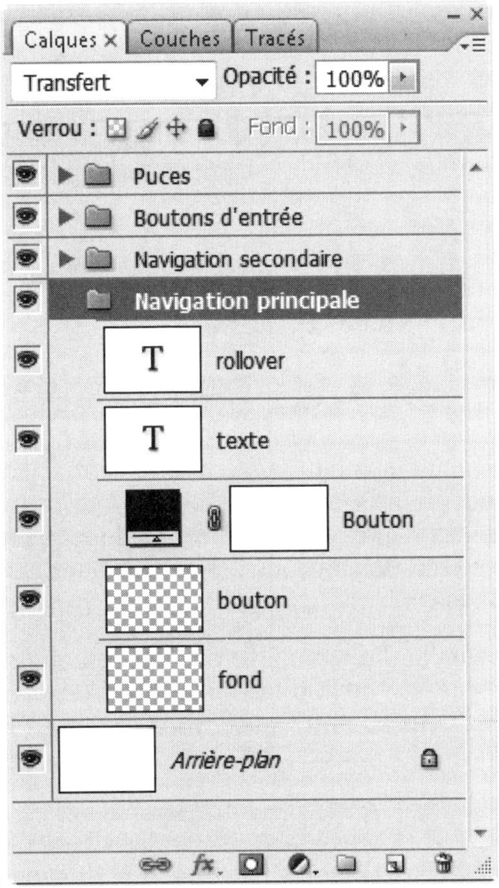

Figure 2.5 : Un fichier Photoshop se compose de tous les calques nécessaires à la création et à l'exportation des boutons du site Web.

Développement multimédia

Aujourd'hui, un site Web digne de ce nom est très riche en contenu multimédia, que ce soit sous forme d'animations et d'applications Flash, d'audio ou de vidéo. Pour être franc, un site comme celui de la Figure 2.6 a été entièrement conçu en Flash, à l'exception de la page HTML dans laquelle ladite animation a été intégrée.

Figure 2.6 : Toute l'interaction de ce site est définie dans une animation Flash intégrée dans une seule page HTML.

Le développement Flash peut devenir une entreprise fort complexe. Les concepteurs Flash doivent créer leur propre carte du site et plan des pages, mais ils ont également besoin d'être concepteurs et techniciens dans le but d'intégrer efficacement leurs éléments Flash.

Pour les éléments audio et vidéo, vous devez acquérir le matériel d'origine afin de l'optimiser pour le Web. Cela signifie que vous devez vous acquitter des droits d'utilisation de ce contenu.

Lier l'ensemble avec HTML

Le *langage HTML* (HyperText Markup Language) est un langage de codage simple qui indique à votre navigateur Web comment mettre en place le texte formaté, les images, les tableaux et les divers médias dans la page.

Chaque page de chaque site Web, comme celui de la Figure 2.7, est bâtie avec de l'HTML ou quelque autre langage de programmation (voir la section suivante). Il est possible d'écrire du code HTML dans n'importe quel éditeur de texte (même Microsoft Word). Une fois le code écrit, vous le chargez dans un navigateur Web pour voir les résultats.

HTML est assez limité dans ce qu'il est capable de faire. Par exemple, vous ne pouvez pas construire un système de commerce électronique comme Amazon.com avec de l'HTML brut. Il faut sortir l'artillerie lourde, c'est-à-dire les autres langages de programmation (voir la section suivante).

Bases de données, programmation et autres sources de migraine

Si vous concevez un site Web qui doit réaliser autre chose qu'un simple affichage de texte et d'images, vous devez travailler avec des programmeurs. Les sites Web qui affichent des messages personnalisés, permettent de payer des produits par carte bancaire, etc., réclament de la programmation spécialisée. Vous ne pouvez pas mettre en place ce genre de fonctions avec uniquement de l'HTML.

Le code généré par les logiciels de développement comme Allaire Cold Fusion et le code des langages de programmation comme Microsoft Active Server Pages (ASP) sont intégrés directement dans le code HTML de la page. La portion HTML contrôle la mise en page, alors que le langage de programmation réalise les opérations en coulisses, comme la liaison avec une base de données en ligne pour afficher automatiquement le produit du jour. La Figure 2.8 en présente un exemple. Le code ASP établit la connexion avec une base de données en

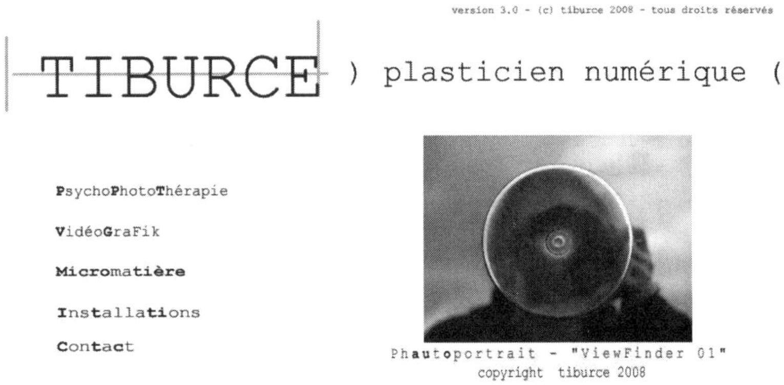

tiburce.art.free[1] - Bloc-notes

Fichier Edition Format Affichage ?

```
<!DOCTYPE html PUBLIC "-//W3C//DTD XHTML 1.0 Transitional//EN"
"http://www.w3.org/TR/xhtml1/DTD/xhtml1-transitional.dtd">
<!-- saved from url=(0014)about:internet -->
<meta http-equiv="Content-Type" content="text/html; charset=iso-8859-
1" />
<meta http-equiv="Content-Language" content="fr" />
<title>Tiburce - plasticien num?rique</title>
<meta name="robots" content="index" />
<link rel="generateur-meta" href="http://www.referencement-fr.com/" />
<meta name="description" content="Site offciel de Tiburce - plasticien

num?rique." />
<meta name="keywords" lang="fr" content="tiburce, psychophototh?rapie,
phautoportrait, art, arts platiques, art

num?rique, plasticien, photographie, num?rique, vid?o, art vid?o,
noise, bruit,

installations, litt?rature" />
<meta name="reply-to" content="tiburce.digitalplastic@gmail.com" />
<meta name="category" content="Internet" />
<meta name="distribution" content="global" />
<meta name="author" lang="fr" content="tiburce" />
<meta name="copyright" content="tiburce" />
<meta name="generator" content="?diteur HTML" />
<meta name="identifier-url" content="http://tiburce.art.free.fr/" />
<meta name="expires" content="never" />
<meta name="Date-Creation-yyyymmdd" content="" />
<meta name="Date-Revision-yyyymmdd" content="" />
<meta name="revisit-after" content="15 days" />

<html xmlns="http://www.w3.org/1999/xhtml"><head>

<title>Tiburce - plasticien num?rique</title>
<meta http-equiv="Content-Type" content="text/html; charset=utf-8" />
<!--Fireworks CS3 Dreamweaver CS3 target.  Created Fri May 02 19:45:42
GMT+0200 2008-->

<script language="javascript">
<!--
function BoutonDroit()
```

Figure 2.7 : Chaque page Web a deux côtés : son aspect extérieur et le code HTML qui permet d'obtenir cet aspect.

ligne, en extrait des informations comme le nom d'une personne, son poids, son salaire annuel. Le code HTML met en forme ces informations pour les afficher.

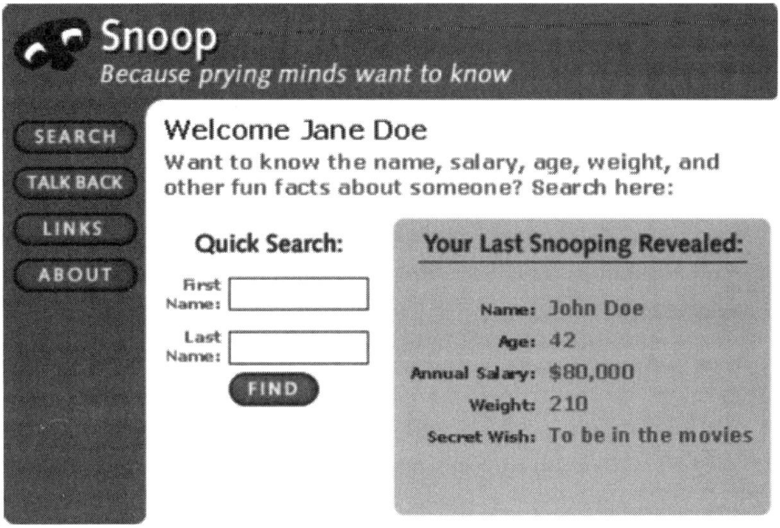

Figure 2.8 : Les fonctions de cette page sont trop complexes pour être mises en place avec juste de l'HTML.

Pour construire une page comme celle-ci, vous pouvez soit remonter vos manches et taper le code ASP directement dans la page HTML, soit employer des outils comme Dreamweaver et ses extensions pour qu'il le génère pour vous.

Phase 4 : test et lancement

N'OUBLIEZ PAS

La création d'un site Web demande de vérifier tant de détails que vous ferez obligatoirement des erreurs. Les tests par des utilisateurs et le débogage sont des étapes cruciales que vous ne pouvez pas repousser à la fin du projet : il faut y penser tout au long du processus de conception. Imaginez construire un site Web entier que personne ne sait utiliser sauf vous et les programmeurs ! Les tests utilisateurs vous aideront à savoir si vous êtes sur la bonne voie, et à déterminer les éléments à ajouter pour que votre site soit plus facile d'emploi.

Tests utilisateurs

Les tests par des utilisateurs constituent probablement l'étape la plus sous-estimée dans le processus de conception

Web. De nombreux concepteurs ont un problème d'ego qui peut faire naître de grandes difficultés : ils pensent que le site est parfaitement compréhensible du fait qu'*ils* l'ont pensé. Il est important d'introduire tôt un regard neuf dans le processus, pour avoir un avis sur le design avant de commencer la production.

Demandez à votre famille et à vos amis de jeter un œil à votre design. Sans donner aucune indication, demandez-leur de vous dire de quoi parle le site. Demandez-leur également comment ils s'y prennent pour réaliser une certaine tâche sur le site, par exemple l'achat d'un livre.

Au début du processus, ce genre de test aide à donner forme au design, mais il reste important de mener des tests utilisateurs « réels ». Nous entendons ici qu'il faut recruter des personnes faisant partie du public visé par le site (des hommes de 40 ans, par exemple) pour donner leur avis sur le site.

Contrôle qualité

Ne vous appuyez pas sur le fait que le Web est un média de publication souple pour justifier une mise en ligne du site précipitée, suivie d'ajustements au vol. Avant de placer le site sur Internet, vérifiez l'orthographe et les *bogues* (liens brisés et erreurs de programmation qui donneraient une mauvaise image de votre équipe). En outre, contrôlez votre site sur différentes plates-formes (Mac et PC) et différents navigateurs (Netscape et Internet Explorer) en vous assurant que tout fonctionne comme vous le désirez.

Les tests utilisateurs et le contrôle qualité sont deux éléments incontournables de l'achèvement de votre site Web : ne faites pas l'impasse sur ces étapes de peaufinage. Si vous voulez devenir concepteur Web, il est important d'être diligent à chaque étape du parcours, de la première rencontre avec le client à la mise en place du site sur Internet.

Sur la Figure 2.9, vous constatez que réduire légèrement la qualité d'une image permet d'en alléger le poids, ce qui induit une vitesse de téléchargement bien plus rapide.

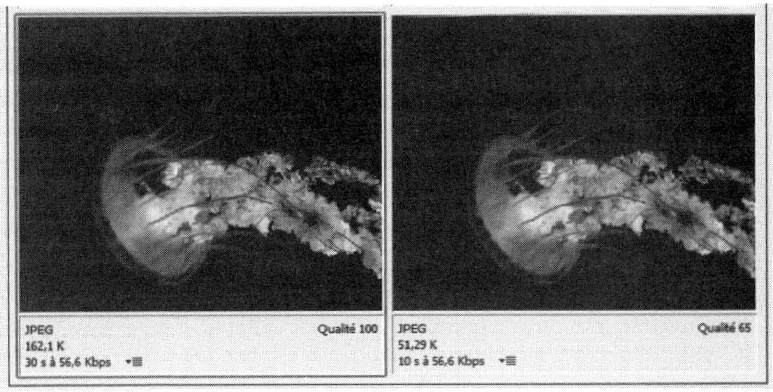

Figure 2.9 : Avec une connexion bas débit, en utilisant une compression JPEG de 65 %, l'image met 10 secondes à se télécharger contre 30 secondes avec une qualité à 100 %.

Le jour du lancement

Pendant la phase de développement, vous ne voulez surtout pas que quiconque puisse accéder au site. Vous pouvez facilement cacher un site aux yeux du cybermonde en le plaçant sur différents serveurs, en activant les *bloqueurs IP* (logiciels qui ne permettent qu'à certaines personnes d'accéder au serveur) ou plus simplement en développant le site en *local*. Le jour du lancement, vous devez annuler toutes ces protections ou bien publier le contenu du site Web sur un serveur à accès libre.

Phase 5 : maintenance

Une fois le site lancé, vous entrez dans la phase critique de maintenance. Dès qu'un site est publié sur la toile (vous savez, l'autre nom du Web), un tas de problèmes techniques peuvent surgir. Vous devez donc surveiller de très près le comportement de votre site dans les deux semaines qui suivent son lancement. Gardez les différents intervenants sur le pied de guerre juste au cas où les choses tourneraient mal.

La maintenance entend aussi la mise à jour du site, c'est-à-dire changer régulièrement les images et le texte. Bien entendu, vous poursuivez votre travail de débogage. Vous pouvez dès lors entrevoir l'intégration de technologies que vous n'avez pas été capable de mettre en place pendant la phase de développement. Tout ceci n'est pas forcément simple à réaliser. Les mises à jour les plus importantes nécessitent que vous répétiez les cinq phases de conception, toujours et encore.

Chapitre 3

Construire son site en fonction de sa cible

Dans ce chapitre :

- Détermination du public.
- Création d'un plan de site Web.
- Conversion du diagramme en véritable carte de site.
- Création d'une carte de site numérique.
- Refondre un site Web existant.
- Le plan marketing.

Comme dans la vie, il y a un temps et une place pour chaque chose en conception Web. De même que vous n'allez pas sortir votre réplique télé préférée pendant un entretien d'embauche, vous n'allez pas concevoir un site Web inapproprié pour votre client. Il faut déterminer quel genre de personne va visiter et utiliser le site. Puis, vous devez imaginer comment vous allez atteindre cette personne. Ne commencez à penser au plan du site et à la technologie qu'après avoir répondu à ces questions. Comment pouvez-vous prendre des décisions de contenu et de technologie si vous ne connaissez rien de l'utilisateur ?

Dans ce chapitre, vous entrez dans la peau de l'*architecte des informations*. Vous déterminez la cible, le *prospect*, à partir d'une donnée simple : le type de produit ou de service que recherchent les visiteurs. Vous devez ainsi trouver le parfait équilibre entre les besoins de ces visiteurs et les exigences de votre client. À partir de ces comparaisons et de l'ensemble de vos réflexions et analyses, vous développerez la structure et la carte du site qui serviront de base de travail aux différents designers et programmeurs.

Déterminer le public

Supposons que vous conceviez un site Web pour une maison de retraite. La première chose qui vous viendra peut-être à l'esprit est l'image de vieilles dames participant à une soirée loto. Et si votre client veut rompre avec cette image stéréotypée ? Si le public des maisons de retraite ne vous est pas familier, vous êtes susceptible de croire, à tort, que les visiteurs du site seront uniquement des personnes âgées.

A moins de vous asseoir avec votre client et de lui poser un grand nombre de questions, vous ne saurez jamais que le véritable public du site est constitué de personnes autour de la quarantaine, à savoir les gens qui s'intéressent à la question pour leurs parents. Voilà qui change tout, tant pour ce qui concerne l'aspect graphique du site que son contenu.

N'OUBLIEZ PAS

Cet exemple illustre un point important : avoir des conversations structurées avec votre client et lui poser de nombreuses questions tant sur son activité que sur le public prévu est une étape essentielle dans le processus de conception.

Liste de questions à poser au client

TRUC

Le meilleur moyen d'obtenir ces informations vitales de votre client est d'avoir une discussion face à face avec lui, et de lui poser toutes les questions d'une liste soigneusement préparée. Quel genre de questions poser ? Le Tableau 3.1 présente une liste générale pour vous aider à démarrer. Il faudra créer votre propre liste standard et la modifier pour l'adapter à chaque nouveau projet.

Tableau 3.1 : Liste de questions à poser au client.

Question	Objectif de la question
Combien de clients différents aurez-vous ?	Certaines sociétés ont plusieurs types de clients. Ils peuvent être rangés dans des catégories comme le *client habituel*, le *client potentiel*, le *client d'affaires* et enfin le *client consommateur*.
Comment décririez-vous le client idéal pour ce site Web ?	Obtenir de votre client une description précise de son propre client. S'agit-il d'un homme ou d'une femme ? D'un professionnel ou d'un particulier ? Si c'est un professionnel, dans quel domaine ? Dispose-t-il de beaucoup d'argent ou cherche-t-il le bon marché ? A-t-il une culture technique ou mieux vaut-il tout détailler pour qu'il comprenne ?
Quelles sont les limites de chaque consommateur ?	Les consommateurs conditionnent leur démarche à partir d'une donnée très subjective : le prix de ce qu'on leur offre. Les prix pratiqués sur un site à vocation commerciale doivent être justifiés et, plus que tout, le site doit proposer au consommateur des options de financement.
Qu'est-ce que ce site apporte de plus au consommateur ?	Vous devez définir en quoi le site peut répondre aux besoins de clients potentiels. Par exemple, le site propose-t-il des soldes exclusives, ou bien aide-t-il le client hésitant à trouver le produit qui correspond tout à fait à ses besoins réels ? Le client peut-il comparer plusieurs produits de la même catégorie pour mieux en comprendre la différence de prix, les caractéristiques et la qualité ?

Charte de création

Armé de vos pages de notes concernant les objectifs du client, le public visé et les objectifs du site Web, l'étape suivante consiste à réunir ces informations dans une *charte de création*. Ce document représente en quelque sorte votre plan de bataille. Vous l'emploierez pour garder le cap en ce qui concerne le design, la technologie et les décisions de contenu tout au long de la production. La charte de création contient trois sections :

- **Rôle et objectifs du site Web.** Cette section doit clairement faire état de ce que le client attend du site Web.

Le site est-il simplement une brochure commerciale en ligne ou est-ce un outil générant beaucoup de revenus pour le client ? Le site doit-il créer de nouvelles pistes de travail ou simplement va-t-il automatiser des pratiques commerciales déjà entérinées ?

- **Public visé.** Dans cette section, décrivez le client idéal et la façon dont le site doit répondre à ses besoins. Décrivez aussi le client *lambda* et pourquoi le site n'est pas conçu pour lui.

- **Prévisions de contenu et de design.** En vous basant sur ce que vous savez des deux sections précédentes pour ce qui est du public et du rôle du site, construisez une liste de contenus et d'idées de design. Par exemple, si le public est composé de professionnels de classe moyenne à supérieure, autour de la quarantaine et recherchant une bonne maison de retraite pour leurs parents, le design du site doit véhiculer un ton sécurisant, familial tout en restant professionnel.

- **Accessibilité.** Définir si le site tombe sous l'obligation de répondre à la loi européenne sur l'accessibilité aux médias numériques et plus spécifiquement à Internet. Mesurez l'implication technique de ces exigences sur le contenu Web. Envisagez l'intervention de prestataires externes, et chiffrez-en le coût, et les délais de mise en œuvre.

La charte de création n'est pas nécessairement très longue : une à trois pages devraient suffire. Montrez-la ensuite au client, pour contrôler que tout le monde est en phase. Certaines agences de conception font même signer cette charte au client. Selon la taille du site et le volume financier engagé, la signature du client n'est pas forcément nécessaire, mais il faut au moins son assentiment.

Création d'un plan de site

Pendant les premières rencontres avec le client, travaillez avec lui pour connaître ses *desiderata* **italique : car mot étranger ou afin de souligner le thème à suivre ?**, c'est-à-dire une liste de tous les éléments qu'il souhaite inclure sur le site Web. De nombreux clients auront probablement déjà une telle liste dans leurs cartons, mais vous aurez vous aussi des idées à apporter. Cette liste est importante, car vous allez l'exploiter pour développer le plan du site.

Création de la liste de desiderata

Pour élaborer la liste de *desiderata* du client, commencez par écrire une liste des contenus et caractéristiques du site (il n'y a pas d'ordre particulier à respecter). Quelle est la différence entre contenu et caractéristique ? Une *caractéristique* est par exemple la visite virtuelle de l'entreprise ou une fonction de recherche (schématiquement, une caractéristique représente une activité pour l'utilisateur). Le *contenu* est la matière plus statique, comme les informations pour les investisseurs et les descriptions de produits.

Après avoir couché cette liste d'idées, le travail commence réellement. Il faut ordonner cette information sous forme de plan traditionnel. La création d'un plan est importante, car elle vous force à définir les catégories et priorités des *desiderata*, et donne la base de la structure du site Web.

Vous serez peut-être surpris de savoir que les clients attendent souvent que vous proposiez un plan *avant* même d'obtenir le marché. La plupart des agences de conception Web joignent une première mouture de plan de contenu et de caractéristiques dans leur proposition. Cela aide le client à décider quelle agence de conception choisir.

Classement en catégories et définition des priorités

La clé pour élaborer un plan efficace est votre capacité à grouper les éléments similaires et à établir les priorités des idées en vous basant sur les besoins du site. Au fur et à mesure de l'organisation de la liste d'idées, un motif commence à se dégager. Certains éléments sont facilement classés, d'autres idées ne trouvent place nulle part. Voici trois étapes pour convertir les *desiderata* en plan exploitable.

1. **Groupez les idées de contenu.** Repérez les idées similaires et placez-les les unes à côté des autres. Travaillez à l'ordinateur pour manipuler facilement les informations par couper-coller. Par exemple, « Contacté, « Information investisseurs » et « Information partenaires » vont ensemble. Groupez ces trois éléments et attribuez-leur un titre temporaire de catégorie, comme « À propos de l'entreprise ». Au fur et à mesure, vous trouverez peut-être d'autres éléments, comme « Équipe dirigeante », à ajouter à ce groupe.

2. **Limitez l'arborescence de chaque groupe.** Pour des raisons pratiques, limitez chaque groupe à deux niveaux de sous-catégories. Si vous créez une arborescence trop sophistiquée, vous devrez relever des défis de navigation. Voici ce que vous pouvez trouver dans la catégorie « À propos de l'entreprise » :

    0. À propos de notre société

        1. Contactez-nous

        1. Partenaires

            2. Vêtements

            2. Chaussures

        1. Presse

        1. Historique

        1. Notre équipe

3. **Groupez les idées de caractéristiques.** Si les *desiderata* contiennent des caractéristiques comme une zone d'inscription de membre ou une fonction de recherche, placez-les dans un groupe « Ressources ». Certaines caractéristiques, cependant, comme une visite virtuelle, seront plutôt placées dans le groupe « Nos produits ».

4. **Affectez une priorité à chaque idée.** À ce stade, les *desiderata* commencent à s'organiser sous forme de chaîne (les groupes d'informations similaires reliés par une certaine logique). L'objectif est d'avoir aussi peu de groupes que possible. Pour ce faire, affectez une priorité à chaque groupe. Si un groupe semble important, dégagez-le et donnez-lui un nom officiel de catégorie. Vous pouvez réunir les groupes moins importants ou les attacher aux groupes plus importants, sous forme de sous-catégories.

La règle des cinq à sept

En définissant les priorités, en combinant et en excluant des groupes, votre plan commence à prendre forme. Ce plan devient les fondations du site. La hiérarchie d'informations se transcrira directement en carte de site (qui montre la façon dont chaque page Web est interconnectée aux autres).

Pour cette raison, vous devez élaguer votre plan jusqu'à obtenir un maximum de cinq à sept catégories principales. Ces catégories deviennent souvent les liens de navigation, et l'on sait que les visiteurs rencontrent des problèmes de navigation lorsqu'ils sont bombardés de choix sur l'écran. Observez la Figure 3.1. Quatre catégories principales sont présentes sous la forme de boutons de navigation, et le visiteur a accès à d'autres sous-catégories plus précises via les listes déroulantes.

De nombreux sites Web actuels sont si volumineux qu'il n'est pas toujours pratique de les descendre à cinq catégories. Si c'est le cas pour votre site, la solution est de créer des groupes de catégories.

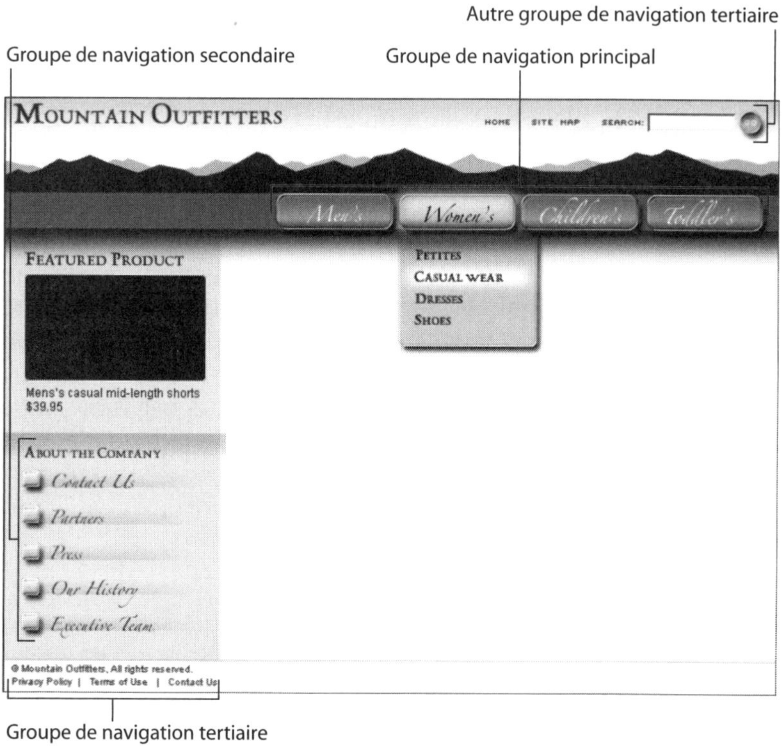

Figure 3.1 : Les quatre catégories principales de ce site Web sont représentées sous forme de boutons de navigation.

Comme illustré Figure 3.1, lorsque vous êtes dans la phase de conception, il est recommandé de grouper tous les éléments de navigation principale dans la structure de la page et de leur assigner un design visuel identique. Cette stratégie graphique aide le visiteur à identifier au premier coup d'œil chaque groupe de navigation. Ici, la navigation principale est groupée dans la partie supérieure de la page, la secondaire se situe sur le côté gauche et le troisième groupe est divisé en deux avec des liens dans le coin supérieur droit et dans le pied de page.

Coucher les idées sur le papier : la carte du site

Le diagramme papier que vous avez créé pour élaborer la carte de site ne raconte que la moitié de l'histoire. Le niveau suivant de construction de la carte de site est de montrer les connexions entre les pages, à l'aide de lignes et de flèches. En outre, vous devez également écrire le plan du contenu de chaque page.

Après avoir écrit le plan du contenu dans les cases du diagramme, l'ensemble est probablement un méli-mélo de lignes, de croquis à demi gribouillés, de traces d'effaceur un peu partout ; preuve que vous avez réellement réfléchi en cours de route. Une fois la plupart des liens et indications de contenu couchés sur papier, vous êtes prêt à créer la version numérique de votre carte de site.

Créer une version numérique de la carte de site permet d'en imprimer des exemplaires bien propres à distribuer à votre équipe et au client ; ce dernier aura ainsi l'occasion de découvrir votre professionnalisme et vos capacités de présentation. Vous pouvez ajouter le logo du client, le vôtre, et même monter la carte de site sur un carton épais pour achever de créer un style de présentation très professionnel.

Pour transformer votre esquisse en carte du site, suivez ces quelques étapes :

1. **Utilisez une très grande feuille de papier.**

   Il est, dans un premier temps, plus facile de coucher ses idées sur une feuille où vous ne manquez pas d'espace. Utilisez une très grande feuille que vous positionnerez en mode paysage de manière à bénéficier d'une immense zone de travail horizontale. Une fois votre carte couchée sur papier, vous pouvez la peaufiner sur ordinateur, et ainsi donner une version imprimée très propre à votre client et à l'équipe de conception.

   Dès que vous êtes prêt à entrer dans cette nouvelle phase, utilisez un programme comme Inspiration (`www.inspiration.com`) ou Microsoft Visio. Cependant, en tant que designer, il y a de fortes chances pour que vous ne possédiez pas ces logiciels, mais plutôt des outils graphiques. Sachez que des programmes comme Illustrator permettent également de créer le plan d'un site. La Figure 3.2 montre une carte créée avec Illustrator.

TRUC

Sachez qu'un logiciel comme Microsoft Word permet aussi de créer des organigrammes sophistiqués. Cette application est beaucoup moins souple qu'une vraie application de dessin vectoriel, mais elle permet de débuter dans le métier sans dépenser des sommes folles.

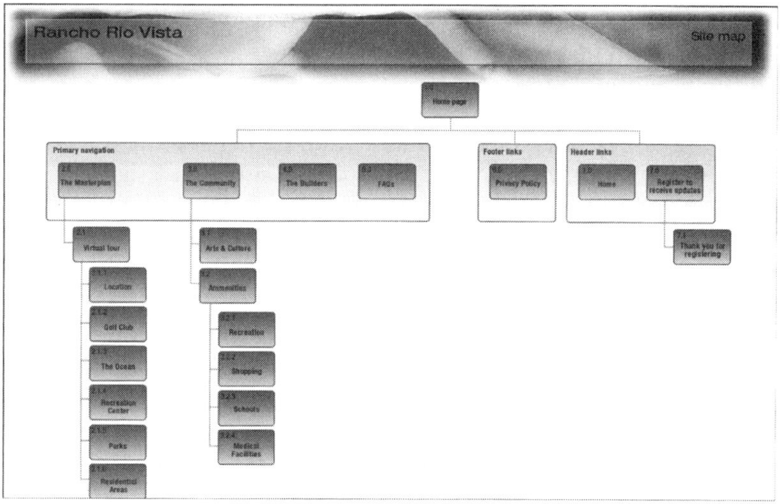

Figure 3.2 : Cette carte de site, créée avec Illustrator, a un en-tête graphique qui est significatif de l'orientation graphique de cette société de conception Web.

2. **Dessinez une case pour chaque page Web.**

   Commencez par la page d'accueil. Dessinez une case pour chaque page du site. Placez la case symbolisant la page d'accueil en haut de l'arborescence. Ensuite, déclinez toutes les autres pages vers le bas comme le montre la Figure 3.2.

3. **Dessinez des sous-catégories.**

   TRUC

   Créez une troisième rangée et dessinez une série de cases pour chaque page tombant dans les sections principales. Pour des raisons de préservation de l'espace, empilez ces cases les unes en dessous des autres sous leur catégorie principale.

4. **Numérotez les sections et les sous-sections.**

C'est une étape fondamentale. La numérotation logique de chaque section permet de se référencer plus facilement au plan pour créer l'index officiel des pages du site. Comme vous le voyez sur la Figure 3.2, la page d'accueil porte le numéro 1.0, et les sections de navigation principale portent respectivement les numéros 2.0, 3.0, 4.0, etc. Chaque section de navigation secondaire reprend le premier chiffre de la section principale dont elle dépend. Nous obtenons ainsi les numéros 2.1, 2.2, 2.3, etc., pour les pages situées sous la section 2.0. Si vous ajoutez un troisième niveau dans l'arborescence de cette section 2.0, les cases (les pages) seront identifiées par les numéros 2.1.1, 2.1.2, 2.1.3, etc.

Voilà la stratégie de création de la carte d'un site dans une arborescence de pages que vous devez tenter de limiter entre 5 et 7 choix principaux au sein de toutes les catégories principales, secondaires et tertiaires, et sans dépasser plus de deux niveaux de profondeur.

Lire entre les lignes et les cases

Pour montrer les liaisons entre les pages de l'organigramme, vous devez tracer des lignes entre les cases correspondantes. C'est aussi l'occasion de signaler des contenus particuliers dans les pages en dessinant des symboles dans les cases. Par exemple, vous pouvez montrer si la page utilise des cadres ou des tableaux rien que par la façon dont vous segmentez la case. Nous présentons ci-dessous une liste de conventions de dessin suivies par de nombreux concepteurs pour leurs cartes de sites, et ce pour montrer tant la navigation que le contenu de chaque page. Voici quelques techniques pour indiquer comment des pages sont liées à d'autres :

TRUC

- **Liens directs.** Le moyen le plus simple pour montrer comment deux pages sont liées est de tracer une ligne entre leurs deux cases. Généralement, des lignes partent de la page d'accueil vers chaque case de la section principale, comme sur le côté gauche de la Figure 3.3. Selon le nombre de cases sur le diagramme, cela peut rapidement devenir brouillon. Pour une meilleure clarté, dessinez une ligne verticale à partir de la page d'accueil, puis reliez-y horizontalement les autres lignes qui vont vers les sous-pages, comme on le voit sur le côté droit de la Figure 3.3.

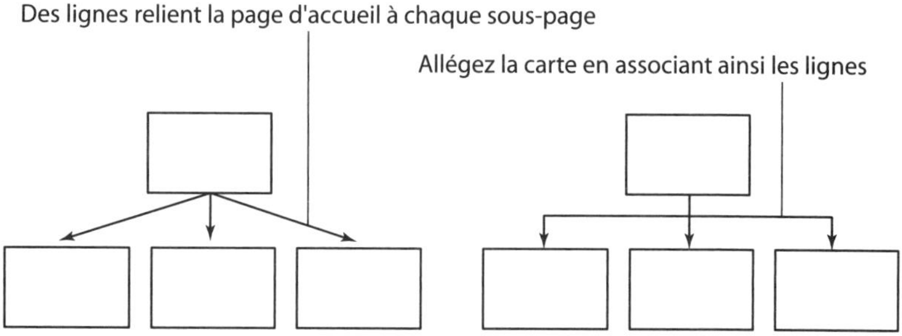

Figure 3.3 : Éclaircissement de la carte en regroupant les lignes de connexion.

- **Système de navigation croisée.** Si votre site Web exploite un système de navigation croisée, vous pouvez l'indiquer dans le diagramme en modifiant légèrement les lignes de liaison. Au lieu de tracer des flèches à sens unique comme celles de la Figure 3.3, dessinez des doubles flèches entre les cases, comme le montre la Figure 3.4. L'emplacement de ces doubles flèches indique que l'utilisateur peut directement passer d'une section principale à une autre.

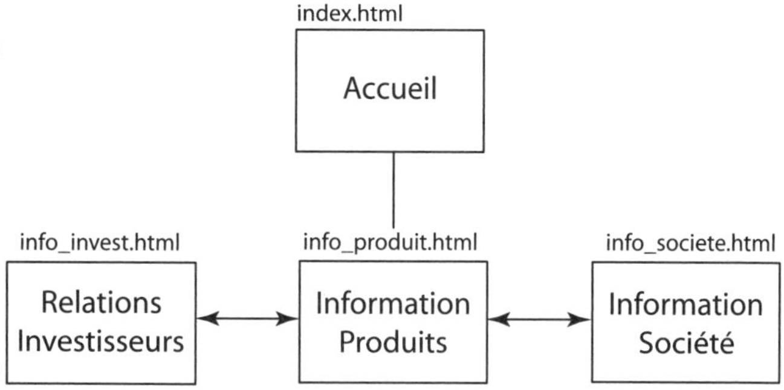

Figure 3.4 : Matérialisez le système de navigation croisée en dessinant des doubles flèches entre les cases.

- **Lien vers une page partagée.** Il est fréquent d'avoir des pages dites *partagées*, par exemple une page « Crédits » ou « À propos de l'entreprise », avec lesquelles tout ou partie des pages du site ont un lien (on les appelle aussi parfois pages *globales*). Dans ce cas, tracer des lignes de connexion à partir de chaque page vers les pages partagées n'a pas de sens et embrouille d'ailleurs les choses. Il est préférable de créer une zone spéciale, séparée, pour indiquer les pages partagées. Associez un symbole à chacune, puis placez ce symbole dans ou à côté de la case de chaque page avec laquelle il existe un lien (Figure 3.5).

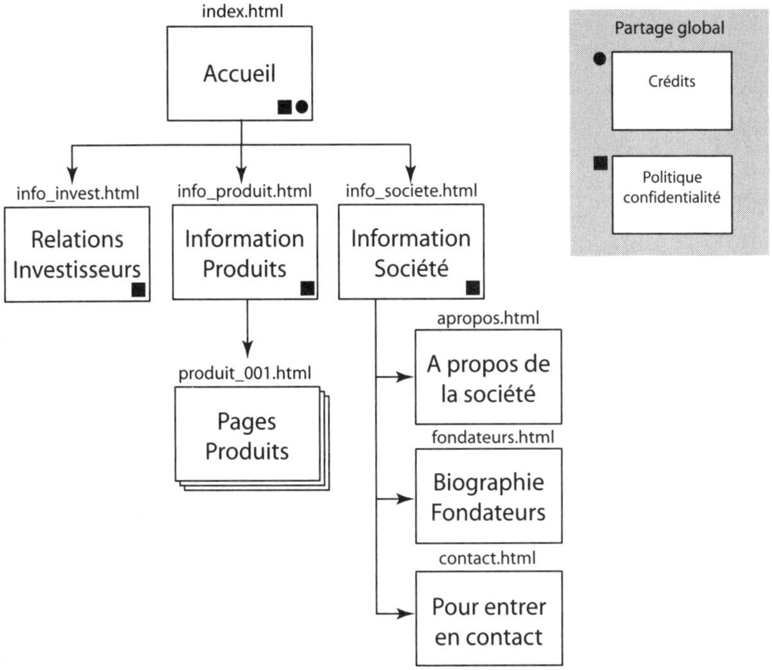

Figure 3.5 : Déporter les pages partagées dans une zone spéciale réduit le nombre de lignes de liaison sur la carte.

- **Redirection automatique d'une page à une autre.** On désire parfois qu'une page Web s'affiche quelques secondes, puis déclenche automatiquement l'affichage d'une autre page sans intervention de l'utilisateur. Par exemple, de nombreux sites Web ont une page d'introduction avec une séquence animée qui est lue avant d'afficher la véritable page d'accueil. La Figure 3.6 illustre ce cas (site `www.oneworldjourneys.com/georgia`). Pour matérialiser une situation comme celle-ci sur un diagramme, c'est-à-dire pour indiquer une redirection automatique, nous avons opté pour une ligne ondulée.

Nous plaçons les deux pages concernées l'une au-dessus de l'autre et traçons entre les deux la ligne ondulée qui se termine par une flèche pointant vers la page qui sera chargée automatiquement (Figure 3.7).

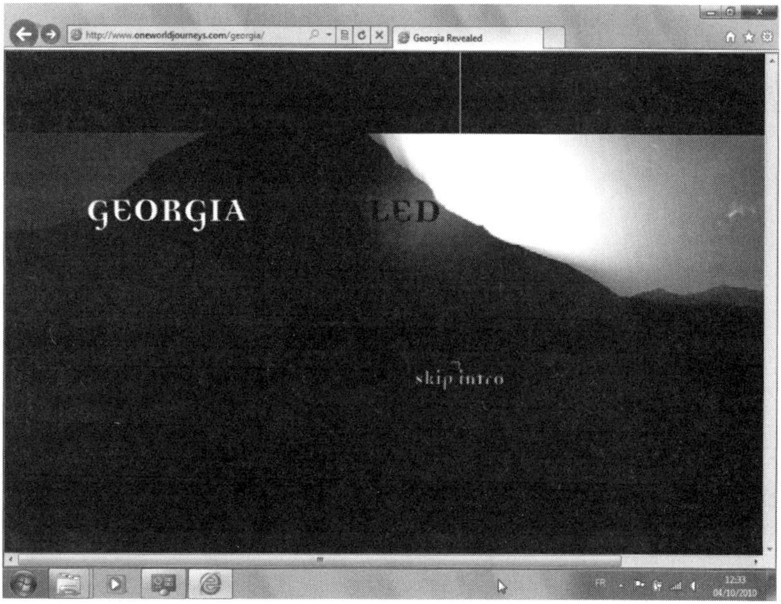

Figure 3.6 : Cette séquence animée d'introduction est lue avant d'arriver à la véritable page d'accueil du site.

Développement de votre propre jeu de symboles

Au fur et à mesure de votre progression dans votre métier de concepteur Web, vous développerez votre propre bibliothèque de symboles, lignes et formes pour représenter divers éléments et interactions. Dans la création de vos propres symboles, la seule règle est l'homogénéité. Quels que soient les symboles ou autres éléments d'illustration que vous décidez d'employer sur une carte de site, veillez à les employer avec constance et commentez-les clairement dans la légende. Un dernier conseil : exploitez des symboles simples.

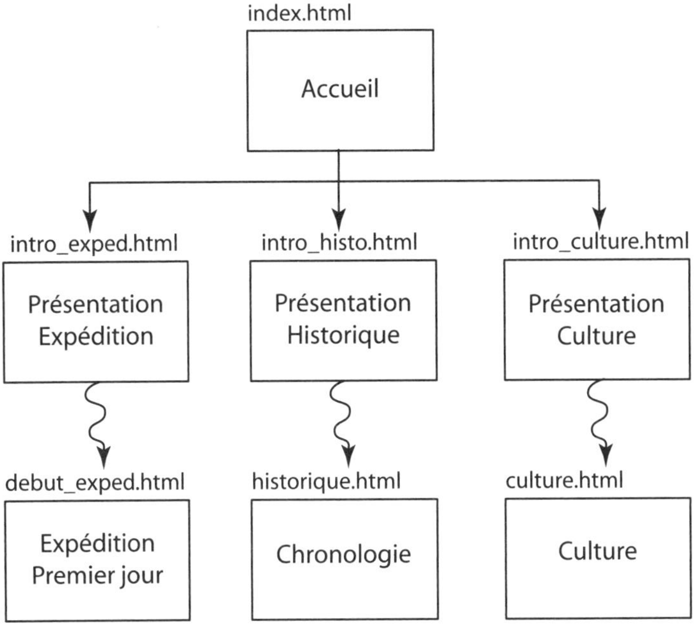

Figure 3.7 : Pour indiquer une redirection automatique, placez les pages les unes au-dessus des autres et reliez-les par une flèche ondulée.

Voici quelques autres éléments que vous rencontrerez éventuellement et quelques idées pour les représenter sur votre carte de site :

- **Base de données.** Pour représenter une base de données sur une carte de site, la plupart des sociétés de conception Web utilisent un cylindre qui ressemble à un baril de pétrole. Ce « baril » peut prendre place n'importe où sur la carte du site, mais bien souvent on le place au centre ou en bas, c'est-à-dire à un emplacement où il est facile d'établir plusieurs liens vers plusieurs pages. Les pages qui accèdent à la base de données sont identifiées par une ligne en pointillé comme le montre la Figure 3.8.

- **Animations Flash.** Flash est un logiciel qui permet de créer des animations interactives et des applications (des jeux, par exemple) à insérer dans les pages Web. Du fait que les animations Flash peuvent être complexes et réclament un développement séparé, il est préférable d'employer un symbole dédié pour les représenter sur

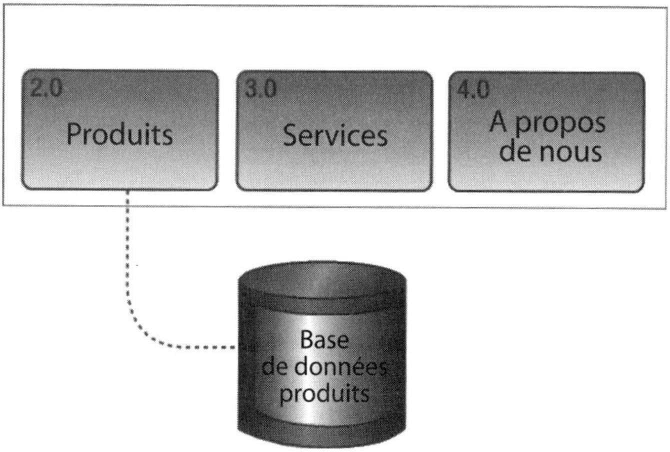

Figure 3.8 : Tracez une ligne en pointillé pour connecter une page à une base de données.

la carte du site. Comme nous l'avons suggéré plus haut dans ce chapitre, le placement d'un symbole sur la page Web afin de renvoyer à un autre document (un *storyboard*, par exemple) est une pratique répandue pour signaler les animations Flash sur une carte de site.

- **Pages modèles.** Une *page modèle* est un moyen efficace pour générer un grand nombre de pages Web semblables. Une base de données en ligne remplit le modèle avec des données. Par exemple, une boutique en ligne peut contenir des centaines de produits utilisant tous la même page modèle. Pour signaler une page modèle sur votre carte du site, dessinez une pile de pages (Figure 3.9) et tracez une ligne en pointillé jusqu'au cylindre de la base de données.

Une même partition pour tous les musiciens

L'établissement d'une communication claire entre vous, l'équipe et le client doit être une priorité durant le processus de conception. Présenter la carte de site avec le client est un excellent moyen de vous assurer que vous êtes sur la bonne voie et que le client sait exactement ce qu'il achète.

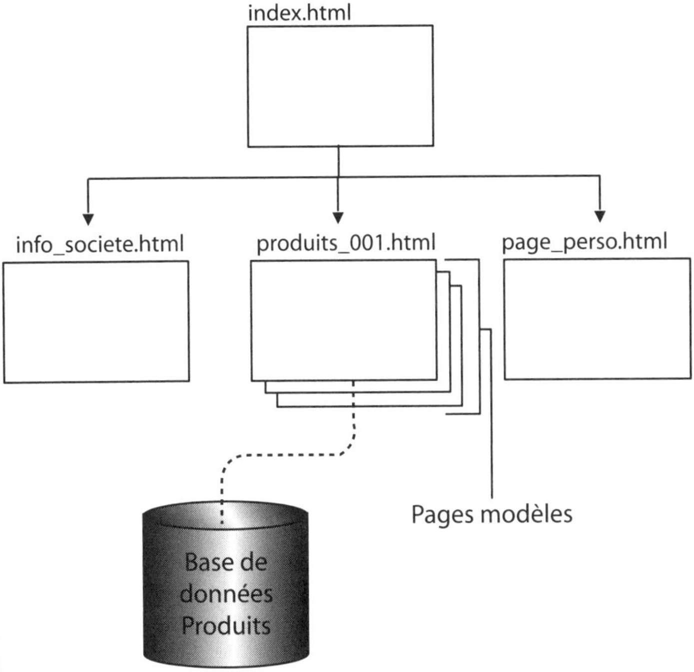

Figure 3.9 : Indiquez chaque page modèle à l'aide d'une pile de pages.

De nombreuses agences de conception Web font signer le client sur la carte de site après acceptation, de façon à confirmer ce qu'il attend du site. De la sorte, le client ne peut pas revenir plus tard vous demander où donc se trouve la page de biographie des fondateurs de son entreprise alors qu'elle n'est pas sur la carte qu'il a signée. Il sera très facile de rappeler au client que la page en question n'a jamais fait partie du projet.

Si cela vous semble un comportement un peu dur, sachez que ça fonctionne dans les deux sens ! La Figure 3.10 présente une carte de site qui comporte une page de biographie des fondateurs. Ici, le client a le droit de réclamer la page. En plus de cela, cette carte de site acceptée conjointement aide les équipes de conception et de production HTML à anticiper et planifier, pour que rien ne soit oublié. Chaque membre de l'équipe de production travaillant sur le site devrait disposer d'une copie de la carte de site à laquelle il puisse se référer durant le projet.

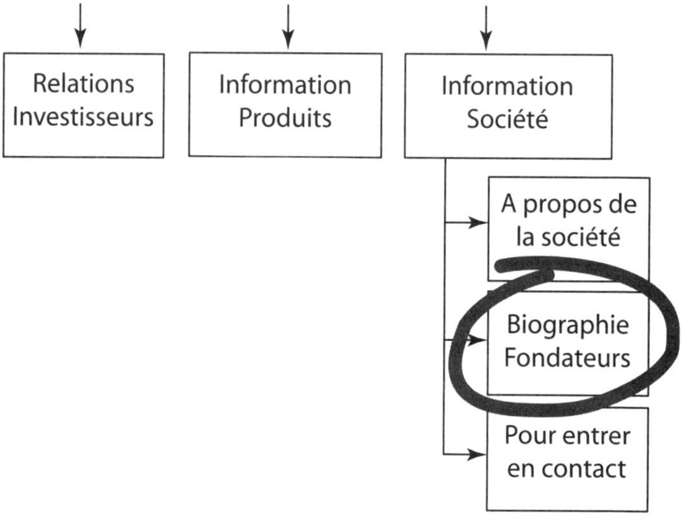

Figure 3.10 : La création d'une carte de site acceptée par toutes les parties permet de maintenir tout le monde en phase.

Conventions de nommage

Une autre fonction de la carte de site est d'établir le nom de chaque page Web, ou au moins la convention de nommage utilisée pour chaque section du site. Définir le nom de chaque page dès ce stade est important, car chaque individu travaillant sur le site doit savoir comment nommer les pages, pour pouvoir les créer et mettre en place des liens entre elles.

Celui qui construit une page comportant (par exemple) un ensemble de liens doit connaître les noms exacts des pages vers lesquelles mènent ces liens. Si le nom d'une page est « apropos.html » et que vous configurez un lien vers la page « aproposdenous.html », le lien ne fonctionnera pas. Dans cette situation, l'utilisateur est confronté à un pénible message d'erreur « page not found ».

Sur les sites de dimensions plus petites, vous pouvez écrire le nom de la page HTML directement au-dessus de sa case, sur la carte de site, comme le montre la Figure 3.11. Sur les grands sites, il n'est pas toujours possible de représenter chaque page sur la carte du site. Par exemple, un site de boutique est susceptible d'exploiter une seule et même page produit

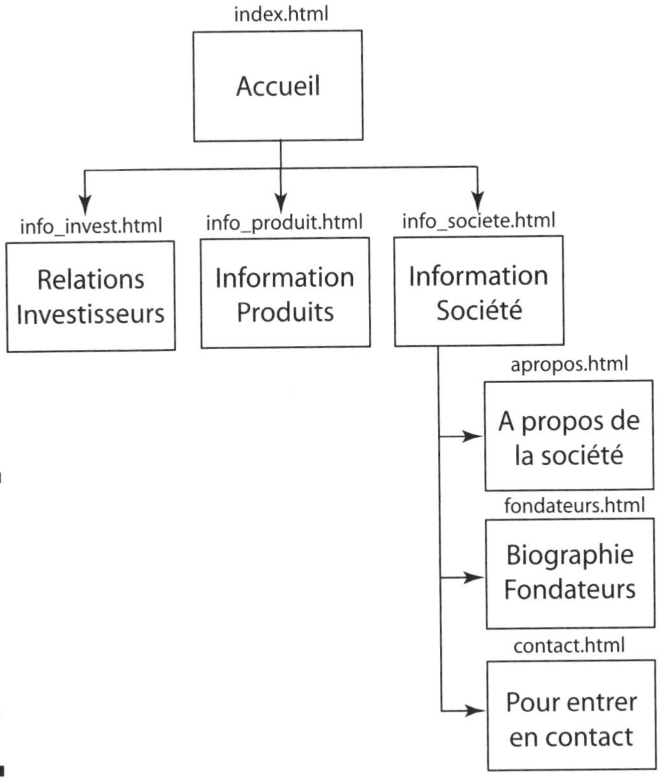

Figure 3.11 : Sur les petits sites Web, il est possible d'inscrire le nom de chaque page directement au-dessus de sa case.

(un modèle) pour générer des centaines de pages, une pour chaque produit de la boutique. Pour ces situations, il faut élaborer un système de nommage, comme « produit_001.html » (Figure 3.12). Il faut bien sûr penser à incrémenter le nombre dans le nom de la page de chaque produit.

Création d'une carte pour remodelage de site

Nombreux sont ceux qui pensent que la conception Web se résume à créer de nouveaux sites Web, de toutes pièces. En réalité, de nos jours, quasiment toutes les organisations de taille ont déjà un site Web. La demande principale est donc d'actualiser les sites Web existants, de les faire évoluer en in-

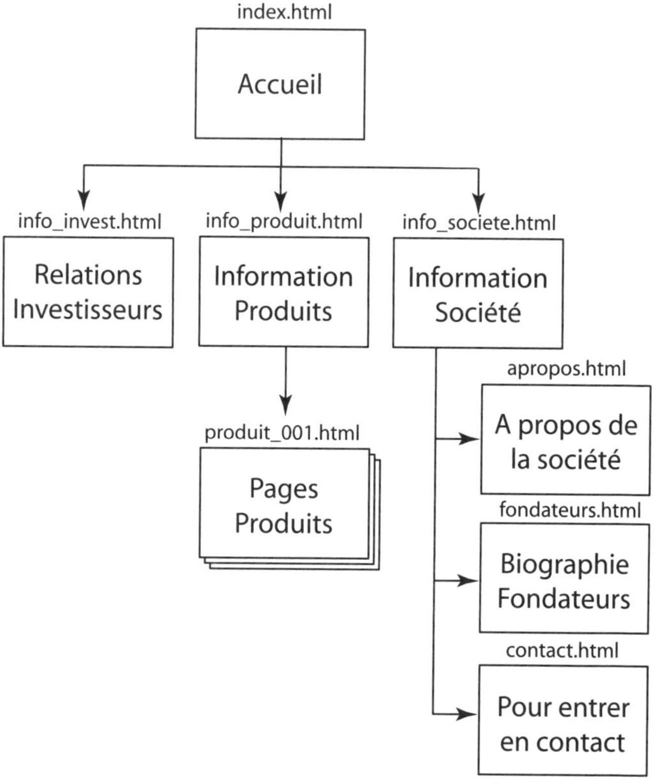

Figure 3.12 : Sur les plus grands sites Web, indiquez le système de nommage au lieu de nommer chaque page.

jectant les dernières technologies et en reflétant les évolutions de l'entreprise. Par conséquent, bien souvent, vous serez démarché pour *remodeler* un site Web.

La carte de site est également pratique en remodelage de site. Elle permet de voir le site actuel dans sa totalité et donc de savoir comment les pages sont reliées. Avec une carte du site, vous pouvez détecter où logent les problèmes et trouver des idées pour améliorer le design.

Déconstruction d'un site Web

Comment créer une carte de site pour un site Web existant ? Vous la créez en partant du site actuel pour en analyser la structure. Voici quatre étapes d'une procédure très simple à réaliser :

1. **Commencez par la page d'accueil.**

   Allez sur la page d'accueil du site et analysez scrupuleusement ses liens. Sur une grande feuille de papier, tracez une case en haut de la feuille. Elle identifie la page d'accueil. Sur le côté, dressez la liste de tous les liens. Groupez-les tels qu'ils apparaissent sur la page d'accueil. Par exemple, sous le titre En-tête, placez tous les liens de l'en-tête. Cette liste permet de savoir constamment où vous vous situez dans le site.

2. **Identifiez les catégories principales.**

   Cliquez sur tous les liens de la page d'accueil et observez bien où ils vous envoient. Votre mission est de considérer l'objectif de chaque lien et d'identifier ceux qui vous semblent les plus importants. Vous serez ainsi très surpris de constater que des contenus fondamentaux sont cachés dans des liens si subtils que le visiteur n'a que très peu de chance de les découvrir. C'est sans doute pour cette raison que vous devez refaire le site.

   Pour chaque catégorie principale que vous découvrez, tracez des cases dans une rangée située sous la page d'accueil. Sur une troisième rangée, dessinez des cases pour le contenu des différentes catégories.

3. **Représentez les fonctions globales.**

   Des liens sont présents sur chaque page. Par exemple, chaque page peut avoir un lien vers la Police de Confidentialité ou vers Contactez-nous. Identifiez toutes les fonctions globales partagées par les pages et dessinez-les dans une section séparée de la carte du site.

4. **Cherchez les interactions avec la base de données.**

   Gardez un œil attentif sur les pages reliées à une base de données. Elles sont faciles à identifier puisque leur contenu dépend de celui d'une base de données externe. Les données sont récupérées quelque part quand le visiteur les sollicite. Recherchez ainsi les pages qui présentent une URL étrange. Si elle se compose d'une longue chaîne de caractères bizarres comme « $ » et « ? », il y a de grandes chances pour que la page se nourrisse des données d'une base.

Demandez à votre client combien de bases de données sont implémentées sur le site Web et quel en est le but. Le client peut avoir un système de gestion du contenu de toutes les images et textes, disposer d'une base de données pour les produits et les prix, et avoir centralisé ses clients dans une autre base de données. Très souvent, vous devrez réintégrer ces bases de données dans le nouveau site. Si vous ne le faites pas, vous devez demander comment le client envisage de mettre à jour ses systèmes.

Dans les années à venir, le remodelage va prendre une place prépondérante dans l'activité de conception Web. En effet, une quantité phénoménale de sites vont être obligés de devenir accessibles aux handicapés. De nouvelles technologies devront être implémentées allant bien au-delà d'une simple lecture du contenu d'un site, ou d'un grossissement des éléments textuels. Il faudra adapter toutes les vidéos aux malvoyants (et surtout aux aveugles), et aux malentendants, tout en les laissant normalement accessibles aux internautes ne souffrant pas de ces handicaps. Vous risquez d'avoir du pain sur la planche !

Achèvement de la carte du site

L'achèvement de la carte du site pour un remodelage revient au même que lors de la création d'un nouveau site : avec votre jeu de symboles et d'éléments d'illustration, vous allez détailler ce qui se passe sur le site. Dans un processus de remodelage, vous n'avez cependant pas à pousser autant le détail. Le rôle de la carte du site existant est de vous donner une meilleure idée de la structure du site. La carte est également un bon support de discussion avec le client ; vous pouvez vous en servir pour poser de nombreuses questions et formuler des idées pour le remodelage. Voici quelques questions à poser au client :

- **Qu'aimez-vous le moins dans le site actuel ?** Trouvez l'origine du problème du site actuel en vérifiant si la navigation ou le contenu a besoin d'une révision. Les deux aspects sont peut-être satisfaisants, le client désirant plutôt une refonte visuelle du site ou l'ajout de caractéristiques plus sophistiquées telles que des animations Flash.

- **Du contenu doit-il être ajouté, supprimé ?** Si un gros volume de contenu doit être ajouté ou supprimé, le système de navigation du site a probablement besoin d'être revu.

- **Le rôle du site a-t-il changé ?** Il est fréquent qu'une entreprise dispose d'un site Web conçu à l'origine pour servir de brochure commerciale, et devant maintenant être transformé en moteur de production de revenus. Si c'est le cas, vous aurez à modifier de façon assez importante le contenu et la navigation.

- **L'entreprise a-t-elle changé d'objectifs ou de positionnement sur le marché ?** Dans cette situation, le contenu et la navigation du site, ainsi que son look, seront revus en profondeur. Il est alors préférable de reprendre carrément de zéro.

Développer un plan marketing

Bien que le marketing ne soit pas notre métier, nous avons, avec les années, acquis beaucoup d'idées et de tactiques de marketing en fréquentant les sites Web. L'observation la plus importante est qu'il ne faut pas attendre du public qu'il arrive spontanément sur votre site. Il existe bien trop de sites sur Internet pour que quelqu'un tombe sur le vôtre sans que vous ayez attiré son attention.

Par conséquent, vous ou un membre de votre équipe spécialisé dans le marketing devez établir un plan, en relation avec le client. Bien que certains clients ne connaissent pas le meilleur moyen de promouvoir leur site Web, ils en savent cependant beaucoup sur la façon de s'adresser à leurs clients. Ensemble, votre équipe et le client doivent développer une liste d'idées, des éléments d'action, décider des budgets. Il n'y a pas de temps à perdre : vous devez commencer les efforts de marketing presque dès le début.

Marketing hors ligne

Le moyen le plus efficace pour promouvoir un site Web est de combiner les campagnes de promotion en ligne et hors ligne. Le *marketing hors ligne* fait référence à tout média en dehors du Web, à savoir la radio, les magazines, les événements sponsorisés, les salons, etc. Voici quelques idées intéressantes de marketing hors ligne :

TRUC

- **Articles dans les magazines.** Les articles dans les magazines constituent des outils marketing très efficaces pour un site Web. De récentes statistiques indiquent qu'un article de magazine est le deuxième facteur de motivation le plus important pour visiter un site Web (le bouche à oreille étant le premier).

  Si votre plan marketing prévoit une promotion via des articles de magazines, n'oubliez pas que la plupart des revues établissent leur calendrier éditorial une année à l'avance. Vous pouvez donc carrément louper votre coup. Faites-vous aider par un spécialiste en relations publiques habitué aux calendriers des magazines : il aura des contacts pour placer le site Web de votre client dans certains titres.

- **Radio.** La radio est un bon moyen pour la promotion en régions. Il suffit de bien garder à l'esprit le public visé. Les programmes d'informations locales qui annoncent la météo et l'état du trafic routier sont de bons moyens d'attirer l'attention de ceux qui se rendent à leur travail ou en reviennent. Passer de la publicité sur les stations qui programment des tubes des années 80 et 90 est un bon moyen de cibler une certaine tranche d'âge alors que les stations qui passent de la musique actuelle attirent plus les jeunes (et jeunes d'esprit).

- **Salons et conférences.** Les salons constituent un moyen plutôt cher de promouvoir votre site Web. Non seulement vous devez tenir compte du prix de l'espace d'exposition mais aussi du fait qu'il faut un bon emplacement. Quoi qu'il en soit, vous pouvez trouver que cela convient parfaitement aux besoins de votre site. En plus des salons, voyez du côté des conférences. Si possible, faites une intervention ou voyez avec un des orateurs pour qu'il parle de votre site.

Marketing en ligne

Le *marketing en ligne* fait référence à toute campagne basée Web (par exemple, l'achat de ces ennuyeuses bannières en haut des pages Web). Voici quelques idées pour une campagne de marketing en ligne :

- **Articles en ligne.** À chaque industrie correspond un certain nombre de sites Web qui partagent des informations et des ressources et qui publient des articles. Être associé de près à un de ces sites est un bon moyen de promouvoir le vôtre.

- **Bannières de publicité.** D'après les études que nous avons lues, l'efficacité des bannières en ligne est plutôt hasardeuse. La plupart des publicitaires soutiennent que les bannières ont un taux de clic de 2 %, ce qui veut dire que 2 % des gens qui voient la publicité cliquent sur la bannière pour visiter le site vers lequel elle mène. Si vous envisagez cette possibilité, soyez honnête avec vous-même : à quand remonte la dernière fois où vous avez cliqué sur une de ces publicités au cours de vos 100 dernières navigations sur le Web ? Pour ce qui nous concerne, à moins que la bannière annonce que nous avons gagné 1 000 000 €, nous les ignorons totalement.

- **Moteurs de recherche.** La plupart des gens trouvent de nouveaux sites Web en passant par un moteur de recherche de sites comme Yahoo! ou Google (notre moteur préféré). Vous tapez un terme dans la case Rechercher d'un de ces moteurs, et vous obtenez une liste de sites qui contiennent le mot que vous avez entré. Le moteur de recherche analyse les balises `<meta>` de chaque page HTML pour voir s'il y trouve les mots clés (les balises `<meta>` sont des balises HTML spéciales qui contiennent les mots et phrases importantes décrivant le contenu de la page). Vous pouvez également inscrire vous-même votre site sur divers moteurs de recherche. Cela donne de meilleures chances que le site apparaisse dans la liste des résultats lorsque quelqu'un lance une recherche de mots clés correspondant à votre site.

- **Échanges de liens.** Un moyen bon marché de promouvoir votre site est d'échanger des liens avec un site Web partenaire, qui s'adresse à un public semblable. L'échange de liens est une pratique courante : vous placez un lien vers le site de votre partenaire, sous forme d'un mini-bouton, d'un lien texte ou d'une bannière, et ce dernier vous renvoie l'ascenseur en créant un lien vers le vôtre sur son propre site.

TRUC

Si vous comptez passer une série de bannières de publicité, sachez qu'elles sont plus efficaces lorsqu'elles sont affichées régulièrement pendant au moins trois mois sur des sites qui ont le même public que le vôtre. Selon certaines estimations, un utilisateur doit voir la même publicité neuf fois avant de consentir à y porter attention.

Chapitre 4

Organisation du contenu et des éléments de navigation

Dans ce chapitre :

- Conversion du plan en diagramme.
- Intégration de métaphores dans le visuel.
- Orientation des visiteurs vers le site Web.
- Conception d'un système de navigation.

Le Web est un outil de communication unique : il est différent du téléphone, de la télévision, des livres ou des brochures commerciales. Les gens se comportent avec un site Web de façon différente par rapport aux autres médias. Ils cliquent sur des boutons et des liens, déroulent des listes, remplissent des formulaires, interagissent avec l'animation, l'audio, la vidéo. Ainsi, concevoir des interfaces utilisateurs Web qui reconstituent trait pour trait les autres médias fait fi de tous les avantages de la technologie Web. Par exemple, penser un site Web pour qu'il ait l'aspect et la fonction d'un livre est un gaspillage des possibilités offertes.

En tant que concepteur Web, votre plus grand défi est de concevoir une interface qui exploite au mieux les capacités offertes par le Web, tout en permettant aux utilisateurs de passer rapidement d'une page à l'autre. Votre souci, et cela en fonction de la nature du site Web que l'on vous demande de créer ou de mettre à jour, consistera à songer à tous les problèmes d'accessibilité du contenu et de la navigation à des personnes souffrant d'un handicap, notamment les déficients visuels. Dans ce chapitre, vous apprendrez à construire un diagramme à partir de votre plan, pour représenter chaque page du site Web. À partir de cet organigramme, vous pourrez commencer à penser chaque page et les moyens qu'aura le visiteur pour aller de l'une à l'autre.

Présentation du contenu des pages

Toutes les cases sont en place sur la carte de site. À ce stade, la carte ne montre pas le visuel réel de la page, ni ne donne d'indication sur la façon dont le visiteur peut passer d'une page à l'autre. Vous ne disposez en fait que d'une vue aérienne de la structure. Il faut maintenant penser à la présentation du contenu de chaque page Web. Rappelons que vous n'êtes pas limité à du texte et des images. Nous vous présentons ci-après des idées intéressantes de présentation de contenu.

Vous n'êtes pas obligé de limiter une page Web à des assemblages de textes et d'images statiques. Et quand bien même vous choisiriez cette option, la page ne serait pas soumise à une taille et une orientation particulières. Pourquoi ne pas créer une mise en page horizontale si cela convient mieux à votre contenu qu'une page avec défilement vertical ? Une structure horizontale sied très bien à une interface chronologique, par exemple. En outre, de nombreuses techniques existent (du menu déroulant à l'animation complète) pour optimiser l'usage de l'espace dans la page et présenter le contenu de façon plus intéressante.

Placer du texte sur le document de travail

Comme vous partagez ce document avec les clients et les membres de votre équipe, vous devez placer tous les éléments navigationnels et les en-têtes sur les sections du contenu principal avec un texte suffisamment clair pour que chacun comprenne dans quelle direction travailler.

Ainsi, il est d'usage, pour le contenu purement textuel, et dont *de facto* personne ne connaît à l'avance le contenu, d'utiliser un texte en grec commençant par *lorem ipsum dolor si amet.* Bien entendu, vous pouvez lui substituer n'importe quel autre texte. L'important ici est que ce soit systématiquement le même texte que vous utilisiez dans les zones des pages devant afficher un contenu textuel. Jamais ce texte ne doit être confondu avec une consigne de conception.

Travailler avec un système de gestion du contenu

Un *système de gestion du contenu* est une combinaison entre un programme et une base de données. Le logiciel fournit l'interface administrative de gestion d'un contenu stocké dans une base de données. Ce système permet de stocker des images et du texte qui alimenteront des marques de réserve placées sur les pages Web du site. Ainsi, dès qu'une modification est apportée à un élément stocké dans la base de données, il est instantanément actualisé dans la ou les pages Web. Un système de gestion du contenu accélère la mise à jour des sites.

Si vous utilisez ce système, une personne doit travailler en permanence avec tous ceux qui assurent la gestion de l'architecture informative du site. L'important ici est d'identifier tous les types de contenus, puis de déterminer ceux qui doivent apparaître sur telle et telle page. Pour surveiller tous ces types de contenus, leurs occurrences et les pages où ils apparaissent, vous devez créer une feuille de calcul qui tient lieu d'inventaire.

Optimisation de l'espace

Si les écrans plats de génération 16/10 (wide) se développent, vous devez malgré tout penser à deux types d'utilisateurs.

Ceux qui utilisent encore des écrans de 17 ou 19 pouces, et à ceux qui ignorent qu'il existe une vie numérique au-delà d'une résolution d'affichage de 1024 x 768. Si vous tenez horizontalement une feuille de papier 21 x 27 cm, vous obtenez à peu près la taille d'un petit écran. Une fois la fenêtre du navigateur, avec tous ses boutons, la case d'adresse et les barres de défilement affichées, la surface d'affichage allouée au Web est réduite à la portion congrue. Cette petite fenêtre est votre surface de conception.

En étudiant votre carte de site, vous remarquerez éventuellement que certaines catégories sont littéralement bourrées de contenu. Voici quelques techniques pour vous aider à mieux structurer le contenu, le condenser et, dans de nombreux cas, combiner plusieurs pages en une seule :

- **Jouez sur le défilement.** Cela va sans dire que le concepteur, face à ce petit espace dans la fenêtre du navigateur, doit faire preuve de créativité. Il est tout simplement impossible de tout caser dans la zone d'affichage disponible (environ 600 x 350 pixels). Il faut donc optimiser le défilement de la page. Lorsque le visiteur voit des barres de défilement et des images tronquées en bas ou sur un côté de l'écran, il sait que la page contient encore d'autres choses.

- **Placez les choses importantes devant et au milieu.** Placez toujours le contenu important, les titres, les instructions, dans la portion visible, et trouvez un moyen de faire savoir au visiteur qu'il faut faire défiler la page pour accéder au reste.

  Observez l'organisation du contenu sur la Figure 4.1. L'espace visible (700 x 450 pixels) est séparé en deux cadres. La portion supérieure représente une salle avec possibilité de défilement horizontal, contenant de nombreuses choses sur lesquelles cliquer. La portion inférieure contient un menu sous forme de diverses images qui mènent à différentes salles. Le maître mot est bien ici d'optimiser l'espace.

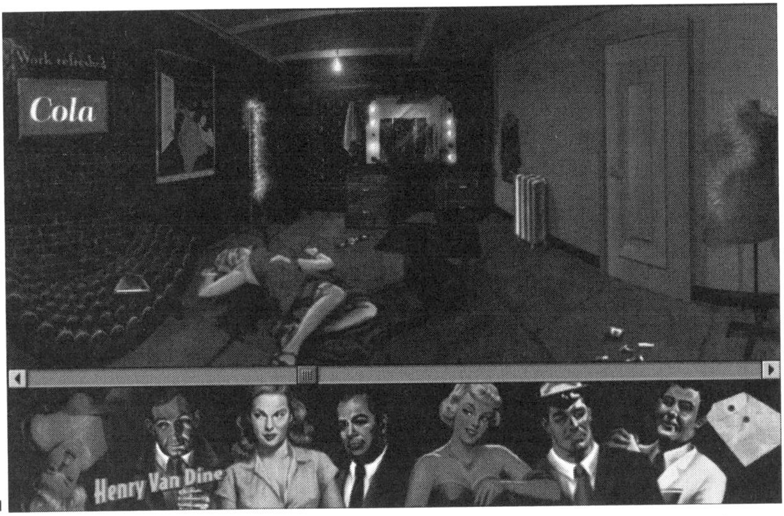

Figure 4.1 : Sur cette page, une possibilité de défilement horizontal, en panoramique, optimise la surface d'affichage.

TRUC

- **Organisez le contenu sous forme de couches.** Un autre moyen d'optimiser la surface d'affichage est d'employer des images contextuelles et des menus déroulants pour plaquer du contenu sur l'écran. Une telle interface masque le contenu jusqu'à ce que l'utilisateur réalise une action, par exemple un survol (il place le pointeur de la souris sur un élément) ou un clic de bouton. Cela s'accomplit avec du JavaScript ou du DHTML (HTML dynamique). La Figure 4.2, réalisée à partir du site `www.lopuck.com`, est un bon exemple de couches de contenu. Avec une animation Flash qui se déroule au centre.

- **Conception d'une plaque tournante pour le contenu.** L'espace dans la page Web étant si problématique, une autre dimension à exploiter est le temps. Si vous ne pouvez placer tout ce que vous voulez dans la zone d'affichage, animez la zone. Vous pouvez afficher de nombreux liens en boucle, dans un espace relativement restreint. Observez la Figure 4.3 : dans cet exemple, les icônes sont affichées alternativement ; l'utilisateur n'est jamais confronté à plus de quatre choix en même temps.

Figure 4.2 : Plusieurs couches permettent de placer tous ces éléments sur une page Web.

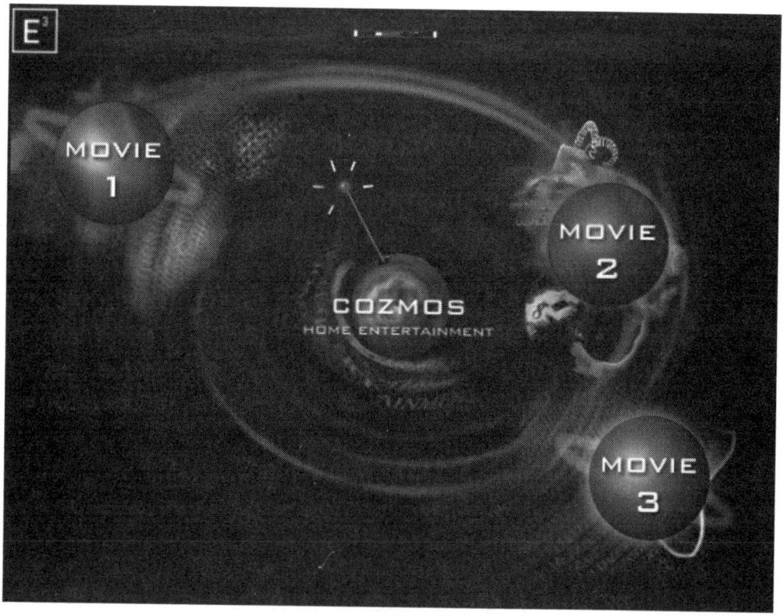

Figure 4.3 : Interface animée sur le site d'un studio d'animation. Elle présente quinze choix, en boucle, à raison de quatre choix maximum à la fois.

Spécifier l'existence d'animations Flash

Certaines pages Web sont très interactives et/ou contiennent des éléments animés par la technologie Flash. Ces interfaces recèlent souvent beaucoup d'informations et de choix intégrés. Par exemple, vous pouvez concevoir une application Flash – incluant ses propres écrans, liens et fonctions – que vous placez sur une seule page Web. En d'autres termes, une page Web contient tout un site créé en Flash. Jetez un œil sur le splendide site de verrerie d'art `http://www.art-glass-laurent.com/FR/verrerie.html` qui est un exemple d'intégration Flash dans une page Web classique. La Figure 4.4 montre que tout fait partie intégrante de l'animation : la photo et l'interface animée, plus une grande quantité de liens.

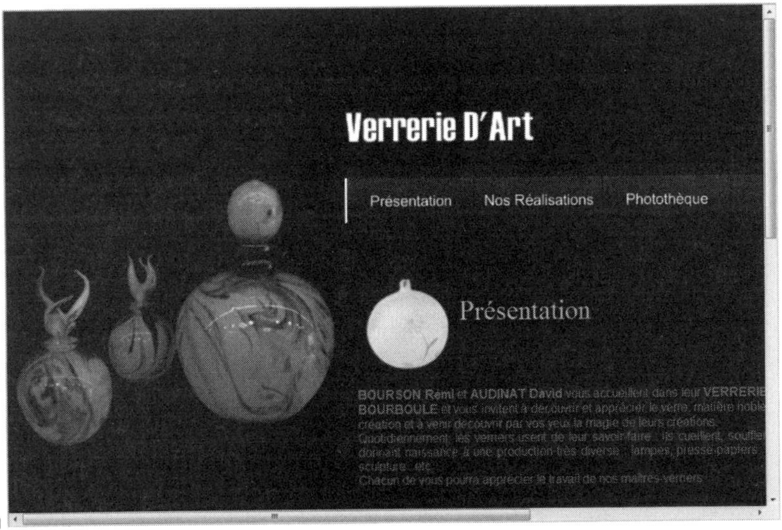

Figure 4.4 : Flash permet de créer des sites entiers.

En utilisant Flash, vous devez optimiser les performances de vos pages. Cette technologie permet de déterminer le taux de compression des graphiques. L'inconvénient de Flash est que, pour en profiter, l'utilisateur doit impérativement installer Flash Player sur sa machine. Ce plug-in est gratuit, mais nécessite une démarche volontaire d'installation. Heureusement, 99 % des utilisateurs du Web utilisent le lecteur Flash.

TRUC

Comme Flash est un domaine d'interactivité pur, le plan de la page Web ne peut pas en montrer tous les aspects. De ce fait, vous allez vous contenter d'indiquer la présence d'une animation Flash en créant un cadre dont les dimensions seront proportionnelles à la place qu'occupe cette animation sur la page Web. Précisez, par écrit, qu'il s'agit bien d'une animation Flash. Référencez-la dans toutes les cartes et plans qui y donnent accès.

ATTENTION !

Aujourd'hui, en matière d'accessibilité, Flash est à proscrire. Les systèmes de lecture des interfaces Web comme WebAnywhere ne peuvent pas lire les boutons de navigation et les liens purement Flash. Donc, n'oubliez jamais cette restriction lorsque vous travaillez à l'élaboration d'un site Web devant être accessibles aux malvoyants.

Les animations Flash peuvent être d'une si grande complexité qu'il n'est pas exceptionnel de leur consacrer une carte et/ou un plan. Vous allez la présenter sous la forme d'un storyboard (scénarimage) qui ne va pas en détailler la progression image par image, mais plutôt s'attacher à la progression de son interactivité. Comme le montre la Figure 4.5, le plan d'une animation Flash peut indiquer les interactions dynamiques comme un panoramique à 360°.

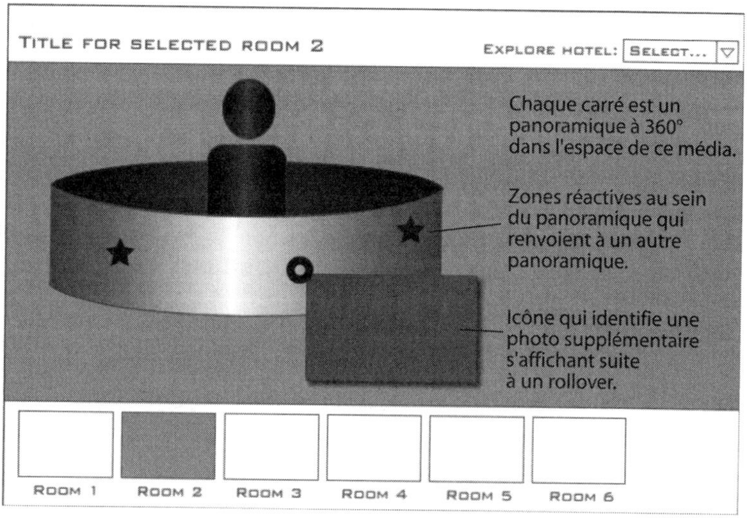

Figure 4.5 : Storyboard sommaire d'une animation Flash qui montre ici un panoramique interactif à 360°.

Interfaces extensibles via l'animation

Un de nos clients, un studio d'animation, désirait un site Web présentant diverses animations dès la page d'accueil. Une nouvelle série d'animations devait être présentée chaque mois. Certains mois, il n'y aurait que quatre animations à présenter, et d'autres mois, il y en aurait jusqu'à dix. Cette simple contrainte risquait de générer une page avec beaucoup de vide un mois et surchargée le mois suivant, d'où un gros défi pour l'équipe de conception.

Nous avons retenu une interface modulaire, animée, en rotation constante et présentant tour à tour tous les choix disponibles, à raison de trois ou quatre à la fois. Cette démarche modulaire facilite l'actualisation : chaque mois, le client a simplement à créer les icônes pour les nouvelles animations et à les mettre en rotation. Le client a apprécié la démarche et a décidé de créer une interface animée semblable pour présenter ses jeux interactifs à l'occasion d'un salon.

Avoir du style dans la navigation

Concevoir une interface utilisateur est un des plus importants défis de création auxquels vous serez confronté en tant que concepteur Web. Le principal objectif est de faire en sorte que le visiteur ait la sensation de contrôle, qu'il soit capable de se déplacer dans le site, rapidement et efficacement. Il n'y a rien de pire qu'un utilisateur se sentant perdu.

Pour aider le visiteur à naviguer tout en sachant constamment où il se trouve, le système de navigation doit être l'équivalent d'un plan d'orientation, avec à chaque endroit un indicateur « Vous êtes ici ». La section ci-dessous présente des conseils et des conventions à ne pas oublier lorsque vous concevez une interface.

Navigation croisée

Les visiteurs n'apprécient pas de devoir naviguer à travers des tonnes de pages avant d'arriver à celles qu'ils désirent consulter. L'objectif est donc que le visiteur aille de n'importe quelle page à n'importe quelle autre avec le moins de clics possible.

TRUC

Le meilleur moyen pour réduire le nombre de clics est de fournir le même jeu de liens de navigation sur chaque page. Cette stratégie, appelée *navigation croisée*, permet au visiteur de naviguer rapidement d'une section principale à l'autre sans devoir revenir en arrière en cliquant sur le bouton Précédent.

Un système de navigation croisée donne également au visiteur une idée de la taille du site Web. Par exemple, l'écran sur la Figure 4.6 indique au visiteur qu'il se trouve dans la section *Breads* et qu'il peut explorer trois autres sections principales. Le placement du même système de navigation croisée au même emplacement sur chaque page crée un point de référence qui aide le visiteur à rester orienté sur le site.

Figure 4.6 : Avec ce système de navigation croisée, le visiteur peut passer rapidement d'une section principale à l'autre.

Piste de navigation

Hansel et Gretel sont capables de sortir de la forêt en suivant une piste de miettes de pain : un visiteur peut aussi s'orienter dans un site en suivant une version numérique des miettes de pain. La *piste de navigation* (c'est le terme utilisé dans l'industrie de la conception Web) est littéralement une piste de liens textuels qui indiquent les étapes parcourues depuis la page d'accueil du site. C'est ce qu'illustre la Figure 4.7.

Figure 4.7 : Cette piste de navigation fournit un moyen pratique au visiteur de remonter sa trace dans un site.

(NdT) *Piste de navigation* est *une* des traductions rencontrées pour *trail of bread crumbs* (« piste de miettes de pain »). On rencontre aussi *trace de parcours* ou *chemin contextuel.*

Plus le visiteur s'enfonce dans le site Web, plus la piste s'allonge. Chaque lien lui fournit un rapide moyen de revenir sur sa trace. Il est possible de remonter étape par étape, mais cela n'est pas obligatoire, un clic sur n'importe quel lien sur la piste ramène directement à une des étapes du parcours. La piste donne également une bonne idée de l'endroit où le visiteur se trouve sur le site. À la différence du système de navigation croisée, le visiteur ne peut cependant pas sauter directement à une autre section ; la seule possibilité est de revenir en arrière, à l'une des étapes précédentes. Notez que la mise en place d'une piste de navigation réclame une programmation supplémentaire, à moins de vous procurer la licence d'exploitation d'un tel système auprès d'une source externe.

D'un point de vue graphique, la convention visuelle pour une piste de navigation est d'afficher chaque étape précédente sous forme de lien textuel actif, souligné, suivi d'une flèche ou d'un deux-points. Le dernier lien, à la fin de la piste, n'est *pas* souligné ; il représente la page où se trouve actuellement le visiteur. Le dernier lien n'est pas cliquable ; il sert finalement de titre à la page actuelle.

Navigation croisée et piste de navigation

Lorsque vous combinez la puissance du système de navigation croisée avec le style de la piste de navigation, vous obtenez une interface très souple, quasiment à toute épreuve, c'est-à-dire capable de s'adapter à de très grands sites comportant énormément de contenu.

Voici comment procéder pour réunir les deux systèmes de navigation. Premièrement, utilisez le système de navigation croisée pour les liens vers les principales sections. Cela permet au visiteur de naviguer rapidement vers la zone qu'il recherche. Si votre site Web comporte beaucoup de sections, utilisez un menu déroulant pour afficher les options de navigation croisée. Notez au passage que les liens textuels en bas de page comptent comme des liens de navigation croisée. Deuxièmement, placez une piste de navigation pour aider le visiteur à rester orienté et lui donner la possibilité de revenir facilement en arrière.

Supervision des métaphores

Les concepteurs sont couramment tentés d'employer des métaphores du monde réel pour l'organisation du contenu et la navigation sur le site. Notre expérience nous montre que ce genre de métaphores peut déraper vers l'horrible : elles finissent par scléroser le contenu et les options de navigation, vous forçant à trouver des choses qui ont un sens avec la métaphore et non plus forcément avec le contenu.

Par exemple, imaginez que votre client demande une page Web ayant l'aspect d'un livre ouvert (avec pages cornées et tout et tout), alors que le contenu du site n'a rien à voir avec la littérature ou les livres. Cette interface en forme de livre vous enferme automatiquement dans un ensemble réduit d'options de navigation. Les pages cornées suggèrent systématiquement au visiteur qu'il faut faire tourner les pages pour naviguer dans le contenu. La métaphore de page limite également les choix de contenu à des éléments qui ont un rapport avec une page de livre, comme du texte et des images, mais pas de formulaires ou de menus déroulants.

Si vous prenez les métaphores trop au sérieux, vous pouvez perdre du temps à essayer de faire correspondre le contenu au thème.

TRUC

Si vous optez pour les métaphores, gardez-les sous contrôle ! Ne les laissez pas prendre le pas sur vos possibilités navigationnelles. Par exemple, utilisez un système de navigation comme celui de la Figure 4.8. Les éléments de la pièce parlent d'eux-mêmes pour nous donner une idée de ce que l'on va trouver en cliquant sur tel ou tel graphique.

Figure 4.8 : À votre avis, quel élément diffuse de la vidéo ?

Gardez le contrôle de vos métaphores

Il nous est arrivé qu'un client nous demande de remanier un projet qui avait pris beaucoup de temps et avait dépassé le budget prévu. Le projet recourait à une interface de bureau 3D pour présenter tous les choix de navigation, des choix qui n'avaient d'ailleurs rien à voir avec un bureau.

Les graphismes 3D étaient beaux, mais occupaient la totalité de l'écran, ne laissant aucune place pour le véritable contenu. L'interface ressemblait à un véritable bureau, avec le mobilier adéquat, tiroirs à rideau, téléphone, ordinateur, etc. Tous les choix de contenu étaient plaqués sur les divers objets de la pièce. Non seulement le look bureau n'avait rien à voir avec le contenu, mais la conception et la production de l'interface 3D avaient coûté cher, et le prix de l'actualisation était lui aussi élevé.

Maints tests utilisateurs avaient révélé que personne n'associait correctement les choix de navigation avec les objets dans la pièce. Bien que le client s'entichât de l'interface 3D, celle-ci ne convenait pas pour ce site. Nous avons supprimé l'interface 3D pour la remplacer en moins de 30 jours par une solution élégante et sans ambiguïté.

Chapitre 5

Conception de l'interface utilisateur

Dans ce chapitre :

- Donner aux visiteurs les possibilités de naviguer sur le site.
- Créer la structure de la navigation.
- Concevoir une navigation conviviale.
- Employer des éléments d'interface homogènes.

En tant que concepteur, c'est à vous de faire en sorte que le site soit simple d'emploi. Attention ! C'est une grosse responsabilité, et vous serez sous le feu des projecteurs lors de la phase de tests utilisateurs : attendez-vous à une suée. Cette suée risque d'être doublée du fait que vous soyez obligé d'adapter votre site aux handicaps des visiteurs (voir le Chapitre 1 et la section sur l'accessibilité), voire de créer une seconde version du site spécialement dédiée à ces visiteurs qui doivent être, et c'est bien normal, traités sur un pied d'égalité avec les personnes valides.

Concevoir une interface que le visiteur peut réellement exploiter demande de la gymnastique mentale et un bon concept visuel. Cela demande également une anticipation avisée des divers problèmes qu'il peut poser pour une adaptation aux handicaps des visiteurs : lisibilité, performance, vidéo, audio etc. La conception graphique que vous utilisez pour le site est importante, car le visiteur doit savoir, rien qu'en regardant, ce que va déclencher telle image ou telle icône s'il clique dessus.

De plus, le site doit être assez simple pour qu'un logiciel comme WebAnywhere (ou équivalent) ne rende pas pénible sa visite aux malvoyants. Peut-être est-il alors judicieux de développer un accès à une version parallèle du site dont le système de navigation est spécialement adapté à ce handicap.

Par ailleurs, l'emplacement des éléments d'interface dans la page affecte également les possibilités d'orientation du visiteur sur le site, et la facilité d'accomplissement des tâches.

Alors que le Chapitre 4 traite de l'organisation et de la navigation au sein du contenu Web, ce nouveau chapitre sonde la manière dont les internautes interagissent avec les éléments de la page, et montre comment l'aspect visuel peut améliorer ou, au contraire, ruiner la convivialité du site.

Conception de la navigation

Une fois parvenu au stade de conception de l'interface utilisateur d'un projet, un bon nombre de choses se rapportant à ce sujet ont déjà été élaborées. Lorsque vous avez créé le plan du site, puis l'avez transformé en carte de site fonctionnelle, vous avez organisé le site en un système de catégories et sous-catégories logiques, que vous allez utiliser pour aider le visiteur à naviguer sur le site (pour plus d'informations sur les cartes de sites, voir le Chapitre 4).

En tant que concepteur, vous devez envisager toutes les possibilités, c'est-à-dire aussi bien les tâches exécutées que réfutées par l'utilisateur. Il est donc plus facile de concevoir un système de navigation qui facilite la vie de vos visiteurs en optimisant le temps passé sur les pages Web à la recherche d'informations précises. Vous devez savoir comment et où positionner des cases à cocher, des menus, des liens, des icônes et des boutons. Cet ensemble de choses va conduire à l'élaboration d'un système de navigation et de consultation apprécié ou détesté. Soyez vigilant !

Créer un organigramme de navigation

Puisque vous avez déjà beaucoup d'indications via la carte du site, vous n'avez plus maintenant qu'à suivre quelques règles de base en conception d'interface utilisateur pour vous assurer que votre système de navigation est convivial. Vous allez ainsi créer une sorte d'*organigramme de la navigation* permettant de respecter une certaine logique conduisant à ne jamais perdre l'internaute dans sa visite. Vous obtenez une structure identique à celle illustrée Figure 5.1.

Une fois toutes les possibilités savamment exposées et évaluées, vous pouvez concevoir le système de navigation le plus adapté. Par exemple, vous décidez ceci :

- Le système de navigation doit donner à l'utilisateur une idée de la grandeur du site et de l'endroit où il se trouve actuellement par rapport à l'ensemble.
- Inclure un lien Mot de passe sur la première page de la séquence de connexion et d'identification.
- Inclure une case à cocher S'enregistrer à la fin du processus d'achat pour encourager l'internaute à devenir un membre du site facile à identifier, et ainsi simplifier la procédure de ses achats ultérieurs.
- Donner aux utilisateurs la possibilité de savoir à quelle étape de la procédure ils se trouvent.

Vous êtes ici

Lorsque vous consultez un livre, vous avez immédiatement des indices (épaisseur, format de page, table des matières) sur ce à quoi vous attendre. Vous pouvez anticiper mentalement un certain nombre de choses par rapport à ce qu'il y a à l'intérieur. La plupart des sites Web n'offrent pas de tels indices immédiats donnant une idée de l'ensemble. Il n'y a pas moyen de dire, rien qu'en consultant la page d'accueil, de quelle taille est le site ou si l'on va y trouver ce que l'on cherche. À moins que le concepteur ne vous l'indique.

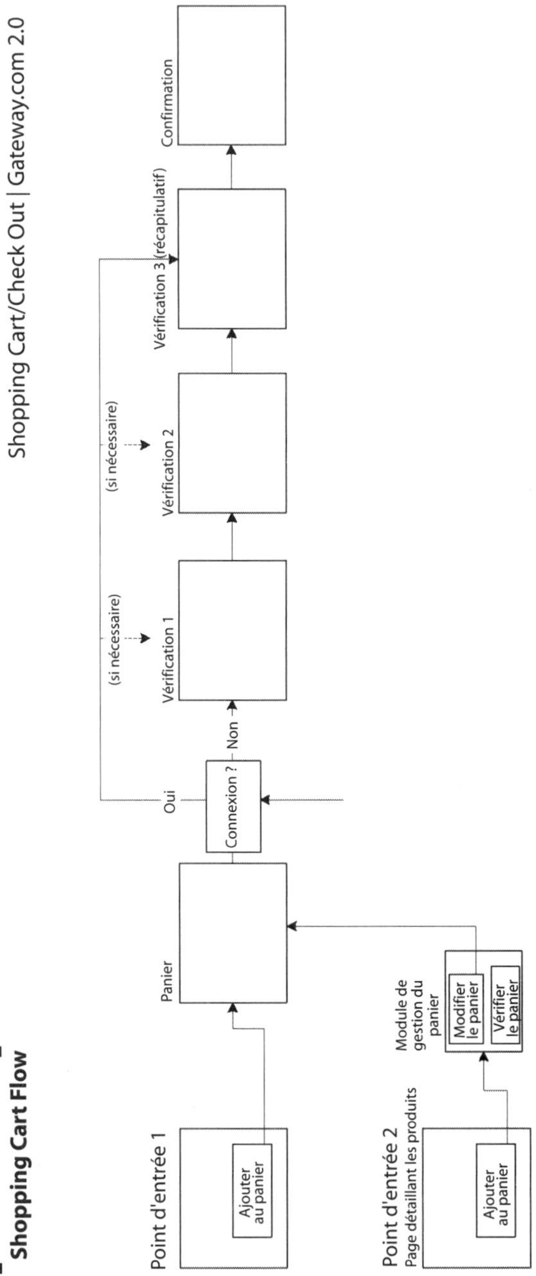

Figure 5.1 : Plan de navigation avec toutes les possibilités offertes au visiteur.

Voici quelques techniques pour orienter le visiteur sur votre site et lui permettre de se rendre rapidement aux sections principales et aux sous-sections :

- **Fonction de recherche.** Si vous implémentez un système de recherche, sachez que les utilisateurs ont l'habitude de le chercher en haut de la page sur le côté gauche ou droit. Comme le montre la Figure 5.2, le champ de recherche est très évocateur. Il invite l'utilisateur à saisir l'objet de sa recherche puis à cliquer sur un bouton pour la lancer.

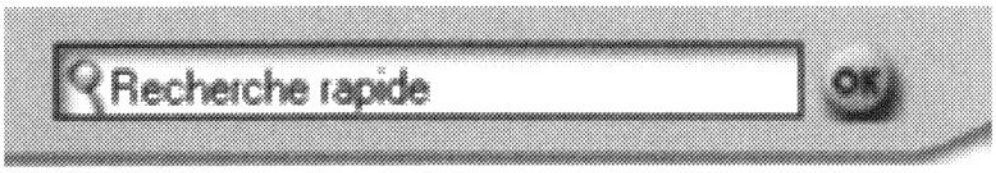

Figure 5.2 : Placez une commande de recherche en haut et à gauche de la page Web.

- **Lien vers la page d'accueil.** Les pages Web ne présentent pas le logo de la société du site pour des raisons purement esthétiques. Par tradition, ce logo est un lien qui, si vous cliquez dessus, vous renvoie sur la page d'accueil du site. Il se situe généralement dans le coin supérieur gauche de chaque page.

- **Lien de connexion.** Contrairement à la fonction de recherche, la majorité des sites Web ne proposent pas de champ d'identification appelé Connexion ou encore Compte sur chaque page. Souvent, vous le trouvez en haut de la page d'accueil ou sur la page affichant les rubriques principales du site. La *connexion* est une procédure qui permet à l'utilisateur de s'identifier sur le site par le biais d'un nom d'utilisateur (souvent son adresse e-mail) et d'un mot de passe. D'une certaine manière, la navigation est personnalisée pour cet utilisateur ou, du moins, quand il fait des achats, il n'a pas à ressaisir ses coordonnées. L'enregistrement, préalable indispensable à une future connexion, vous fait saisir toutes les informations en question. Elles sont ensuite stockées chez vous ou sur le site sous forme de *cookie*. Toujours dans l'optique de simplifier la vie de l'internaute, le site propose un lien hypertexte Mot de passe oublié. Il suffit tout simplement de saisir votre adresse e-mail pour recevoir le mot de passe correspondant, ou un nouveau mot de passe généré par le site. Ce nouveau mot de passe pourra, bien entendu, être changé ultérieurement par l'utilisateur.

Aspect des éléments visuels (boutons)

Comme nous l'indiquions au cours de la précédente section, l'aspect visuel des éléments de navigation a un gros impact sur la facilité d'emploi d'un site. Par exemple, en créant un système de navigation croisée ayant l'aspect familier d'onglets de dossiers, vous donnez instantanément au site un côté convivial. Chacun pressent immédiatement les onglets comme étant des boutons interactifs et non pas une décoration statique de page.

Comparez les deux exemples des Figures 5.3 et 5.4. La Figure 5.3 montre les mêmes composants interactifs que la Figure 5.4. Toutefois, force est de constater que la Figure 5.4 est bien mieux organisée grâce à ses titres de sections qui expliquent parfaitement bien comment remplir le formulaire.

Rollover (survol)

Toutes les techniques dont nous avons parlé dans les sections précédentes de ce chapitre pour donner à un objet un aspect interactif ont une chose en commun : elles fournissent toutes une indication *visuelle* à l'utilisateur pour dire en quelque sorte : « SVP, cliquez sur moi. » D'autres sortes d'indices, cependant, sont exploitables afin d'indiquer au visiteur qu'un objet est interactif. Vous pouvez également utiliser du son, de l'animation et d'autres médias pour l'emploi des composants d'interface.

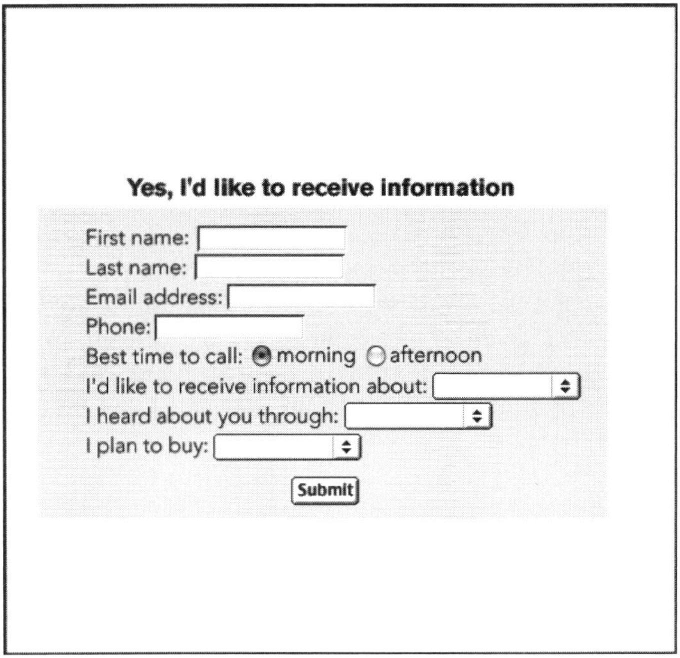

Figure 5.3 : La conception graphique de ce formulaire prête à confusion.

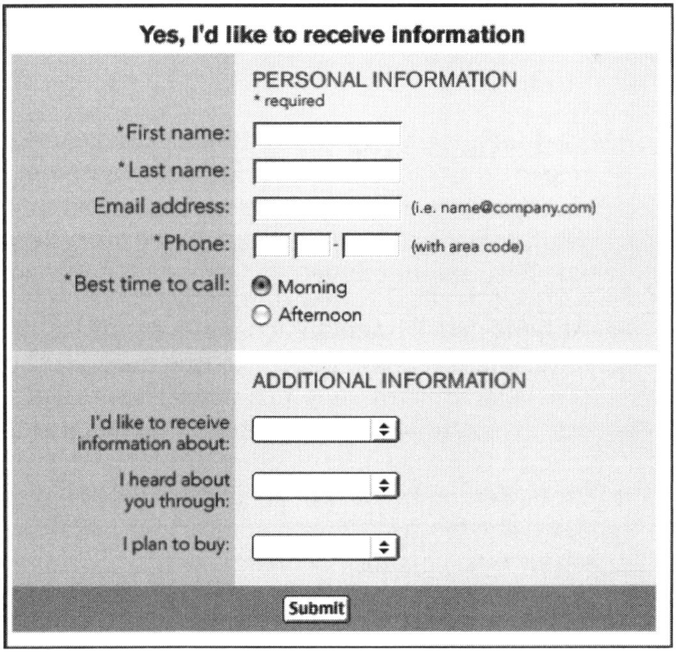

Figure 5.4 : L'organisation visuelle de ce formulaire est bien plus claire, aérée, rendant son utilisation plus conviviale.

La liste ci-dessous présente des techniques éprouvées qui signalent au visiteur un élément important :

- **Changer l'apparence d'une image.** Un *rollover* est un élément graphique, habituellement un bouton, qui change d'aspect lorsque le pointeur de la souris le survole. Ainsi, quand l'utilisateur parcourt une page avec la souris, les éléments interactifs sont mis en valeur, ce qui l'invite à cliquer dessus. Non seulement le bouton est mis en valeur lorsque l'utilisateur le survole, mais il change encore d'aspect lorsque l'utilisateur enfonce le bouton de la souris. La Figure 5.5 montre les différents états du bouton : normal, survolé, enfoncé.

Figure 5.5 : Un rollover change d'aspect lorsqu'il est survolé par le pointeur de la souris ou que l'utilisateur clique dessus.

- **Déclencher un clip audio.** Un autre moyen pour faire ressortir un élément d'interface est d'employer de l'audio. Il est possible de lire une séquence sonore quand l'utilisateur survole le bouton et une autre séquence dès que l'utilisateur clique.

- **Animer des éléments.** Rien n'attire plus l'attention de l'utilisateur sur une page Web que quelque chose en mouvement. Il fut un temps où la plupart des pages Web étaient statiques et silencieuses, aussi la moindre chose animée était-elle énormément mise en valeur. De nos jours, l'animation est plus commune. Néanmoins, elle reste une bonne tactique pour attirer l'attention, sous réserve de l'exploiter correctement.

Il faut employer l'animation avec parcimonie et la concentrer dans une zone de la page. Si toute la page clignote, plus rien n'en sort. Utilisez l'animation uniquement pour les éléments interactifs importants. Par exemple, insérez un GIF animé ou une animation Flash pour mettre en valeur l'article principal ou le produit du jour. Il est aussi envisageable d'animer les boutons de l'interface principale ou encore de les animer lorsqu'ils sont survolés par le pointeur de la souris.

Concevoir des boutons cliquables

Grouper une série d'éléments d'interface d'aspect similaire est susceptible de donner à l'ensemble un aspect cliquable (même si les images individuelles n'ont pas l'air cliquables). Par exemple, si vous alignez une rangée de libellés composés dans la même police, vous créez un élément graphique plus fort, qui ressort par rapport au reste de la page.

En règle générale, les éléments cliquables prennent un des trois aspects suivants :

- **Utilisez un mot.** Les éléments graphiques (comme les icônes) sans texte sont souvent négligés. En effet, l'utilisateur ne sait pas sur quoi il va tomber en cliquant dessus. Par conséquent, il est avisé d'employer des mots, des verbes ou de petites phrases comme *Imprimer* ou *Carte du site*.
- **Donner de la dimension.** Faites ressortir les éléments visuels en leur donnant une apparence tridimensionnelle.
- **Grouper les éléments.** Un regroupement d'éléments textuels ou graphiques crée une grande entité visuelle qui attire l'attention du visiteur et lui donne à penser qu'il est probablement interactif, comme celui de la Figure 5.6.

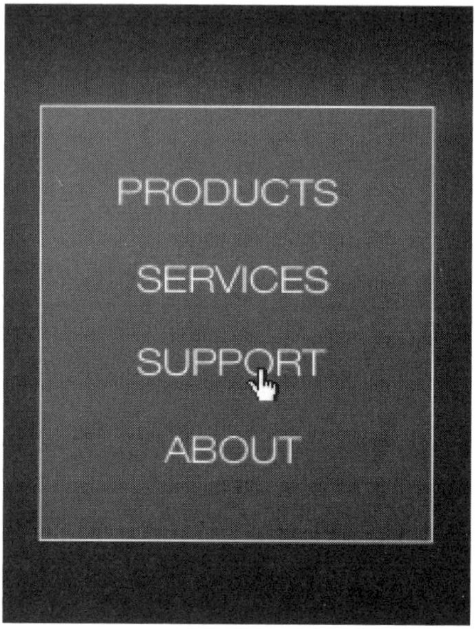

Figure 5.6 : En groupant des éléments interactifs dans une même zone, vous introduisez ce principe d'interactivité dans l'esprit de l'internaute.

Exploiter les indices de la vie de tous les jours

Les objets que vous manipulez quotidiennement tels que les boutons du téléphone, les tiroirs, les molettes sont des thèmes d'inspiration pour le design des éléments interactifs d'une page Web. Le visiteur sait employer ces objets : chacun sait appuyer sur un bouton, tirer sur la poignée d'un tiroir, faire tourner une molette.

L'aspect et la forme des objets fournissent des indices sur la façon dont on doit les employer. Par exemple, les poignées de tiroir permettent d'y glisser les doigts pour avoir une prise. Si votre interface graphique ressemble un peu à ces objets (ou présentent avec eux des similitudes), l'utilisateur aura d'entrée de jeu une bonne idée de la façon de s'en servir.

Observez l'interface avec molette et tiroir du lecteur Apple QuickTime sur la Figure 5.7. Il est très facile de deviner comment employer ces accessoires afin de régler le volume et accéder à une série d'options. Pour le volume, il suffit de faire tourner la molette, par cliquer-glisser vers le haut ou le bas. Pour le tiroir, on place le pointeur de la souris sur la zone qui ressemble à une poignée et on fait glisser vers le bas.

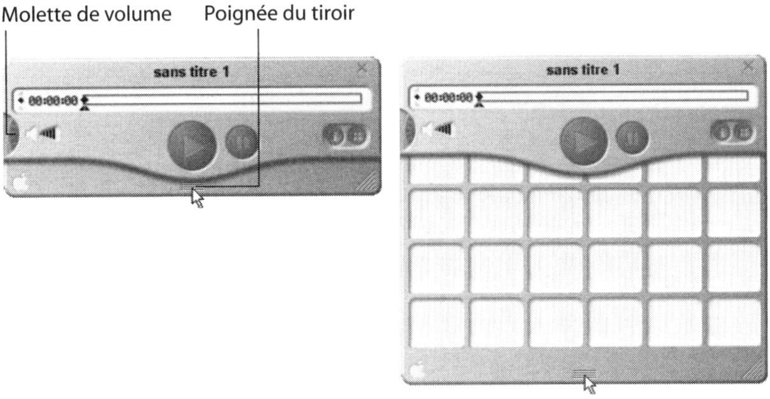

Figure 5.7 : Les dispositifs de réglage du lecteur QuickTime ne réclament aucune explication pour être employés correctement.

Groupement et imbrication des éléments

La position des éléments interactifs est très stratégique. Par exemple, si vous groupez des éléments dont l'aspect est très proche, vous communiquez un indice fort à l'utilisateur sur l'exploitation de cette série d'éléments. Il en va ainsi des termes placés les uns au-dessous des autres sur la Figure 5.8. Ce groupe accomplit deux choses :

- **Un groupe sous-tend l'interactivité.** Un regroupement d'éléments textuels ou graphiques crée une grande entité visuelle qui attire l'attention du visiteur et lui donne à penser qu'il est probablement interactif.

- **Un groupe implique une fonction similaire.** En associant visuellement un ensemble de liens, vous signalez qu'ils réalisent des fonctions similaires. Par exemple, tous les boutons principaux de navigation doivent avoir le même aspect et ne pas être répartis sur toute la page : ils doivent être contenus dans une zone. Si vous avez un ensemble de liens moins importants, vous devez néanmoins leur appliquer un traitement visuel commun, tout en les groupant ailleurs dans la page.

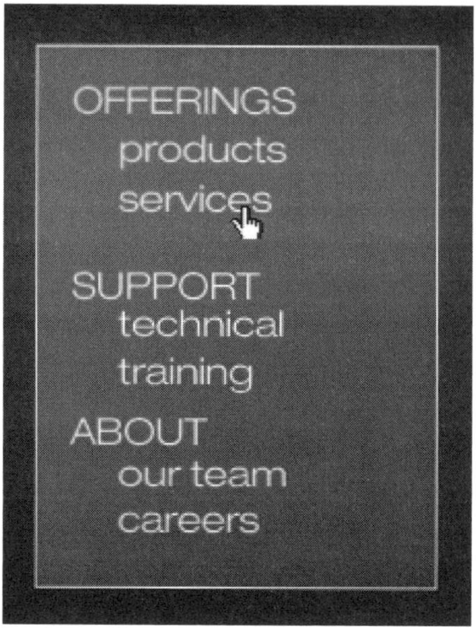

Figure 5.8 : Imbriquer des éléments les uns en dessous des autres établit la relation implicite qui existe entre eux.

Savoir où je suis

Quand les utilisateurs visitent un site, ils aiment savoir où ils se trouvent dans cette entité globale que peut être un site Web. En gros, cela signifie que pour accomplir une tâche précise, l'utilisateur aime savoir combien de temps cela va lui demander. Voici comment lui apporter des éléments d'appréciation :

- **Mise en surbrillance des options de navigation sélectionnées.** Quand un utilisateur clique sur un élément de navigation, il est important que celui-ci s'affiche dans une couleur spéciale, comme à la Figure 5.9.

- **Montrer la progression.** Si quelqu'un entame une procédure à plusieurs étapes, il est important de le renseigner sur sa progression dans la procédure. La Figure 5.10 montre qu'il est possible de renseigner graphiquement l'utilisateur sur l'étape où il se trouve, tout en lui indiquant le chemin parcouru et celui restant à parcourir.

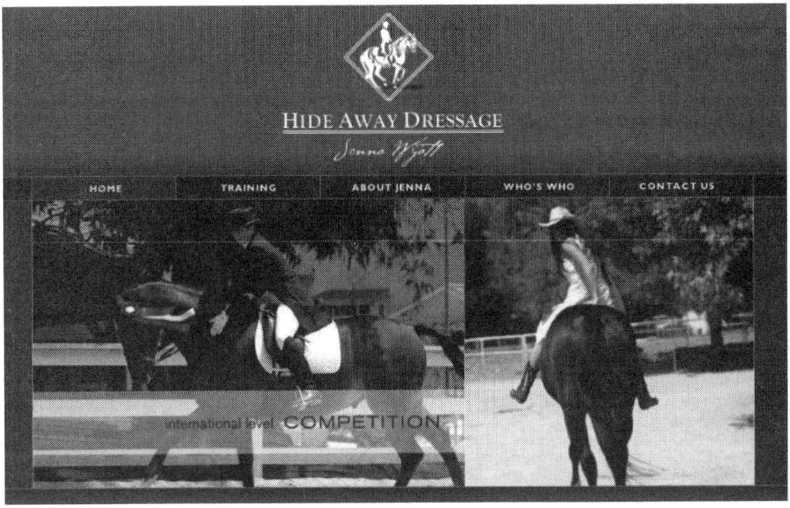

Figure 5.9 : La navigation principale répond à un thème graphique particulier qui place en surbrillance les éléments sélectionnés.

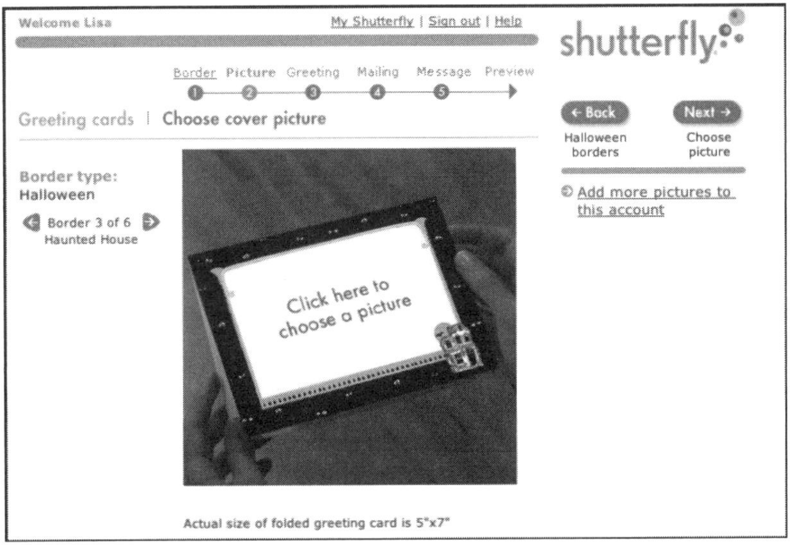

Figure 5.10 : Les chiffres du haut montrent que l'utilisateur est à l'étape 2 d'une procédure qui en compte 5.

Code de couleur

Après utilisation du système de navigation croisée pour parvenir à une section du site, le visiteur peut y passer beaucoup de temps. Si la section est étendue et comporte de nombreuses pages à consulter, certaines personnes se sentiront perdues à un moment ou à un autre, malgré la présence du bouton mis en valeur dans la navigation et indiquant le nom de la section. Un moyen de renforcer l'orientation de l'utilisateur est d'employer un code de couleur. Dans ce système, chaque section du site utilise son propre jeu de couleurs pour la couleur d'arrière-plan et les boutons. Comme les Pages jaunes par rapport aux Pages blanches, la couleur d'arrière-plan des pages rappelle constamment au visiteur la section dans laquelle il se trouve.

Si vous utilisez un code de couleur, il faut l'introduire dans le système de navigation. Chaque bouton dans la barre de navigation doit être coloré de façon appropriée. Attention cependant aux dérapages ! Un code de couleur convient pour cinq à sept sections maximum, car vous trouverez facilement cinq à sept couleurs qui vont ensemble. Un nombre supérieur de couleurs donnera au site un petit air d'hommage aux années 1960. Par ailleurs, choisissez des couleurs qui ont les mêmes valeurs de luminosité, comme à la Figure 5.11. Ainsi, j'ai sélectionné trois couleurs qui ont toutes la même valeur, et une qui est plus sombre. Dans le pur respect de tout ce qui a été dit dans cette section, j'ai décidé de placer un texte de couleur foncée sur les trois premières couleurs, et un de couleur claire sur la dernière.

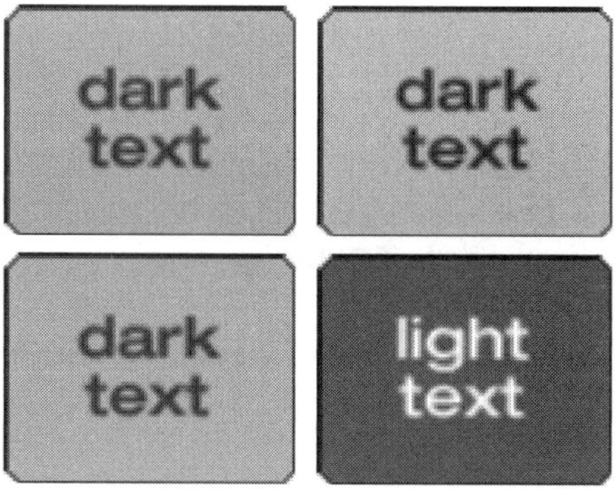

Figure 5.11 : Les trois premières couleurs vont parfaitement bien ensemble, tandis que la quatrième exige un traitement spécial.

Utilisation appropriée des icônes

Il est certes judicieux d'employer des images ou des icônes à la place d'un texte, mais pas lorsque cela affecte la facilité d'emploi. La clé d'une bonne interface est de différencier visuellement les éléments interactifs de ce qui est du contenu. Imaginez une page où vous trouvez uniquement les icônes de la Figure 5.12. Qui d'entre vous peut me dire vers quelle section du site renvoie chaque icône ? Personne !

Figure 5.12 : Qui peut me dire où chaque icône renvoie ?

Imaginez maintenant ces mêmes icônes avec un texte comme sur la Figure 5.13. Vous comprenez tout de suite où je veux en venir. Lorsque vous concevez des boutons interactifs et des titres statiques, élaborez un modèle visuel homogène pour chaque type d'élément, de façon à ce que le visiteur sache ce qui est cliquable et ce qui ne l'est pas. Sur la Figure 5.13, après avoir cliqué sur l'icône *Nouveautés* pour aller à la page des produits, rien n'empêche de retrouver le même thème visuel dans le titre, mais il faut apporter une modification à l'aspect pour différencier sa fonction. En conclusion, une icône seule est souvent génératrice de confusion. Il faut la soutenir avec un texte qui indique clairement ce que l'on peut en attendre.

Figure 5.13 : Il est recommandé de légender les icônes.

Incohérences visuelles

Avez-vous déjà cliqué sur un bouton ou une icône dans une page, et que dans la page où vous avez été mené, ce même bouton ou cette même icône devienne une décoration non cliquable ? Sur la Figure 5.14, une image servant de bouton dans une page se transforme en élément graphique statique dans la suivante. Grosse contradiction.

Il est certes judicieux de remployer les images de page en page pour économiser en temps de téléchargement, mais pas lorsque cela affecte la facilité d'emploi. La clé d'une bonne interface est de différencier visuellement les éléments interactifs de ce qui est du contenu.

TRUC

Lorsque vous concevez des boutons interactifs et des titres statiques, élaborez un modèle visuel homogène pour chaque type d'élément, de façon à ce que le visiteur sache ce qui est cliquable et ce qui ne l'est pas. Vous élaborez une sorte de guide visuel, de style, de thème pour les divers éléments cliquables, c'est-à-dire les boutons, les liens, et les éléments de navigation secondaires et tertiaires.

Figure 5.14 : L'emploi d'une même icône pour différents rôles ne peut que semer la confusion.

Restez homogène

Une page Web est une petite fenêtre servant à voir beaucoup de contenu. Visionner une page Web sur un écran ordinaire est un peu comme se servir de jumelles pour admirer un beau panorama, vous n'en voyez qu'une petite portion à la fois. Pendant l'observation à travers cette petite fenêtre, il est difficile de savoir constamment où l'on se trouve par rapport à l'ensemble. C'est pourquoi il est si important de fournir au visiteur une interface utilisateur homogène qui lui donne des repères constants durant son parcours sur le site. Voyons quelques règles pour la création d'un design homogène permettant au visiteur de ne pas se perdre.

TRUC

Placez toujours les éléments interactifs tels que boutons et liens au même emplacement relatif sur chaque page. Si vous créez une barre standard de navigation, trouvez-lui un bon emplacement dans la page et laissez-la à cet endroit. Une fois que l'utilisateur a découvert comment naviguer sur le site, il n'a certainement pas envie de se remettre à chercher les boutons à un autre endroit.

La Figure 5.15 montre les changements rencontrés au sein des pages d'un même site. Quelle confusion ! Impossible pour le visiteur de se rattacher à une quelconque cohérence graphique.

Figure 5.15 : Changer l'aspect des éléments de navigation est le meilleur moyen de perdre et de dégoûter le visiteur.

Croyez-le ou non, mais le seul endroit du site où vous pouvez définir un schéma de navigation différent est la page d'accueil. Regardez la Figure 5.16. Elle présente une barre de navigation principale. Dès que vous cliquez sur un lien, vous parvenez à la page de destination qui, comme le montre la Figure 5.17, a son propre design de navigation. Ce design restera tout au long du site.

Le succès de cette stratégie tient à la cohérence que vous établissez entre le design de la page d'accueil et celui des autres sections du site. Par exemple, utilisez la même police de caractères (peut-être en changeant la taille) ; appliquez le même arrière-plan et des bordures identiques à vos boutons ; ou bien encore ajoutez une aide textuelle et une image à côté de chaque choix de navigation, et qui disparaît dans les sous-pages.

Figure 5.16 : La navigation principale se situe au centre de cette page d'accueil.

Figure 5.17 : Dès que vous cliquez sur un lien de la page d'accueil, l'environnement de navigation change totalement, mais reste constant sur tout le site.

Optimisation de l'espace

L'espace étant tellement primordial dans une page Web, plus vous arrivez à réduire la taille des éléments d'interface, mieux c'est : vous pouvez alors caser de nombreux éléments dans la page. Cependant, plus les éléments d'interface sont petits, moins ils deviennent utilisables : le visiteur ne navigue pas avec une loupe. Encore un concept à double tranchant.

Comment alors réunir le meilleur des deux mondes, comment optimiser l'espace de la page Web ? Un emploi intelligent des technologies Web permet de concevoir des petits éléments d'interface qui prennent de l'ampleur lorsque l'utilisateur les survole, et ce pour afficher plus d'options. Voici quelques techniques :

- **Rollovers déportés.** Un *rollover déporté* change l'aspect d'une image lors du survol de la souris, mais le changement se produit ailleurs dans la page. On parle aussi de *rollover à distance*. Par exemple, le pointeur de la souris survole un bouton, mais c'est une zone adjacente, plus grande, qui se transforme pour révéler plus d'informations.

  Voyez l'exemple de la Figure 5.18. Lorsque le visiteur place le pointeur de la souris sur le bouton, une zone d'information apparaît juste au-dessous pour lui fournir des informations supplémentaires qui l'aident à décider s'il doit cliquer.

  Vous pouvez pousser l'emploi des rollovers déportés non seulement pour afficher des informations supplémentaires auprès d'un bouton, mais aussi pour afficher carrément un contenu dans la page. Observez la Figure 5.19 : lorsque le pointeur de la souris passe sur une des icônes, la totalité de la page au-dessous est actualisée avec un contenu différent.

- **Menus déroulants.** Un autre moyen d'optimiser l'espace est d'employer des *menus déroulants*. Un menu déroulant est une liste de choix de navigation supplémentaires qui apparaissent lorsque la souris survole un bouton. Le concept est semblable à celui du rollover déporté ; cependant, le rollover déporté n'est pas interactif. Le menu déroulant est conçu pour donner à l'utilisateur des options parmi lesquelles choisir. Il est alors possible de compacter vos choix de navigation et ainsi d'occuper moins de place sur l'écran (Figure 5.20).

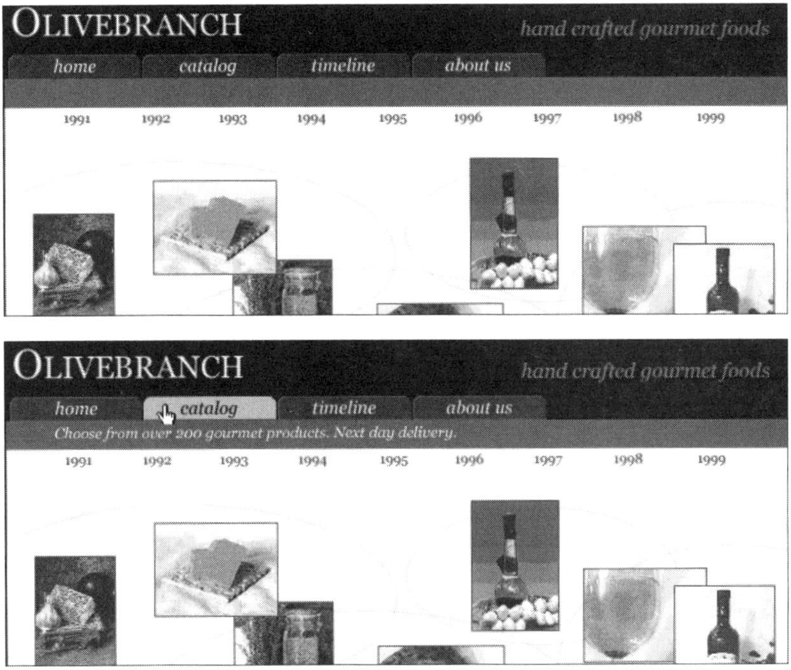

Figure 5.18 : Lorsque le pointeur de la souris survole un bouton, l'image située au-dessus change.

Figure 5.19 : Le rollover déporté sert aussi à afficher un contenu plus volumineux.

Figure 5.20 : Un menu déroulant révèle des choix supplémentaires lorsque la souris le survole.

- **Réduction/expansion.** C'est probablement un des styles d'interface les plus agréables. Il nécessite habituellement un travail dans Flash. Au démarrage, vous voyez juste une petite zone d'interface. Puis, comme on l'aperçoit sur la Figure 5.21, lorsque la souris survole la zone, cette dernière se déplie sous forme d'animation pour révéler tout un éventail de choix de navigation. C'est un élégant moyen d'économiser de l'espace, en apportant un service à l'utilisateur tout en l'immergeant.

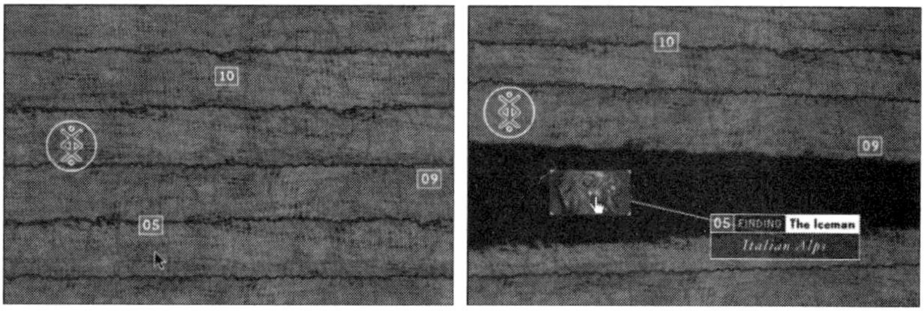

Figure 5.21 : Au démarrage, cette interface est de taille réduite. Puis elle se déplie lorsque le pointeur de la souris la survole.

Chapitre 6
Tests utilisateurs

Dans ce chapitre :

- Développement d'une grille de test.
- Préparation d'une liste de tâches à tester.
- Développement d'une méthode de test standard.
- Évaluation des résultats de test.

Bien que la notion de *test utilisateur* puisse sembler académique, c'est en réalité assez plaisant et une expérience enrichissante. Vous serez surpris de ce que révèle un test utilisateur sur votre concept. Dans ce chapitre, nous présentons comment élaborer un ensemble de tests que vous soumettrez à des utilisateurs, et comment tirer le meilleur parti des résultats. Après coup, vous serez enchanté d'avoir suivi cette étape supplémentaire. Vous aurez en main non seulement un site Web qui présente bien, mais qui de plus est fonctionnel.

Développement d'une grille de test

Avant de recueillir quelque information, vous devez élaborer une grille de test. Des esquisses de pages griffonnées sur papier ne donnent pas un support assez performant : il faut que les participants au test voient quelque chose de réel, à savoir les pages HTML telles qu'elles seront affichées dans un navigateur.

J'ai découvert qu'il était très utile de créer deux procédures de test. La première repose entièrement sur la navigation et le codage HTML. La seconde s'attache à la pertinence graphique. Ces deux procédures paraissent indispensables pour obtenir de votre client la validation du projet.

En fonction du type de site que vous avez élaboré et des critères d'utilisation liés aux personnes handicapés qui vous sont imposés, vous ferez systématiquement tester le site par des malvoyants (et si possible des aveugles), des personnes atteintes de surdité, et tout individu victime d'une mobilité réduite.

Créer un brouillon cliquable

Très tôt dans la procédure de création, le client a besoin de savoir comment le site est organisé. Par expérience, je sais qu'un plan sur papier est insuffisant, surtout quand le site est complexe. On ne peut pas y visualiser convenablement l'interaction et l'organisation du site. Vous devez donc créer une structure rudimentaire mais fonctionnelle de votre futur site Web.

La plupart des concepteurs Web utilisent Microsoft Visio ou des programmes d'illustration comme Adobe Illustrator pour créer le brouillon de leur site. Ces programmes permettent d'exporter le travail sous forme de fichiers GIF ou JPEG, que vous pouvez ensuite insérer dans un éditeur HTML comme Dreamweaver CS4.

Je recommande d'exporter vos esquisses de site sous forme de fichiers GIF. En effet, cette structure rudimentaire est principalement composée de textes et de graphiques en niveaux de gris. Vous obtiendrez une meilleure qualité et un taux de compression élevé avec le format GIF.

Dans Dreamweaver, insérez ce brouillon GIF dans la page, comme vous y inséreriez n'importe quelle autre image. Comme le montre la Figure 6.1, vous pourrez ensuite définir des zones cliquables dans la barre de navigation, et lier le tout aux pages correspondantes du site. Vous concevez ainsi un prototype cliquable du futur site, mais où le contenu graphique est inexistant.

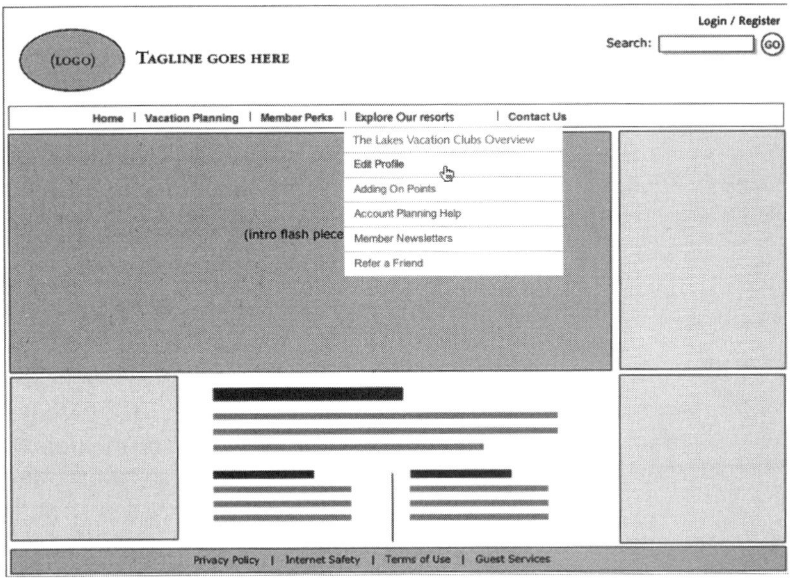

Figure 6.1 : Un programme comme Dreamweaver permet de créer un prototype que vous soumettrez au test de votre client.

NOTE TECHNIQUE Si vous connaissez le langage HTML, poussez plus loin ce prototype en concevant un système de navigation séparé et en utilisant des feuilles de style en cascade (CSS). Vous en saurez plus à ce sujet au Chapitre 13.

Le client peut donc tester à volonté ce prototype cliquable. Il aura ainsi une idée assez précise sur l'organisation et la navigation dans le site. Vous pouvez aussi soumettre ce prototype aux utilisateurs potentiels du site. Leurs remarques permettront de faire avancer le projet dans le bon sens. Plus loin dans ce chapitre, nous verrons comment mener à bien des tests utilisateur. Pour le moment, vous devez veiller au bon fonctionnement des liens, et obtenir l'aval du client pour aller plus avant dans le processus de création.

Tester la conception graphique

ATTENTION ! Cet exemple et bien d'autres expériences similaires nous ont amenés à considérer que les gens (le client y compris) prennent peu de recul lorsqu'ils consultent des pages Web. Ne faites pas l'erreur de partir du principe qu'il s'agit de pages tests et de n'en élaborer qu'une partie (en laissant le reste vide) ou d'employer des illustrations factices. Pendant le test, les utilisateurs posent souvent des questions sur ces zones. Même si vous leur donnez une explication, ils seront forcés d'employer leur imagination pour remplir les trous. Cela peut fausser leur impression sur la page. Les testeurs doivent être confrontés à la page dans un contexte aussi proche que possible du contexte réel, c'est ainsi que vous aurez les réactions les plus utiles de la part des testeurs.

TRUC

Le développement d'une grille de test exploitable ne représente pas tant d'efforts qu'il y paraît. Vous n'avez pas à tester tour à tour chaque page du site. Maquettez juste quelques pages clés qui mettent l'utilisateur en situation de mener une tâche particulière, comme commander un produit. En fait, le test utilisateur consiste principalement à tester la façon dont le visiteur se débrouille dans les opérations courantes qu'il pourra réaliser via le site. Ainsi, comme sur la Figure 6.2, vous développerez l'aspect graphique et navigationnel d'une page d'accueil.

Il est également recommandé de constituer un groupe de tests qui va permettre de donner une direction à la conception graphique de votre site. Ainsi, plutôt que de se baser sur les goûts d'une seule personne, vous obtiendrez l'avis de tout un groupe d'utilisateurs.

Voici la méthode de travail :

1. **Réunissez sept à dix personnes représentatives des utilisateurs potentiels du site.**

   N'OUBLIEZ PAS

   Pensez à réunir plusieurs personnes souffrant de handicaps significatifs (vision, audition, etc.), afin de tester l'accessibilité de votre site !

2. **Imprimez chacune des options graphiques.**

   J'aime présenter trois versions graphiques différentes d'une page d'accueil et d'une sous-page.

Figure 6.2 : Cette direction graphique fut soumise à un client qui, très enthousiaste, l'a immédiatement validée.

3. **Placez les pages sur un tableau de telle sorte que le groupe puisse les comparer.**

4. **Préparez une version JPEG de vos créations (en qualité 100 % pour les besoins de la démonstration), et placez-les dans des pages HTML en utilisant Dreamweaver.**

   Cela permet de voir quelle version est principalement regardée sur un écran d'ordinateur.

5. **Evaluez les réactions émotionnelles provoquées par vos créations.**

   Vous verrez rapidement ce sur quoi l'attention des personnes se focalise. Parfois, une version l'emporte clairement sur les autres. Si toutes les versions rencontrent à peu près le même succès, il y a de fortes chances pour que la version finalement choisie remporte elle aussi un vif succès sur le Web.

Créer une version test au format HTML

À ce stade du processus, le codage HTML pour chaque page de scénario de cliquage se résume à afficher l'image GIF de ce qui est censé s'afficher dans la page Web. N'oubliez pas : vous voulez juste voir si l'interface fonctionne. Une fois que vous l'aurez déterminée de façon sûre, vous pourrez commencer à assembler le véritable HTML (formulaires, texte, etc.).

Donc, assemblez quelques pages HTML cliquables. Comme le montre les Figures 6.3 et 6.4, un clic sur un bouton fait passer d'une page à une autre. Ici, chaque page peut se résumer à un fichier JPEG inséré dans une page au format HTML.

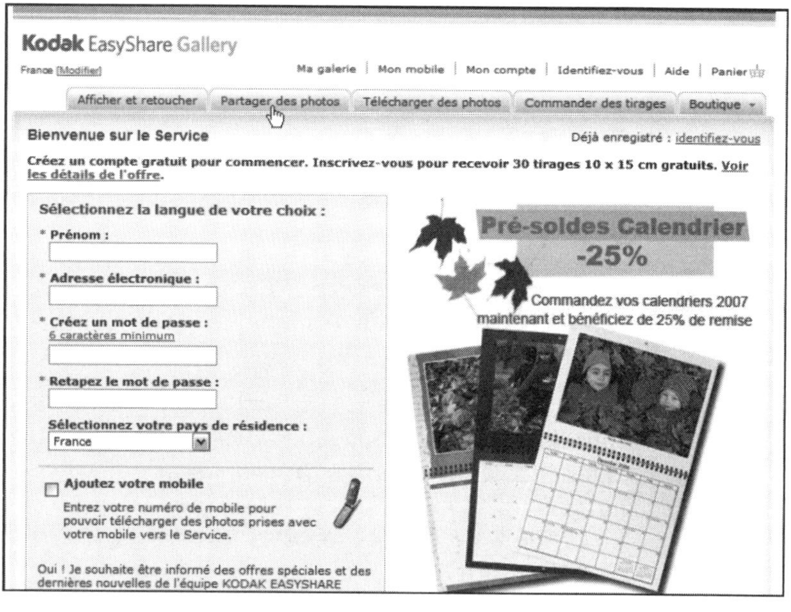

Figure 6.3 : Sur cette page d'accueil, vous pouvez partager vos photos.

ATTENTION ! Les pages de test ne doivent pas être à moitié vides, sinon vous entendrez cent fois la même question : « Est-ce normal que cette partie n'affiche rien ? » L'utilisateur doit apprécier toute la page dans son contexte de consultation.

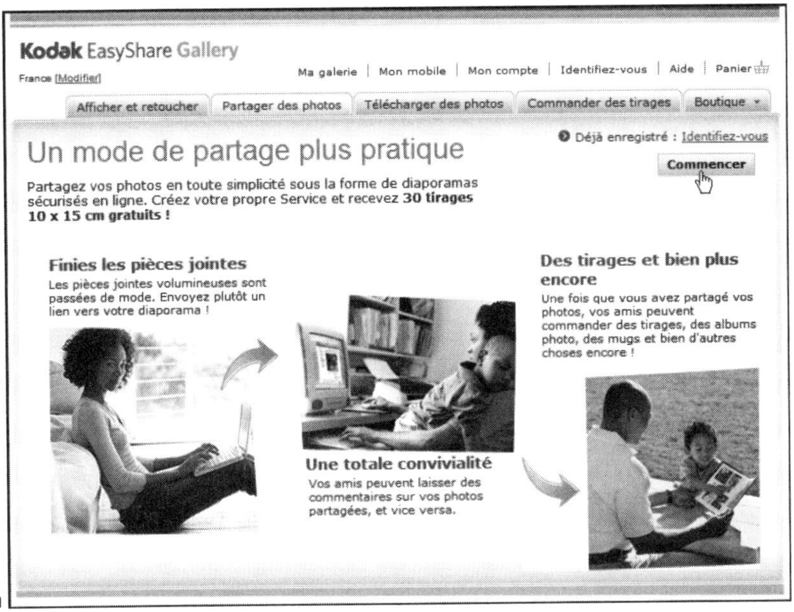

Figure 6.4 : Tout commence par un enregistrement d'informations personnelles.

N'OUBLIEZ PAS

Pour les tests, le codage HTML doit permettre de placer des images et des zones cliquables dans la page. L'utilisateur doit impérativement être capable d'interagir avec les pages liées. Donc, limitez-vous à l'affichage desdites pages dans la mesure où ce n'est pas la navigation que vous testez mais l'impact graphique de vos pages Web.

TRUC

Vous pouvez aussi envisager des options de conception permettant de présenter diverses manières de visualiser une même page. Différents boutons permettront d'y parvenir. Vous demanderez alors à l'utilisateur de comparer les pages.

Durant la phase de test, les utilisateurs font des suggestions sur l'amélioration de l'interface. Écoutez et écrivez toutes ces remarques. L'objectif du test est de faire progresser le site, pas d'obtenir un consensus global autour de votre projet.

Préparer le test utilisateur

Le moyen le plus efficace de mener un test utilisateur est de demander au testeur de réaliser certaines tâches. Préparez une liste de deux à cinq tâches à tester, puis construisez une série de scénarii de cliquage qui présente d'autres moyens d'accomplir chaque tâche. Gardez à l'esprit que les scénarii de cliquage représentent l'idée que *vous* avez de la façon dont il faut réaliser les tâches. Dans un test utilisateur, il est toujours intéressant de voir jusqu'où un utilisateur ira dans votre scénario de cliquage avant de suggérer un autre chemin.

TRUC

Il faut aussi penser à ce que vous voulez faire ressortir du test de chaque tâche. Faites une liste des questions que vous vous posez. Cela vous aidera à rationaliser une méthode de test exploitable sur plusieurs personnes.

Plus les testeurs seront nombreux, plus les résultats seront fiables. Par exemple, si une seule personne sur cinq n'aime pas l'aspect des boutons, vous pouvez considérer que cela est dû à ses propres goûts (subjectifs) plutôt qu'à un défaut réel de votre concept. Si cette personne est la seule testée, vous pourriez vous retrouver à reprendre un design qui, à l'origine, convenait bien.

Création d'une liste de tâches pour les testeurs

TRUC

Pendant la préparation de la liste des tâches que les testeurs devront accomplir, gardez à l'esprit les objectifs principaux du site Web. Par exemple, s'il s'agit de faire acheter des produits et de faire s'inscrire les visiteurs, il faut orienter la liste des tâches en fonction de cela.

Imprimez la liste des tâches, vous aurez ainsi un document à remettre à chaque utilisateur. Créez une autre version pour vous, avec la liste des questions que vous avez élaborée à l'attention des testeurs. Dans l'exercice suivant, nous partons de l'hypothèse que les objectifs marketing du site sont : vendre des produits et inciter les utilisateurs à s'inscrire. Avec ces objectifs en tête, voici comment construire votre liste de tâches :

1. **Pensez un scénario qui place l'utilisateur dans un rôle.**

Par exemple : « Vous êtes un client désirant acheter un livre, en vous inscrivant, car vous avez entendu que vous aurez une remise de 10 % sur votre commande. » Comme vous pouvez le constater, ce scénario reprend exactement les objectifs marketing du site, tout en se focalisant un peu plus sur une tâche typique. Évidemment adaptez ce scénario aux personnes handicapées.

Écrivez ce scénario en haut du document remis aux testeurs, comme à la Figure 6.5. Il faut que l'objectif principal du test soit clair. Si le testeur a en tête le scénario d'ensemble, il a alors la bonne perspective pour envisager chaque tâche, et aussi un point de référence. Nous avons constaté que les utilisateurs deviennent plus pertinents lorsque l'on inclut un scénario et qu'on leur demande de s'y référer pour baser leurs commentaires. Par exemple, ils peuvent faire des commentaires comme : « Eh bien, si j'avais entendu dire que j'aurais une remise de 10 % en m'inscrivant, j'aurais commencé par m'inscrire. » C'est ce qu'on appelle une information importante…

2. **Créez de trois à quatre minitâches à faire essayer par l'utilisateur.**

   Énumérez ces tâches au-dessous de la consigne, en haut de la feuille. Les tâches sont sous la forme de questions : « Comment faites-vous pour acheter un livre dont le titre est *Conception Web* ? » ou sous la forme de requêtes : « Dites comment vous feriez pour devenir utilisateur enregistré. » Les questions doivent être plutôt ciblées vers une action particulière, pas trop générales, comme : « Comment faites-vous pour acheter un livre ? »

3. **Élaboration de votre propre feuille**

   Créez un document séparé pour vous-même, énumérant chaque tâche et accompagné d'un ensemble de questions spécifiques pour lesquelles vous attendez des réponses. En haut de votre feuille, indiquez les principaux objectifs du site, suivis du scénario utilisateur. Par exemple, l'objectif est de vendre des livres et faire

Scénario utilisateur :
Vous êtes un client désirant acheter un livre, en vous inscrivant car vous avez entendu que vous aurez une remise de 10% sur votre commande.

Opération 1 :
Comment faites-vous pour acheter un livre dont le titre est *Conception Web* ?

Opération 2 :
Comment ajoutez-vous un second produit à votre commande, par exemple un CD de musique

Opération 3 :
Comment vous rendez-vous à la zone de contrôle de commande ?

Opération 4 :
Comment allez-vous vous inscrire pour devenir utilisateur enregistré ?

Opération 5 :
Avez-vous des commentaires et suggestions ?

Figure 6.5 : Exemple de feuille de test pour l'utilisateur.

s'inscrire les utilisateurs (Figure 6.6). Le scénario est un utilisateur qui vient sur le site pour acheter un livre et s'inscrire pour avoir un rabais sur son achat. A la suite de ces postulats, indiquez les trois ou quatre tâches (exactement comme sur la feuille de l'utilisateur). Après chaque tâche, écrivez vos propres questions concernant cette tâche. Cela vous aidera à garder votre concentration pendant le test.

4. **Élaborez une feuille d'accessibilité.**

   Probablement la tâche la plus complexe à réaliser dans la mesure où, en tant que personne valide, vous ne pouvez pas imaginer toutes les contraintes et tous les paradoxes que risque de générer votre site. Essayez de

Objectif :
Le principal objectif du site Web est de vendre des produits et d'inciter les utilisateurs à s'inscrire.

Scénario utilisateur :
Vous êtes un client désirant acheter un livre, en vous inscrivant car vous avez entendu que vous aurez une remise de 10% sur votre commande.

Opération 1 :
Comment faites-vous pour acheter un livre dont le titre est *Conception Web* ?

- L'utilisateur peut-il trouver la section Livres de la boutique en ligne ?
- Les boutons de navigation sont-ils clairs ?
- L'utilisateur peut-il trouver et exploiter la fonction de recherche ?
- L'utilisateur comprend-il comment ajouter le livre à sa commande ?

Opération 2 :
Comment ajoutez-vous un second produit à votre commande, par exemple un CD de musique ?

- Une fois que l'utilisateur a ajouté le livre à sa commande, est-il capable de trouver les autres zones produits ?
- Pense-t-il que sa première commande de livre sera perdue s'il continue son shopping ?

Opération 3 :
Comment vous rendez-vous à la zone de contrôle de commande ?

- L'utilisateur trouve-t-il la zone de contrôle ?
- L'utilisateur sait-il qu'il peut continuer à ajouter des produits dans la zone de contrôle ?
- Le processus de paiement par carte bancaire est-il clair ?
- Quelle sorte d'accusé de réception de commande le client attend-il ?

Opération 4 :
Comment allez-vous vous inscrire pour devenir utilisateur enregistré ?

- L'utilisateur trouve-t-il le bouton d'inscription ?
- Une fois enregistré, le client trouve-t-il la zone de connexion (login) ?
- L'utilisateur comprend-il pourquoi il est important de s'inscrire ?

Avez-vous des commentaires et suggestions ?

Figure 6.6 : Votre feuille de test.

tester votre site en fermant les yeux. Cela vous donnera une idée de l'ampleur de la tâche. Essayez de penser à tous les handicaps, et d'anticiper les besoins des personnes qui en souffrent.

Développement d'une méthode de test

Après élaboration d'une liste de tâches pour l'utilisateur et de votre propre feuille de contrôle, l'étape suivante est de mettre en place une méthode standard de test. Vous aurez ainsi des moyens plus fiables pour évaluer les résultats du test. En outre, vous pourrez déléguer le test à des membres de votre équipe.

TRUC

Voici une check-list à suivre afin de vous aider à construire votre propre méthode :

- **Public ciblé.** Avant de recruter des gens pour les soumettre à vos tests, vous devez déterminer le genre de personnes dont vous avez besoin. Il faut évidemment des individus qui entrent dans la catégorie de ceux auxquels s'adresse votre site. Par exemple, une boutique vendant des livres, des disques et des films est susceptible de cibler des actifs de 20 à 35 ans, ayant de l'argent, mais pas de temps. Pour certains sites, nous rappelons que le public ciblé est aussi bien valide qu'invalide.

- **Nombre d'utilisateurs testés.** Plus vous testerez de personnes, meilleurs seront vos résultats. Le test de plusieurs personnes est essentiel, car il permet de réduire les effets de la partialité de chacun.

  Par exemple, si une seule personne sur six critique l'aspect ou l'emplacement d'un certain bouton, vous pouvez sans grand risque écarter cet avis. Si cinq testeurs sur six font la même critique, vous savez que vous avez un problème. Le bon nombre de personnes à interroger est entre quatre et sept. Un nombre supérieur est probablement surdimensionné. Veillez aussi à avoir un bon mélange d'hommes et de femmes (à moins que le site ne soit consacré qu'à un des deux sexes).

- **Style de test.** Il existe plusieurs façons de mener des tests, il faut donc décider quel style de test vous allez employer. Vous pouvez opter pour le style très formel qui consiste à placer le testeur seul dans une pièce, derrière un miroir sans tain (ce n'est pas une plaisanterie) et à enregistrer sur cassette vidéo ses actions au fur et à mesure de sa progression dans la liste de tâches. Nous avons constaté que cette méthode est trop intimidante pour l'utilisateur, la présence de la caméra altère son comportement.

L'autre moyen, moins formel, est de s'asseoir à côté de lui, de lui poser les questions et de prendre des notes à mesure qu'il répond. Cette méthode est beaucoup plus efficace, les utilisateurs disant les choses comme ils les ressentent vraiment. Cela ne vous empêche d'ailleurs pas d'enregistrer la séance en vidéo. La cassette vous permettra de voir les mouvements de souris à l'écran pendant la réalisation des tâches, et de garder trace des réactions si vous n'arrivez pas à prendre tout en note.

Préparation finale

L'objectif avoué du test utilisateur est de détecter les difficultés d'emploi de votre concept avant de le mettre en production. Par conséquent, vous devez être mentalement préparé aux réactions des testeurs, réactions pas forcément agréables. Dans certains cas, vous devrez refondre une bonne partie de votre mise en page, si la majorité des testeurs ne comprend pas votre interface.

Comptez deux bonnes semaines afin de réunir assez de personnes pour que le test ait un sens. Recruter des individus pour donner une heure ou deux de leur temps demande un minimum de travail. Dites-leur exactement combien de temps cela prendra (avec un peu de chance, pas plus d'une heure) et faites-leur savoir quelle sorte de compensation vous pouvez offrir. Attention à pouvoir honorer vos engagements !

Trouver des volontaires

La difficulté réelle dans le test utilisateur est peut-être de trouver et convaincre un groupe de personnes dans le but de servir de cobayes pour le test. Si le public visé est dans la tranche des salariés actifs de 25 à 40 ans, vous aurez plus de mal à les faire venir pendant leurs heures de travail que s'il s'agit d'inactifs ou de travailleurs indépendants.

Si votre client dispose d'une clientèle établie, il sera plutôt facile de constituer une liste de personnes à appeler. Extrayez de la base de données clients de l'entreprise les coordonnées des personnes situées pas trop loin de votre agence. Appelez ensuite ces personnes directement. Nous avons constaté que dans ce monde en ligne impersonnel, les gens répondent chaudement à un appel téléphonique personnel (particulièrement lorsqu'ils sont amenés à penser que leur opinion compte).

Pour trouver des testeurs handicapés, contactez des associations d'aide aux personnes invalides. Malheureusement pour ces hommes et ces femmes, la lourdeur de leur handicap les exclut du monde du travail. Vous trouverez alors probablement beaucoup de personnes qui souhaiteront évaluer l'accessibilité de votre site. Plus vous regrouperez de handicaps différents, et meilleurs seront les retours sur les efforts à fournir pour créer un site Web accessible à tous, ou pour adapter un site existant.

Pour les nouveaux sites Web qui n'ont pas de clientèle, il est un peu plus difficile de trouver un bon groupe de testeurs. Dans ce cas, la voie la plus facile est de recruter des amis, des collègues, des membres de votre famille qui correspondent au profil de client ciblé. Demandez aussi au client de vous fournir une liste des personnes qu'il connaît.

Si la clientèle du site est très spécialisée, par exemple des médecins, essayez d'appeler directement leurs bureaux.

Une fois que vous avez une liste de personnes, il faut les persuader de prendre du temps pour venir participer au test. Voici quelques tactiques :

- **Déterminez la durée du test.** Déterminez la durée limite du test pour que les personnes démarchées sachent à quoi s'en tenir, et fixez un rendez-vous qui leur convienne. Par exemple, dites au testeur potentiel que le test en soi ne prend qu'une heure, ce à quoi il faut ajouter une demi-heure pour la mise en train et la conclusion. S'il vient à 13h30, il sait qu'il sera libre à 15h.

  Respectez le calendrier prévu. Si vous ne terminez pas toutes les tâches à l'heure, tant pis, interrompez le test et remerciez-les pour le temps qu'ils vous ont consacré. Si vous avez presque terminé, le testeur propose habituellement de rester.

- **Sachez remercier.** En remerciement de la participation, offrez des petits cadeaux à la fin du test. La plupart des entreprises ont des objets à leur marque (T-shirts, casquettes, tasses à café, stylos) qui font toujours plaisir.

  En plus de ces présents, si votre client édite des logiciels, vous disposez d'une mine d'or. Cela ne coûte pas grand-chose d'offrir un logiciel (dans sa boîte) qui est vendu dans le commerce plusieurs centaines d'euros, mais qui ne revient qu'à quelques dizaines d'euros à son éditeur.

- **Payez les participants.** Selon la « largesse » de votre client, vous aurez ou non la possibilité de payer les participants. Si le client est une nouvelle entreprise dont personne n'a entendu parler, offrez éventuellement une rémunération, par exemple 15 euros, en contrepartie du temps passé. L'argent doit être votre dernier recours : avant de vous résoudre à une rémunération, moins conviviale que des cadeaux, voyez si la personne ne se satisfait pas plutôt d'un créneau horaire totalement adapté à ses disponibilités, assorti des présents dont nous parlions plus haut.

- **Envoyez des cartes de remerciement.** Après le test, envoyez aux utilisateurs une carte de remerciement. C'est un bon moyen d'établir la confiance pour l'avenir. Il est possible que vous deviez faire de nouveau appel à cette personne ou y faire référence pour trouver d'autres testeurs.

Conduire un test utilisateur

Une fois que le testeur est assis devant l'ordinateur, présentez le scénario et la liste de tâches, et indiquez comment vous allez mener le test :

- Mentionnez que vous poserez quelques questions sur chaque tâche, que vous prendrez des notes et, si c'est le cas, que vous enregistrerez la séance sur cassette vidéo.
- Demandez au testeur de dire à haute voix ses sentiments et réactions au fur et à mesure de sa progression dans une tâche.
- Indiquez clairement que toutes les critiques sont bienvenues et que tous les doutes doivent être exprimés comme : « Je ne suis pas sûr de ce que va faire ce bouton. »
- Rappelez qu'il n'y a pas à se sentir stupide en cas de problème pour achever une tâche, car la difficulté est alors due à un problème dans le concept.
- Soulignez le fait qu'ils testent un prototype semi-fonctionnel, et que tous les boutons ne sont pas encore actifs.
- Observez attentivement comment les déficients visuels et auditifs perçoivent vos options graphiques et y réagissent.

Commencez à la première page HTML cliquable et demandez à l'utilisateur de réaliser la première tâche. Puis, asseyez-vous en retrait et prenez des notes sur les commentaires qu'il fait à voix haute. Vous devez entendre des choses comme : « Je recherche la case Rechercher. Je compte taper dans cette case ce que je cherche, puis cliquer sur un bouton Rechercher. » Donnez-lui le temps de réfléchir au problème avant de poser des questions sur la tâche.

Évitez les questions risquant d'induire la réponse comme : « Pensez-vous que le bouton Rechercher a l'air cliquable ? » Non seulement vous désignez un bouton que le testeur doit trouver seul, mais vous exprimez un doute sur l'aspect du bouton (ce qui pollue la perception qu'il peut en avoir).

Du fait que votre scénario de cliquage est limité d'un point de vue fonctionnel et qu'il n'illustre qu'un chemin possible pour chaque tâche, vous devez relativiser chaque clic. Dès que l'utilisateur indique qu'il va cliquer sur un des boutons, demandez-lui quel genre de page il s'attend à voir. Puis, laissez-le cliquer et notez sa réaction dans sa découverte de la page suivante.

Si le testeur choisit un parcours qui n'est pas illustré dans votre scénario de cliquage, il a probablement découvert une bonne alternative de navigation. Ou alors votre interface n'est pas claire. Montrez le chemin que vous proposez et demandez ce qu'il en pense. Il peut très bien déclarer : « Oh, mais c'est bien mieux comme cela, je n'avais tout simplement pas vu le bouton. » Ou encore : « Cela n'a aucun sens. » Concernant la première réponse, vous avez juste à redessiner le bouton ou à le placer à un autre endroit. S'il pense que cela n'a aucun sens, demandez-lui s'il voit un meilleur moyen de réaliser la tâche.

Lorsque l'utilisateur termine une tâche ou que vous remarquez qu'il est bloqué, posez le reste de vos questions, puis demandez-lui son avis sur les meilleures façons d'accomplir la tâche. Passez alors à la tâche suivante. Chaque tâche ne doit pas demander plus de 15 minutes, sous peine d'épuiser vos testeurs.

Houston, nous avons un problème...

Après avoir passé une heure avec chacun des testeurs, suivi chacun d'entre eux dans sa progression au sein des tâches, et posant la même liste de questions, vous aurez de nombreuses pages de notes à évaluer. Le meilleur moyen de tirer quelque chose de toutes ces données est de les synthétiser sous forme de tableau.

Le tableau de la Figure 6.7 présente les réactions concernant le scénario de cliquage de la Figure 6.3. Ce système de tableau

Objectif :
Le principal objectif du site Web est de vendre des produits et d'inciter les utilisateurs à s'inscrire.

Scénario utilisateur :
Vous êtes un client désirant acheter un livre, en vous inscrivant car vous avez entendu que vous aurez une remise sur votre commande.

Méthode de test :
- Trois sujets de 25 à 40, des professionnels dont le revenu dépasse 60 000 € par an.
- Test individuel, session d'une heure enregistrée sur cassette vidéo.
- Observation de la manipulation du navigateur par l'utilisateur.

Tâche 1 : Comment faites-vous pour acheter un livre dont le titre est *Conception Web* ?

	Utilisateur 1 : Homme 32 ans	Utilisateur 2: Femme 25 ans	Utilisateur 2: Femme 36 ans
L'utilisateur peut-il trouver la section Livres de la boutique en ligne ?	Oui, les zones de la boutique sont clairement repérées.	Oui, apprécie les boutons.	Oui, facile à trouver.
Les boutons de navigation sont-ils clairs ?	Oui, apprécie les mini-onglets employés pour tous les boutons.	Tous les boutons sauf ceux de sous-navigation dans les onglets principaux. Il n'est pas évident que l'on est dans la zone Produits.	Déstabilisée par la sous-navigation, sous les onglets principaux. N'a pas réalisé qu'il s'agissait de la section Produits.
L'utilisateur peut-il trouver et exploiter la fonction de recherche ?	Oui, mais se demande pourquoi elle est de couleur ou d'orientation différente.	N'a pas réalisé que la zone était cliquable, dû à l'aspect différent des autres boutons.	Correct mais n'apprécie pas le traitement. Un clic sur les autres onglets mène à une page alors qu'un clic sur l'onglet Recherche ouvre une mini fenêtre de recherche. Il faudrait que tout soit homogène.
L'utilisateur comprend-il comment ajouter le livre à sa	Oui, après avoir trouvé le livre, il a été facile d'employer le bouton mini-onglet pour ajouter le livre à la commande	Oui, très clair.	Oui, apprécie l'aspect homogène de tous les mini-boutons
Avez-vous des commentaires et suggestions ?	Pense que la fonction de recherche devrait être présente dans chaque page.	Il faudrait des boutons de sous-navigation de même aspect que les autres onglets. Essayer un système de mise en	Estime que le bouton de recherche ne devrait pas être vertical et que la fonction de recherche doit être sur chaque page. Pense qu'il faut essayer un autre moyen de mise en valeur pour la sous-navigation.

Figure 6.7 : Test utilisateur pour un site Web de boutique en ligne.

est un bon outil pour comparer les notes prises concernant chaque tâche, et ce afin de mieux voir où les problèmes existent. Chaque rangée contient les réactions à une question. Chaque colonne contient toutes les réponses d'un même testeur. Prévoyez une rangée en bas de tableau pour les suggestions et autres commentaires de l'utilisateur. En haut du document, inscrivez les objectifs du site, le scénario utilisateur et la méthode de test utilisée, de façon que le client et vous-même ayez une bonne base pour analyser les résultats.

N'OUBLIEZ PAS

Bien évidemment, pour les tests d'accessibilité, vous devez impérativement adapter ce tableau au handicap de chaque testeur.

Avec ce type d'organisation visuelle, il est facile de voir où se trouvent les gros problèmes et de réfléchir aux points qui demandent réellement une correction. Avec ce système de grille, vous remarquerez que la rangée des commentaires comporte aussi souvent des suggestions pour corriger ces gros problèmes. Cela facilitera le processus de remodelage.

Armé de ces informations, vous pouvez créer un nouvel ensemble de mises en page. Et pourquoi ne pas transmettre par e-mail au groupe de test les mises en page corrigées, pour quelques réactions de dernière minute avant de lancer la production finale ? Par la même occasion, vous donnez aux testeurs la possibilité de voir que leurs commentaires ont eu réellement un impact.

Deuxième partie

Des images pour le Web

"Y'a pas à dire, c'est vraiment un site Web pour les cloches !"

Dans cette partie...

En tant que créatif, bientôt professionnel du Web, c'est la partie du livre que vous attendiez, celle où vous allez retrousser vos manches pour commencer à construire des images Web. Que vous veniez de l'imprimerie ou débutiez en tant que concepteur, vous avez besoin de connaître les outils, astuces, problèmes et techniques qui entrent en jeu dans la conception d'images Web.

Les Chapitres 7 et 8 présentent les principes de base en conception graphique et en typographie, et montrent les liens avec le Web. En tant que concepteur Web, vous devez également connaître les notions techniques liées aux palettes de couleurs, à la résolution d'image et aux formats de fichiers. Les Chapitres 9 et 10 abordent ces notions en profondeur. Vous y trouverez aussi des exercices pratiques pour créer des images Web avec les grands logiciels du moment.

Le Chapitre 11 présente encore d'autres aspects techniques liés à l'image, ainsi que des conseils et suggestions pour présenter vos idées au client. Enfin, le Chapitre 12 explique comment préparer les fichiers de production définitifs et comment produire des graphiques prêts pour le Web.

Chapitre 7

Créer des images pour le Web

Dans ce chapitre :

- Développer une stratégie de conception des pages.
- Création de l'interface visuelle.
- Définir les priorités visuelles.
- Combiner couleur, texte et graphiques.
- Utiliser un système de gabarits.
- Développer une charte graphique et s'y tenir.

Les mêmes principes de recherche d'équilibre dans la mise en page et l'emploi de texte et d'images que l'on observe en imprimerie ou en vidéo s'appliquent aussi à la conception de sites Web, avec un ensemble de contraintes différent. Dans l'univers de la conception Web, il faut penser petit et efficace, lisible et interactif. En outre, il faut tenir compte de bien des détails techniques pénibles qui parasitent la créativité.

Si vous n'êtes pas de formation infographique, ce chapitre vous est réellement destiné. Nous y présentons les bases de la conception graphique à connaître pour assembler de la couleur, du texte et des images, et ainsi obtenir une agréable interface Web que le visiteur aura plaisir à regarder. Si vous êtes déjà concepteur graphique, vous rencontrerez dans ce chapitre un certain nombre de choses familières, mais vous y trouverez également ce qu'il vous manque, à savoir comment tout cela s'applique à la conception de sites Web.

Élaboration de l'interface visuelle

Le côté visuel de chaque page Web doit permettre deux choses : donner à la page un aspect agréable et, ce qui est plus important, montrer au visiteur comment naviguer sur le site. Voilà de bien grosses responsabilités pour une humble interface graphique. La façon dont vous concevez et placez les boutons (ainsi, d'ailleurs, que les liens textuels) est à même de déterminer le succès ou l'échec de la page Web.

Si le visiteur ne trouve pas un bouton, car rien dans la page ne *ressemble* à un bouton, il ne tardera probablement pas à visiter la concurrence. Remarquez la différence entre les deux boutons sur la Figure 7.1. Celui du haut semble plutôt remplir le rôle de titre alors que celui du bas appelle manifestement le visiteur à cliquer dessus.

Figure 7.1 : Bien que ces deux images servent de boutons, seule celle du bas, en 3D, à l'air cliquable.

En plus de l'obligation de concevoir des composants interactifs qui ont vraiment l'air interactif, vous devez également penser soigneusement leur emplacement dans la page et vous y tenir. Si vous changez l'emplacement d'un bouton d'une page à l'autre, l'utilisateur ne le trouvera pas. La mise en page doit donc être homogène sur la totalité du site.

Développer une stratégie de conception de page

Généralement, la page d'accueil donne le *ton visuel* de la totalité du site. C'est ici que vous avez le plus de latitude de mise en page : dans le reste des pages du site, les possibilités de mise en page sont plus limitées, puisque vous devez conserver les composants d'interface constamment à la même place. D'une certaine façon, cela facilite le travail, dans la mesure où vous avez à concevoir *une* mise en page pour la page d'accueil et *une* mise en page pour les sous-pages (toutes les pages en dessous de la page d'accueil sont des sous-pages).

Le côté difficile dans la conception de la mise en page de sous-pages est qu'elle doit convenir pour chaque page. La Figure 7.2 présente une sous-page du site `www.propel.com`. Le design consiste en un encadrement partiel, en haut et à gauche. La portion médiane accueille facilement différents contenus : texte, formulaire, images, etc.

Gardez à l'esprit l'importance d'une telle stratégie lorsque vous commencez le développement de votre conception graphique, donc visuelle. Si vous ne respectez pas ces principes, l'aspect visuel du site sera fort sympathique, mais complètement inutilisable pour une application Web.

Créer des compositions

Les *compositions* sont des propositions de conception, des maquettes. Pour créer une page Web efficace, vous devez appliquer des principes graphiques comme le mariage des couleurs, des polices et des images. Vous devez également

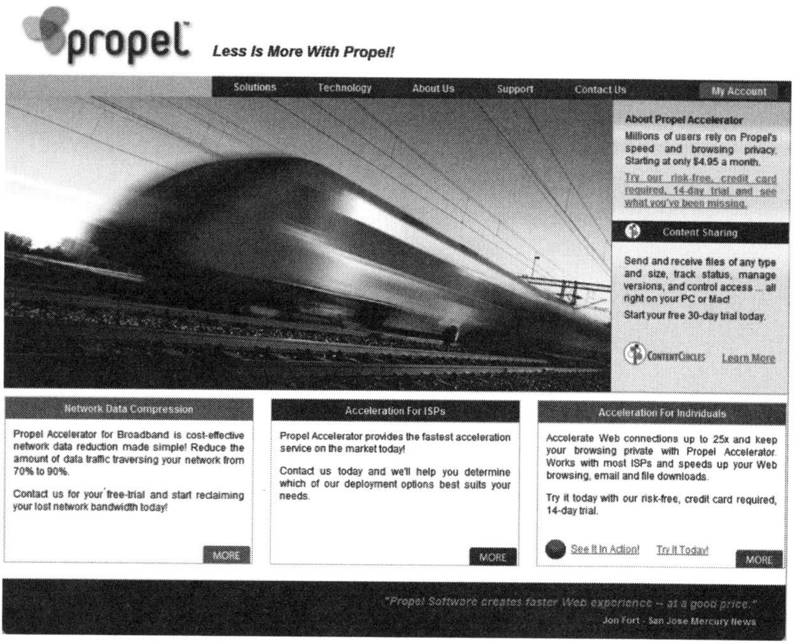

Figure 7.2 : La mise en page de cette sous-page de site est exploitable pour de nombreux types de pages.

apprendre à gérer l'espace alloué sur une page afin de ne pas la surcharger d'éléments de toute nature. Une fois que vous aurez conçu les graphiques et la mise en page de ces deux pages, vous les utiliserez ultérieurement comme guide de production de nouvelles compositions mettant en exergue toutes les nuances du site.

Marier la couleur, le texte et les images

La couleur, le texte et les images sont les trois principaux ingrédients d'une conception Web. Toute exagération d'une de ces trois composantes ruinera probablement l'ensemble, en introduisant un déséquilibre faisant *très amateur*. Voici quelques règles pour un emploi efficace de la couleur, du texte et des images :

Choisissez des couleurs appropriées au sujet

Par exemple, si le site Web vend des maisons haut de gamme, une palette de couleurs douces, « classiques », convient mieux que du rose et du vert clair. Avant de commencer vraiment la mise en page, présentez au client quelques nuances (échantillons) de couleurs que vous pensez convenir au site, pour avoir son avis.

Tenez-vous-en à une palette de couleurs réduite

Il faut employer une palette de couleurs réduite pour deux raisons :

- Une palette de couleurs réduite produit de faibles poids d'images et donc une diffusion plus rapide sur Internet. Moins vous utilisez de couleurs, plus la taille de fichier diminue. Par exemple, si une image requiert juste huit couleurs, son fichier sera plus petit que celui d'une image en comptant une centaine. Plus la taille du fichier est faible, plus vite le fichier est téléchargé.

- Vu sous l'angle de la conception graphique, une petite palette de couleurs donne un meilleur aspect qu'une débauche de couleurs. Créez une palette d'environ huit couleurs que vous exploiterez de façon homogène dans tout le site.

Choisissez des couleurs qui vont bien ensemble

Placez les carrés de couleurs les uns à côté des autres, et ajustez leur saturation, leur teinte et leur luminosité. Choisissez les couleurs complémentaires. Par exemple, optez pour des couleurs suffisamment lumineuses pour vos puces et vos icônes qui resteront bien visibles lorsque vous placerez ces éléments sur la couleur principale de vos pages.

Lorsque vous choisissez une palette de couleurs, il est judicieux d'équilibrer les tons foncés, moyens et clairs. Un site qui n'a pas de nuances sombres présentera des contrastes très faibles, et paraîtra fortement estompé.

Servez-vous de polices pour créer l'ambiance

Attention avec les polices, elles sont susceptibles d'avoir beaucoup de personnalité ! En fonction de la police choisie, le texte donnera à votre site Web un ton de bonheur, de tristesse, de professionnalisme, de rigolade, etc. De même qu'il faut choisir un modèle de couleurs approprié, il faut sélectionner des polices appropriées au site.

Généralement, les polices *serif* (où, comme le montre la Figure 7.3, de petits empattements sont visibles aux extrémités de chaque lettre) véhiculent un sentiment de stabilité, de sécurité, de professionnalisme et de longévité, ce qui est parfait pour un site Web de gestion de fonds de pension. Les polices serif conviennent également mieux aux grands blocs de texte. Le corps du texte de ce livre, par exemple, est composé en police serif. Les polices *sans serif* (sans empattements aux extrémités) véhiculent un sentiment d'anticipation (dans le sens réflexion sur l'avenir), de netteté et d'agilité (parfait pour un site vendant des machines sophistiquées d'imagerie médicale). Les polices sans serif conviennent mieux aux petits blocs de texte et aux titres.

Figure 7.3 : Police serif et police sans serif.

Ceci est une police avec serif

Ceci est une police sans serif

Mélangez les polices intelligemment

Vous n'êtes pas limité à l'emploi d'une seule police sur la totalité du site. En fait, utiliser quelques polices différentes pour des situations différentes est même préférable : une pour les titres, une autre pour les sous-titres, une autre encore pour le corps du texte. Attention ! Plus de trois ou quatre polices devient excessif. Choisissez quelques polices et tenez-vous à cet assortiment. Attribuez un style de police particulier à chaque élément et soyez ensuite homogène. Par exemple, utilisez toujours la même police et le même corps de caractère pour tous les grands titres du site.

TRUC

De nombreux concepteurs ont recours à un mélange de polices serif et sans serif. Vous pouvez obtenir un beau visuel en employant un style pour les titres et un autre style pour le corps du texte. Par exemple, la Figure 7.4 présente un titre sans serif et un corps du texte serif ; sur la Figure 7.5, les styles sont inversés.

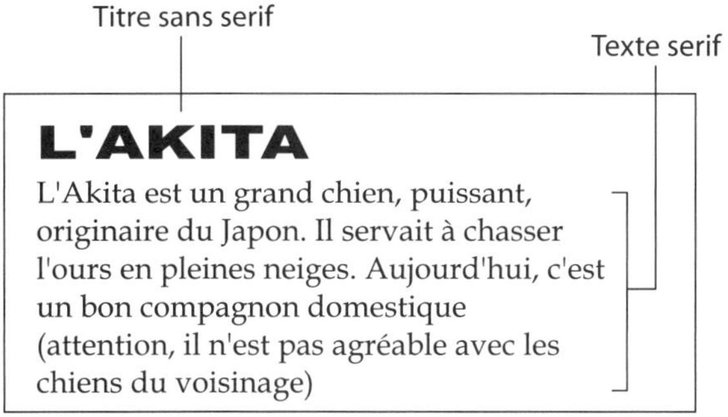

Figure 7.4 : Utilisez un style pour les titres et un autre pour le corps du texte.

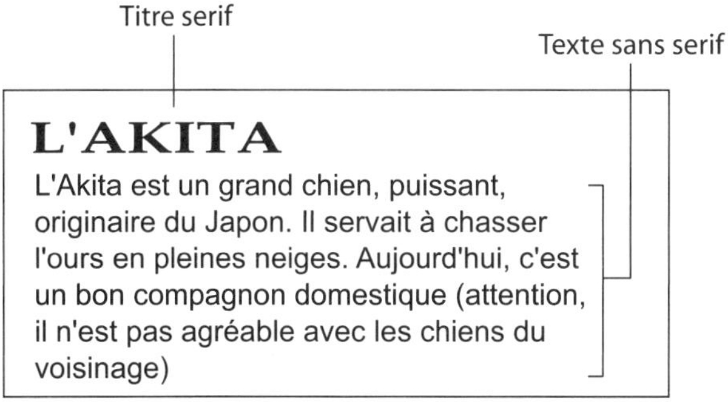

Figure 7.5 : Dans cet exemple, l'emploi des styles a été inversé.

Utilisez efficacement les éléments graphiques

Les éléments graphiques sont les aplats de couleurs, les filets, les photographies et les illustrations. En conception pour l'imprimerie, vous pouvez employer ces éléments librement, mais en conception Web, les grandes photographies ou les graphiques complexes écrasent l'ensemble. De grandes photos impliquent une grande taille de fichier et donc un téléchargement lent. Employez de petites images et combinez-les avec des éléments graphiques générés par HTML, comme le tableau et le texte de couleur visibles sur la Figure 7.6. Une telle démarche de combinaison n'enlève rien à la richesse visuelle de votre page, au contraire.

Figure 7.6 : Les éléments graphiques et HTML servent à diviser la page, facilitant la distinction de ses composantes.

Emploi du bon vieux gabarit

Pour vous aider à mettre en page, créez un gabarit afin d'avoir des repères d'alignement pour les images, le texte et les éléments HTML. Construisez ce gabarit à votre guise, il peut s'agir d'une disposition sur trois colonnes, deux sections horizontales ou d'une page divisée en plusieurs sections comme le montre la Figure 7.7.

N'OUBLIEZ PAS

À la différence de la conception pour l'imprimerie, où vous pouvez travailler sur un gabarit incliné comme celui de la Figure 7.8, la nature intrinsèque des images, tableaux, constructions HTML et autres CSS limitent les gabarits de pages Web à des modules horizontaux et verticaux.

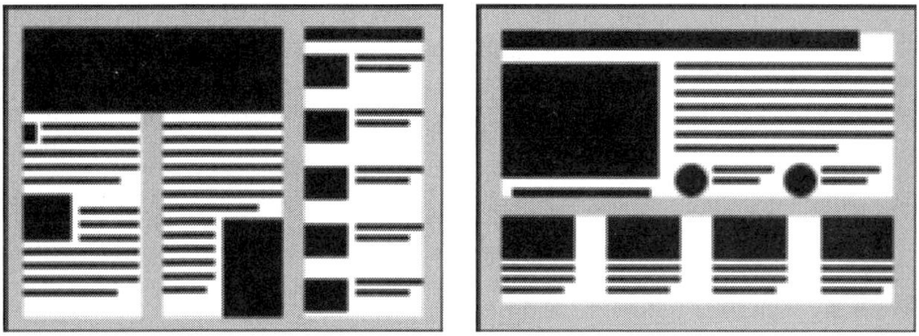

Figure 7.7 : Ces deux dispositions d'éléments Web utilisent un gabarit pour diviser clairement la page en plusieurs zones.

Figure 7.8 : Le gabarit incliné, comme celui-ci (utilisé en imprimerie), se rencontre rarement en conception Web, et est généralement créé avec le programme Flash.

Une façon de contourner cela est de placer une animation Flash dans la page Web qui doit être inclinée. L'animation Flash est un conteneur capable d'abriter l'équivalent d'un site entier, avec images, liens et animation, sans vous restreindre à une mise en page horizontale ou verticale.

Le système de gabarit sert à respecter un ordre logique dans la mise en page. Au lieu de choisir un emplacement au petit bonheur la chance pour chaque élément dans la page, alignez les éléments entre eux. Comparez les deux montages de page visibles sur la Figure 7.9. Dans l'exemple de gauche, les éléments semblent jetés pêle-mêle sur la page. Dans l'exemple de droite, les éléments sont clairement présentés.

Figure 7.9 : Le gabarit organise la page et la rend plus lisible.

Établir les priorités visuelles

Les clients ont souvent bien du mal à décider quels éléments sont les plus importants dans la page. Leur tendance est de mettre tout en grand et d'injecter le plus possible de détails sur tout ce que l'on peut. En tant que concepteur, vous devez les aider à créer un ordre d'importance décroissant. Si vous donnez la même taille à tous les éléments, ils seront en compétition pour attirer l'attention de l'utilisateur et rien de bon n'en sortira.

Comparez les deux illustrations de la Figure 7.10. Dans le dessin du haut, il est impossible de déterminer quelle section constitue l'élément principal de la page. Tout est de la même taille et aucune priorité visuelle n'est donc établie. Aucun élément n'a l'air plus important que les autres. De plus, la mise en page est trop compacte, l'œil ne trouve nulle part dans la page le moindre espace blanc pour se reposer.

TRUC

La clé pour une mise en page équilibrée, avec des priorités bien claires, est de se concentrer sur une chose à la fois. Déterminez quels sont les éléments les plus importants et attribuez-leur un plus grand espace sur l'écran. Veillez aussi que les choses importantes soient dans la première portion affichée de la page : ne demandez pas aux visiteurs de faire défiler la page pour atteindre le contenu le plus important. Les sections suivantes montrent quelques astuces de conception pour vous aider à tirer le meilleur parti de l'espace sans ensevelir le visiteur.

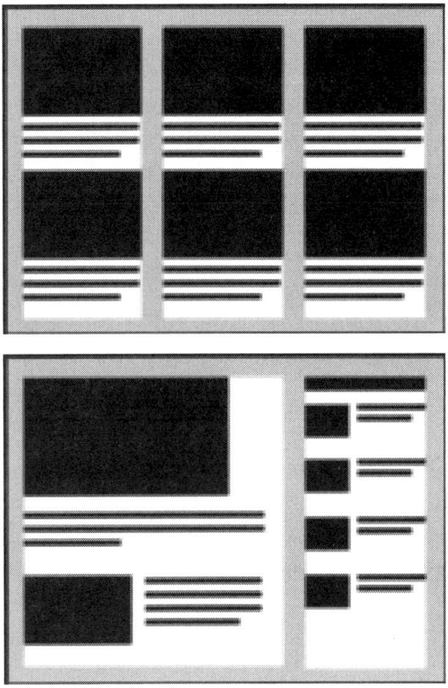

Figure 7.10 : Laquelle de ces deux compositions établit des priorités claires pour le contenu ?

La stratégie du « grand, moyen, petit »

Considérez que la page Web est divisée en trois sections : une grande section pour la matière la plus importante, une zone de taille moyenne pour ce qui vient ensuite par ordre d'importance, et le reste de la page pour le contenu le moins important. En pensant la page en termes de grande, moyenne et petite zones, vous limitez automatiquement les détails que vous pouvez inclure pour les choses les moins prioritaires de la page. Par exemple, si la zone « Biographie du fondateur » est un des éléments de second ordre de la page, il faudra éventuellement abandonner l'insertion d'une photo et n'utiliser qu'un court titre et une ligne d'accroche.

Observez la page d'accueil sur la Figure 7.11. Dans cet exemple, la grande zone contient la composition du panier bio, la zone moyenne sur la gauche contient des rubriques parallèles et une case de connexion de membre. La troisième

Figure 7.11 : Cette page d'accueil est un excellent exemple de la stratégie « grand, moyen, petit ».

zone, la moins importante, est constituée de la navigation, en haut, et de la fonction de recherche.

TRUC

L'emploi de la stratégie « grand, moyen, petit » vous empêche de donner la même priorité visuelle à tous les éléments de la page, et améliore la lisibilité ainsi que la navigation.

Diviser la page en zones manipulables

Vous n'éviterez pas toujours qu'une page Web doive accueillir énormément de matière. Pour un site Web d'information, par exemple, diviser la page en quelques zones dans lesquelles vous pourrez encore organiser des éléments aide à l'organisation de la mise en page globale. En utilisant des aplats de couleur et des filets pour diviser la page, vous créez l'illusion de plus d'espace, car chaque section est indépendante.

Par exemple, le site `www.marmiton.org` (Figure 7.12) véhicule beaucoup d'informations, mais la disposition sur trois colonnes aide l'œil à s'y déplacer facilement. Remarquez que la stratégie « grand, moyen, petit » a été respectée aussi pour les images.

Figure 7.12 : Ce site Web véhicule efficacement beaucoup d'informations en utilisant des filets pour répartir l'espace.

Travail au niveau du pli

Si vous êtes concepteur pour l'imprimerie, le terme *pli* vous est probablement familier. Il s'agit de l'endroit où une brochure ou un autre imprimé est plié par la moitié. Tout ce qui se trouve au-dessus du pli est immédiatement visible ; tout ce qui est au-dessous est masqué jusqu'à ce que le lecteur déplie le papier. Sur le Web, la portion immédiatement visible est assez petite en raison de la taille de l'écran. Le point où le contenu de la page Web sort du champ (qui demande donc au visiteur de faire défiler la page) s'appelle aussi le pli.

ATTENTION !

Un autre aspect où le Web diffère du monde imprimé est que le pli n'est presque jamais le même d'un ordinateur à l'autre. Certains visiteurs ont un grand écran ; d'autres en ont un petit. Cela signifie que vous devez concevoir pour le scénario du pire cas ou décider que le site est prévu pour s'afficher uniquement sur grand écran. Le pire cas est ici une zone d'affichage d'environ 800 x 600 pixels pour ce qui concerne les écrans des petits portables, en sachant que l'interface du navigateur (barre d'outils, etc.) mange environ 20 % de la zone d'affichage. Cela veut donc dire que vous devez placer la matière importante dans les premiers 780 x 560 pixels. Sinon, vous courez le risque que certains visiteurs ne voient pas immédiatement cette matière. C'est ce qu'illustre la Figure 7.13. Aujourd'hui, la plupart des gens possèdent un écran 800 x 600 pixels, aussi de nombreux sites sont-ils conçus pour une zone de 760 x 550 (ce qui laisse un peu de place pour les boutons du navigateur).

Figure 7.13 : Placez la matière importante au-dessus du pli, sous peine que certains visiteurs ne la découvrent jamais.

Ajout d'espace pour aérer la page

Les pages Web où des masses d'informations sont casées dans chaque recoin réduisent la lisibilité de la page et n'offrent pas d'instants de repos à l'œil. Prévoyez toujours quelque espace autour des éléments de la page. L'espace crée non seulement une atmosphère plus accueillante qui ne donne pas une impression de surcharge, mais permet aussi à l'œil d'identifier rapidement les diverses zones de la page (ce qui la rend plus lisible). Voici quelques techniques de conception pour aérer la mise en page :

- **Utilisez intelligemment l'espace blanc.** L'*espace blanc* consiste en de grandes zones d'espace blanc ou légèrement coloré, disposées autour des éléments de la page. L'effet physiologique est un confortable sentiment d'aération. Un bon objectif est de laisser au moins 25 % d'espace de page sans images. Une autre possibilité est de ménager du blanc autour de la plus importante zone de la page, la faisant sortir du lot comme une île sur la mer. Le site Web d'Apple, à l'adresse `www.apple.fr`, est célèbre pour son ample usage du blanc.

Bien sûr, les mêmes principes s'appliquent dans la conception de sites Web sur un arrière-plan noir ou foncé. Néanmoins, le sentiment véhiculé par un arrière-plan foncé est quelque peu différent. Un grand volume d'espace autour des objets sur un arrière-plan foncé donne une impression théâtrale et suscite de la curiosité, comme l'illustre la Figure 7.14.

Figure 7.14 : Cette page Web excite la curiosité en ménageant beaucoup d'espace foncé autour du texte et des images.

TRUC

- **Laissez flotter quelques éléments.** Les mises en pages Web sont, par nature, plutôt géométriques et cadrées. Bien qu'il soit généralement préférable d'aligner tous les éléments sur un gabarit, la page prend parfois un air trop rigide si vous suivez cette règle à la lettre. Pour ajouter un intérêt visuel, amusez-vous avec l'élément le plus important de la page, en lui faisant outrepasser les règles et déborder du gabarit. Cela le fera sortir du lot. Voyez par exemple la photo du haut sur la Figure 7.15 : elle s'étale sur deux colonnes.
- **N'oubliez pas que le moins fait bien souvent le plus.** Moins vous en avez à mettre sur une page, plus il est

Figure 7.15 : La grande image sort du gabarit pour ajouter un intérêt visuel à la page.

facile d'inclure du blanc et des éléments flottants qui sortent de la structure rigide du gabarit.

Restez homogène

Une page Web est une petite fenêtre servant à voir beaucoup de contenu. Visionner une page Web sur un écran ordinaire est un peu comme se servir de jumelles pour admirer un beau panorama, vous n'en voyez qu'une petite portion à la fois. Pendant l'observation à travers cette petite fenêtre, il est difficile de savoir constamment où l'on se trouve par rapport à l'ensemble. C'est pourquoi il est si important de fournir au visiteur une interface utilisateur homogène qui lui donne des repères constants durant son parcours sur le site. Voici trois règles pour la création d'un design homogène permettant au visiteur de ne pas se perdre :

- **Respectez les emplacements des éléments.** Placez toujours les éléments interactifs tels que boutons et liens au même emplacement relatif sur chaque page. Si vous créez une barre standard de navigation, trouvez-lui un bon emplacement dans la page et laissez-la à cet endroit. Une fois que l'utilisateur a découvert comment naviguer sur le site, il n'a certainement pas envie de se remettre à chercher les boutons à un autre endroit.

ATTENTION !

- **Conservez le même style graphique.** Dessinez toujours les éléments interactifs de la même façon. S'ils ont un air d'icônes sur une page et de boutons sur une autre, le changement visuel perturbera grandement le visiteur, même si l'emplacement des éléments est homogène. Jetez un œil aux boutons de la Figure 7.16 : sur la Page 2, les boutons ont un aspect d'icône, l'utilisateur considérera probablement que ce ne sont pas des liens actifs.

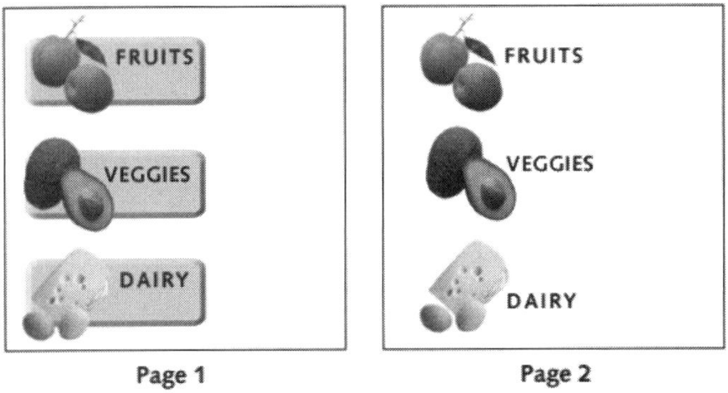

Figure 7.16 : Les liens sur la Page 1 ont un air de boutons 3D ; en revanche, ceux de la Page 2 ont un aspect d'icônes inactives.

- **Regroupez les éléments similaires de la page.** Tous les éléments d'interface ne sont pas créés égaux. Certains liens mènent vers les sections principales du site Web alors que d'autres mènent vers des sections secondaires, telle une page de politique de confidentialité du site. Enfin, certains éléments interactifs sont des outils, tels que les champs de recherche. Dans la mise en page, regroupez les éléments d'interface similaires et appliquez-leur un traitement graphique semblable. Par exemple, ne mélangez pas un lien Crédits avec les éléments principaux de navigation, placez-le plutôt dans une zone séparée et avec un look particulier, avec les liens de même ordre, comme le montre la Figure 7.17.

Figure 7.17 : Les liens principaux reçoivent un traitement graphique différent et sont séparés des liens de moindre importance.

Établir la charte graphique

Une fois que vous avez élaboré une mise en page pour la page d'accueil et une autre qui convient à toutes les sous-pages, ce concept de base va servir de charte à l'équipe de production. Néanmoins, un site Web étant susceptible de contenir un très grand nombre de pages, il est possible que ces deux mises en page ne contiennent pas assez d'éléments de conception pour permettre le montage de chaque page du site sans avoir à créer un élément spécial : l'équipe doit alors savoir quelles polices il est possible d'employer et dans quelles situations, de quelles couleurs doivent être les titres et le corps du texte, etc. L'équipe a également besoin de modèles graphiques afin de créer des boutons homogènes et des images correctement dimensionnées pour chaque page.

Images modèles

Pour garantir l'homogénéité de tous les éléments graphiques, tant pour les photographies que pour les puces et les boutons interactifs, vous devez créer un ensemble d'images modèles. Utilisez un programme comme Fireworks ou Photoshop pour créer tous les éléments standards et enregistrez-les dans le format natif du logiciel (format d'origine) ; n'exportez pas au format GIF ou JPEG.

En enregistrant les modèles dans leur format d'origine, vous conservez tous les calques, les repères, ainsi que les éléments graphiques originaux qui ont servi. De la sorte, si l'équipe de production a besoin de changer la couleur ou la taille d'un bouton comme c'est le cas sur la Figure 7.18, elle travaillera à partir de l'image d'origine ; ce qui évitera de perdre du temps à reconstruire l'image à partir de zéro, avec tous les risques d'erreur que cela suppose.

Figure 7.18 : Lorsque l'équipe de production dispose de l'image source, le gain de temps est énorme dans la création des boutons.

Recommandations pour le texte

Pour couvrir tous les besoins possibles en texte, tant en texte produit sous forme d'image que directement en HTML, établissez une charte (un ensemble de recommandations de styles) pour l'équipe de production. Ces recommandations peuvent être présentées sous la forme d'un document comme celui de la Figure 7.19, définissant les polices, les corps, les couleurs, tout autre formatage spécial, et présentant quelques exemples.

Style	Exemple	Attributs de police
Hyperliens	About Us About Us	Texte HTML. Verdana taille 1 Couleur de lien #333399 Couleur de lien visité #990066
Titres	Our Company	Texte graphique. Myriam gras condensé, 34 pt, #000066
Sous-titres	This quarter's earnings	Texte HTML. Arial Black taille 1 Couleur #000066
Corps du texte	This quarter, our company increased revenues by 25 percent.	Texte HTML. Georgia taille 2 Couleur #333366
Légendes	This graph charts the company's growth over the past year.	Texte HTML. Verdana taille 1 Couleur #333366
Exergue	Our company continues to meet or exceed customer expectations.	Texte graphique. Myriam semi-gras condensed, 16 pt, interligne 125%, couleur #CC3333

Figure 7.19 : Exemple de recommandations de styles pour le texte (graphique et HTML) d'un site Web.

Utilisez un programme comme Dreamweaver pour définir des styles de texte dans un document structuré autour des feuilles de style en cascade (CSS). C'est la meilleure méthode pour assigner des styles de texte et des couleurs aux éléments HTML. Un document CSS peut déterminer tous les styles d'un site. En effet, chaque page du site se référant à la feuille de style y récupère les informations stylistiques. Par exemple, si vous créez un style « Titre » dans le document source CSS en utilisant la police Verdana Gras dans une taille de 14 points et une couleur rouge foncé, tout élément textuel de votre site Web qui sera balisé avec le style « Titre » adoptera cette mise en forme particulière. Ainsi, lorsque vous modifiez le style « Titre » dans le document CSS, c'est-à-dire dans le modèle de feuille de style en cascade, en substituant par exemple la couleur bleue à la couleur rouge, tout le texte du site basé sur cette feuille de style est automatiquement mis à jour. Pour plus d'informations sur les CSS, consultez le Chapitre 14.

Chapitre 8

Travailler sur le texte

Dans ce chapitre :

- Choisir des polices lisibles pour le Web.
- Différence entre texte HTML et texte graphique.
- Créer un titre graphique rudimentaire.
- Utiliser HTML pour contrôler l'affichage des polices.
- Travailler avec des feuilles de style CSS internes et externes.

En conception Web, vous travaillez avec deux sortes de texte et si vous ne faites pas attention, cela vous causera deux fois plus de problèmes. Le premier genre est le *texte généré par HTML*, qui représente presque 90 % de l'ensemble du texte d'un site Web et qui, comme tel, est celui sur lequel vous travaillerez le plus souvent. Le second genre de texte est le *texte graphique*, c'est-à-dire du texte qui est en réalité une image créée dans un logiciel graphique comme Fireworks ou Photoshop.

Dans ce chapitre, nous présentons les règles et techniques de base de typographie pour créer du texte HTML et graphique de qualité pour le Web. Nous abordons aussi la notion de lisibilité du texte, quelles polices choisir pour quels effets, et comment gérer les écarts d'affichage de police des navigateurs. Après avoir lu ce chapitre, vous serez capable de manier les polices avec assurance et d'obtenir un résultat professionnel.

Ce texte que vous pouvez lire

Que le site Web utilise du texte graphique ou généré par HTML, la lecture sur écran d'ordinateur revient un peu à regarder les avions décoller avec le soleil en face. On irait presque jusqu'à dire que la lecture de gros volumes de texte sur une page Web est une forme de torture. Vous ne pouvez cependant pas l'éviter : il relève donc de votre travail de concepteur de choisir des polices et des corps de caractères faciles à lire sur écran.

Les concepteurs graphiques pour l'imprimerie ont le luxe de travailler avec toutes sortes de polices et corps de caractères. Cela vient du fait qu'ils peuvent imprimer à *haute résolution* (avec une petite taille de point) sur papier : même si le texte est très petit, le lecteur en distinguera facilement les détails. Pour ce qui concerne le texte affiché sur écran d'ordinateur, la technique est différente. Le plus petit point de lumière qu'il est possible de produire sur l'écran, que l'on appelle *pixel*, fait environ 1/72 pouce. Cela signifie que l'on a environ 72 points par pouce, ce qui, cela va sans dire, est loin d'être aussi petit que les points obtenus sur n'importe quelle imprimante ordinaire travaillant à 300 points par pouce.

Observez par exemple le texte sur la Figure 8.1. Il est en Syntax gras de 10 points, affiché sur ordinateur. Il a été agrandi pour bien montrer que ce sont des pixels qui constituent chaque lettre et que, dans le cas présent, ils ne sont guère nombreux. Un si petit nombre de pixels donne au texte un aspect grossier et le rend illisible, particulièrement lorsqu'il est agrandi de la sorte. Or, des caractères de dix points sont courants sur les cartes de visite : il n'y a plus qu'à constater que ce qui convient à un document imprimé n'est pas forcé de s'adapter à l'affichage sur écran d'ordinateur. Bien sûr, d'autres polices dans cette taille conviennent mieux pour le Web, mais notre objectif était ici de vous montrer le problème général d'adaptation.

En dehors de la police et du corps de caractère, d'autres facteurs contribuent à la lisibilité du texte sur page Web. Voici

Figure 8.1 : Les pixels de l'écran sont trop grands pour le rendu efficace de texte en 10 points.

trois suggestions pour améliorer la lisibilité du texte (quelle que soit la police choisie) :

- **En règle générale, le texte foncé sur arrière-plan clair est plus lisible que l'inverse.** Cette règle reste vraie en conception Web : si la page Web contient beaucoup de texte à lire, choisissez un arrière-plan légèrement coloré et du texte foncé.

  De plus, les couleurs sourdes sont plus lisibles que le vert éclatant (ou toute autre couleur claire, dans ce cas). Utilisez des couleurs claires uniquement pour les titres ou les sous-titres, et utilisez une palette de couleurs sourdes pour le corps du texte.

- **Si vous recourez à un arrière-plan foncé pour une page Web, agrandissez l'interligne (l'espace entre les lignes de texte) pour rendre le texte plus lisible.** Une augmentation de l'interligne aide l'œil à trouver la ligne de texte suivante. Comparez l'effet visuel des trois blocs de texte sur la Figure 8.2. Le texte dans le bloc de gauche est trop tassé. Le texte du bloc du milieu est beaucoup plus lisible (particulièrement sur arrière-plan foncé). L'interligne dans le bloc de droite donne au texte un aspect entièrement différent, plus décoratif.

  L'emploi d'une forte valeur d'interligne ne convient qu'aux blocs de texte pas trop longs, pas à une page entière de corps de texte. Un fort interligne est par exemple exploitable pour faire ressortir un bloc, à titre de légende ou d'exergue (Figure 8.3).

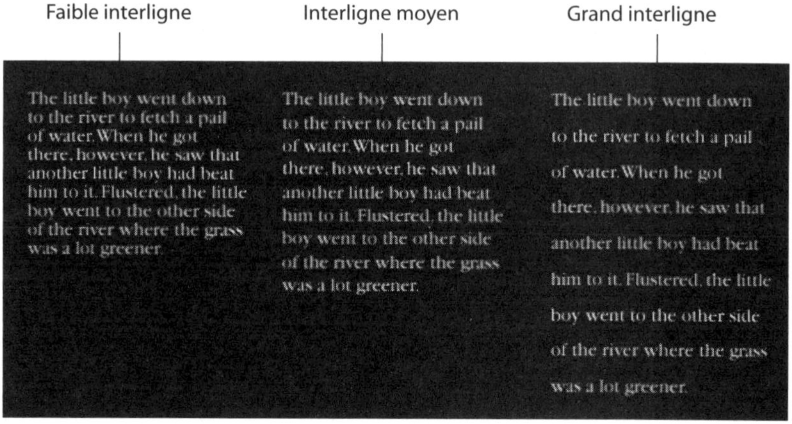

Figure 8.2 : Différentes valeurs d'interligne donnent au texte des aspects divers.

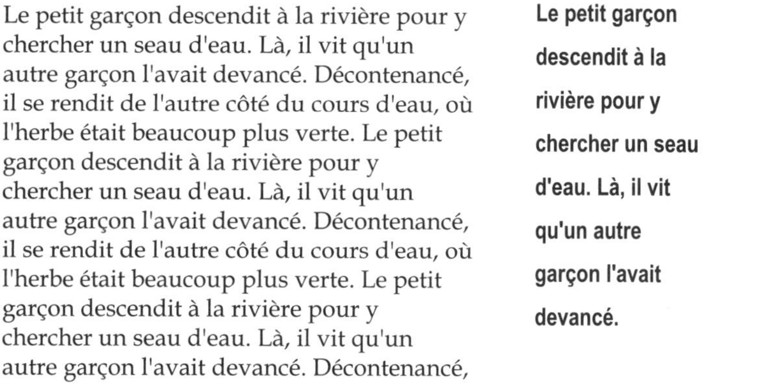

Figure 8.3 : L'emploi d'un fort interligne fait ressortir le bloc de texte.

- **La largeur de colonne est aussi un détail important à ne pas négliger.** Une page Web possédant plus d'espace horizontal que d'espace vertical, vous serez peut-être tenté de laisser les lignes de texte courir sur la totalité de la largeur de page pour un maximum de texte au-dessus du pli. Le problème avec les longues lignes de texte est que l'œil, après avoir traversé une grande largeur, ne trouve pas facilement la ligne suivante (sans compter les pénibles mouvements de tête pour aller d'un bord à l'autre). Essayez de limiter la largeur de colonne à un maximum d'environ douze centimètres, ce qui reste assez étroit pour aider l'œil à zigzaguer efficacement vers le bas de la page.

Bonnes et mauvaises polices pour le Web

Il existe de si nombreuses polices aujourd'hui un peu partout dans le monde qu'il est impossible de donner une liste complète de celles qui conviennent pour le Web et celles à éviter. Vous trouverez cependant, à la fin de cette section, une liste de nos polices favorites. Nous vous donnerons aussi quelques recommandations générales pour vous aider à sélectionner les polices adaptées à votre situation.

La plupart des règles et suggestions que nous énumérons ici s'appliquent au texte graphique que vous emploierez pour embellir les pages. Pour ce qui concerne le texte généré par HTML, vos choix sont plus ou moins limités au jeu de polices standards disponible sur les ordinateurs fabriqués durant les dernières années.

Polices standards et non standards

Afin d'être à même de choisir la bonne police pour chaque situation, il faut déjà connaître les différentes catégories de polices. Généralement, on a recours aux polices standards pour le corps du texte, réservant les polices plus fantaisie aux titres et sous-titres courts, comme le montre la Figure 8.4.

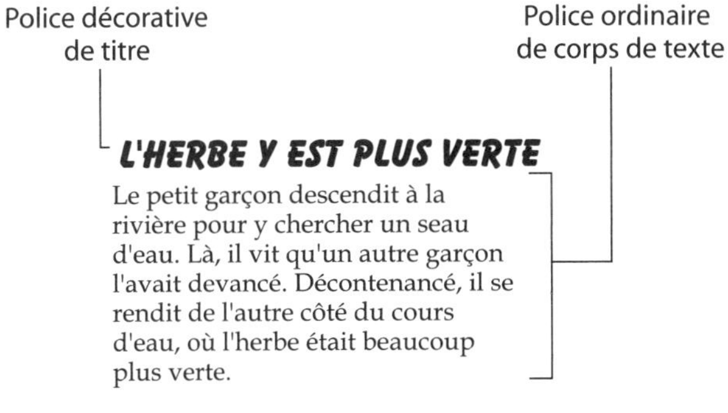

Figure 8.4 : Bien associées, les polices décoratives de titre et les polices standards de corps du texte créent un ensemble visuel agréable.

Par *polices standards*, nous pensons à des polices comme Garamond, Times, Gill Sans, Helvetica et Verdana, qui ont des personnalités limitées. Le lecteur n'est pas distrait par le dessin simple de ces polices et peut se concentrer sur la lecture elle-même. Les polices standards sont conçues pour faciliter la lecture, car elles restent lisibles dans les petits corps de caractères.

Les autres polices, plus fantaisie, ont beaucoup de détails et de personnalité, elles sont idéales pour les titres et sous-titres. Ces polices attirent l'attention du visiteur, mais ne sont pas faites pour le texte long (Figure 8.5). Voici quelques noms de polices décoratives : Kid Print, Comic Sans, Wingdings.

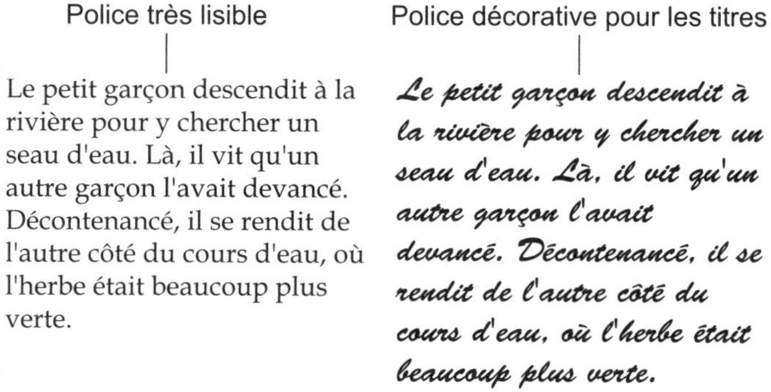

Figure 8.5 : La police de gauche est conçue pour la lisibilité ; la police de droite doit être réservée aux titres.

Police grasse ou maigre

L'épaisseur du trait de chaque lettre contribue beaucoup à la lisibilité d'une police. Du fait que les pixels des écrans d'ordinateur ne sont pas assez petits, les polices trop fines sont susceptibles d'être peu lisibles, particulièrement dans les petits corps de caractères.

Si vous examinez n'importe quelle police, vous remarquerez que l'épaisseur varie à chaque lettre. Par exemple, regardez la lettre *m* sur la Figure 8.6. A titre de comparaison, la lettre est également composée dans d'autres polices. Certaines polices, comme Kepel Bold (complètement à gauche), présentent des différences d'épaisseur très marquées entre les pleins (zones épaisses) et les déliés (zones fines) des lettres. En petit corps, l'œil ne voit plus que les traits les plus épais, les traits fins ayant disparu. Lors du choix d'une police pour les petits corps de texte, il faut donc trouver une version qui ne présente pas de grosses variations dans l'épaisseur du trait, comme c'est le cas des exemples du milieu et de droite sur la Figure 8.6. Par ailleurs, évitez les versions maigres (*light*) : elles sont trop fines pour une bonne lecture en petit corps. La plupart des polices existent en diverses graisses, de maigre (*light*) pour le plus fin à diverses forces de gras (*bold*, *black* et *ultra*).

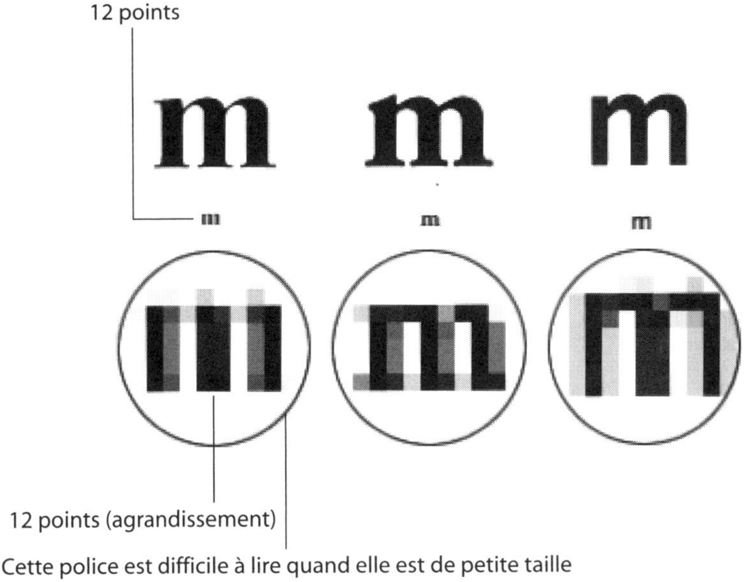

Figure 8.6 : La police sur la gauche présente des différences d'épaisseur très importantes dans les pleins et déliés de ses lettres.

TRUC

Les Figures 8.7 et 8.8 présentent quelques polices serif et sans serif dont la lisibilité est bonne sur écran. Ces polices ont toutes survécu au « test des 10 points » : elles restent lisibles en corps de 10 points, ce qui est la plus petite taille de texte à employer dans une page Web.

Ces deux listes indiquent les polices qui ont passé avec succès le test des 10 points, elles conviennent tant au texte graphique que HTML. Cependant, alors que pour le texte graphique vous pouvez employer la police qui vous plaît le mieux, il est préférable, pour ce qui concerne le texte HTML, de choisir uniquement dans les polices couramment rencontrées sur la majorité des ordinateurs. Pour une liste de ces polices, voir plus loin la Figure 8.18.

Police	*Exemple*	*Description*
Arial Helvetica	Favorite San Serif **Favorite San Serif** Favorite San Serif	Convient autant au corps de texte qu'aux titres. Susceptible de donner un aspect un peu générique.
Meta	Favorite Serif **Favorite Serif**	Semblable à Officina, convient à toutes les situations.
Myriad	Favorite Serif **Favorite Serif**	Police moderne, bien définie, pour toutes situations.
Officina	Favorite Serif **Favorite Serif**	Police sans serif moderne, convient au corps de texte et aux titres.
Syntax	Favorite Serif **Favorite Serif**	Police moderne, bien définie, pour toutes situations.
Verdana	Favorite Serif **Favorite Serif**	Conçue pour le Web, Verdana convient particulièrement au texte HTML.

Figure 8.7 : Polices sans serif ayant passé le test des 10 points. À utiliser pour le texte graphique ou HTML.

Police	*Exemple*	*Description*
Bookman	**Favorite Serif**	Bookman est une police serif qui convient pour les titres. Le gras est mieux rendu en petits corps.
Century Schoolbook	**Favorite Serif**	La lisibilité de la version en gras est bonne mais plus large que dans les autres polices
Copperplate	FAVORITE SERIF	Copperplate est tout en majuscules (petites et grandes). Son aspect formel convient aux titres de documents commerciaux
Garamond Goudy	**Favorite Serif** **Favorite Serif**	Belles polices de style ancien, pour aspect classique. Convient pour les titres ou le corps du texte. Le gras est mieux rendu dans les petits corps.
Georgia	Favorite Serif	Comme Verdana, Georgia a été conçue spécialement pour le Web. Convient pour le corps de texte et les titres.
Times	**Favorite Serif**	Nous trouvons que cette police a moins de caractère que les autres polices présentées. Elle demeure une bonne police neutre, autant pour le corps du texte que les titres.

Figure 8.8 : Polices serif ayant passé le test des 10 points.

Serif ou sans serif ?

Une autre notion à connaître en terme de police est la différence entre police serif et sans serif. Comme l'illustre la Figure 8.9, un *serif* est un petit empattement qui orne les extrémités d'une lettre. Les *polices sans serif* n'ont pas d'empattements. Certaines polices sans serif modernes présentent certes quelques légères boucles aux extrémités des lettres, mais elles restent considérées comme des polices sans serif.

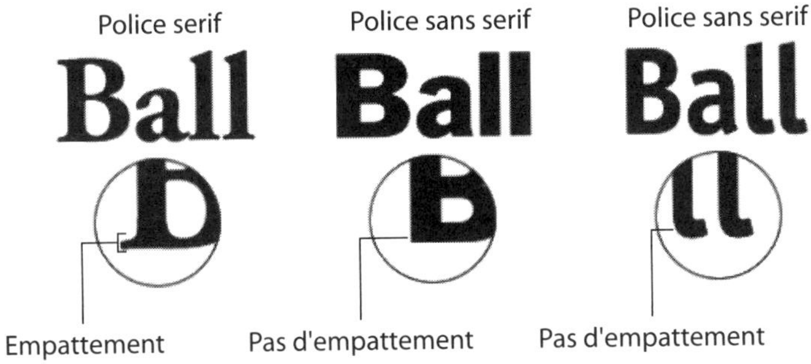

Figure 8.9 : Les extrémités des lettres de polices serif présentent des empattements. Ce n'est pas le cas des polices sans serif.

N'OUBLIEZ PAS

Il est possible d'employer une police serif ou sans serif autant pour le corps du texte que pour les titres. Les deux styles conviennent dans les deux situations. La différence est plutôt donnée par l'aspect visuel de chaque police. Généralement, une police serif véhicule un sentiment plus formel, plus professionnel, alors qu'une police sans serif donne une allure nette, moderne.

TRUC

Essayez de mélanger polices serif et sans serif. Par exemple, utilisez un style pour les titres et l'autre pour le corps du texte. Choisissez un jeu de deux à quatre polices pour la totalité du site Web (une pour chaque type différent d'élément texte), cela ajoutera un intérêt visuel à la page.

Pas trop grand, pas trop petit

Évitez le texte graphique de taille inférieure à 12 points. Certaines polices rendent plutôt bien à 10 points, mais elles sont peu nombreuses. D'un autre côté, n'exploitez pas des caractères de trop grande taille.

Une bonne règle : pour le corps du texte, gardez une taille entre 10 et 12 points (certaines polices sont, par nature, plus grandes que les autres). Un corps du texte en quatorze points est légèrement trop grand. Pour les titres, travaillez entre 14 et 24 points. Il faut faire appel à votre jugement dans chaque situation. Notez que les titres de plus de 24 points risquent d'être envahissants.

Utilisez toujours des corps de caractères pairs, comme 10, 12, 14, 16, etc., notamment pour ces tailles-là. Les polices des ordinateurs sont optimisées pour un meilleur rendu à l'écran dans ces tailles particulières. Si vous choisissez un corps de caractère impair, l'ordinateur doit mettre la police à dimensions, ce qui altère légèrement son aspect.

Texte sur motif d'arrière-plan

De nombreux concepteurs utilisent un motif d'arrière-plan pour relever l'aspect des pages Web. Un *motif d'arrière-plan* est un motif répété pour remplir toute la page Web. Les autres éléments de la page sont placés directement sur la mosaïque, comme dans le cas d'un arrière-plan de couleur unie. Si l'image utilisée pour le motif d'arrière-plan est plus petite que la fenêtre du navigateur, elle est répétée jusqu'à remplir toute la page.

Des problèmes se posent néanmoins avec les motifs d'arrière-plan chargés ou très colorés ; en effet, cela réduit la lisibilité du texte. Il faut donc préparer soigneusement les motifs.

Voici quelques techniques de conception de motifs d'arrière-plan se mariant correctement avec du texte :

- **Créez un motif d'arrière-plan plus grand que la page Web.** De nombreuses personnes pensent aux motifs d'arrière-plan sous forme d'une petite image carrée, d'un centimètre ou deux de côté, qui joue le même rôle qu'une dalle de carrelage. Cela n'est pas nécessairement vrai. Rien n'interdit de créer un motif d'arrière-plan qui soit beaucoup plus grand que la page Web. De la sorte, le motif s'étend au-delà de la fenêtre du navigateur et n'est donc pas répété ; l'utilisateur rencontrera une répétition seulement s'il fait défiler la page trop loin. En créant un grand motif, vous pouvez concentrer les graphismes chargés en dehors des zones prévues pour le texte.

- **Créez un motif d'arrière-plan sous forme d'une longue et fine bande horizontale.** Le motif se répète alors de haut en bas dans la page (Figure 8.10). L'utilisateur ne voit pas de répétition horizontale, à moins de faire défiler la page. Le bénéfice est de pouvoir contrôler l'emplacement des zones chargées de façon à éviter les interférences avec le texte. Gardez un design simple (évitez les photos) avec aussi peu de couleurs que possible. Cela réduira la taille de fichier, et donc le temps de téléchargement de la page.

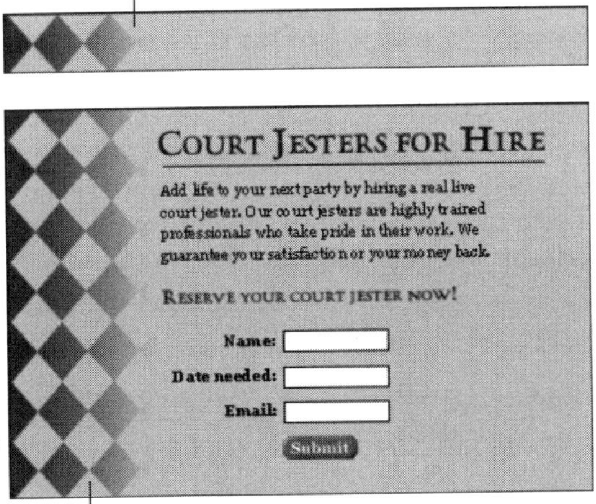

Figure 8.10 : L'emplacement des textures est contrôlé en créant un motif sous forme de bande longue et étroite, répétée verticalement dans la page.

- **Si vous recourez à un motif de petites dimensions, faites-le discret.** Si vous choisissez comme motif une image de petites dimensions, vous obtiendrez un motif qui se répète horizontalement et verticalement dans la page. Veillez à employer des couleurs qui ne viennent pas cogner contre les couleurs du texte et des autres images de la page. Faites, par exemple, un motif discret de couleur claire et employez du texte foncé pour garder le meilleur contraste possible.

Texte graphique et texte généré par HTML

Une page Web peut contenir deux types de texte : le texte graphique (en réalité, une image représentant du texte) et du *véritable* texte, généré par HTML (généré avec des balises HTML). Le texte généré par HTML est totalement modifiable, exactement comme le texte dans un traitement de texte. Vous pouvez appliquer au texte HTML divers paramètres de police et de taille de caractères. Vous pouvez aussi facilement l'actualiser. Le texte graphique, en revanche, est une image. Pour apporter des corrections au texte, vous devez refaire l'image. En outre, le texte graphique génère des tailles de fichier plus importantes que l'équivalent en texte HTML, d'où des temps de téléchargement plus longs.

De ce fait, il est préférable d'exploiter plus de texte HTML que de texte graphique. Alors pourquoi utiliser du texte graphique ? Parce qu'il offre d'autres souplesses. Le texte graphique étant une image, exactement comme une photographie, les possibilités sont infinies en ce qui concerne le choix de police, la couleur, la texture (par exemple l'insertion d'une photo de coucher de soleil à l'intérieur des lettres).

Le texte graphique permet aussi de travailler avec du texte *antialiasé*, c'est-à-dire dont les bords des lettres sont parfaitement lisses (Figure 8.11). Les pixels étant carrés, les courbes présentent un effet de marches d'escalier. L'*anti-aliasing*, ou lissage, place un petit dégradé de couleurs pour mélanger légèrement les couleurs des bords courbes de l'objet et celles de l'arrière-plan. Lorsque vous employez un logiciel graphique comme Photoshop ou Fireworks pour créer des images contenant du texte, le programme lisse automatiquement le texte.

Figure 8.11 : L'anti-aliasing, ou lissage, fond légèrement les couleurs des bords courbes avec celles de l'arrière-plan.

Le texte HTML, au contraire, présente des bords non lissés, avec des effets d'escalier plus ou moins visibles (Figure 8.12). De plus, vos choix de polices sont limités, car les polices choisies doivent être disponibles sur l'ordinateur du visiteur. Il existe tellement de systèmes différents que vous avez, en tout et pour tout, le choix entre quatre polices seulement. Dans les balises HTML, vous indiquez les autres polices à exploiter si la première n'est pas disponible. Par exemple, si vous voulez un titre en Verdana, vous pouvez spécifier Arial et Helvetica comme police de remplacement, pour le cas où un utilisateur ne disposerait pas de Verdana. Nous y reviendrons plus en détail tout à l'heure.

Figure 8.12 : Les graphiques non lissés présentent des bords avec effets d'escalier.

Une pincée de texte graphique, un kilo de texte HTML

La plupart des sites Web demandent de fréquentes mises à jour. Apporter des modifications à du texte généré par HTML est relativement facile, alors que refaire un lot d'images est pénible. Pour cette raison, travaillez avec environ 90 % de texte HTML et 10 % de texte graphique. N'employez le texte graphique que pour les légendes, les titres, les citations et autres éléments de texte décoratifs.

TRUC

Lorsque vous créez du texte graphique, gardez toujours un exemplaire de l'image source au format d'origine du logiciel. Par exemple, si vous créez un titre dans Photoshop et que vous l'exportez au format GIF pour usage sur le Web, n'oubliez pas aussi d'enregistrer le fichier original au format Photoshop. Une fois que vous avez exporté le fichier au format GIF, vous ne pouvez plus modifier le texte, il faut refaire l'image. Les logiciels graphiques, comme Photoshop et Fireworks, enregistrent le texte dans un format modifiable. Si jamais vous devez apporter des changements à l'image GIF, vous aurez juste à rouvrir le fichier source, réaliser les modifications, puis procéder à une nouvelle exportation. Pour plus d'informations sur le GIF et les autres formats de fichiers, voir le Chapitre 12.

ATTENTION !

Attention aussi à limiter le texte graphique au minimum si vous comptez *localiser* (terme technique pour *traduire*) votre site Web pour d'autres pays. La traduction de texte HTML est bien plus facile que de devoir reprendre les images contenant le texte graphique.

Création graphique de titres

Après avoir vu dans quel cas vous pouvez employer du texte graphique dans une page Web, l'étape suivante est d'apprendre à le créer avec un logiciel adapté. Il suffit en fait d'ouvrir votre logiciel graphique, de travailler avec l'outil Texte et d'ajouter les effets éventuels qui vous plaisent.

Dans l'exercice ci-après, vous exploiterez Fireworks pour créer un titre de page Web, avec ombre portée. Nous avons choisi Fireworks CS5, car la manœuvre y est plutôt simple, et vous pourrez suivre avec une version que vous trouverez sur le site d'Adobe à `www.adobe.fr`. Notez que si vous utilisez Photoshop, les étapes sont presque identiques :

1. **Démarrez Fireworks CS5.**

   Fireworks apparaît (Figure 8.13). Notez l'emplacement de la boîte à outils, des panneaux et des menus.

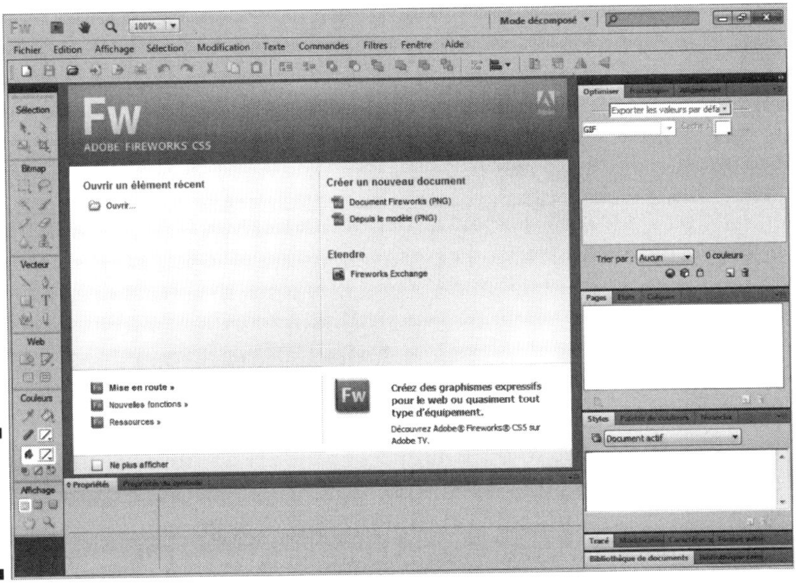

Figure 8.13 : L'interface de Fireworks CS5.

2. **Dans la fenêtre d'accueil, cliquez sur le lien Document Fireworks (PNG) de la section Créer un nouveau document.**

   La fenêtre de dialogue Nouveau document apparaît (Figure 8.14). Vous pouvez également créer un nouveau fichier avec le raccourci clavier Commande+N (Mac) ou Ctrl+N (Windows) si vous occultez la fenêtre d'accueil.

3. **Spécifiez les dimensions, la résolution et la couleur du fond, puis cliquez sur OK.**

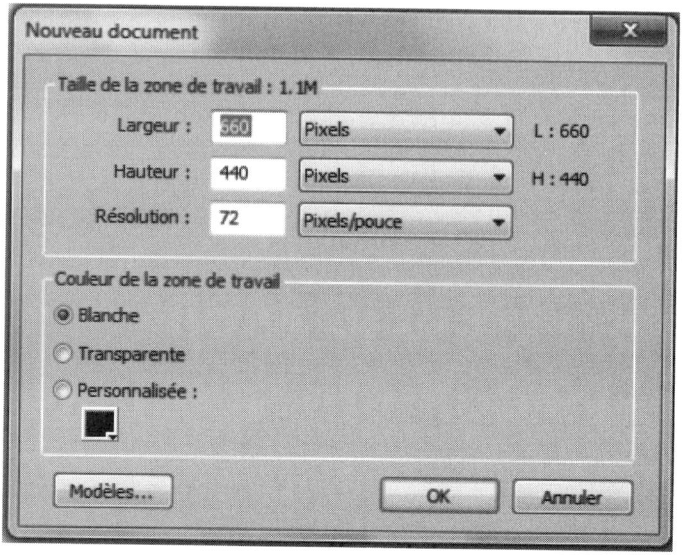

Figure 8.14 : Utilisez la fenêtre de dialogue Nouveau document pour préciser les dimensions de votre nouvelle image Fireworks.

Afin d'avoir assez de place pour travailler, gardez les dimensions de la page par défaut, c'est-à-dire 660 pixels pour la largeur et 440 pour la hauteur, puis cliquez sur OK. Si vous exportez l'image sans la rogner, sa taille fera 640 x 440 pixels. Cette taille est trop grande pour le titre, mais nous préférons démarrer avec une grande surface de travail. Ultérieurement, vous rognerez la surface de travail pour ajuster l'image aux dimensions du titre. Il est toujours préférable d'ajuster le support aux dimensions du contenu réel de l'image. Des dimensions ajustées réduisent la taille de fichier et, de là, le temps de téléchargement.

Notez que les captures d'écran visibles dans ces étapes représentent l'interface Windows 7. Cependant, Fireworks CS5 existe aussi sur Macintosh et son fonctionnement est identique. Les utilisateurs de Macintosh devraient pouvoir suivre les explications sans problème.

Puisqu'il s'agit ici de faire un titre pour une page Web à fond blanc (la couleur de la page Web est réglée dans le code HTML), laissez la couleur de fond sur blanc. Utilisez toujours dans l'image une couleur d'arrière-plan identique ou, au moins, qui s'harmonise à la couleur d'arrière-plan de la page Web.

Une fois le nouveau document créé, l'écran ressemble à celui de la Figure 8.15. Lorsque vous travaillez sur des images dans Fireworks, vous travaillez en mode Original (notez les onglets en haut du document). Plus loin dans ces étapes, vous passerez en mode Aperçu pour voir l'impact sur la qualité de l'image, de la palette et du format de fichier choisis.

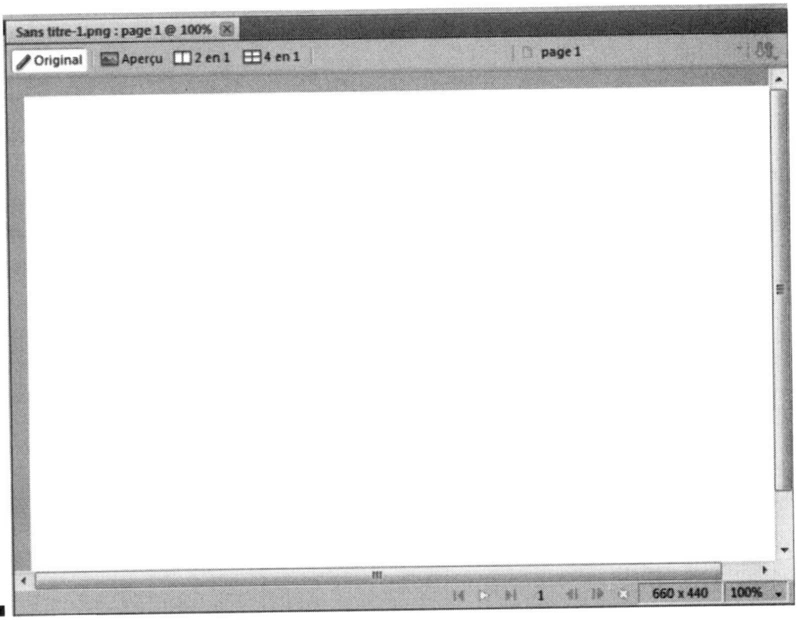

Figure 8.15 : Concevez vos images en mode Original. Cliquez sur l'onglet Aperçu pour simuler l'affichage du graphique par un navigateur Web. Revenez sur l'onglet Original pour poursuivre l'édition.

4. **Activez l'outil Texte du panneau Outils (son icône représente un A). Cliquez n'importe où dans le document et tapez votre texte. Une fois le texte saisi, cliquez sur l'outil Pointeur situé dans le coin supérieur gauche du panneau Outils.**

5. **Appliquez une police, une taille et une couleur au texte.**

   Avec l'outil Pointeur, cliquez sur le texte pour le sélectionner. Dans le panneau Propriétés (Figure 8.16), sé-

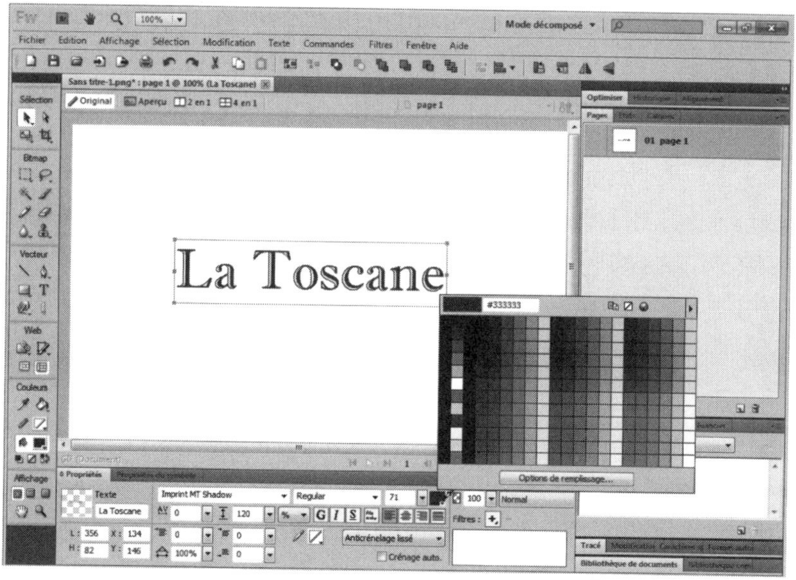

Figure 8.16 : Dans le panneau Propriétés, définissez toutes les propriétés visuelles du texte.

lectionnez une police, saisissez une taille exprimée en points, et cliquez sur le carré de couleur pour ouvrir un nuancier dans lequel vous choisirez la teinte du texte.

TRUC

Lorsque vous sélectionnez la police dans le menu local idoine du panneau Propriétés, un aperçu s'affiche à gauche de chaque police sur laquelle vous placez le pointeur de la souris.

6. **Appliquez des effets au texte.**

   Comme le texte est sélectionné, suivez ces étapes :

   1. Choisissez un effet par un clic sur le symbole + situé à droite du mot Filtres.
   2. Dans la liste des effets, cliquez sur Ombre et lueur/Ombre portée. Affinez vos réglages en jouant sur les valeurs des différents paramètres qui apparaissent.
   3. Pour valider vos réglages, cliquez en dehors de cette petite boîte de dialogue.
   4. Si vous désirez modifier l'ombre portée, cliquez sur la lettre *i* située à gauche du nom de l'effet dans la

section Filtres du panneau Propriétés. Pour ajouter d'autres effets, cliquez sur le signe +.

5. Pour supprimer un effet, cliquez dessus dans la liste Filtres, puis sur le signe -.

7. Avec l'outil Recadrage, recadrez la zone de travail pour l'ajuster au texte.

Pour cela, tracez un cadre de recadrage autour du texte. Ensuite, double-cliquez dedans pour appliquer le recadrage.

8. Choisissez un format de fichier.

Avant l'exportation de ce titre, choisissez un format de fichier dans le panneau Optimiser représenté à la Figure 8.17. Choisissez les options suivantes :

1. Dans la première liste, sélectionnez GIF. Dans la deuxième, optez pour Adaptative, comme sur la Figure 8.17.

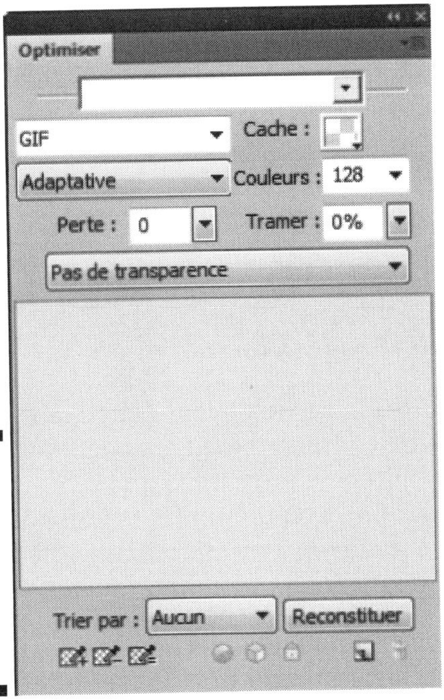

Figure 8.17 : Utilisez le panneau Optimiser pour définir vos options d'exportation pour le Web.

2. Dans la liste Couleurs, choisissez 128. Moins vous utilisez de couleurs, plus la taille de fichier diminue, et plus vite il est téléchargé. Attention cependant au fait qu'un nombre de couleurs insuffisant peut dégrader la qualité de l'image.

Dans Fireworks, vous pouvez voir l'aspect de votre image avec les réglages de couleur et de format de fichier. Il suffit de cliquer sur l'onglet Aperçu en haut de la fenêtre de document.

9. **Enregistrez le fichier Fireworks et exportez l'image.**

Avant l'exportation pour le Web, enregistrez votre travail au format Fireworks, en choisissant Fichier/Enregistrer. Dans la fenêtre Enregistrer fenêtre, entrez un nom (gardez l'extension « .png » à la suite du nom de fichier). Enregistrez-le à l'endroit qui vous convient sur votre disque dur. En enregistrant le fichier original « .png », vous gardez le bénéfice de revenir facilement corriger l'image, puis de l'exporter de nouveau au format GIF ou JPEG pour le Web.

Pour procéder à l'exportation Web, cliquez sur Fichier/Exporter. La boîte de dialogue éponyme apparaît. Dans le menu local Exporter, sélectionnez Images uniquement, tapez un nom pour le fichier (gardez le « .gif » à la fin), sélectionnez un dossier sur votre disque dur, et cliquez sur Exporter.

Contrôler l'affichage du texte

Du fait que la majorité du texte des pages est généré par HTML, il est nécessaire de choisir soigneusement les polices à employer. Les possibilités de formatage du texte (via les balises HTML ou les CSS) sont, somme toute, limitées : couleur, gras, italique, souligné, taille de caractère. Dans une certaine mesure, vous pouvez également spécifier une police.

Lorsque vous spécifiez une police en HTML ou CSS, il faut que l'ordinateur de l'utilisateur soit doté de cette police pour afficher la page correctement. Si l'ordinateur du visiteur ne dispose pas de la police réclamée par la page, le navigateur substitue une police. Cela peut semer la pagaille dans la mise en page, car, comme vous le savez probablement, la hauteur et la largeur de caractère sont susceptibles de varier de façon notable d'une police à l'autre, même pour une taille (corps) de caractère identique.

Le chargement d'une page HTML s'opère de haut en bas. Pour cette raison, si la police substituée est plus grande que celle que vous avez spécifiée, la mise en page se décale vers le bas de manière significative.

Les spécifications de la police

Le meilleur moyen de garder le contrôle de votre mise en page est d'utiliser les polices standards de navigateur. En d'autres termes, employez des polices dont pratiquement tout le monde dispose sur son ordinateur comme Helvetica, Arial, Times, Verdana, etc. La Figure 8.18 présente une liste des polices standards de navigateur.

Verdana	Echantillon de texte	Voici un passage de texte un peu plus long, pour donner un autre aperçu
Arial	Echantillon de texte	Voici un passage de texte un peu plus long, pour donner un autre aperçu
Arial Narrow	Echantillon de texte	Voici un passage de texte un peu plus long, pour donner un autre aperçu
Helvetica	Echantillon de texte	Voici un passage de texte un peu plus long, pour donner un autre aperçu
Georgia	Echantillon de texte	Voici un passage de texte un peu plus long, pour donner un autre aperçu
Times New Roman	Echantillon de texte	Voici un passage de texte un peu plus long, pour donner un autre aperçu
Times	Echantillon de texte	Voici un passage de texte un peu plus long, pour donner un autre aperçu
Courier	Echantillon de texte	Voici un passage de texte un peu plus long, pour donner un autre aperçu
Courier New	Echantillon de texte	Voici un passage de texte un peu plus long, pour donner un autre aperçu

Figure 8.18 : Polices standards de navigateur.

Une autre possibilité assez sûre est de spécifier une liste de *préférence* de polices dans le code HTML. Dans la balise `<font>`, indiquez la première police demandée, puis faites-la suivre de la liste des polices de remplacement, à employer si la première police n'est pas disponible. Lorsqu'un visiteur charge la page, le navigateur analyse la liste de polices jusqu'à ce qu'il trouve une correspondance (l'idéal étant qu'il trouve la première police de la liste). Voici l'aspect du code HTML à écrire :

```
<font face="Verdana, Arial, Helvetica, sans-serif"> Ceci est ma liste
de polices préférées </font>
```

Ici, Verdana est le premier choix, suivi d'Arial et Helvetica. Le dernier élément, sans-serif, indique au navigateur d'insérer n'importe quelle police sans serif disponible sur le système s'il ne dispose pas de Verdana, Arial ou Helvetica (notez que nous avons rencontré *sans serif* écrit avec ou sans le tiret, à vous de décider l'orthographe que vous préférez).

Gestion de polices CSS

La technologie Cascading Style Sheets (CSS), autrement dit les feuilles de style, sert à définir votre propre ensemble de styles de polices, que vous pourrez employer de façon homogène sur tout le site Web. Par exemple, imaginez que vous conceviez un grand site où vous voulez garantir un aspect homogène à toutes vos pages. Disons que tous les titres doivent être en Arial Narrow, gras, 18 points (oui, vous pouvez exprimer les corps de caractères en points dans CSS), rouge foncé. Toutes les légendes doivent être en Verdana, italique, 10 points, bleu. Notez que cela ne vous affranchit pas du fait qu'il faut employer des polices standards de navigateur (voir plus haut la Figure 8.18). Le principal avantage de la technologie CSS est qu'elle vous fait gagner du temps puisque vous appliquez rapidement des paramètres homogènes au texte.

Feuilles de style internes

Les feuilles de style existent en deux versions : *feuilles de style externes* (que nous abordons plus loin dans ce chapitre) et *feuilles de style internes*. La feuille de style interne est un jeu de styles que vous définissez à l'intérieur d'une page, et qui ne s'applique qu'à cette page, pas à la totalité du site Web. Les noms et détails de styles se placent dans la section <head> du code HTML. En voici un exemple :

```
<style type="text/css">
.titre {  font-family : «Arial Narrow Bold" ; font-size : 18pt ; color :
          #990033}
.legende {  font-family : Verdana, Arial, Helvetica, sans-serif ;
            font-size : 10pt ; font-style : italic ; color : #333366}
</style>
```

Dans ce code, on voit que le style <titre> est en Arial Narrow Bold de 18 points. Le nombre après `color` est un code *hexadécimal* qui produit un rouge foncé. Ensuite, lorsque vous écrivez un titre dans une page Web, vous pouvez le formater rapidement en appliquant le style <titre> et en tapant ce code HTML :

```
<span class="titre">Il devient facile de formater les titres</span>
```

Un des grands intérêts des feuilles de style est qu'elles facilitent énormément l'actualisation du formatage des textes dans une page. Par exemple, votre client change de look et désire maintenant un jeu de polices et de couleurs entièrement différent. Oups ! Cela demande en temps normal de longues heures fastidieuses de travail pour sélectionner et actualiser chaque passage de texte de la page. En revanche, si vous avez utilisé les CSS, vous avez juste à modifier les définitions de feuille de style dans la section <head>, et toute la page est automatiquement actualisée.

Feuilles de style externes

Les feuilles de style externes sont encore plus puissantes que les internes. Alors que la feuille de style interne définit les styles de texte pour une seule page, la feuille de style externe est capable de contrôler le texte d'un site Web entier. Là, vous jouez vraiment dans la cour des grands. Un seul fichier, le fichier externe, contient toutes les informations de style. Chacune des pages du site qui a recours au fichier externe a un lien vers ce fichier. Pour actualiser la totalité du site, vous avez juste à actualiser la feuille de style dans le fichier externe.

Chapitre 9

La couleur affichée sur le Web

Dans ce chapitre :

- Système de couleurs RVB de l'ordinateur.
- Travailler avec des palettes de couleurs 24 bits et 8 bits.
- Démythifier la couleur hexadécimale.
- Obtenir la meilleure qualité avec la plus petite taille de fichier.

La façon dont la couleur est gérée dans l'ordinateur est un de ces grands mystères que chacun se garde bien d'essayer de creuser, et ce tant que tout fonctionne sans grincer. Bon nombre de personnes pensent que cela est bien trop complexe à comprendre. Les concepteurs ne se préoccupent pas des rouages internes, ils désirent simplement que leurs travaux aient bonne allure. Or, dans le monde de l'imprimerie, les concepteurs doivent pourtant connaître le processus d'impression des couleurs, de façon à obtenir une restitution optimale de leurs travaux. La même règle est valable en conception Web : vous ne pouvez pas faire l'impasse sur le côté technique. Vous devez savoir comment la couleur est gérée sur le Web, afin de concevoir des pages Web correctement affichées.

Ce côté technique n'est d'ailleurs pas si obscur que cela. Là où le processus d'impression utilise quatre couleurs (cyan, magenta, jaune et noir, d'où le nom du système CMJN ; CMYK en anglais pour *cyan*, *magenta*, *yellow* et *black*) pour produire un grand nombre de mélanges de couleurs, l'ordinateur n'exploite que trois couleurs (rouge, vert et bleu). Il est d'autant plus impressionnant que l'ordinateur, alors qu'il utilise une couleur de moins que le processus d'impression quadrichromique, soit capable de produire une gamme de nuances très étendue, bien au-delà des possibilités du système CMJN. Il y a bien sûr un os : les navigateurs Web n'affichent de façon fiable qu'un sous-ensemble limité de ces couleurs. On appelle ce sous-ensemble de couleurs la *palette de couleurs sécurisées Web*. Cela signifie que vous devez être sélectif dans vos choix de couleurs pour les images Web, sous peine d'obtenir des résultats inattendus. La façon dont vous utilisez la couleur dans vos images a également un fort impact sur leur temps de téléchargement via le Web. L'emploi d'un nombre inférieur de couleurs produit une taille de fichier plus petite, ce qui améliore la vitesse de diffusion sur Internet.

Si vous lisez ce chapitre dans sa totalité, vous en saurez beaucoup concernant la mécanique de la couleur sur ordinateur et la façon d'employer correctement les palettes de couleurs dans les images Web.

Les secrets du monde RVB

Toutes les couleurs affichées sur l'écran de l'ordinateur le sont par un système de couleurs *RVB*. Ce système utilise uniquement trois couleurs (rouge, vert et bleu), qui sont mélangées pour créer chacune des couleurs (dont le noir et le blanc). Considérez que ce système fonctionne un peu comme la lumière naturelle. Lorsque le soleil est levé, vous voyez de la lumière blanche. Lorsque le soleil est couché, vous êtes dans le noir. Par ailleurs, vous ne voyez toutes les couleurs contenues dans la lumière blanche que si vous la passez à travers un prisme pour la diffracter et en obtenir le spectre. Comme le soleil, la couleur RVB est un processus de couleur *additif*. Le procédé d'impression quadri CMJN, au contraire, est un processus de couleur *soustractif*. Nous expliquons la différence dans la section suivante.

Couleurs soustractives et additives

NOTE TECHNIQUE

Lorsque vous mélangez deux couleurs ou plus pour obtenir une nouvelle couleur, que ce soit en imprimerie ou sur ordinateur, le procédé utilisé est soit *additif*, soit *soustractif*. Ces termes déterminent la façon dont la couleur blanche est produite.

En imprimerie, on obtient la couleur blanche en ne mélangeant aucune couleur. En supprimant (soustrayant) toutes les couleurs, c'est la couleur du papier (présumé blanc) qui reste visible. Par conséquent, on dit que le processus d'impression est un processus de couleur soustractif. Le seul moyen d'imprimer du blanc est de ne rien imprimer du tout, ce qui s'obtient en soustrayant toutes les couleurs.

La combinaison des encres cyan, magenta et jaune dans diverses proportions génère toutes les autres couleurs. L'encre noire est ajoutée si nécessaire, car il est plus économique et fiable de produire du noir directement au lieu de l'obtenir par mélange de cyan, magenta et jaune. Notez que la couleur finale que l'œil perçoit sur le papier est le résultat des différentes couleurs spectrales absorbées (soustraites) par les encres.

Voyons maintenant le *processus additif* de l'ordinateur. Pour créer du blanc sur un écran, l'ordinateur mélange les trois couleurs (rouge, vert et bleu) à pleine puissance. Exactement comme lorsque vous allumez une ampoule, toutes les couleurs du spectre s'assemblent pour produire de la lumière blanche. Et exactement comme lorsque vous éteignez cette ampoule, la suppression de toutes les couleurs RVB ne laisse que le noir.

Myriades de couleurs

Comment obtient-on toutes ces couleurs différentes rien qu'avec trois couleurs ? Comme avec le processus CMJN où l'on mélange quatre encres dans des proportions différentes, il suffit ici d'employer différentes valeurs de chacune des trois couleurs. Le modèle de couleurs RVB gère 256 *niveaux* (variations numérotées de 0 à 255) de rouge, 256 niveaux de vert et 256 niveaux de bleu.

Pour générer (mélanger, si vous préférez) une couleur, prenez un niveau de rouge et mélangez-le avec un niveau de vert et un niveau de bleu. Par exemple, pour obtenir un beau cyan, mélangez la valeur de rouge 132, la valeur de vert 175 et la valeur de bleu 170, comme le montre la Figure 9.1 (ce livre est en noir et blanc, mais vous pouvez vérifier sur votre ordinateur). Dans cet exemple, le rouge est utilisé à un niveau moyen (132), ce qui se justifie par le fait que le cyan s'obtient principalement par mélange de vert et de bleu.

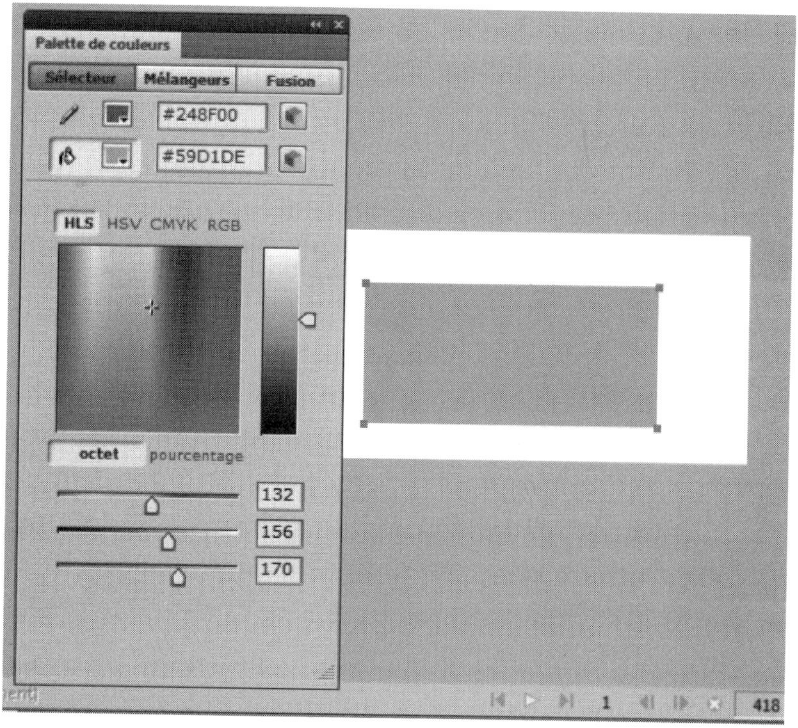

Figure 9.1 : Un cyan obtenu par mélange de rouge, de vert et de bleu.

Si chaque couleur (rouge, vert et bleu) peut prendre 256 valeurs, combien de couleurs différentes peut-on obtenir par mélange avec le système RVB ? Le nombre de couleurs est 256 x 256 x 256, soit 256^3 (Figure 9.2). Cela donne donc un nombre impressionnant de 16 777 216 combinaisons de couleurs différentes (bien plus que votre œil n'est capable d'en distinguer).

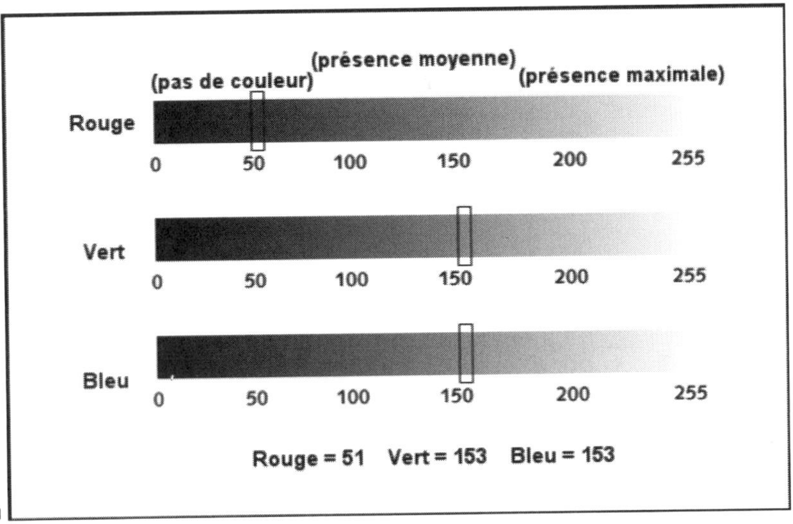

Figure 9.2 : Vous pouvez créer plus de 16 millions de couleurs en mélangeant du rouge, du vert et du bleu.

Profondeur de la couleur

Bien que le système RVB soit capable de mélanger 16 millions de couleurs différentes, l'écran n'est pas toujours capable d'afficher toutes ces couleurs. Pour vous aider à mieux comprendre ce concept, nous expliquons la *profondeur de la couleur (en nombre de bits)* et le lien avec la conception Web dans les paragraphes suivants.

Un *bit* est l'élément d'information de base dans l'ordinateur. Un grand nombre de bits est nécessaire pour faire apparaître les couleurs dans une image. Plus une image contient de couleurs, plus elle comporte de bits de données, et donc plus la *profondeur* (nombre de bits) est grande. Par exemple, une image 1 bit comporte juste deux couleurs. Une image 8 bits peut contenir jusqu'à 256 couleurs.

Certains écrans ne sont tout simplement pas capables de gérer toutes les données de couleurs contenues dans l'image. Par conséquent, il arrive qu'une image contienne plus de couleurs que l'écran ne peut en afficher en réalité.

L'expression *couleur 24 bits* s'applique tant aux images qu'aux écrans. Un écran 24 bits est capable d'afficher 24 bits d'information de couleur. Une image 24 bits contient beaucoup de couleurs, ce sont les millions de couleurs qu'il est possible de gérer avec le système RVB. Voici quelques détails :

- **Écran 24 bits.** Pour afficher les 16 millions de couleurs différentes autorisées par le système RVB, un ordinateur doit être plutôt puissant. Un ordinateur utilise 8 bits de données pour afficher 256 couleurs. Par conséquent, afin de pouvoir afficher la totalité des nuances d'une des trois couleurs rouge, vert ou bleu, l'ordinateur doit gérer 8 bits. Pour afficher le spectre des trois couleurs, il faut un écran 24 bits et une carte d'affichage avec suffisamment de mémoire pour stocker et traiter les données des couleurs. Pour une image 24 bits dont la taille est de 1 024 x 768 pixels, il faut environ 4 Mo de RAM vidéo. Si la carte vidéo ne dispose pas de cette mémoire, il faut réduire les dimensions de l'image ou le nombre de couleurs.
- **Image 24 bits.** Une image 24 bits peut restituer la totalité des 16 millions de couleurs de l'espace colorimétrique RVB. Cela ne veut pas dire que chaque image *doit* contenir les 16 millions de couleurs (ce qui donnerait une image plutôt psychédélique), mais que l'image 24 bits a accès, sans restriction, à toutes les couleurs existantes, ce qui permet d'obtenir de beaux tons continus.

La plus belle image du monde ne rendra rien si l'écran sur lequel elle est affichée n'en gère pas toutes les couleurs. Une image 24 bits (en millions de couleurs) affichée correctement sur votre propre écran ne le sera pas sur un écran qui gère uniquement les images 8 bits ou 16 bits. Quel est l'effet sur l'image ? Sur un écran 8 bits ou 16 bits, une image 24 bits est simplifiée et ressemble alors plutôt à de l'art pointilliste.

La Figure 9.3 présente une même image 24 bits vue sur deux écrans différents. À gauche, l'image est affichée sur écran 24 bits, aussi garde-t-elle un bel aspect même après un zoom avant. À droite, il s'agit de l'image affichée sur écran 8 bits :

il y a beaucoup de grain. Un écran 8 bits étant limité à une palette de 256 couleurs, il doit utiliser une méthode genre pointillisme, appelée *tramage*, pour restituer une approximation des millions de couleurs de l'image. Le tramage juxtapose divers points colorés pour donner, à partir d'une certaine distance, la sensation d'une autre couleur. Par exemple, pour restituer de l'orange, le tramage juxtapose un point jaune et un point rouge.

Figure 9.3 : Une image 24 bits affichée sur écran 24 bits (à gauche) et sur écran 8 bits (à droite).

Et à quoi donc ressemble une image 8 bits lorsqu'elle est affichée sur un écran 24 bits ? Quand l'image est de qualité inférieure dès le démarrage, l'afficher sur un écran de haute qualité ne l'améliore pas. Si une image a été réduite à une palette 8 bits (256 couleurs seulement), l'écran ne peut pas ressusciter les millions de couleurs disparus. L'aspect de l'image reste tramé quel que soit le nombre de bits (la profondeur) que gère l'écran.

Ainsi qu'il a été dit plus haut, un ordinateur exploite 8 bits de données pour afficher 256 couleurs. Chacune des couleurs primaires (rouge, vert et bleu) a 256 niveaux. Cela veut-il dire qu'une image 8 bits est monochrome, n'affichant que les 256 niveaux de rouge possibles ? Non, une image 8 bits utilise une *palette* de 256 couleurs. Ces couleurs sont choisies dans l'ensemble des 16 777 216 couleurs possibles. La décision qui vous revient en tant que concepteur est : *quel* sous-ensemble de couleurs employer ? Pour continuer à parler de cela, il est nécessaire de présenter la notion de *palette de couleurs* et les particularités propres au Web.

La palette de couleurs sécurisées Web

La principale raison de réduire le nombre de couleurs dans une image (c'est-à-dire descendre de quelques millions à 256) est de réduire la taille du fichier. Une petite taille de fichier signifie une transmission plus rapide. Il y a un certain sacrifice à faire sur la qualité et le détail pour optimiser la diffusion via Internet. Vous pouvez choisir une palette prédéfinie ou créer votre propre palette. La règle d'or est que moins la palette comporte de couleurs, plus la taille de fichier diminue.

Pour compliquer encore les choses, seules certaines couleurs, que l'on appelle les *couleurs sécurisées Web*, sont des *couleurs standards de navigateur* (c'est-à-dire dont l'affichage dans le navigateur est garanti correct). Avant de créer une palette personnalisée contenant juste quatre couleurs, assurez-vous que ces quatre couleurs sont bien des couleurs sécurisées Web. Dans le cas contraire, le navigateur tramera les couleurs : il exploitera le jeu standard de couleurs et les juxtaposera pour obtenir les couleurs que vous avez utilisées.

Réduction de la profondeur d'une image

Lorsque vous réduisez la palette d'une image, vous réduisez la profondeur (le nombre de bits) de cette image. Une image 24 bits peut utiliser des millions de couleurs si nécessaire ; une image 8 bits contient au maximum 256 couleurs. Que se passe-t-il si vous exploitez moins de 256 couleurs ? Quel est alors le nombre de bits (la profondeur) ? Le Tableau 9.1 présente les équivalences entre nombre de bits (profondeur de l'image) et nombre de couleurs dans la palette. Pour ceux qui aiment la technique, sachez que l'on obtient le nombre de couleurs en élevant 2 à la puissance « nombre de bits ».

Tableau 9.1 : Équivalence Nombre de bits/Nombre de couleurs.

Nombre de bits	Formule de calcul	Nombre de couleurs dans la palette
1 bit	2^1	2 : noir (zéro) ou blanc (un)
2 bits	2^2	4
3 bits	2^3	8
4 bits	2^4	16
5 bits	2^5	32
6 bits	2^6	64
7 bits	2^7	128
8 bits	2^8	256

Les nombres du Tableau 9.1 indiquent le nombre maximal de couleurs qu'il est possible de gérer pour chaque profondeur. Lorsque vous réduisez le nombre de couleurs dans l'image pour réduire la taille du fichier, vous n'êtes pas obligé d'avoir autant de couleurs que la palette l'autorise. Par exemple, vous pouvez élaborer une palette de 200 couleurs. L'image reste une image 8 bits, mais puisqu'elle n'emploie que 200 couleurs, le fichier est plus petit que si l'image exploitait vraiment 256 couleurs.

Ce tableau va jusqu'à 8 bits seulement, car les images GIF (le format graphique le plus courant sur le Web) font 8 bits ou moins. Le format JPEG, lui, produit une image compressée, toujours en 24 bits.

TRUC

Si un logiciel vous donne la possibilité d'enregistrer l'image sous forme d'image 32 bits, cela signifie que vous pouvez enregistrer une *couche alpha* avec l'image 24 bits. Une *couche alpha* est un masque en niveaux de gris qui gère la transparence de l'image. Là où le masque est noir, l'image est complètement masquée et semble transparente. Là où le masque est blanc, l'image est complètement opaque. Les gris dans le masque font apparaître l'image à divers degrés de transparence.

Les 8 bits supplémentaires pour la couche alpha donnent donc 256 niveaux de transparence. Jusqu'à présent, le seul format d'image Web qui gère la couche alpha et donc la transparence est le format PNG (Portable Network Graphiques). Néanmoins, à l'heure où nous écrivons, la plupart des navigateurs Web ne gèrent pas cette caractéristique du format PNG.

Tous les grands logiciels de travail sur l'image Web, comme Photoshop et Fireworks, permettent de réduire la palette d'une image pour descendre de millions de couleurs à quelques couleurs seulement. Notez que l'opération est irréversible : une fois les couleurs supprimées, elles ne sont pas récupérables (à moins d'employer sans tarder la commande Annuler du logiciel). Vous pouvez certes utiliser Photoshop ou Fireworks pour reconvertir l'image en 24 bits, mais n'attendez pas que les millions de couleurs réapparaissent magiquement. L'ordinateur n'a aucun moyen de deviner où insérer les couleurs disparues.

Pour éviter la perte de ces couleurs, travaillez toujours à la profondeur la plus grande (24 bits) lors du travail de l'image Web. Enregistrez le fichier au format d'origine de votre logiciel graphique (lorsque vous travaillez dans Photoshop et Fireworks, la valeur par défaut pour le mode de couleur est 24 bits, aussi n'avez-vous rien à faire de spécial pour vous assurer que vous travaillez à la profondeur la plus grande). Puis, réduisez la palette à 256 couleurs, et enfin exportez l'image pour le Web.

Palettes de couleurs

Maintenant que vous avez bien compris la notion de profondeur de couleur, et le lien avec le nombre de couleurs dans la palette, l'étape suivante est de voir quel genre de palettes vous pouvez exploiter dans votre situation. Outre le fait d'utiliser quelques palettes préfabriquées, vous pouvez également créer votre propre palette. Sachez cependant que seules 216 couleurs sont garanties d'un affichage sans tramage dans tous les navigateurs Web : ce sont les fameuses couleurs sécurisées Web. Quelle que soit la palette choisie, il est préférable de s'en tenir le plus possible à ces 216 couleurs.

Les sections suivantes détaillent quelques options de palette.

Palette système

Le système du Macintosh et le système Windows gèrent chacun leur propre palette de 256 couleurs. Ces palettes sont assez génériques. Elles contiennent des rouges, des oranges, des bleus, et un échantillon des couleurs intermédiaires permettant de réaliser un travail correct de tramage sur les images 24 bits. La palette système 256 couleurs du Macintosh est reproduite sur la Figure 9.4. Cette palette de 256 couleurs contient les 216 couleurs sécurisées Web. Les 40 couleurs supplémentaires (un assortiment de bleus, rouges, verts et gris) qui apparaissent tramées dans les deux premières rangées ne sont pas sécurisées Web.

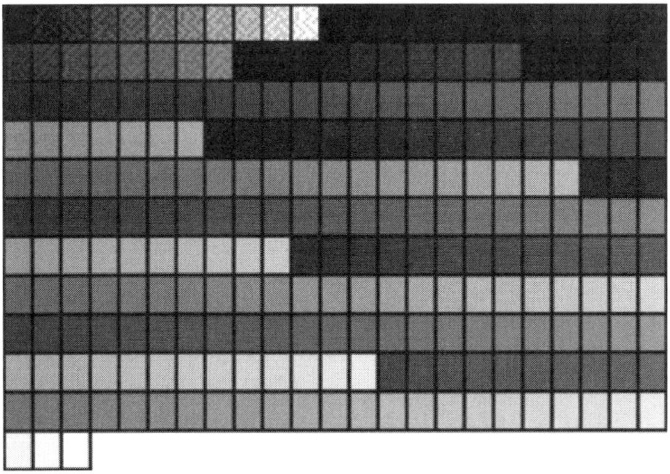

Figure 9.4 : La palette système Macintosh (256 couleurs).

Le problème, lorsque l'on applique une palette système à une image, est que l'image a un aspect très tramé (Figure 9.5), car toutes les couleurs de la palette ne sont pas forcément appropriées à l'image. Par exemple, les roses, rouges et orange de la palette sont inutiles dans un paysage marin.

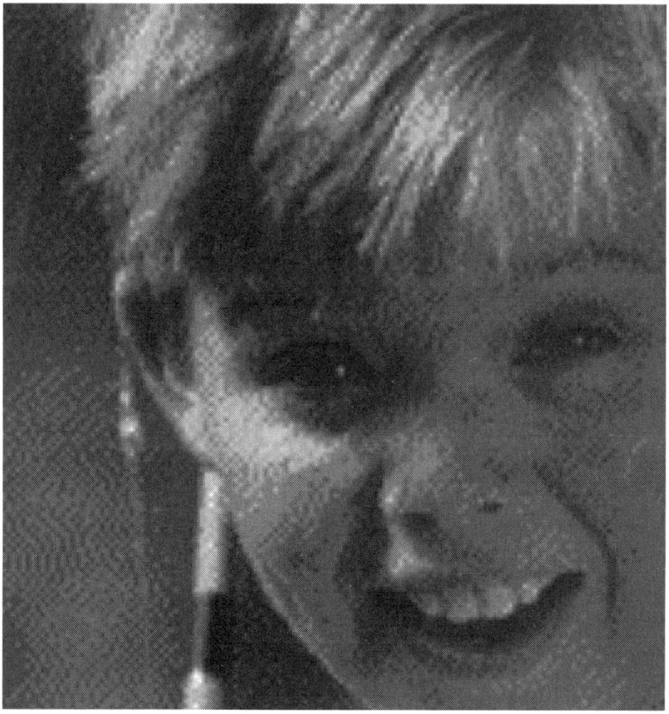

Figure 9.5 : Cette image est pixellisée suite à l'emploi de la palette système générique du Macintosh.

Palettes adaptatives

Une *palette adaptative* est un éventail sélectionné de couleurs plus adaptées à l'image. Par exemple, une palette adaptative pour un paysage marin utilise beaucoup de bleus et de verts, mais ni roses ni rouges. Une palette adaptative donne de meilleurs résultats, car un plus grand nombre des 256 emplacements dans la palette sont remplis avec des couleurs dont l'image a vraiment besoin. C'est notre type de palette préféré, car il permet de réduire la taille du fichier tout en conservant en partie la qualité d'image 24 bits.

Comparez la qualité des deux images sur la Figure 9.6. L'image de gauche est l'image originale 24 bits. L'image de droite utilise une palette adaptative 8 bits, mais, en termes de qualité, semble presque identique à l'original. N'oubliez cependant pas que l'emploi d'une palette adaptative n'empêche pas que les utilisateurs équipés d'écrans 8 bits verront une image tramée. Néanmoins, la plupart des utilisateurs sont dotés d'écrans 16 ou 24 bits, où les palettes adaptatives donnent de bons résultats.

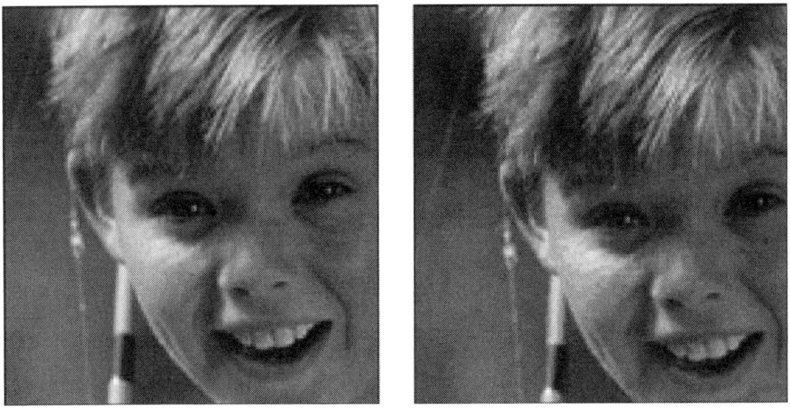

Figure 9.6 : Bien que l'image de gauche soit en 24 bits et l'image de droite en 8 bits, la qualité des deux images est presque la même.

Palette sécurisée Web

La palette sécurisée Web contient 216 couleurs. C'est une palette générique, exactement comme les palettes système. Le problème dans l'emploi d'une des palettes système préfabriquées ou d'une palette adaptative est que vous n'avez aucune garantie que les couleurs sont *sécurisées Web*. Une couleur sécurisée Web signifie que si un visiteur du site Web est équipé d'un écran qui ne gère que la couleur 8 bits, le navigateur tramera l'image en exploitant les couleurs de sa palette. Si la palette que vous choisissez est radicalement différente de la palette sécurisée Web, l'image aura un aspect complètement différent.

Palette Web Adaptative

Bien qu'une palette adaptative fournisse la meilleure qualité, vous courez le risque que l'image soit mal restituée sur écran 8 bits. Pour empêcher cela, vous pouvez employer une *palette Web adaptative*. Comme la palette adaptative, cette palette trouve les couleurs qui sont les mieux adaptées à l'image. La différence est que, chaque fois que c'est possible, les couleurs sont remplacées par la couleur sécurisée Web la plus proche. Ce genre de palette vous donne la qualité d'une palette adaptative avec des résultats d'affichage plus prévisibles sur écran 8 bits.

Faites des essais

TRUC

Dans des programmes comme Photoshop et Fireworks, travaillez toujours sur une image en 24 bits. Ensuite, exportez-la plusieurs fois avec différentes palettes. Enfin, réglez votre moniteur sur 256 couleurs, et ouvrez l'image GIF dans un navigateur Web pour en apprécier l'aspect.

Déchiffrer le code de couleur hexadécimal

Lorsque vous spécifiez des couleurs dans le code HTML, vous n'utilisez pas leurs valeurs RVB, mais quelque chose appelé *code hexadécimal*. Par exemple, le blanc vaut 255-255-255 en RVB, mais #FFFFFF en code hexadécimal. En code hexadécimal, FF = 255. Les deux premiers chiffres définissent la couleur rouge, les deux chiffres suivants définissent le vert, et les deux derniers chiffres définissent le bleu.

Supposez que vous deviez concevoir un site Web pour une entreprise qui tient à un certain nombre de couleurs, que vous devrez donc employer sur le site. Au lieu d'exploiter un programme spécial pour transcrire les valeurs RVB en code hexadécimal et vice versa, sachez que vous pouvez obtenir les codes dans un programme comme Fireworks. Si votre programme graphique ne fait pas la conversion, trouvez un logiciel de conversion hexadécimale (il en existe de nombreux sur Internet).

Voici comment employer Fireworks pour trouver le nombre hexadécimal correspondant à une certaine couleur :

1. **Démarrez Fireworks.**

2. **Cliquez sur Fichier/Ouvrir.**

Localisez une image dont vous désirez échantillonner une couleur et ouvrez-la dans Fireworks.

3. **Echantillonnez la couleur en cliquant sur l'indicateur de couleur situé à côté du pot de peinture dans la section Couleurs du panneau Outils.**

   Comme le montre la Figure 9.7, une palette de couleurs apparaît, et votre curseur se transforme en pipette.

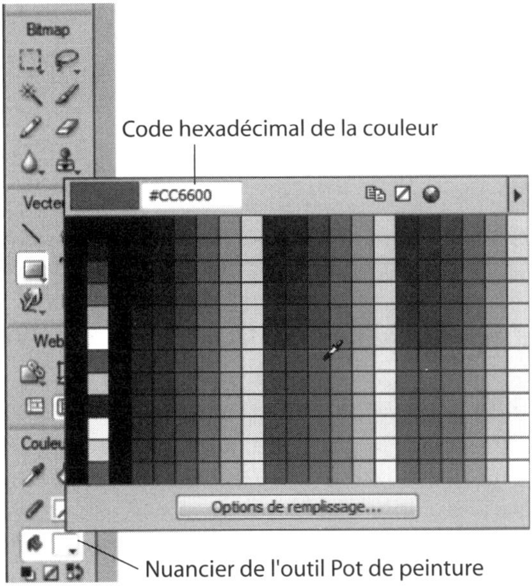

Figure 9.7 : L'outil Pot de peinture de Fireworks permet d'échantillonner des couleurs de votre document et d'en afficher la valeur hexadécimale.

4. **Déplacez votre curseur dans la palette, et observez le code hexadécimal qui s'affiche dans la partie supérieure du nuancier.**

5. **Placez le curseur sur votre image. À mesure que vous le déplacez sur d'autres teintes, le code hexadécimal s'actualise en conséquence.**

   Le code s'affiche aussi quand vous placez le pointeur de la souris sur une couleur de l'interface de Fireworks. Si la couleur, où qu'elle se trouve, vous intéresse, cliquez dessus pour l'utiliser.

Pour un usage rationnel de la couleur

Pendant votre travail de création d'images Web, vous avez un certain nombre de possibilités pour atteindre la meilleure qualité d'image tout en conservant une petite taille de fichiers. Vos choix de couleurs pour les textes et autres éléments graphiques, la façon dont vous orientez vos dégradés et le nombre de couleurs que vous exploitez, tout cela affecte le résultat final. Voici une liste de conseils et techniques pour vous aider à créer de belles images Web (restituées correctement par tous les navigateurs et ordinateurs), tout en maîtrisant la taille de fichier dans le but de garantir une diffusion rapide :

Utilisez des couleurs unies

Il est probable que figurent dans votre mise en page Web plus d'éléments comportant des zones de couleurs unies que de photographies. Il en va ainsi de tous les éléments graphiques avec des aplats, comme le texte, les formes géométriques et les illustrations, les personnages de dessin animé, et des fonds unis. Si la page est affichée sur un écran 8 bits, les aplats de couleurs ne seront pas tramés, ils garderont un aspect très net. La Figure 9.8 illustre cette notion d'aplat de couleur : l'image utilise des zones unies qui ne sont pas tramées. Bien que l'image contienne une photo, sa compression permet de limiter la taille de son fichier à 15 Ko.

Utilisez aussi peu de couleurs que possible

Moins vous vous servirez de couleurs lors de la réduction de palette d'une image, plus la taille de fichier sera petite. Par conséquent, votre design doit se baser sur une palette de couleurs réduite. Si votre conception requiert beaucoup de couleurs réparties sur le spectre, vous aurez du mal à obtenir une petite palette.

TRUC

L'illustration de l'image visible sur la Figure 9.9 utilise beaucoup de couleurs, auxquelles viennent s'ajouter du texte de couleur et des aplats. Lorsque l'on réduit l'image à quatre

Figure 9.8 : Cette image peut être fortement compressée, car elle contient majoritairement des aplats.

couleurs seulement, descendant la taille de fichier à 10 Ko, l'illustration est totalement dénaturée. Pour obtenir un bon résultat, il a fallu arrêter la réduction à 100 couleurs, avec pour conséquence un fichier de 40 Ko ! Dans ce cas, il est préférable de découper l'image horizontalement en deux, d'une part la zone supérieure, d'autre part la zone inférieure contenant la majorité de l'illustration. Ainsi, il est possible d'enregistrer la zone supérieure au format GIF en quatre couleurs, et la zone du bas au format JPEG. Pour plus d'informations sur le choix du bon format de fichier dans telle ou telle situation, voir le Chapitre 12.

Image enregistrée avec une palette de 100 couleurs

Image enregistrée avec une palette de 4 couleurs

Figure 9.9 : Cette image utilise tellement de couleurs qu'il est impossible de réduire la palette à moins de 100 couleurs.

Attention au sens des dégradés

Un *dégradé* est une transition progressive d'une couleur à une autre. Par exemple, à une extrémité l'image est rouge, et à l'autre elle est bleue. Les dégradés sont susceptibles d'alourdir le poids du fichier. Si vous enregistrez le fichier au format GIF, veillez que le dégradé aille du haut vers le bas et pas de gauche à droite (Figure 9.10).

Figure 9.10 : Un dégradé de haut en bas se compresse mieux qu'un dégradé de gauche à droite.

Cette différence selon le type de dégradé vient de la façon dont le format GIF compresse l'image. Le format GIF lit chaque ligne de pixels dans l'image et enregistre seulement les changements de couleur. Dans un dégradé de haut en bas, chaque ligne de pixels est de la même couleur. Dans un dégradé de gauche à droite, la couleur change à chaque pixel que vous rencontrez dans la ligne.

Quand une image contient des photos et des couleurs unies, enregistrez-la en GIF

Lorsqu'une image contient un mélange d'illustrations en couleurs unies et de photographies, il est nettement préférable de l'enregistrer au format GIF (rappelons que l'image ne peut comporter alors que 256 couleurs au maximum). Utilisez la palette GIF adaptative. Le format JPEG, quand il compresse beaucoup l'image, tend à introduire des effets de blocs de couleurs dans les aplats. Photoshop et Fireworks permettent de prévisualiser le format du fichier et les paramètres de la palette de couleurs avant que vous ne preniez une décision. Vous pouvez donc tester plusieurs options. Personnellement, j'aime bien les images obtenues avec une compression JPEG de 85 % et une palette GIF adaptative de 128 couleurs. Essayez-les, et optez pour celle qui donne à votre image le meilleur compromis entre qualité d'affichage et taille du fichier.

Chapitre 10

Création d'images Web à partir de zéro

Dans ce chapitre :

- Différences entre image vectorielle et image bitmap.
- Comprendre la notion de résolution d'écran et d'images pour le Web.
- Utiliser des programmes comme Photoshop et Fireworks CS5 pour créer des graphiques pour le Web.
- Création d'une bannière simple pour haut de page Web.
- Bibliothèques d'images et d'images numériques.
- Scanner des images pour le Web.

Les sites Web sont désormais très graphiques. Aucun concepteur Web n'échappe donc à la création d'images. Il est indispensable de connaître les règles, outils et techniques qui relèvent de la création d'images Web. Ici, la maîtrise des connaissances représente la moitié de la bataille. L'autre moitié est votre propre créativité.

Ce chapitre aborde quelques notions de base concernant les images Web, présente les outils logiciels les plus importants, puis étudie quelques techniques pour donner une qualité professionnelle aux images. Que vous soyez concepteur expérimenté issu du monde de l'imprimerie ou débutant dans le domaine de la conception, un peu de pratique vous permettra de concocter de bonnes images Web.

Images bitmap et images vectorielles

Avant de commencer à rêver à une carrière de concepteur Web, vous devez maîtriser la différence entre image bitmap et image vectorielle. Toutes les images que l'on rencontre sur le Web sont dans un de ces deux formats. La différence de base entre les deux est la façon dont ils sont dessinés sur l'écran. Ce simple détail affecte tout, de la résolution d'image à la taille et au format de fichier.

Bitmap : la fabrique à pixels

En termes simplistes, une image *bitmap* est une grille remplie de petits pixels colorés (Figure 10.1). Pour dessiner une image bitmap sur l'écran, l'ordinateur crée une grille, par exemple de 100 x 100 pixels, puis attribue une couleur à chaque pixel. Ce qui fait dans le cas présent 10 000 pixels à dessiner !

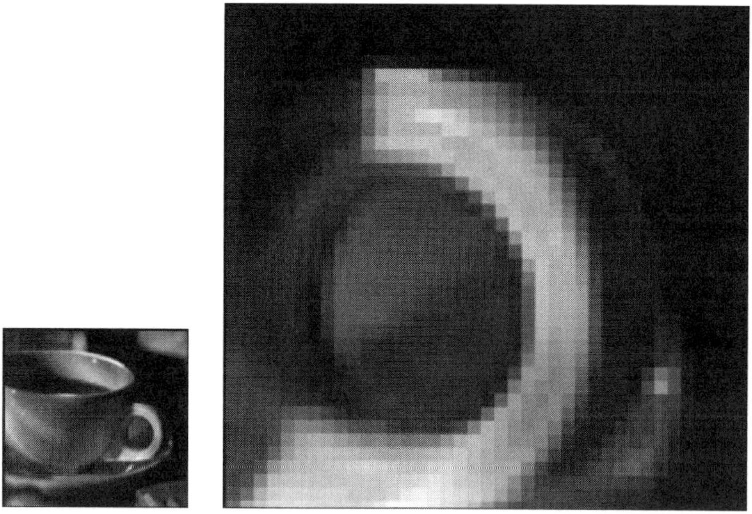

Figure 10.1 : Un zoom avant sur une image bitmap révèle des centaines de pixels colorés qui constituent l'image.

Vectoriel : dans les mathématiques

Les images vectorielles s'appuient sur les mathématiques. Une formule place des *points* sur l'écran, puis les relie par des *tracés*. Par exemple, pour dessiner un triangle vectoriel sur l'écran, l'ordinateur positionne simplement trois points, les connecte, puis remplit d'une couleur la surface obtenue. Plusieurs points sont visibles sur la Figure 10.2. Les poignées de certains d'entre eux sont également visibles. Ces poignées contrôlent la courbe du tracé entre deux points.

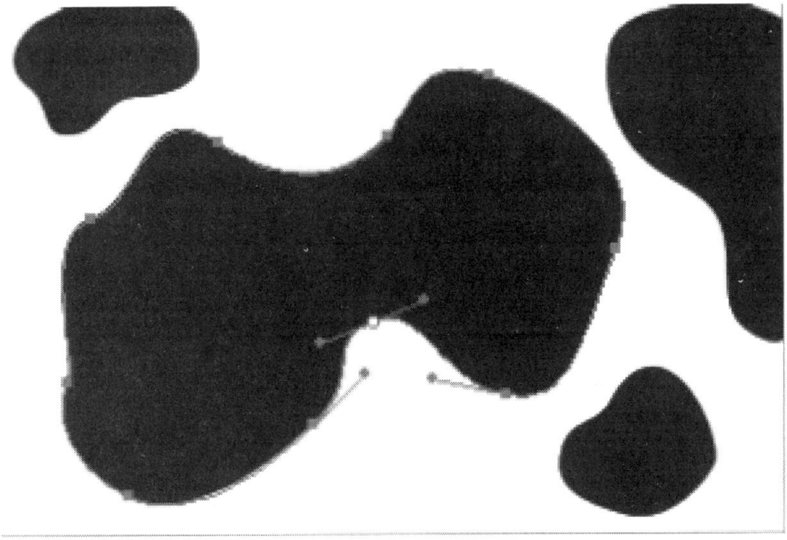

Figure 10.2 : Les images vectorielles sont définies par une série de points reliés par des courbes.

Les vecteurs dessinent plus efficacement que les bitmaps. Les images vectorielles ont une petite taille de fichier, ce qui les rend idéales pour la diffusion en ligne. Bien sûr, chaque type d'image, vectoriel ou bitmap, présente des avantages et des inconvénients.

Avantages et inconvénients des images vectorielles et bitmap

Le Web étant devenu un média très graphique, vous devrez y incorporer tôt ou tard des images. Il faut agir en utilisateur avisé en ayant conscience des avantages et des inconvénients de chaque type de graphique.

- **Les bitmaps prédominent sur le Web.** Les images JPEG, GIF et PNG, très répandues sur le Web, sont des bitmaps. Ironiquement, nombre de ces images commencent leur vie comme images vectorielles, puis sont converties en bitmaps (Figure 10.3). Pourquoi ? Pour la bonne raison qu'il est souvent plus rapide et plus facile de dessiner et appliquer des effets en travaillant en vectoriel qu'en bitmap. De plus, il est beaucoup plus aisé d'apporter des changements à un dessin vectoriel, car il y a juste à déplacer un point et la ligne suit. Pour apporter des changements aux bitmaps, il faut bien souvent les refaire. Pour devenir des images GIF ou JPEG, les images vectorielles doivent être converties en bitmaps.

Figure 10.3 : Il est facile de changer la forme de ce dessin vectoriel de bouton juste en déplaçant ses points.

TRUC

En passant, notez que GIF (Graphics Interchange Format) se prononce *guif* ou *jif*, JPEG (Joint Photographers Experts Group) *j-peg* et PNG (Portable Network Graphics) *P-N-G* ou *ping*.

- **Les formats bitmap sont plus répandus.** À l'heure actuelle, le seul format Web standard qui gère les graphiques vectoriels est le format Flash SWF (prononcez *S-W-F* ou *swif*). Généralement, le format SWF est utilisé pour créer des animations interactives insérées dans les pages Web. Le format n'est pas utilisé pour enregistrer des images statiques (quoique rien ne vous en empêche). Sachez cependant que, pour afficher ce format, le navigateur doit être doté du plug-in Flash dont le téléchargement est gratuit.

- **Les bitmaps perdent leur qualité lorsque leurs dimensions sont modifiées.** Les images bitmap ont des résolutions fixes (pour plus d'informations, voir plus loin la section « Résolution d'image »). Comme nous l'avons indiqué plus haut dans ce chapitre, les images bitmap sont organisées sous forme de grille de pixels. Comme du grillage à poules, cette grille a une taille fixe, et si vous étirez l'image, vous obtenez un méli-mélo tout tordu. Aussi, en règle générale, évitez d'utiliser les balises HTML de hauteur et de largeur (`height` et `width`) pour modifier les dimensions des images bitmap. Donnez dès l'origine leur bonne taille aux images.

- **Les images vectorielles supportent très bien les changements de dimension.** Les images vectorielles, en revanche, sont indépendantes de la résolution : du fait qu'elles sont dessinées en se basant sur une formule mathématique pour placer des points sur l'écran, la *taille* de grille (résolution) importe peu. Cela signifie que vous pouvez étirer ou comprimer les images vectorielles à volonté, proportionnellement ou non, sans perdre de qualité : elles sont la pâte à modeler du Web. Observez, à droite sur la Figure 10.4, l'icône que nous avons obtenue par étirement de l'image vectorielle de gauche : sa qualité n'a pas bougé.

Figure 10.4 : Les images vectorielles supportent les étirements et autres déformations sans perte de qualité.

Le Tableau 10.1 présente les formats bitmap et vectoriel standard du Web.

Tableau 10.1 : Formats bitmap et vectoriel standard du Web.

Format	Nom complet	Bitmap ou vectoriel	Utilisation optimale
GIF	Graphics Interchange Format	Bitmap	Images telles que les illustrations, avec beaucoup de zones de couleurs unies ou avec du texte.
JPEG	Joint Photographers Expert Group	Bitmap	Images photographiques ou images avec beaucoup de dégradés (arc-en-ciel, par exemple).
PNG	Portable Network Graphics	Bitmap	Images comportant les deux sortes de zones : photographiques et unies.
SWF	Shockwave Flash	Vectoriel	Illustrations (non photographiques). Animation.

Résolution d'écran

Vous avez probablement remarqué que l'écran d'un ordinateur a un affichage bien plus net que celui d'une télévision. Certains petits textes vraiment difficiles à lire sur un écran de télévision ne posent aucun problème sur un écran d'ordinateur. Ce n'est pas seulement parce que vous êtes assis face à l'écran de l'ordinateur, mais parce que ce dernier a une résolution plus fine que celle d'un tube cathodique.

NOTE TECHNIQUE

La *résolution* indique le nombre de pixels que l'on compte sur une distance d'un pouce (2,54 cm). Les résolutions standards d'écran d'ordinateur varient de 72 à 96 ppp (pixels par pouce), ce qui donne beaucoup de détails par rapport à la télévision, où la résolution correspond seulement à la moitié.

Résolution d'image

Pourquoi s'intéresser autant à la résolution de l'écran ? Parce que l'écran est votre support de conception Web. Bien que l'écran soit de résolution fixe, les images existent en diverses résolutions. Or, en conception Web, les images doivent avoir la même résolution que l'écran.

Bien que les résolutions d'écran varient de 72 à 96 ppp, le standard pour les images Web est de 72 ppp (on rencontre souvent le terme anglais *dpi* [pour *dots per inch* ou points par pouce] au lieu de ppp).

Une question revient fréquemment chez ceux qui sont issus de l'imprimerie : une image de résolution plus haute n'aura-t-elle pas meilleur aspect dans la page Web ? La réponse est non, car bien qu'une image à 300 ppp ait un meilleur rendu à l'impression, les écrans (de résolution 72 à 96 ppp) ne sont pas capables de restituer tous ces détails. Quelle que soit la résolution de l'image, le navigateur la dimensionne pour l'adapter à la résolution de l'écran.

Les deux images sur la Figure 10.5 font 247 x 167 pixels. Du fait que l'image de gauche est en 150 ppp, chaque point est plus petit, aussi est-il possible de placer plus de points dans un pouce. C'est pourquoi l'image est imprimée dans une petite taille. L'écran d'ordinateur n'étant cependant pas capable d'afficher de si petits points, il affiche chaque point de l'image comme si cette dernière était en 72 ppp, comme on le voit sur la droite de la figure. La qualité de l'image à l'écran n'augmente pas avec la résolution de l'image, il est donc préférable de s'en tenir simplement à la valeur de résolution par défaut 72 ppp.

Logiciels de travail sur l'image

Avant de commencer à construire des images Web, il faut choisir vos outils. Que vous soyez concepteur occasionnel ou professionnel, il existe un outil de conception d'image Web pour vous. Ne perdez pas de vue qu'il y a sur le marché de nombreux outils de travail de l'image, nous présentons ici les majeurs.

Figure 10.5 : La taille des points dans une image haute résolution est plus petite, bien plus petite que la taille des pixels de l'écran.

Adobe Photoshop CS5

http://www.adobe.com/fr/products/photoshop/photoshop/

Pour la création, la modification et la manipulation des bitmaps, aucun autre outil sur le marché n'égale Photoshop. Le problème avec Photoshop est qu'apprendre à l'employer à son plein potentiel revient un peu à apprendre à piloter un Airbus. Outre les années nécessaires à une totale maîtrise, le prix peut sembler prohibitif. Une alternative moins onéreuse est Adobe Photoshop Elements 9. Ce programme grand public dispose des fonctions essentielles de son grand frère, et s'avère tout à fait excellent pour débuter en la matière.

Fireworks CS5

ww.adobe.com/fr/products/fireworks/

Fireworks permet de concevoir des images Web et de les rendre interactives (survols de boutons, menus déroulants). Fireworks est beaucoup moins cher que Photoshop. Le seul inconvénient de Fireworks est que les capacités en création et manipulation d'image ne sont pas aussi importantes que celles de Photoshop. Il est cependant possible d'importer des fichiers Photoshop, de travailler sur les images importées, puis de les exporter pour le Web, avec code HTML pour l'interactivité.

Il est recommandé d'utiliser Photoshop pour créer les images les plus complexes, et Fireworks pour les optimiser et les intégrer dans vos pages Web.

L'un des plus gros avantages de Fireworks est son intégration avec Dreamweaver et Flash CS5. Vous pouvez ainsi placer une image, un menu, etc. conçu dans Fireworks directement dans Dreamweaver. Ensuite, depuis Dreamweaver, vous pourrez envoyer cet élément dans Fireworks, effectuer vos modifications, les enregistrer, et revenir à Dreamweaver pour constater que ce fichier y a été automatiquement actualisé. Vous pouvez également utiliser et exporter des images, des pages et des documents entiers vers Flash pour composer des interfaces Web interactives. Idéal pour améliorer votre productivité.

Paint Shop Pro X3

`www.corel.fr`

Paint Shop Pro X3 est une alternative légèrement moins chère à Photoshop pour la création d'images bitmap et vectorielles et leur optimisation pour le Web. Paint Shop Pro permet également d'ajouter des liens aux images, et de créer des boutons avec survol. L'inconvénient est qu'il fonctionne uniquement sous Windows. Or, de nombreuses équipes professionnelles de production d'images Web utilisent un mélange de machines Mac et Windows, il n'est donc pas très pratique de transférer les fichiers Paint Shop Pro d'un membre de l'équipe à l'autre.

Adobe Illustrator CS5

`www.adobe.com/fr/products/illustrator/`

Ce programme crée des images vectorielles que vous pouvez importer dans d'autres programmes comme Photoshop,

Fireworks et Flash pour les préparer pour le Web (les exporter au format GIF ou JPEG, leur ajouter des liens, des survols). En d'autres termes, bien que ces programmes soient performants pour la construction d'images vectorielles complexes, ils ne sont pas utilisés pour la préparation d'images pour le Web.

Flash CS5

`http://www.adobe.com/fr/products/flash/`

Flash permet de programmer des applications interactives pour le Web, en s'appuyant sur son langage de script ActionScript, et de concevoir des animations vectorielles (avec petite taille de fichier et changement d'échelle sans perte de qualité). Les fichiers Flash sont exportés au format SWF. La Figure 10.6 montre une animation Flash provenant du site `http://www.adobe.com/fr/products/flash/`. L'inconvénient de Flash est qu'il impose à l'utilisateur que son navigateur soit équipé du plug-in Flash. Cependant, aujourd'hui, 99 % des internautes disposent du lecteur Flash intégré à leur navigateur.

Conception d'une bannière de page Web

De même que le papier à en-tête de votre entreprise comporte un logo et une adresse, placés en haut de la feuille, de nombreux sites Web arborent une bannière en haut de page. Habituellement, cette bannière se trouve uniquement sur les sous-pages (c'est-à-dire tout ce qui n'est pas la page d'accueil). La page d'accueil reçoit aussi une bannière, mais avec un traitement graphique spécial. Une bannière apporte trois choses utiles à votre site Web :

- **Homogénéité.** La même bannière en haut de chaque page attache mentalement les visiteurs à votre site Web. Les visiteurs surfant rapidement d'un site à l'autre, vous devez veiller que votre site Web ne se confonde par avec le suivant. Une bannière placée de façon homogène en haut de chaque page donne la possibilité de différencier visuellement votre site des autres.

Figure 10.6 : Flash utilise des graphiques vectoriels pour produire des animations qui se téléchargent rapidement.

- **Marque.** La bannière de haut de page est l'emplacement parfait pour le nom de l'entreprise et son logo (pour rappeler au visiteur qui lui fournit un si bon site Web). Une bannière est également une bonne occasion d'afficher la *marque* de l'entreprise (couleurs, attitude, style et message).

- **Navigation.** Pour aider les utilisateurs à naviguer sur votre site Web, une bannière peut comporter un ensemble de liens vers les sections principales (ou au moins vers la page d'accueil).

Passons maintenant à la pratique. Ne partez pas dans l'idée qu'il faille pondre une œuvre d'art. Pensez à cet exercice comme un bon moyen de commencer à mettre les mains dans le cambouis. Les étapes suivantes présentent la création d'une bannière Web avec Fireworks.

1. **Démarrez Fireworks. Dans l'écran d'accueil, cliquez sur le lien Document Fireworks (PNG) de la section Créer un nouveau document.**

   Si vous fermez malencontreusement l'écran d'accueil, cliquez sur Fichier/Nouveau.

2. **Réglez les dimensions de la bannière.**

   Dans la fenêtre Nouveau document qui apparaît, réglez les dimensions de l'image sur 185 pixels de large x 130 pixels de haut. Il faut en effet une bande horizontale longue et étroite. Laissez la résolution de l'écran sur 72 pixels par pouce (résolution d'image standard pour le Web).

3. **Pour la couleur du fond, activez l'option Personnalisée comme le montre la Figure 10.7. Puis, cliquez sur l'échantillon de couleur en bas pour choisir une couleur.**

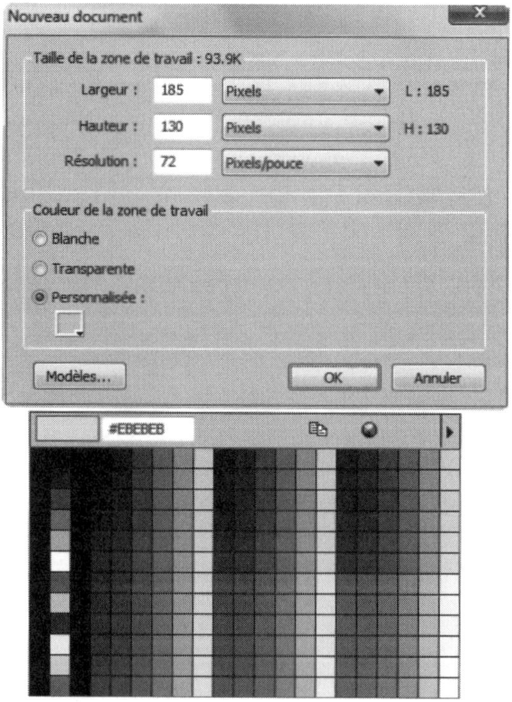

Figure 10.7 : Personnalisez l'arrière-plan du document.

4. **Cliquez sur OK pour fermer la boîte de dialogue.**
5. **Activez l'outil Texte (Figure 10.8) et cliquez dans l'angle supérieur gauche du document. Saisissez votre message.**

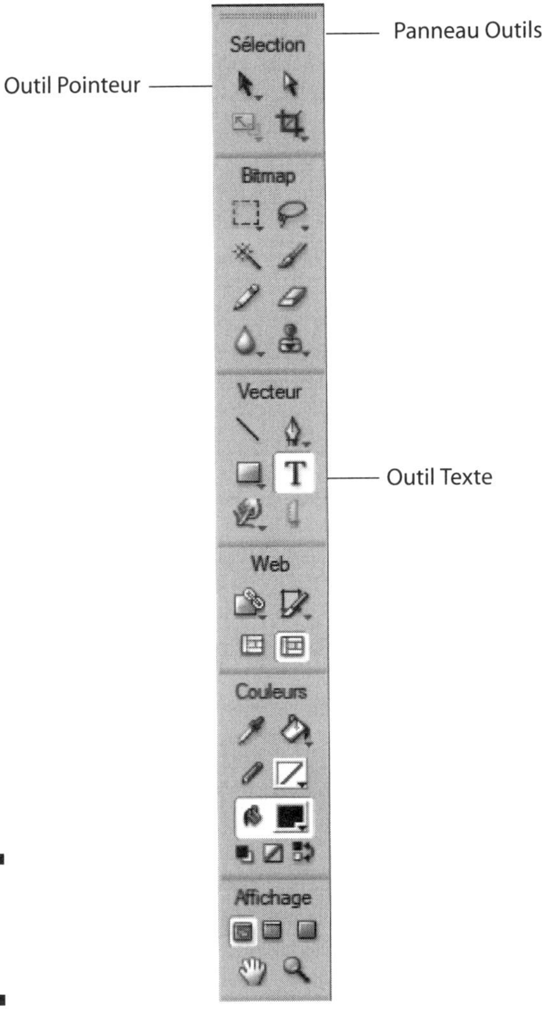

Figure 10.8 : Le panneau Outils de Fireworks.

6. **Lorsque vous avez fini de taper votre texte, activez l'outil Pointeur situé dans le coin supérieur gauche du panneau Outils.**

Le texte est sélectionné dans le document.

7. **L'objet texte étant sélectionné, procédez aux modifications suivantes :**

   - Utilisez le panneau Propriétés (Figure 10.9) pour appliquer une police, en définir la taille et la couleur.
   - Utilisez l'outil Pointeur pour déplacer le texte.

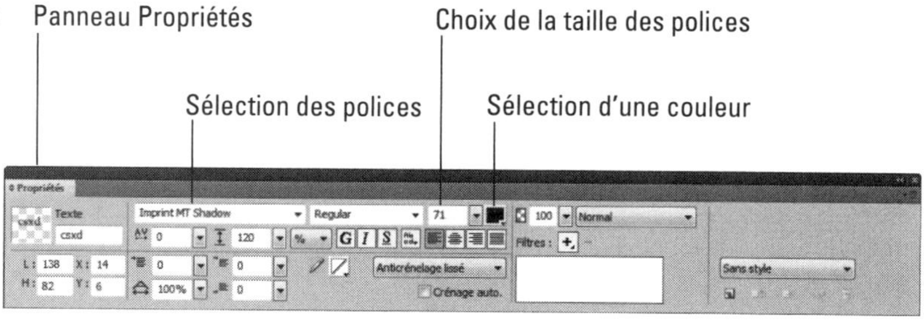

Figure 10.9 : Appliquez une police, une taille et une couleur via le panneau Propriétés.

J'ai embelli le texte en ajoutant quelques rectangles dégradés, de fins traits blancs, parmi d'autres petits détails. Il en résulte un graphique vectoriel très souple d'utilisation.

Pour éditer le texte, double-cliquez dessus. L'outil Texte est immédiatement activé, et le point d'insertion clignote à l'emplacement de votre double clic.

8. **Si vous aimez l'aventure, importez le logo de votre entreprise. Actionnez la commande Fichier/Importer. Dans la boîte de dialogue Importer, localisez votre logo et cliquez sur le bouton Ouvrir.**

   Le pointeur change de forme.

9. **Pour placer le logo (ou une autre image), cliquez dans le document.**

Lorsque vous importez votre image, vous pouvez cliquer et *faire glisser* le pointeur. Ainsi, vous dimensionnez dynamiquement l'image.

10. **Adaptez les dimensions du logo. Activez l'outil Pointeur, et cliquez sur Modification/Transformation/**

Mise à l'échelle. Des poignées apparaissent autour de l'image comme à la Figure 10.10. Placez le pointeur sur l'une des poignées d'angle, enfoncez la touche Majuscule (pour conserver les proportions) et faites glisser pour agrandir ou réduire. Validez la nouvelle dimension en appuyant sur la touche Entrée.

Figure 10.10 : Après importation d'une image, vous pouvez en changer les dimensions avec l'outil Mise à l'échelle.

11. **Après création de la nouvelle bannière, cliquez sur Fichier/Enregistrer.**

Pourquoi Fireworks CS5 ?

Fireworks CS5 est un choix idéal pour la création de bannières Web, car une fois que vous avez bâti l'image, il est facile d'ajouter des liens, des boutons, des listes déroulantes, sans devoir écrire le moindre code. Lorsque vous exportez le fichier Fireworks, vous obtenez d'une part l'image et d'autre part la page HTML *ad hoc* pour gérer l'interactivité. Photoshop ne dispose pas de la même puissance dans ce domaine, car c'est un programme de retouche d'images et de préparation des images pour la prépresse. Ainsi, même si une optimisation des images est possible avec Photoshop, vous ne pouvez pas créer de *tranches*, c'est-à-dire des portions de l'image qui seront plus ou moins compressées que les autres. Photoshop permet tout de même ce genre d'optimisation, appelée *optimisation pondérée*, mais elle demeure très complexe à mettre en œuvre.

TRUC

Comme dans Illustrator, vous pouvez changer l'ordre d'empilage des objets. Par exemple, si un objet est derrière un autre et que vous voulez qu'il soit devant, sélectionnez-le avec l'outil Pointeur et actionnez Modification/Disposition/Vers l'avant.

Bravo ! Vous venez de créer votre première image pour le Web. Comme vous pouvez le constater, vous n'avez qu'effleuré la partie visible de l'iceberg des possibilités de travail avec des programmes comme Fireworks. Imaginez le niveau auquel vous parviendrez si vous vous y mettez sérieusement.

Manipulation d'image

Bien sûr, toutes les images Web ne se composent pas de boutons, d'illustrations et de texte. Vous utiliserez aussi quelques photographies. Il faut donc savoir comment transférer une photo vers un ordinateur, puis la corriger et en changer les dimensions pour l'adapter à la mise en page.

Le premier problème a été en partie résolu par les appareils photo numériques. Désormais, même un amateur peut prendre des photos de grande qualité, et avec un logiciel spécial fourni avec l'appareil photo, injecter les images dans l'ordinateur. Avec les appareils photo traditionnels, les images doivent être scannées. Une autre démarche est d'exploiter des bibliothèques de photographies et d'illustrations : il s'agit de photos de professionnels, déjà numérisées, que vous pouvez par exemple acheter en ligne avec votre carte bancaire. Le confort des images de bibliothèques est appréciable, mais vous ne trouverez pas toujours l'image désirée. Pour des images parfaitement adaptées, il faut un bon appareil photo et un bon photographe.

Une fois l'image dans l'ordinateur, il faut la manipuler pour l'adapter aux besoins de la mise en page. Cela peut aller du simple ajustement de couleur à tout un travail de montage personnalisé pour combiner plusieurs images. Sans discussion possible, le meilleur logiciel pour ce type de manipulation d'image est Photoshop.

En direct de l'appareil photo numérique

Voici quelques aspects à considérer avant l'acquisition d'un appareil photo numérique (pour en savoir plus, lisez l'excellent ouvrage *La Photo numérique pour les Nuls*, publié aux éditions First Interactive) :

- **Taille et résolution d'image.** Veillez que l'appareil photo puisse prendre de grandes photos. La plupart des appareils proposent plusieurs tailles d'image (plus la taille des images est importante, moins vous pouvez en stocker dans la mémoire de l'appareil). De plus, la plupart des appareils capturent les images à 72 ppp. Cela convient si l'appareil prend une photo (disons de 3 000 x 3 000 pixels), car il capture néanmoins beaucoup de détails (de nombreux pixels). Cette résolution ne convient pas si l'image est petite (par exemple 500 x 500 pixels), car vous n'aurez pas assez de détails pour travailler. En capturant une plus grande image, vous aurez plus de souplesse dans le travail de modification.

  N'oubliez pas qu'il vaut toujours mieux réduire les images bitmap plutôt que les agrandir, puisque dans ce cas vous introduisez une déformation et du flou, c'est-à-dire une altération de la qualité.

- **Présence d'un flash.** Certains appareils photo numériques d'entrée de gamme ne donnent aucun contrôle de luminosité ; au contraire, en haut de gamme, certains autres permettent la prise de vue de nuit. Assurez-vous que l'appareil est doté d'un flash ou au moins d'un réglage quelconque de luminosité pour l'intérieur et l'extérieur.

La connexion d'un appareil photo numérique à un ordinateur n'est plus un problème. Il est en effet possible de brancher un bon nombre d'appareils photo directement sur les ordinateurs récents, via un port USB (Universal Serial Bus). Une icône représentant l'appareil photo s'affiche alors sur votre bureau, exactement comme un lecteur de disquette ou un disque dur. Un double clic sur l'icône de l'appareil photo ouvre un dossier avec les photos, que vous n'avez plus qu'à copier sur l'ordinateur. La Figure 10.11 montre une fleur prise avec un reflex numérique Olympus E300 de 8 mégapixels. Ouverte dans Photoshop, elle est prête à subir les pires tortures.

Figure 10.11 : Image directement sortie d'un appareil photo numérique qu'il suffit de préparer pour le Web.

Scanner une image

Si vous utilisez un appareil photo traditionnel, avec de la pellicule argentique, l'insertion des photos dans l'ordinateur passe par la numérisation des tirages papier, des négatifs ou des diapositives. Le Web étant un environnement de relativement basse résolution (comparé au monde imprimé), inutile de travailler avec des images de très haute résolution. N'oubliez pas que les images Web doivent toujours être en 72 ppp.

Il existe deux principaux types de scanner : le *scanner à plat* et le *scanner à tambour*.

- **Le scanner à plat** (ou *scanner de bureau*) est d'un coût abordable. Il tire son nom de la surface plane où vous placez la photo à scanner (un peu comme dans une photocopieuse).

- **Le scanner à tambour** est une grosse machine que seules possèdent les sociétés spécialisées. Le scanner à tambour produit une image de très grande qualité, idéale pour l'imprimerie mais surdimensionnée pour les images Web, pour lesquelles un scanner à plat suffit largement.

TRUC

Avec un scanner à plat, scannez toujours à environ deux fois la résolution nécessaire. Pour les images Web, qui doivent être à 72 ppp, par exemple, scannez à 150 ppp. Vous capturez ainsi assez de détails pour être à l'aise dans vos modifications.

Emploi de bibliothèques d'images et d'illustrations

Les sites spécialisés dans les bibliothèques d'images comportent virtuellement tout ce dont vous avez besoin en photo ou illustration pour vos projets. Par exemple, visitez `www.gettyone.com` où vous pourrez effectuer une recherche parmi des milliers d'images. En tant qu'utilisateur inscrit (l'inscription est gratuite), vous pouvez télécharger des *comps*. Ce sont des versions plus petites que les images originales, cela vous permet de les incorporer au design et de les montrer au client. Si le client aime l'image, vous pouvez l'acheter en ligne. Un autre site réputé en la matière se nomme Corbis. Vous le trouverez à l'adresse `http://pro.corbis.com/`.

Chaque image de bibliothèque existe habituellement en plusieurs tailles et résolutions. Moins l'image est grande, moins elle coûte. En conception Web, vous vous contenterez de la plus petite (par *petit* nous entendons 700 x 1 000 pixels ; ce qui, pour le Web, n'est pas si petit que ça). Les prix varient selon l'image. Généralement, les images libres de droits coûtent environ 20 à 50 euros en version 72 ppp, 800 x 800 pixels. Les images libres de droits sont moins chères que les images avec droits, car vous n'avez pas à payer le photographe ou le modèle chaque fois que vous exploitez l'image. Les images avec droits sont beaucoup plus chères, mais généralement plus stylées.

Chacun sa sauce : la retouche d'image

Assez souvent, une image directement issue de l'appareil photo ou d'Internet requiert quelques modifications avant de pouvoir l'employer dans la page Web. Par exemple, elle n'est pas à la bonne taille, présente des imperfections ou demande à être rehaussée.

Le meilleur outil pour la retouche d'images bitmap est, à notre avis, Adobe Photoshop CS5. Photoshop offre un grand contrôle sur chaque aspect de l'image. Le problème est qu'il s'agit d'un programme très sophistiqué. Il faut beaucoup de temps pour savoir l'exploiter à fond, et surtout passer de longues heures à lire des ouvrages spécialisés comme *Photoshop CS5 pour les nuls*.

Dans les étapes suivantes, nous ne faisons qu'effleurer les possibilités de ce programme pour montrer quelques techniques basiques de modification comme le recadrage, le réglage de l'exposition, le changement de dimensions et l'ajout d'un contour progressif.

1. **Démarrez Photoshop.**

2. **Choisissez Fichier/Ouvrir.**

   Localisez le fichier d'une photographie sur laquelle vous voulez travailler. Choisissez une photo qui a besoin d'un recadrage et d'un peu de travail sur l'exposition.

3. **Recadrez l'image.**

   Activez l'outil Recadrage et délimitez un rectangle autour de la portion de l'image à conserver (Figure 10.12). Si vous vous trompez, agissez sur les différentes poignées pour redimensionner ce cadre. Vous pouvez également le repositionner en plaçant le pointeur de la souris dedans. Ensuite cliquez et faites glisser le cadre à la bonne position. Double-cliquez dans le cadre pour appliquer le recadrage.

Figure 10.12 : Utilisez l'outil Recadrage pour délimiter une sélection autour de la zone à conserver.

4. **Ajustez le contraste.**

   Pour améliorer le contraste de cette photo, cliquez sur Image/Réglages/Niveaux. La boîte de dialogue Niveaux (Figure 10.13) montre la répartition des tons clairs et sombres de l'image. Pour augmenter les tons foncés, faites glisser le triangle de gauche vers le centre. Pour augmenter les tons clairs, faites glisser le triangle de droite vers le centre. L'image reflète les changements au fur et à mesure du déplacement des curseurs.

5. **Ajustez la couleur.**

   Dans Photoshop, vous disposez de plusieurs outils pour ajuster la balance des couleurs de l'image. Dans cet exercice, vous utiliserez la boîte de dialogue Teinte/Saturation, afin de passer l'image en monochrome. Cliquez sur Image/Réglages/Teinte/Saturation. La fenêtre Teinte/Saturation apparaît (Figure 10.14). Pour passer l'image en monochrome, cochez l'option Redéfinir, en bas et à droite. L'image est convertie en nuances d'une couleur,

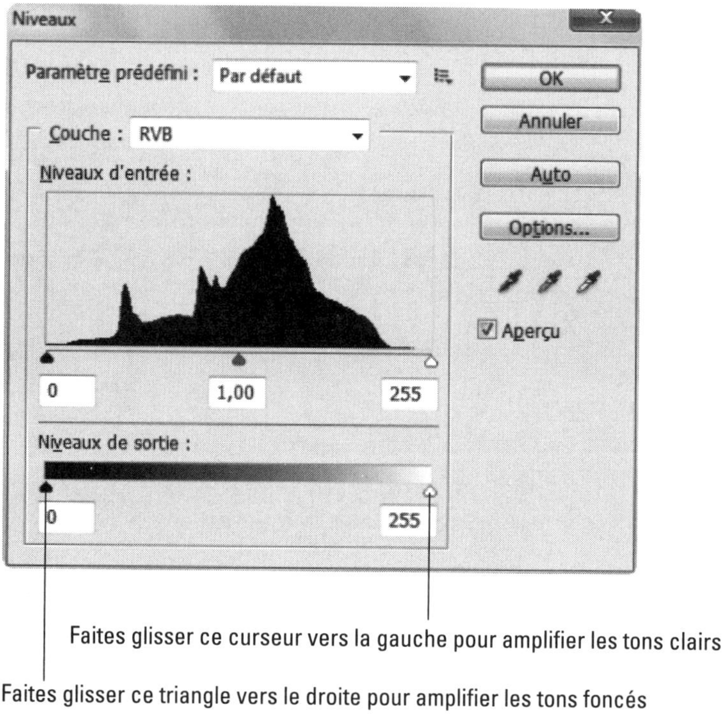

Figure 10.13 : La fenêtre Niveaux permet d'ajuster le contraste de l'image.

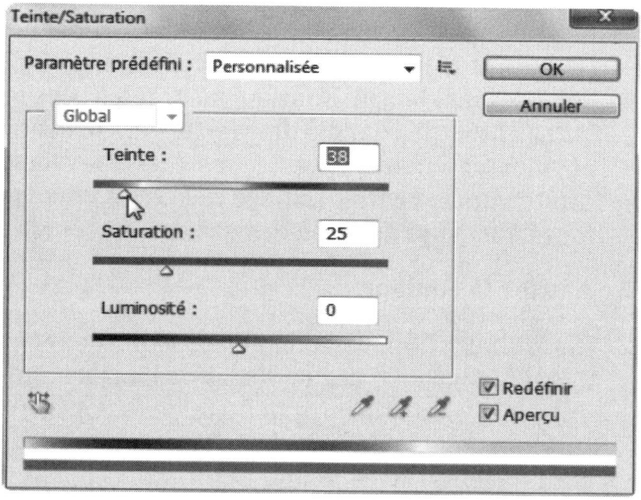

Figure 10.14 : La boîte de dialogue Teinte/Saturation permet de passer une image en monochrome avec la couleur de base de votre choix.

le sépia par exemple. Vous pouvez changer la couleur de base en déplaçant le curseur Teinte.

6. **Ajoutez un contour progressif pour créer un effet de vignettage.**

   Pour transformer cette image en ellipse avec contour progressif, vous allez choisir l'outil Ellipse de sélection. L'outil Ellipse de sélection est un outil masqué de l'outil Rectangle de sélection. Pour y accéder, placez le pointeur sur l'outil Rectangle de sélection, maintenez enfoncé, puis sélectionnez l'outil Ellipse de sélection dans la série d'outils obtenus, comme le montre la Figure 10.15.

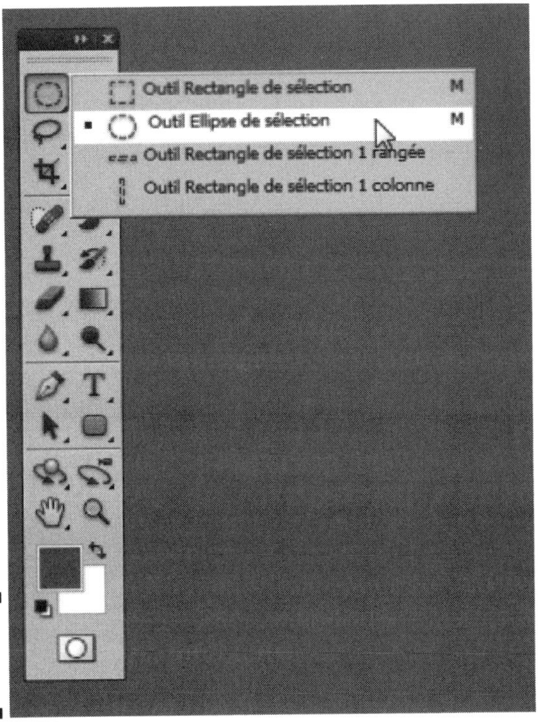

Figure 10.15 : L'outil Ellipse de sélection.

   Commencez à dessiner une ellipse à partir du milieu de l'image. Enfoncez la touche Alt ou Option afin que la sélection grossisse à partir du milieu. Après avoir dessiné l'ellipse de sélection, vous pouvez la repositionner pour qu'elle englobe la partie de l'image qui vous intéresse.

Pour déplacer la sélection, placez le pointeur dans la sélection et cliquez-glissez.

Si vous voulez adoucir le contour, actionnez Sélection/Améliorer le Contour. La boîte de dialogue éponyme apparaît. Entrez une valeur de rayon de 10 pixels dans le champ Contour progressif, et cliquez sur OK. (Un aperçu permet d'avoir une idée précise de l'impact du contour sur l'image.)

7. **Créez un calque en cliquant sur l'icône éponyme du panneau Calques.**

8. **Intervertissez la sélection via Sélection/Intervertir.**

9. **Veillez à faire du noir la couleur de premier plan en appuyant sur D (et éventuellement sur X).**

10. **Appuyez sur Alt+Retour arrière pour remplir la sélection de noir.**

    Vous êtes alors dans une configuration de calques identique à celle de la Figure 10.6.

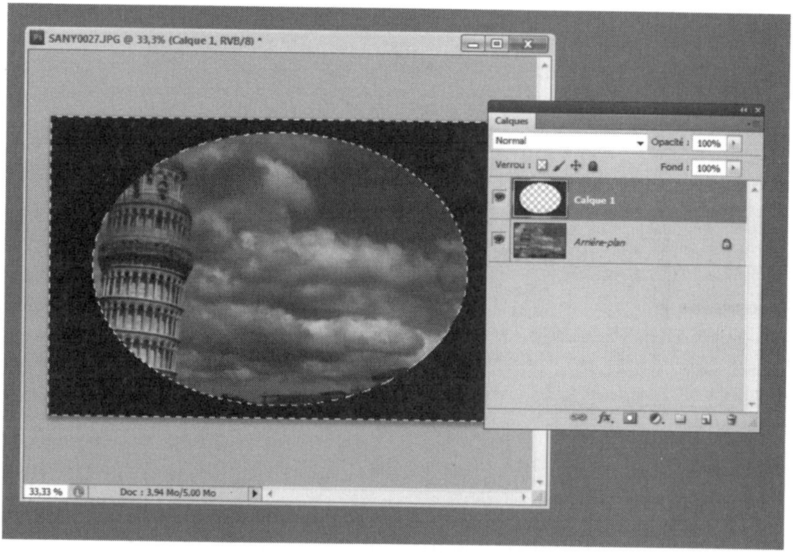

Figure 10.16 : Le panneau Calques montre l'état actuel du futur vignettage.

11. **Appuyez sur Ctrl+D pour désélectionner.**

12. **Pour créer l'effet de vignettage, cliquez sur Filtre/Atténuation/Flou gaussien.**

13. **Dans la boîte de dialogue Flou gaussien, fixez une valeur de Rayon qui estompe considérablement le contenu du Calque 1, comme à la Figure 10.17.**

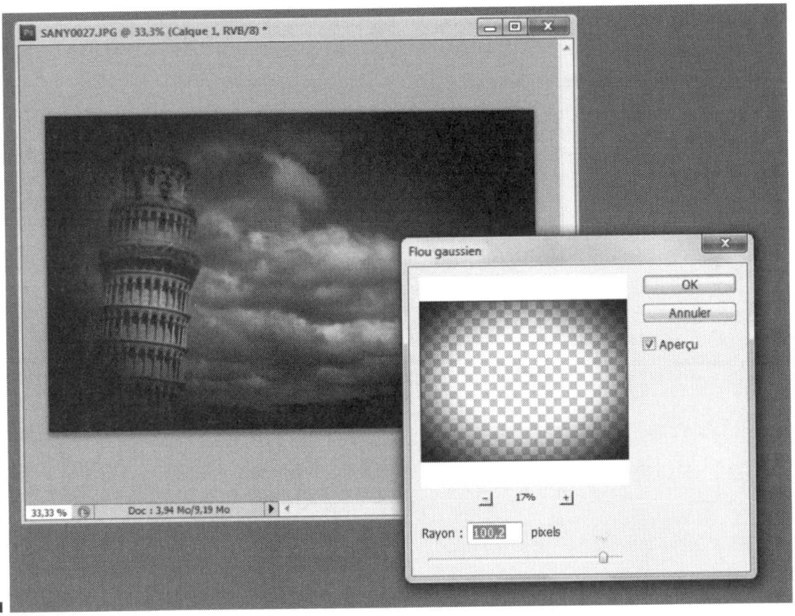

Figure 10.17 : Un flou gaussien appliqué à une sélection remplie de noir permet de créer un effet de vignettage.

14. **Cliquez sur OK.**

15. **Exportez l'image au format JPEG optimisé pour le Web.**

    Pour réaliser cette exportation, il suffit de cliquer sur Fichier/Enregistrer pour le Web et les périphériques. Dans la première liste de la fenêtre qui apparaît, choisissez JPEG. Dans le champ Qualité qui affiche la valeur 60 par défaut, entrez la valeur de compression la mieux adaptée au téléchargement. La taille du fichier est indiquée dans la partie inférieure gauche de la fenêtre. Une fois que vous êtes satisfait de vos réglages, cliquez sur Enregistrer. Dans la nouvelle boîte de dialogue qui apparaît, nommez votre fichier et cliquez sur Enregistrer.

Chapitre 11

Présentation de votre travail

Dans ce chapitre :

- Assembler des propositions de mise en page pour le client.
- Présentation en ligne des propositions de mise en page.
- Montage et impression de maquettes.
- Présentation du travail au client.

Après le grand travail de planification, l'assemblage de la carte du site, l'étude des problèmes de conception graphique liés au Web (de la notion de placement « au-dessus du pli » à l'emploi efficace du texte et de la couleur), il faut maintenant assembler tous les éléments que vous considérez adéquats. Avant de lancer la production graphique ou HTML du site Web, vous devez préparer diverses propositions de mise en page et les présenter au client pour approbation.

Le but est de présenter des maquettes de quelques pages Web de façon à ce que le client puisse se faire une idée de l'aspect final du site. À partir de ces maquettes, le client choisira la direction visuelle à prendre pour le site.

Ce chapitre montre comment préparer une présentation pour que le client puisse voir lui-même dans un navigateur Web le rendu de ce que vous proposez. Vous verrez aussi comment imprimer vos propositions et les monter sur carton. Les deux sortes de présentation, en ligne et imprimée, aident le client à mieux comprendre vos idées de design, et donc à choisir de façon plus adéquate une direction pour son site. Nous vous montrerons comment guider le client vers la solution de conception que vous pensez la meilleure.

Développement des propositions de conception

Pour aider le client à visualiser l'aspect final du site, assemblez un jeu de trois à cinq propositions de conception parmi lesquelles il pourra choisir. Une *proposition de conception* est une maquette numérique de la page Web, avec formulaires, texte et boutons. L'idée est de montrer visuellement à quoi ressemblera la page sans avoir pour autant à monter la véritable page en HTML. On peut aller jusqu'à enregistrer la maquette sous forme de grand fichier GIF, pour l'afficher dans la fenêtre du navigateur. La Figure 11.1 présente un exemple de maquette.

Chaque proposition de conception présentée doit inclure un jeu de deux pages (la page d'accueil et une sous-page). De la sorte, le client peut voir l'aspect global du site. Les maquettes doivent également indiquer le fonctionnement de la navigation sur le site. Après avoir construit quelques propositions de conception, vous les organiserez sous forme d'une belle présentation.

Trouver des idées de conception

Le problème est de savoir par où commencer. Contempler une page blanche n'est pas forcément la solution. Pour ouvrir la porte à votre flot créateur, il est préférable de chercher des idées à l'extérieur, pas à l'intérieur. Voici trois directions vers où tourner votre regard :

- **Consultez le client.** Un des moyens les plus simples de trouver l'inspiration est de consulter le client. Pour mieux comprendre les attentes de votre client, deman-

Figure 11.1 : Une maquette de page qui montre la direction graphique du site permet au client de mieux choisir dans vos propositions de design.

dez-lui de vous fournir une liste des sites Web qu'il aime et qu'il n'aime pas, et qu'il explique pourquoi. Cela vous aidera à diriger votre esprit créatif vers quelque chose que le client appréciera.

- **Visitez le Web.** Une autre source d'inspiration est de visiter les sites Web primés. En fait, soyez toujours à l'affût des sites Web intéressants, et placez-les dans vos signets pour pouvoir y revenir plus tard.

TRUC

Quelques sites en ligne délivrent des récompenses à divers genres de sites Web. Leur consultation est très intéressante, car ils présentent constamment plusieurs sortes de sites. La Figure 11.2 montre le site Communication Art (`www.commarts.com`), qui organise un concours annuel de conception interactive dans diverses catégo-

Figure 11.2 : Les sites de concours de conception en ligne constituent une grande source d'idées.

ries, du e-commerce à l'autopromotion. Vous y trouverez une archive des vainqueurs de l'année précédente, ce qui constitue vraiment une réserve d'excellents exemples.

- **Étudiez les éléments graphiques existants du client.** Enfin, les matériaux graphiques que possède déjà votre client sont une source importante pour votre inspiration. La plupart des entreprises disposent déjà d'un certain nombre d'éléments à partir desquels vous pouvez élaborer votre conception. Les produits de l'entreprise, le packaging, les brochures commerciales, les intérieurs de bureau, le logo sont des éléments dont vous pouvez vous inspirer.

TRUC

Dans l'idéal, ne développez pas seul l'ensemble des propositions de conception. Après avoir pensé un premier design, il sera très difficile de parvenir à en créer deux autres ayant leur propre caractère. Le mieux est de déléguer les autres propositions de conception à d'autres concepteurs. Ainsi, vous disposerez de plusieurs solutions qui ne seront pas de simples variantes d'un même concept.

Si vous travaillez seul et ne pouvez vous permettre de faire travailler plusieurs concepteurs sur les différents designs, il faudra vous débrouiller (c'est possible). Une idée est de penser à différents thèmes à explorer. Par exemple, vous pouvez explorer d'un côté un thème géométrique très coloré et, de l'autre, un thème photographique monochrome. En planifiant ainsi des thèmes très différents, vous arriverez à rester concentré et à trouver des solutions uniques pour chaque design.

Intégration de la marque

Lors de la conception des maquettes, attention à la façon dont vous intégrez la marque du client. Pour ceux qui débutent en conception, sachez que la *marque* n'est pas juste un logo d'entreprise et quelques couleurs particulières. C'est également l'image de l'entreprise, la manière dont le client veut être perçu.

Vos conceptions doivent véhiculer l'image et l'attitude de l'entreprise à travers les couleurs, les polices et l'imagerie exploitées. Le moyen le plus facile de guider vos choix pendant votre travail de conception est de garder constamment en tête le client ciblé par l'entreprise. Une approche possible est d'étudier les autres incarnations visuelles du client. Dans la plupart des cas, le site Web devrait presque sembler une extension des produits, enseignes, packagings, brochures et rapports annuels : tout cela crée un assemblage fonctionnel de tous les éléments de communication de l'entreprise.

TRUC

D'une certaine façon, étudier les autres éléments de design utilisés par l'entreprise facilite votre travail. D'un autre côté, cela peut aussi limiter votre créativité. Une bonne stratégie est de ne baser fortement qu'une seule proposition de conception sur les éléments graphiques actuels de l'entreprise. Prenez un peu plus de liberté pour le reste des propositions. Vous commencerez ainsi par mettre le client à l'aise en lui montrant quelque chose qui lui est familier, puis vous lui exciterez les méninges avec des exemples sortant des sentiers battus.

Traitement de la page d'accueil et de la sous-page

Comme indiqué plus haut dans cette section, chaque proposition de conception doit contenir deux pages : la page d'accueil et une sous-page. Il est indispensable de présenter la page d'accueil, car c'est la première page que le visiteur verra. Il est aussi important d'inclure la sous-page, car elle montre comment le design de la page d'accueil continue d'être véhiculé dans les pages de niveau inférieur. La sous-page indique également comment le visiteur pourra naviguer sur le site, élément important dans la prise de décision du client.

Pour construire une maquette, travaillez avec votre programme de conception d'image pour le Web, comme Fireworks, Photoshop, ou encore Illustrator (et de préférence dans leur version CS5). Créez un nouveau fichier ayant les dimensions de la page Web finale. Une bonne taille est 800 x 600 pixels (la zone d'affichage de la plupart des navigateurs). Réglez la couleur d'arrière-plan sur la couleur de fond prévue dans la page Web finale. Rien n'empêche d'attribuer une couleur d'arrière-plan différente à chaque proposition de conception. Ce simple changement peut induire une grande différence dans l'aspect d'ensemble.

Vos maquettes doivent s'approcher le plus possible de l'aspect des futures pages (avec rendu sous forme d'image des composants HTML). Il est préférable de maquetter dans un logiciel graphique plutôt que de construire sous forme de véritable HTML, car il est beaucoup plus rapide de disposer les éléments en travaillant graphiquement. À ce stade, votre objectif est de mettre en forme le plus possible d'idées de design (pas de passer du temps à construire des pages HTML que le client ne retiendra peut-être même pas).

Pour créer graphiquement des éléments HTML qui aient l'air réel, nous travaillons avec un logiciel de conception Web (Dreamweaver) afin d'établir rapidement les boutons et cases nécessaires. Le processus est rapide, puisqu'il s'agit juste de créer quelques éléments (boutons, etc.), pas de mettre en place l'interactivité ni tout le reste de la page. Une fois les éléments HTML obtenus, nous en réalisons une capture d'écran. Il est ensuite simple de copier les captures d'écran dans la maquette. Voici comment procéder :

1. **Démarrez Dreamweaver CS5.**

2. **A l'ouverture, Dreamweaver affiche un écran d'accueil. Soit vous cliquez sur HTML dans la section Créer, soit vous faites fi de cet écran et cliquez sur Fichier/Nouveau.**

3. **Dans la boîte de dialogue qui apparaît lorsque vous choisissez Fichier/Nouveau, choisissez HTML dans la liste Type de page. Cliquez sur Créer.**

4. **Définissez la couleur d'arrière-plan.**

   Si votre maquette de page Web utilise une couleur d'arrière-plan autre que le blanc, réglez l'arrière-plan de Dreamweaver en conséquence. Pour changer la couleur d'arrière-plan, actionnez Modifier/Propriétés de la page. Dans la fenêtre de dialogue obtenue, cliquez sur l'échantillon de couleur à côté de Couleur d'arrière-plan et choisissez une nouvelle couleur dans la palette (Figure 11.3).

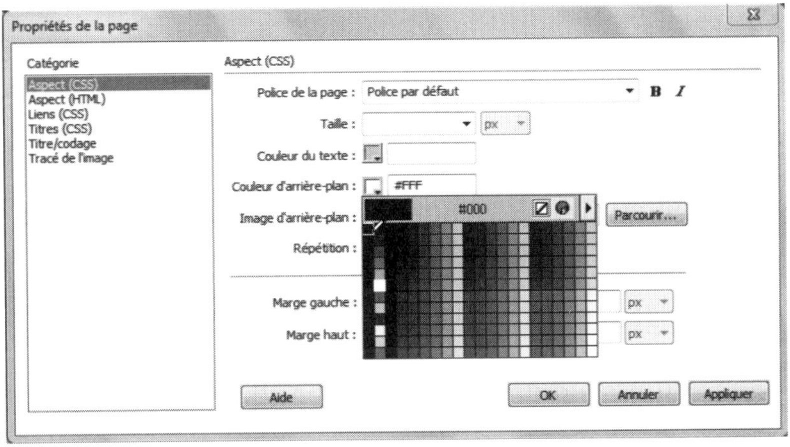

Figure 11.3 : Définissez la couleur d'arrière-plan de Dreamweaver CS5 en fonction de la couleur prévue pour votre mise en page.

5. **Insérez une case de saisie.** Dans le panneau Insertion situé sur la droite de l'interface, cliquez sur la flèche de

la catégorie Commun. Dans le menu local qui apparaît, cliquez sur Formulaires.

6. **Insérez un nouvel élément de formulaire, en cliquant sur Champ de texte comme à la Figure 11.4.**

Figure 11.4 : Insérez un élément de formulaire via la rubrique Formulaires du panneau Insertion de Dreamweaver CS5.

7. **Dans la boîte de dialogue qui apparaît, nommez l'étiquette dans le champ éponyme. Validez par un clic sur OK.**

   Par exemple, si vous créez un champ de saisie d'e-mail, saisissez **e-mail**.

8. **Dans le message de confirmation de l'insertion, cliquez sur Oui.**

9. **Dans la fenêtre de document, cliquez à droite du champ vide que vous venez de créer.**

   Cela désélectionne le champ que vous venez de créer.

10. **Appuyez sur Entrée pour aller à la ligne.**

Vous allez y placer un nouvel élément de formulaire.

11. Dans le panneau Formulaires, cliquez sur l'icône Bouton.

12. Dans la boîte de dialogue qui apparaît, tapez Envoyer dans le champ Etiquette. Cliquez sur OK.

Un bouton apparaît dans le document, avec le texte par défaut Envoyer (Figure 11.5).

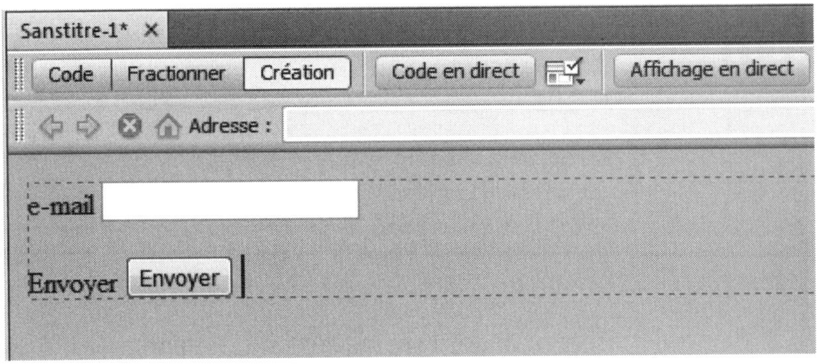

Figure 11.5 : Après création du champ de texte et du bouton Envoyer.

13. Personnalisez les éléments du formulaire.

En principe, le panneau Propriétés est ouvert (Figure 11.6). Il sert à paramétrer chaque élément du document. Si vous ne le voyez pas, cliquez sur Fenêtre/Propriétés.

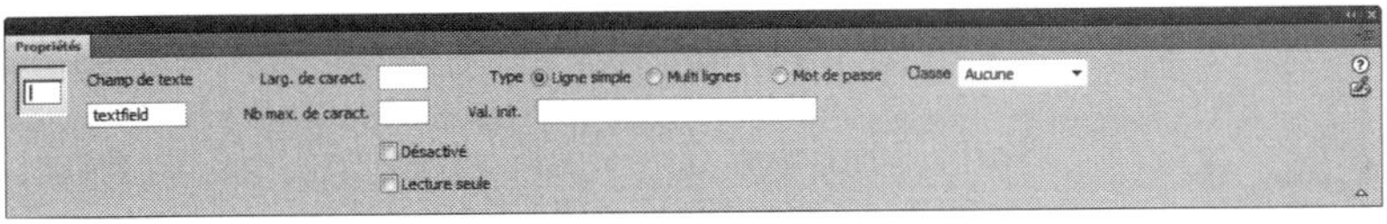

Figure 11.6 : Personnalisez vos éléments via le panneau Propriétés.

Dans le document, cliquez sur le champ de saisie pour le sélectionner. Dans la palette Propriétés, tapez 10 à côté de *Larg. de caract.* et appuyez sur Entrée pour réduire les dimensions du champ et accepter seulement dix caractères (lettres et nombres). Notez que la palette

Propriétés vous permet de convertir cette case de saisie en champ de texte multiligne, avec possibilité de défilement. Pour ce faire, activez l'option *Multi lignes*.

Ensuite, sélectionnez le bouton Envoyer. Dans le panneau Propriétés, changez le texte du champ Valeur : remplacez Envoyer par Inscription ou par un autre texte approprié. Validez ce changement en appuyant sur Tab ou sur Entrée.

Vous pouvez supprimer le texte situé à gauche du bouton Envoyer (ou Inscription). Il suffit de le sélectionner dans la fenêtre du document et d'appuyer sur la touche Suppr.

14. Effectuez une capture d'écran.

Dans le document, cliquez à droite du bouton Inscription, puis appuyez sur la touche Entrée. Cela désélectionne les éléments de formulaire.

Pour réaliser une capture d'écran sous Windows, appuyez sur Alt+Impr Écran. L'image représentant l'aspect actuel de la fenêtre du programme actif, en l'occurrence Dreamweaver, est stockée dans le presse-papiers. Ouvrez ensuite un programme d'édition graphique comme Photoshop, Illustrator, Fireworks, ou tout simplement Paint, et cliquez sur Édition/Coller (ou Coller en tant que nouvelle image selon l'application utilisée). Il ne reste plus qu'à sauvegarder cette capture sur votre disque dur en utilisant la commande Enregistrer de votre programme.

Sous Windows 7, vous pouvez utiliser le petit programme Capture pour réaliser facilement des captures d'écran très précise.

Sur Mac, appuyez sur Commande+Majuscule+4.

15. Incorporez la capture d'écran dans la page Web.

Ouvrez un programme graphique comme Fireworks, Illustrator, Paint Shop Pro ou Photoshop, et créez un nouveau fichier en actionnant la commande Fichier/Nouveau. Dans la majorité des logiciels graphiques, vous obtenez une fenêtre de dialogue pour régler les options du nouveau fichier. Pour cet exercice, créez un fichier de 600 x 400 pixels, à 72 ppp. Afin d'intégrer la capture d'écran des boutons dans ce nouveau fichier :

- **Utilisateurs de Mac :** Actionnez Fichier/Ouvrir et cherchez votre capture sur votre disque dur (les captures d'écran sont toujours nommées séquentiellement : Image 1, Image 2, etc.).
- **Utilisateurs sous Windows 7 :** La capture d'écran se trouve dans le presse-papiers. Actionnez Edition/Coller pour placer la capture d'écran dans le document. Notez que le presse-papiers de Windows ne stocke qu'une seule image. Si vous voulez faire plusieurs captures, il faut coller le contenu actuel dans le logiciel graphique, puis basculer vers votre logiciel de conception Web, faire une nouvelle capture, puis revenir à votre programme graphique pour coller la nouvelle capture.

TRUC

Après collage de la capture du formulaire dans votre maquette, il faut recadrer chaque élément au plus juste, et ce dans le but d'éliminer la bande de couleur de fond autour des éléments. Fireworks et Photoshop disposent d'un outil Baguette magique pour sélectionner une zone de couleur en une seule opération. Double-cliquez sur son icône dans la barre d'outils pour afficher la palette Options d'outil. Dans cette palette, réglez la Tolérance sur 0 et désactivez l'anti-aliasing (le lissage). Puis, cliquez sur la couleur d'arrière-plan autour du formulaire pour la sélectionner, et appuyez sur la touche Suppr ou Espace arrière pour effacer la couleur.

Assemblage d'une présentation

Une fois vos différentes propositions de conception créées, il faut trouver le meilleur moyen de les présenter au client.

À notre sens, la meilleure stratégie est de développer deux présentations, une en ligne et une hors ligne. La présentation en ligne donne au client la possibilité de voir, dans le navigateur, le rendu des divers designs proposés. Si la page contient des caractéristiques interactives spéciales, comme des animations Flash ou des boutons avec survol, vous pouvez créer un rapide prototype ou un storyboard pour en montrer le fonctionnement. La présentation hors ligne se compose d'une série de pages imprimées, montées sur beau support cartonné pour un rendu optimal. Cette présentation imprimée permet au client de comparer rapidement les différents designs côte à côte. L'association des deux présentations, en ligne et hors ligne, est une combinaison puissante.

Présentation en ligne

Le meilleur moyen pour présenter l'ensemble des propositions de conception en ligne est de monter un site Web spécial pour le projet. Dans l'idéal, ce site Web sera protégé par mot de passe de façon que personne (hormis vous et le client) ne puisse y entrer. Si cela ne vous est pas possible, une *adresse Web masquée* devrait suffire. Une adresse Web masquée est une adresse un peu compliquée et que vous seul et votre client connaîtrez. Par exemple : `www.votre site.com/travailencours/nomduclient/premierjet`.

TRUC

Le site Web du projet sert de lieu de stockage pour tous les éléments, de la carte du site approuvée aux propositions de conception. Au fur et à mesure, vous présenterez peut-être d'autres jets, auquel cas ce site de travail sera également utile pour stocker les jets précédents, afin que le client puisse voir l'évolution du design.

Élaborez une page d'index du projet, fournissant des liens vers les pages de chaque proposition de conception. La Figure 11.7 en présente un exemple. Il est utile de donner un nom descriptif à chaque proposition de conception comme « Proposition 1 : très coloré, géométrique » pour qu'il soit plus facile d'y faire référence. Nous ajoutons un court paragraphe qui explique la logique et les bénéfices de chaque proposition.

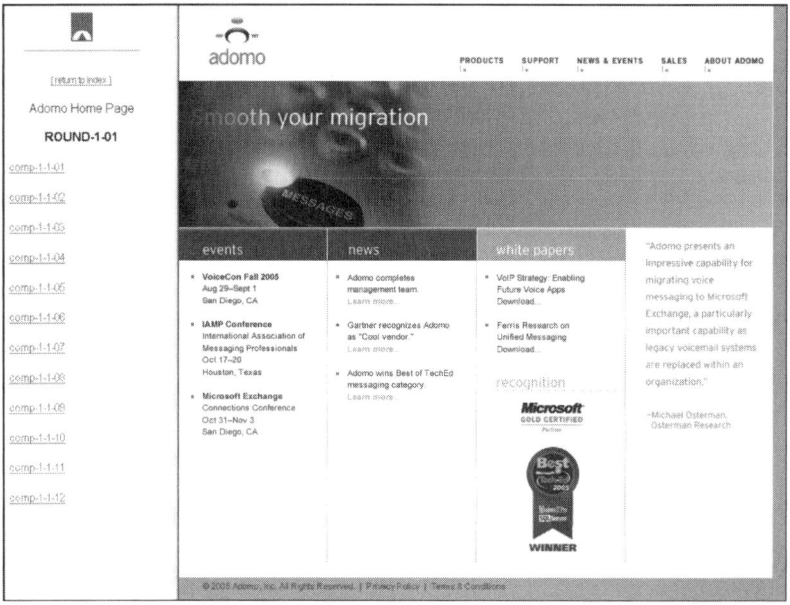

Figure 11.7 : Ce site offre au client un accès aux propositions de conception actuelles et précédentes.

N'oubliez pas qu'il s'agit du site projet du client, il reviendra le consulter sans que vous soyez à ses côtés et communiquera l'adresse à certaines personnes de son entreprise. Sans aucun soutien d'orientation de votre part, il est possible que ces personnes ne comprennent pas ce qu'elles consultent.

La présentation en ligne donne la possibilité d'organiser efficacement l'ensemble des propositions de conception, rendant plus facile au client la consultation des diverses choses qu'on lui propose. C'est aussi le moment pour vous d'apposer votre griffe visuelle, ce qui donnera une touche professionnelle supplémentaire.

Prototypes opérationnels ou non ?

En général, il est inutile de fournir un prototype HTML réellement opérationnel. De simples images GIF devraient suffire à donner au client une bonne idée du fonctionnement du site. À ce stade, n'investissez pas trop de temps dans l'élaboration d'un prototype opérationnel, il est en effet plus important de dépenser de l'énergie pour développer différentes idées plutôt que d'en concrétiser une seule. Si vous devez montrer comment fonctionne une interaction complexe, considérez une démonstration via un storyboard simple au lieu de présenter un travail en ordre de marche.

Dans certains cas, cela peut valoir la peine de faire fonctionner une petite portion de la page. Il faut éventuellement simuler le fonctionnement via du HTML et diverses technologies plus faciles à mettre en place que le véritable arsenal. Par exemple, au stade des demandes de devis pour le projet, cela peut valoir le coup d'investir un peu de temps dans une présentation animée semi-fonctionnelle, pour le facteur « épate », afin de mettre de votre côté toutes les chances de décrocher le projet.

Création de belles présentations imprimées

En plus de la présentation en ligne, une présentation imprimée en couleurs est indispensable, rien que pour des raisons de sécurité. Imaginez un peu ne pas avoir accès à Internet lors de votre rencontre avec le client. De toute façon, il est toujours intéressant de pouvoir étaler des visuels autour du client. D'une part, à moins que vous ayez accès à un grand écran d'ordinateur ou à un système de projection, il est difficile d'avoir un impact égal avec un petit écran, même si la présentation se fait devant une seule personne ou un petit groupe. D'autre part, sur l'écran d'ordinateur, le client ne voit qu'une image à la fois : la comparaison de deux possibilités de conception côte à côte est impossible (d'où l'intérêt d'avoir aussi une présentation sur papier).

TRUC

La création de copies noir et blanc de la présentation pour chaque client présent lors de la rencontre est une bonne idée. Chacun peut prendre des notes sur ses feuilles pendant la présentation. Avec la sortie noir et blanc, insérez une copie de la carte du site pour que les participants puissent y faire référence pendant la réunion.

Imprimez les maquettes en couleurs

De nos jours, l'impression de belles sorties couleurs, de qualité photographique, est une possibilité tout à fait abordable. Le prix des imprimantes couleurs de bureau a chuté considérablement au cours des dernières années, tout en voyant la qualité multipliée par dix. Pour 300 euros, vous trouverez une imprimante couleur à jets d'encre qui vous donnera entière satisfaction.

N'OUBLIEZ PAS

Lors de l'impression des maquettes pour une présentation, imprimez toujours en taille réelle et gardez la résolution 72 ppp. Si vous modifiez la résolution, réduisez ou agrandissez les maquettes, vous courez le risque d'introduire un flou ou que la taille obtenue soit trop petite pour remplir le rôle de présentation. Imprimez sur papier A4 standard, en orientation paysage, comme sur la Figure 11.8. La plupart des mises en page Web sont plus larges que hautes. Elles ont donc meilleur aspect dans le sens le plus large.

Figure 11.8 : La plupart des pages Web ont un meilleur aspect lorsqu'elles sont imprimées en orientation paysage.

TRUC

Il faut toujours utiliser la meilleure qualité de papier photo brillant. Si le papier n'est pas brillant, l'encre pénètre trop. Les lignes de points d'encre sont alors visibles, ce qui diminue l'efficacité de la présentation. De plus, le papier mat a tendance à se déformer et s'incurver lorsqu'il est saturé d'encre (ce qui n'aura certes pas bon effet sur le client). Dans le pilote d'impression, vous sélectionnerez avec soin la qualité du papier utilisé et celle de l'impression. Vous aurez des options comme Photo, Photo supérieure, etc.

Montage du travail sur carton

Comme une poignée de main molle ou une carte de visite flasque, vos sorties couleurs n'auront pas leur impact maximal si vous ne les montez pas sur carton rigide. Le standard dans l'univers de la conception Web est l'emploi de carton noir teinté à cœur. N'employez pas de carton dont seule la surface est noire, laissant deviner l'intérieur blanc au niveau des découpes. La couleur de ces cartons a tendance à passer avant que vous ayez eu le temps de vous rendre à la présentation. Pour l'épaisseur, l'important est d'avoir quelque chose de bien rigide. Afin de vous approvisionner, voyez notamment les boutiques de fournitures pour les arts graphiques.

La section suivante propose quelques conseils pour monter les sorties imprimées sur carton.

Quel adhésif employer ?

L'adhésif utilisé pour monter vos sorties sur carton est important, non seulement pour l'aspect final, mais aussi dans la souplesse de positionnement. Règle numéro un : ne jamais utiliser de colle ! Si vous employez de la colle, les sorties imprimées et les plaques ne sont pas récupérables, puisque vous ne pouvez plus les séparer. En outre, il est fréquent que les gouttes de colle produisent des bosses sous la surface des feuilles.

Le meilleur adhésif est un produit genre Spray Mount 3M ou une bande double face légèrement adhésive, ultrafine. Cela permet de décoller les documents pour les repositionner ou réutiliser les cartons plus tard. Spray Mount se présente sous forme d'une bombe aérosol. Son emploi est très facile.

Attention à ne l'employer que dans une pièce bien ventilée. Ne chargez pas trop en produit.

Ne pulvérisez pas sur le carton ! Placez la face imprimée du document sur une grande feuille de papier. Tenez la bombe à une cinquantaine de centimètres au-dessus et faites *un* passage. Laissez sécher une minute ou deux puis positionnez le document sur le carton. Si vous employez de la bande double face, placez une bande en haut et en bas du document à coller, puis positionnez-le sur le carton.

Homogénéité

Apportez beaucoup d'attention à l'homogénéité de la présentation. Utilisez le même carton, le même papier brillant, veillez que tous les éléments soient de même dimension ! Ne glissez pas un carton A4 dans une présentation en A3. L'homogénéité garantit que le client se concentrera sur les designs proposés et non sur les irrégularités de la présentation. Voici deux conseils de plus à suivre lors de la préparation de votre présentation imprimée :

- **Laissez de l'espace autour de chaque image.** Après impression de maquettes sur papier brillant A4, vous serez peut-être tenté de rogner les bordures blanches pour ne garder que la surface réellement imprimée. Nous trouvons que cela revient à se couper les ongles trop courts. Laissez un peu d'espace autour des images. Conservez les feuilles A4 ou recadrez, mais en ménageant une marge d'au moins deux centimètres tout autour.
- **Découpez les cartons à un format manipulable.** Outre qu'il faut que les cartons soient tous de même format, il est aussi important qu'ils ne soient ni trop grands ni trop petits par rapport aux sorties imprimées. Si vos sorties sont en A4, ne dépassez pas le A3 pour les cartons. Il ne s'agit pas d'écraser l'assistance.

Présentation au client

Grand instant : vous avez travaillé dur pour élaborer une suite de propositions de conception, vous les avez assemblées en une belle présentation imprimée. La seule chose qu'il reste à faire est de vendre vos idées au client, tout en restant professionnel, confiant et calme durant la rencontre. Il n'existe pas de recette spéciale pour convaincre à coup sûr un client, voici cependant quelques conseils :

- **Habillez-vous correctement.** Le jour de la présentation, habillez-vous correctement. Même si vous faites la présentation devant un groupe d'ingénieurs décontractés en jean et tennis, vous ferez plus professionnel si vous avez un peu de style (en d'autres termes, peignez-vous et prenez une douche).
- **Soyez l'animateur de la discussion.** Menez la danse en présentant chaque proposition de conception objectivement comme si vous n'étiez pas le concepteur. Donnez ouvertement vos propres opinions de professionnel sur ce qui convient et ce qui ne convient pas concernant chaque direction et pourquoi. Demandez l'opinion du client et soyez naturellement ouvert aux suggestions et aux interrogations.
- **Ne montrez pas que vous préférez un design.** Bien que vous ayez peut-être un design préféré, ne le défendez pas plus qu'un autre. Vous êtes au service du client et devez l'aider à choisir un design qui lui convient. Le meilleur moyen d'orienter le client vers votre design préféré est de parler objectivement des bénéfices de ce concept. Si le client exprime des objections sur cette proposition, n'en faites pas une affaire personnelle. Concédez-lui ce point ou trouvez un contre-argument logique qu'il puisse considérer.

N'OUBLIEZ PAS

- **Soyez confiant ; ne dévalorisez pas votre propre travail.** N'oubliez pas qu'un design est quelque chose de subjectif et que tout le monde ne peut pas aimer les mêmes choses, mais n'anticipez pas le refus en dévalorisant votre propre travail. S'il est assez bon pour être présenté, il l'est aussi pour être retenu.

Le client choisit le pire

Vous pouvez compter sur au moins une chose à l'occasion de cette présentation : le client choisira la proposition qui vous semble la moins belle du groupe. Il faut donc être très prudent dans vos propositions de conception : ne présentez que celles que vous pourrez assumer si le client les choisit.

Une autre chose dont il faut se rappeler est que certains clients ont le chic pour prendre les choses sans recul. S'ils repèrent quelque chose qu'ils n'aiment pas ou qui semble n'avoir pas de sens dans une de vos propositions, ils rejettent l'ensemble du design. Par exemple, s'ils voient une vilaine photographie qui n'est finalement là que pour servir de marqueur d'emplacement pour une autre photo, ils sont capables de mal juger l'ensemble du concept. Cela reste vrai pour les titres et textes factices. Si un titre n'a pas de sens, ils penseront éventuellement que c'est une faute de conception. La solution est de vous approcher le plus possible de la réalité.

Et un tour de plus

Assez souvent, vos propositions de conception ne seront pas retenues du premier coup. Soyez prêt à entendre le client, qui aimera certains aspects de chaque proposition, vous demander de retravailler pour réunir divers éléments de plusieurs propositions dans une nouvelle proposition. Nous appelons cela l'*étape Frankenstein*.

Ce n'est finalement pas un problème : vous restez le concepteur et, à ce titre, c'est vous qui contrôlez la façon dont les divers aspects à réunir seront combinés. De plus, à la fin de ce travail, vous serez plus près de ce que le client aime.

Le mauvais scénario est de laisser le client essayer de jouer lui-même le Dr Frankenstein. Cela peut vraiment donner un résultat monstrueux, car il n'a pas les compétences graphiques professionnelles nécessaires pour prendre un peu de distance.

Le pire est sans doute une demande de modifications excessive. J'ai travaillé pour une grande société dont les décideurs, contrairement à ce que l'on pourrait croire, ne parvenaient pas à se décider sur telle ou telle orientation, apportant toujours des changements de dernière minute. Résultat : le délai ne put être respecté et mon manque à gagner fut énorme. Faites bien comprendre au client que toute modification importante par rapport à la présentation originale sera facturée à l'heure de travail. Dans le cas contraire, vous ne vous en sortirez jamais.

Chapitre 12

Production graphique

Dans ce chapitre :

- Créer des modèles de conception et définir une charte stylistique.
- Savoir quand employer les formats GIF et JPEG.
- Limiter le poids de la page.
- Employer un motif d'arrière-plan dans une page Web.
- Rationaliser le processus de production graphique.

Dès que le client a approuvé la direction graphique imprimée au projet, vous devez sauter sur votre ordinateur pour donner vie à toute cette « théorie » sous forme de pixels. Cela va sans dire, mais ça va mieux en le disant, la phase de production graphique est celle qui demande le plus de temps, mais qui est aussi la plus gratifiante. Vous y faites preuve de créativité, et votre sens artistique est sans cesse en éveil.

L'objet de la production graphique Web est d'optimiser la qualité des images tout en minimisant les temps de téléchargement, deux objectifs diamétralement opposés. Plus la qualité est élevée, plus la taille de fichier est importante, et plus le téléchargement est lent. Dans ce chapitre, vous apprendrez à obtenir le meilleur compromis, en sachant quel format de fichier choisir, et à optimiser le téléchargement en réutilisant les mêmes graphiques sur chaque page. Vous verrez aussi comment découper les images en sections enregistrées sous différents formats de fichier pour optimiser la qualité, comment préparer des images en tenant compte de la couleur d'arrière-plan ou du motif de la page Web, ce qu'est une image

« non lissée » ou « lissée », comment préparer des images transparentes.

Afin de rationaliser le processus de production, vous devez créer des modèles pour chaque élément graphique différent – de la barre de navigation aux titres, boutons et autres images. Ainsi, vous pouvez déléguer le travail de production à une équipe de plusieurs personnes tout en vous assurant de l'aspect homogène sur la totalité du site.

Production graphique

La production des images pour la totalité d'un site Web est une tâche énorme. Vous devez en préparer des centaines. Le meilleur moyen de rationaliser cet effort est de créer des modèles que vous et l'équipe de production pourrez utiliser pour chaque type d'image nécessaire dans les pages. Avec les images pour lesquelles il est impossible de prévoir un modèle, écrivez une charte graphique abordant les choix de polices, de couleurs, etc. Grâce aux modèles et à la charte graphique, vous pourrez déléguer le travail et, en outre, éviter qu'une personne unique devienne le « gardien du royaume ».

N'OUBLIEZ PAS

Lorsqu'une seule personne sait comment construire le site, il se crée non seulement un goulet d'étranglement au niveau de la production, mais le client ne pourra jamais actualiser son site sans votre aide. Cela peut sembler un bon stratagème pour retenir le client dans vos filets, mais nous pensons que la formule est mauvaise. Le client est bien venu à l'origine pour demander votre aide au niveau de la conception, aussi lui fournir les outils, les modèles et les chartes graphiques et stylistiques ne devrait-il pas l'affranchir complètement.

Modèles

TRUC

Pour l'élaboration des modèles à destination de l'équipe de production, travaillez avec un programme graphique comme Fireworks ou Photoshop CS5. Fournissez les modèles dans le format d'origine de ces programmes. De la sorte, les membres de l'équipe pourront ouvrir un modèle, modifier l'élément nécessaire, optimiser l'image et l'exporter pour le Web.

Il est possible de construire des modèles graphiques pour pratiquement tout ce qui constitue le site, y compris des mises en page entières. Vous avez en effet pu constater plus haut dans ce livre que la plupart des sites Web ne comportent que quelques mises en page de base : une pour la page d'accueil, une pour les sous-pages, éventuellement quelques variantes de sous-page pour, par exemple, fournir un contenu particulier tel que des formulaires et des tableaux.

Voici quelques-uns des modèles que vous aurez à préparer pour un site Web :

- **Mise en page de page d'accueil.** En fournissant une maquette complète de la page d'accueil, vous offrez au codeur HTML qui assemble la véritable page un guide visuel. Cela vous donne aussi l'occasion de vérifier que tous les composants de la page (titres, boutons, puces, etc.) sont bien harmonisés.
- **Mise en page de sous-page.** Comme pour la page d'accueil, une maquette complète de sous-page sert de guide visuel pour les codeurs HTML et les membres de la production graphique. Une maquette met en contexte les éléments de conception.
- **Variantes de sous-page.** La plupart des pages d'un site utilisent le même modèle de sous-page. Il est cependant intéressant de fournir quelques variantes de mise en page. Attention à ne toucher qu'à l'intérieur de la page, laissez tel quel le système de navigation principal.
- **Navigation générale.** Le système de navigation est certes inclus dans les modèles de page d'accueil et de sous-page, mais il est cependant judicieux de l'enregistrer séparément. Sous forme de modèle séparé, il est plus facile à actualiser.
- **Boutons graphiques.** Un site Web contient souvent de nombreux boutons graphiques (Envoyer, Suivant, Précédent, etc.). Fournissez un modèle contenant le design de

base des boutons du site : couleur, forme, ombre portée, biseautage. Tout membre de l'équipe de production peut ouvrir le modèle, modifier le texte du bouton, et ainsi créer des boutons d'aspect homogène.

- **Titres et sous-titres graphiques.** Comme pour les boutons, fournissez un modèle pour les titres et sous-titres graphiques, avec réglages adéquats de police, taille de caractère et couleur. Un membre de l'équipe de production peut ensuite ouvrir le modèle pour modifier simplement le texte sans s'occuper du formatage puisqu'il est déjà appliqué.
- **Puces graphiques.** Là encore, pour garantir l'homogénéité dans tout le site, fournissez un ensemble de modèles pour les puces, les flèches et autres petits éléments graphiques. En production, il suffira d'ouvrir le modèle, de changer la couleur d'une puce, par exemple, puis d'exporter l'image.
- **Traitements d'image.** Si vous avez prévu un traitement spécial pour les images de pages particulières, fournissez un modèle avec les dimensions correctes, les masques, la coloration. Par exemple, si toutes les images de la page d'accueil sont en monochrome avec un contour progressif sur un bord, configurez une série de calques de réglage dans Photoshop pour appliquer automatiquement cet aspect à toute nouvelle image. Cela permet de produire facilement toute une série d'images ayant subi exactement le même traitement graphique.
- **Motifs d'arrière-plan.** Si votre site Web emploie des motifs d'arrière-plan, conservez toujours l'illustration d'origine dans un modèle au cas où l'équipe aurait besoin d'y apporter des changements.

Styles

Si le site que vous concevez est de grande taille, il faudra probablement faire appel à une équipe entière de codeurs HTML

Préparer le site pour des langues étrangères

Si votre modèle graphique sera localisé dans d'autres langues, les zones contenant du texte sous forme graphique n'auront pas le même encombrement en fonction de la langue choisie. Ainsi, concevoir un site en anglais réduit généralement la longueur du texte de 10 à 15 %. Le plus complexe est de gérer des langues asiatiques. Par exemple, les caractères chinois sont souvent plus hauts que les caractères français. Tout texte de la barre de navigation occupera *de facto* une hauteur plus importante que dans la version française de la page. De même, la langue allemande tend à introduire une terminologie contenant beaucoup plus de caractères par mot. Il faut donc réserver un espace plus large de manière à conserver un design cohérent de la barre de navigation et des zones du corps du texte. Jetez un œil sur la page ci-dessous. Lorsque le français est traduit en chinois ou en allemand, la conception graphique initiale subit de grosses modifications. Une société comme Translation Services USA, que vous découvrirez sur le site internet `www.translation-services-usa.com/french/website.shtml`, est spécialisée dans la localisation des sites Web. Vous y trouverez des cas d'études très intéressants.

Le site IFC est visible en chinois et en anglais. La conception visuelle a été définie de manière à bénéficier d'une marge de manœuvre de 30 % horizontalement et verticalement pour la mise en place des éléments textuels, aussi bien dans la barre de navigation que dans le corps du document.

pour l'assembler. Ils doivent tous utiliser les mêmes polices, les mêmes tailles et couleurs de caractères pour les titres, sous-titres, liens et autres éléments des pages.

ATTENTION !

N'oubliez pas de préparer la mutation de votre site pour l'accessibilité à toutes les personnes handicapées, et plus particulièrement les malvoyants et les malentendants. Vous devez anticiper ce besoin qui, en fonction des normes françaises et européennes, sera bientôt imposé à tous les sites de sociétés. Ne pas se préparer à cette migration risque d'engendrer un surcoût considérable lorsque vous devrez y procéder dans l'urgence.

TRUC

Fournissez la charte sous forme de document imprimé ou de page HTML. Armés de cette page HTML, les programmeurs peuvent copier et coller le formatage. Quelle que soit la solution retenue, fournissez une charte donnant les indications suivantes :

- **Titres et sous-titres.** Indiquez la police, la couleur, la taille de caractère.
- **Corps de texte.** Là encore, indiquez la police, la couleur, la taille de caractère.
- **Légendes.** Si différentes sortes de légendes sont nécessaires pour différentes sortes d'éléments, les recommandations de style doivent signaler comment et quand employer chaque type de légende.
- **Exergues.** Si une page Web a besoin d'exergues (éléments mis en valeur en dehors du corps du texte principal), la charte de styles doit indiquer quelles police et taille de caractères employer.
- **Liens.** Faites un choix de couleur de lien pour chacun des états des liens (les liens sont affichés dans une autre couleur lorsque le visiteur place le pointeur dessus et enfonce le bouton de la souris, et dans une autre couleur encore s'il a déjà visité ce lien).
- **Traitements des tableaux.** Si des tableaux sont utilisés, décidez s'ils ont des bordures de couleur et/ou une couleur d'arrière-plan particulière dans certaines cellules. Indiquez également si le texte dans les tableaux doit recevoir un traitement spécial concernant la police, la couleur et la taille de caractère.
- **Couleurs et motifs d'arrière-plan.** Enfin, si certaines zones du site Web utilisent différentes couleurs d'arrière-plan, fournissez une liste des couleurs à employer. Par exemple, la section Produits du site Web utilisera une couleur d'arrière-plan différente de celle de la section Société. De même pour les motifs : certaines pages sont susceptibles d'exploiter des motifs, d'autres pas. Votre charte graphique doit fournir toutes les informations nécessaires sur les couleurs et motifs d'arrière-plan de tout le site.

Contrôle de la version

Lorsque vous travaillez sur des sites de grande taille ou avec de nombreux collaborateurs, veillez au suivi des versions successives du site. Il arrive que plusieurs personnes travaillent sur un même fichier, et parfois simultanément. Dans ce genre de situation, vous devez utiliser un système de gestion du document, comme Visual Source Safe (VSS) de Microsoft.

Un programme comme celui-là permet de vérifier des fichiers stockés sur un serveur partagé. Ainsi, lorsqu'une personne vérifie un fichier, aucun autre collaborateur ne peut l'utiliser. Une fois la vérification terminée, VSS garde un enregistrement de chaque nouvelle version. Il autorise l'ouverture d'une précédente version si la nouvelle est corrompue pour une raison ou une autre. Quand vous travaillez en équipe réduite ou sur des sites de petite taille, adoptez une convention de nomination qui introduit la date et l'heure à la fin du nom du fichier.

Formats de fichier

Dans la majorité des cas, vous utiliserez les formats GIF ou JPEG. Le format à choisir dépend entièrement du type de l'image. Il n'y a pas de grand secret pour savoir quand employer chaque format, il suffit d'observer un peu le contenu de l'image. En choisissant le bon format, vous préservez la qualité de l'image tout en gardant une taille de fichier réduite, ce qui améliore son temps de téléchargement.

Quand employer le GIF ?

Le format GIF (Graphics Interchange Format) est un des plus anciens formats de fichiers sur le Web. Le GIF a évolué au fur et à mesure des années pour inclure un certain nombre de caractéristiques qui en font un format pratique pour différents types d'images, dont l'animation.

TRUC

Le format GIF convient aux images qui comportent des éléments non photographiques comme le texte et les aplats de

Compression d'images GIF et JPEG

Les deux formats de fichiers graphiques les plus courants sur le Web, GIF et JPEG, ont été conçus pour compresser la taille de fichier d'une image (par taille de fichier, nous entendons le nombre de kilo-octets occupés sur le disque dur, après enregistrement). Ces deux formats de fichiers utilisent des algorithmes (formules mathématiques) pour trouver la meilleure façon d'enregistrer l'image en utilisant le moins d'espace disque (c'est ce que l'on appelle la *compression*).

Le **GIF** requiert le système de compression RLE (Run Length Encoding), qui analyse chaque rangée de pixels et consigne les changements de couleur des pixels ; ce qui permet de symboliser les zones comportant des pixels de même couleur par un court code, d'où une réduction de la taille de fichier. Lorsque l'image comporte de grandes zones de couleur unie (comme dans une illustration, par exemple), elle se compresse mieux qu'une photographie qui contient beaucoup de changements de tons. Pour cette raison, on utilise le GIF pour les images comportant des aplats, pas pour les photos. Le GIF ne modifie pas les pixels de l'image : lorsqu'elle est décompressée, les pixels sont restaurés exactement comme avant la compression. C'est pourquoi on dit que c'est un format de compression *sans perte*.

L'algorithme de compression **JPEG**, en revanche, travaille en modifiant et en moyennant la couleur de petits blocs dans l'image. Cette méthode dégrade la qualité de l'image et introduit du bruit, des *artefacts* (perturbations). Le format JPEG, par conséquent, est un format *avec perte*. Les artefacts ne sont pas aussi remarquables dans les photographies que dans les images avec aplats de couleurs (texte, illustrations). Pour cette raison, JPEG convient très bien aux photos mais pas autant aux images avec zones de couleurs unies.

couleurs. Le GIF est un format de *compression sans perte* (voir encadré). À la différence du format JPEG (Joint Photographers Experts Group), le format GIF ne dégrade pas la qualité des images.

La Figure 12.1 compare l'aspect d'un texte enregistré au format GIF et au format JPEG. Après agrandissement, l'image est nette et aucun détail n'a été perdu, bien que l'on ait réduit la palette à seulement six couleurs, générant une image de 2 Ko. L'exemple de droite a été enregistré au format JPEG avec une qualité de 50 %, générant une image de 4 Ko, le double

Figure 12.1 : Qualité d'un texte graphique enregistré au format GIF comparée à un enregistrement au format JPEG.

du poids avec une qualité réduite de moitié par rapport au GIF. Remarquez la dégradation à l'intérieur du texte et sur le pourtour. Ce genre de dégradation est moins notable dans les photographies, ce qui explique pourquoi le format JPEG convient si bien pour les images photographiques.

L'image originale de la Figure 12.1 ne contient que des aplats de couleurs et du texte : il est donc plutôt évident qu'il faut choisir le format GIF. Le problème se pose lorsqu'un graphique contient du texte, des aplats de couleurs *et* des éléments photographiques. Que choisir : GIF ou JPEG ?

- **Utilisez la palette adaptative.** Si une image contient un mélange de photographie et d'aplat de couleur, utilisez le GIF avec une palette *adaptative*. La palette adaptative choisit les meilleures couleurs pour l'image (voir le Chapitre 9 pour plus d'informations sur la palette adaptative). Vous conservez la qualité et la lisibilité du texte et des zones unies tout en obtenant la meilleure fidélité de couleur pour le côté photographique. L'inconvénient est que la palette contient beaucoup de couleurs, ce qui augmente la taille de fichier.

- **Couper les images en tranches.** L'autre solution est de *découper* l'image en plusieurs portions, comme sur la Figure 12.2. Ainsi, vous enregistrez le texte et la portion avec aplats au format GIF, avec une couleur contenant peu de couleurs, et la portion d'image photographique au format JPEG.

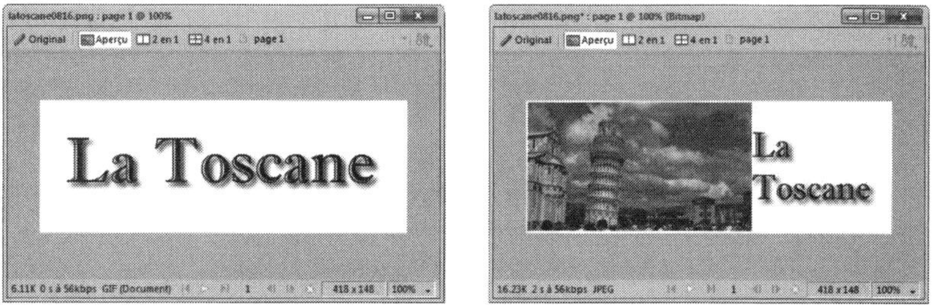

Texte exporté en GIF   Texte exporté en JPEG

Figure 12.2 : En découpant une image en deux, vous pouvez enregistrer chaque portion individuellement et économiser en poids de fichier.

Transparence GIF

Une autre caractéristique du format GIF est sa capacité à simuler une couleur transparente. Cette caractéristique est pratique pour placer une image sur un arrière-plan non uni, par exemple une mosaïque ou un grand motif d'arrière-plan. En rendant la couleur d'arrière-plan de l'image transparente, cette dernière semble flotter sur le motif d'arrière-plan. Si vous ne rendez pas la couleur d'arrière-plan de l'image transparente, vous obtenez un bloc par-dessus le motif de fond de la page Web.

Lorsque vous créez une image, elle a *forcément* des dimensions rectangulaires. Pendant la création de l'image, vous choisissez la couleur d'arrière-plan qui sera transparente. Lorsque vous exportez l'image au format GIF, la couleur d'arrière-plan choisie disparaît. Si vous ne choisissez pas une couleur d'arrière-plan ou que vous ne travaillez pas sur un calque transparent dans Photoshop ou Fireworks, l'arrière-plan est coloré par défaut en blanc lors de l'exportation. De toute façon, vous obtenez une image de dimensions rectangulaires : le sujet repose sur un arrière-plan rectangulaire blanc ou coloré (Figure 12.3).

Figure 12.3 : La transparence n'est restituée que dans Photoshop. Une fois exporté, l'arrière-plan présente un blanc uni.

Le seul moyen de supprimer cet arrière-plan est de le rendre transparent. Lorsque vous exportez une image au format GIF, vous avez la possibilité de choisir une seule couleur comme couleur transparente. Si vous choisissez comme couleur transparente la couleur d'arrière-plan entourant l'image, le sujet de l'image reste visible, il se découpe sur le fond de la page Web (Figure 12.4).

Figure 12.4 : Si vous rendez l'arrière-plan transparent, l'image se superpose au fond de la page.

Attention à quelques écueils :

- Lorsque vous choisissez une couleur de transparence, veillez qu'elle ne fasse pas partie de l'image, sous peine de donner à cette dernière un aspect de gruyère : si vous choisissez le blanc comme couleur de transparence dans une image contenant des zones blanches (ou que vous placez cette image sur un fond blanc), *toutes* les zones blanches de l'image seront transparentes (par exemple, le blanc des yeux…). La Figure 12.5 montre l'effet obtenu.

- Si vous désirez employer un motif d'arrière-plan dans votre page Web, vous devez utiliser le GIF transparent pour obtenir l'effet de découpage du sujet sur le fond. Ne croyez pas en effet qu'il suffise de construire l'image sur une copie du motif et espérer que le tout corresponde avec l'arrière-plan de la page une fois en situation : cela ne marchera pas. Chaque navigateur commence la mosaïque à un endroit différent, aussi ne saurez-vous jamais où le motif sera exactement sur la page. Vous obtiendrez un recouvrement de motif très visible, comme l'illustre la Figure 12.6.

Figure 12.5 : Des parties de cette image ont disparu, car elles sont de la même couleur que l'arrière-plan.

Figure 12.6 : Faire correspondre un motif d'arrière-plan avec le motif d'une image est presque impossible.

TRUC

- Exploitez la transparence même si vous n'employez pas un motif d'arrière-plan dans la page Web. Si vous utilisez une couleur unie à l'arrière-plan dans la page Web, construisez l'image sur un fond de même couleur puis, lorsque vous exportez l'image, *rendez cette couleur transparente.*

Bien que cela semble un peu ridicule, cette technique évite en réalité un problème très courant. N'oubliez pas que tous les écrans ne gèrent pas la même profondeur de couleur (nombre de bits) et restituent même les couleurs sécurisées Web de façon un peu différente. Même si le bloc de couleur entourant le sujet dans votre image correspond à la couleur d'arrière-plan de la page Web, une légère différence sera visible sur certains écrans. C'est ce que montre la Figure 12.7 où la transparence n'a pas été utilisée pour le fond autour des bananes : on aperçoit de façon légère sur certains écrans une différence entre le jaune entourant le sujet et le jaune du fond de la page.

Figure 12.7 : Certains écrans affichent différemment les couleurs d'arrière-plan d'image et de page Web.

Animation GIF

Non seulement le GIF est un bon format pour l'enregistrement d'images Web avec transparence, mais il est également efficace pour construire des animations simples.

Afin de créer un GIF animé, vous établissez une série de fichiers GIF individuels de mêmes dimensions, puis vous les chaînez. Le moyen le plus facile est de travailler avec un programme graphique Web comme Fireworks. Vous contrôlez le minutage (combien de temps chaque GIF apparaît avant de passer au suivant). Vous pouvez faire lire l'animation en continu (en boucle) ou indiquer un certain nombre de répétitions.

Un inconvénient des animations GIF est que vous ne pouvez pas utiliser beaucoup d'images. Chaque image de l'animation étant constituée par une image GIF séparée, chacune d'elles ajoute du poids au fichier qui demande alors plus de temps pour être téléchargé. Si vous utilisez peu d'images, l'animation se télécharge plus vite mais l'action est saccadée. Les animations GIF conviennent mieux pour les messages cycliques, pas pour des créations compliquées comme des personnages animés, pour lesquels une lecture fluide ne s'obtient qu'en juxtaposant un grand nombre d'images. Pour ce genre d'animation, un programme comme Flash CS5 donne de meilleurs résultats.

Observez le GIF animé de la Figure 12.8 : il s'agit d'une bannière. L'animation contient seulement quatre images, qui affichent en boucle différents messages. La totalité ne fait que 10 Ko (la taille de fichier idéale pour une bannière de publicité). Notez aussi la construction à base d'aplats de couleurs et de texte, rendant possible l'emploi de six couleurs seulement pour l'ensemble.

Figure 12.8 : Cette bannière GIF animée comporte seulement quatre images qui affichent tour à tour des messages différents.

Tramage : pointillisme

Vous ne pouvez pas enregistrer une image au format GIF tant que vous n'avez pas réduit son nombre de couleurs de plusieurs millions à 256 ou moins (ce nombre 256 est dû à une limitation du format GIF ; pour plus d'informations, voir le Chapitre 9). Lorsque vous opérez cette réduction, l'image est *tramée.*

Le tramage est un processus qui consiste à placer deux couleurs (ou plus) de façon très proche pour donner visuellement l'illusion de la couleur manquante. Par exemple, pour dessiner l'image d'une orange alors que vous n'avez que des marqueurs rouge et jaune, vous travaillez en pointillisme pour simuler la couleur orange manquante. La même chose se produit lorsque vous supprimez des millions de couleurs de l'image. La palette limitée de 256 couleurs doit travailler de la même façon pour simuler les millions de couleurs absentes.

Bien que le tramage dégrade la qualité des images, vous pouvez compenser un peu à l'aide d'une palette adaptative. Une palette adaptative choisit les meilleures couleurs pour l'image, ce qui concourt à réduire le tramage. Une fois l'image réduite à 256 couleurs ou moins, vous pouvez l'exporter au format GIF.

Quand employer le format JPEG ?

Le format JPEG a été conçu spécialement pour compresser les photographies. Alors que le GIF est limité aux images de 256 couleurs ou moins, le format JPEG travaille uniquement sur les images 24 bits qui contiennent des millions de couleurs (l'idéal pour restituer les dégradés de couleurs et les tons continus subtils des photographies).

Les images enregistrées en JPEG ne sont pas tramées, car elles peuvent contenir beaucoup de couleurs. En revanche, l'enregistrement au format JPEG introduit du *bruit* (des *artefacts*) dans l'image, d'autant plus si vous augmentez le taux de compression JPEG (la plupart des programmes comme Photoshop et Fireworks permettent d'ajuster la qualité JPEG ; plus vous réduisez la qualité, plus la taille de fichier diminue, mais plus le bruit est important). Une qualité comprise entre 60 et 80 % est souvent un bon compromis.

Dans une photographie, ce bruit n'est pas réellement remarquable, mais si vous enregistrez une image avec aplats de couleurs et texte, les artefacts ressortent visiblement et donnent un vilain aspect à l'image (Figure 12.9). C'est pourquoi on dit que le format JPEG est un format *avec perte*, puisqu'il dégrade le contenu de l'image originale.

Figure 12.9 : La photo de gauche a un bel aspect ; l'image de droite présente beaucoup d'artefacts, notamment sur le texte.

TRUC

Utilisez le format JPEG uniquement sur les images purement photographiques. Choisissez le format GIF pour les autres types d'images, dont ceux qui ont un mélange d'aplats de couleurs, de texte et de photos. À la différence du format GIF, auquel ont été greffées les possibilités de transparence et d'animation, le format JPEG ne réalise qu'une seule chose : il compresse les photographies 24 bits.

Objectif minceur

En schématisant, votre objectif en tant que concepteur Web est de créer une page d'aspect agréable, convivial et qui ne demande que quelques secondes pour être téléchargée. N'oubliez pas que le visiteur passe toujours trop de temps à attendre. Plus il attend, plus cela lui est désagréable, quelle que soit la beauté de votre mise en page.

Le meilleur moyen de réduire les temps de téléchargement des pages Web est d'exploiter efficacement les images sur tout le site. Appuyez-vous sur des caractéristiques comme la transparence, les motifs d'arrière-plan et la capacité du navigateur à stocker les images en mémoire, pour optimiser les performances de chaque page. En outre, en découpant les images en plusieurs éléments, vous pouvez appliquer le format de fichier et les paramètres de palette les plus efficaces à chacun de ces éléments. Non seulement cela donne plus de contrôle sur la qualité de chaque morceau d'image, mais vous économisez ainsi de précieux kilo-octets, d'où une diffusion plus rapide de la page Web.

Réduction du temps de téléchargement

Outre le fait de choisir le bon format de fichier pour chaque image, à savoir GIF ou JPEG, vous disposez d'autres techniques pour réduire la taille de fichier et donc le temps de téléchargement des pages Web :

- **Transparence.** En choisissant une couleur transparente pour l'image, vous réduisez sa taille de fichier. La couleur transparente devient une couleur de moins dont le navigateur doit se préoccuper.

- **Motifs d'arrière-plan répétés.** Au lieu d'insérer en fond de page de grandes images chargées pour essayer de renforcer le visuel, utilisez à l'arrière-plan un motif riche tout en restant léger. La Figure 12.10 montre une page Web plutôt complexe. Graphiquement, la page produit un effet assez fort, ce qui est le résultat d'un motif d'arrière-plan judicieux, dont le chargement est très rapide. Ce motif est visible sur la Figure 12.11. Il est réutilisé sur chaque page du site.

  Bien que le motif soit grand, la taille de fichier n'est que de 15 Ko, car l'image contient peu de couleurs. Du fait qu'il est remployé sur chaque page, le navigateur n'a pas à le télécharger de nouveau à chaque nouvelle page, il le lit directement en mémoire.

Figure 12.10 : Une grande partie de la richesse graphique de cette page vient du motif d'arrière-plan, très créatif.

Figure 12.11 : Ce motif d'arrière-plan renforce l'intérêt visuel tout en conservant une taille de fichier relativement faible.

Notez que ce motif est beaucoup plus grand que la page Web elle-même. Toute image utilisée en fond de page Web est répétée pour remplir la fenêtre lorsque celle-ci est plus grande que le motif : il faut donc, sous peine d'être répété, que le motif soit plus grand que la fenêtre de navigateur.

- **Mise en cache des images.** Chaque fois que vous pouvez réutiliser des images dans une page Web, faites-le : cela améliore la vitesse d'affichage. Lorsqu'une image est téléchargée dans une page Web, comme celle de la Figure 12.12, le navigateur la place dans le *cache*, c'est-à-dire qu'il la stocke dans sa mémoire tampon également connue sous le nom de *mémoire temporaire*. La fois suivante où vous utilisez l'image, dans la même page ou une autre page, le navigateur la récupère directement dans sa mémoire. Ce processus est beaucoup plus rapide que le téléchargement d'une autre image.

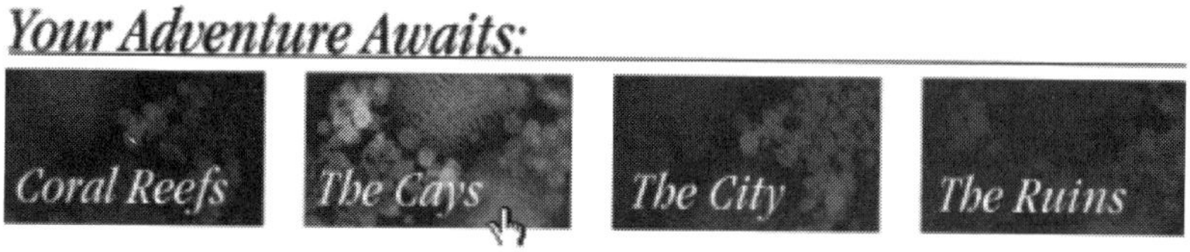

Figure 12.12 : Le navigateur Web stocke dans sa mémoire cache cette barre de navigation téléchargée.

Découpage d'images Web

Un autre moyen d'optimiser une page est de *découper* les images en plusieurs portions. Cette technique apporte trois avantages :

- Lorsque les images sont découpées en plusieurs portions, l'utilisateur n'a pas à attendre le téléchargement de grands blocs d'images avant de commencer à voir quelque chose sur la page. Les petits éléments se chargent assez vite et le visiteur voit au moins une partie de la page presque tout de suite.

  Attention à ne pas tomber dans l'excès inverse. Le chargement de centaines de petites images est susceptible de ralentir le chargement de la page.

- Lorsque vous découpez des images, vous pouvez les enregistrer individuellement. Cela signifie que vous pouvez appliquer différents formats de fichier et paramètres de palette à chaque image, et ce pour obtenir les meilleurs résultats. Par exemple, sur la Figure 12.2, la zone de titre exploite une seule couleur, alors que les boutons sont pratiquement photographiques. Si vous enregistrez le titre séparément, vous pouvez l'enregistrer sous forme de GIF quatre couleurs. Si vous le laissez groupé avec les boutons, vous devrez exploiter une palette d'au moins 100 couleurs.

- Chaque portion d'image peut avoir dans la page Web un comportement différent des autres portions. Par exemple, une des portions peut servir pour créer un bouton avec survol (c'est-à-dire qui change d'aspect lorsque le visiteur passe la souris dessus ; le terme anglais est *rollover*). Du fait que le bouton est créé à partir d'une des portions d'image, le reste des éléments ne sera pas affecté lors du survol de la souris. C'est ce qu'illustre la Figure 12.13.

Figure 12.13 : Dans cette barre de navigation, chaque bouton est une image séparée.

Certains programmes graphiques comme Fireworks permettent de découper facilement les images Web. Après découpage des images, vous pouvez aussi ajouter des liens interactifs et des survols, et appliquer différents formats de fichier et paramètres de palette.

Il reste à résoudre l'assemblage de tous ces morceaux dans la page Web. On utilise pour cela un tableau HTML. D'ailleurs, Fireworks génère automatiquement le code HTML nécessaire pour que les morceaux d'images soient parfaitement assemblés dans le navigateur Web (c'est heureux, car l'écriture de ce code représente à la main beaucoup de travail).

Travail sur l'arrière-plan des images

Une des erreurs les plus courantes dans la conception d'images pour le Web est de ne pas préparer correctement les contours des images pour en adapter la couleur à celle de l'arrière-plan.

Lorsque vous ne travaillez pas correctement les contours de l'image, le résultat donne l'impression d'une frange derrière le sujet, comme c'est le cas sur la Figure 12.14. Cette image a été créée sur fond blanc. Bien que le concepteur ait ensuite sélectionné le blanc comme couleur transparente, cela n'a pas supprimé les contours très clairs (mais non parfaitement blancs) de l'image. Placé sur un arrière-plan foncé, cette frange claire ressort.

Images lissées et non lissées

Cette frange blanche est le résultat du *lissage* des bords de l'image. Les images étant constituées de pixels et les pixels étant carrés, une image avec un contour courbe présente des bords en escalier. On appelle cela *crénelage*. Pour adoucir les bords courbes pour qu'ils paraissent bien lisses, le logiciel graphique entoure les éléments de l'image d'une frange de pixels semi-transparents (un processus appelé *anti-aliasing* ou

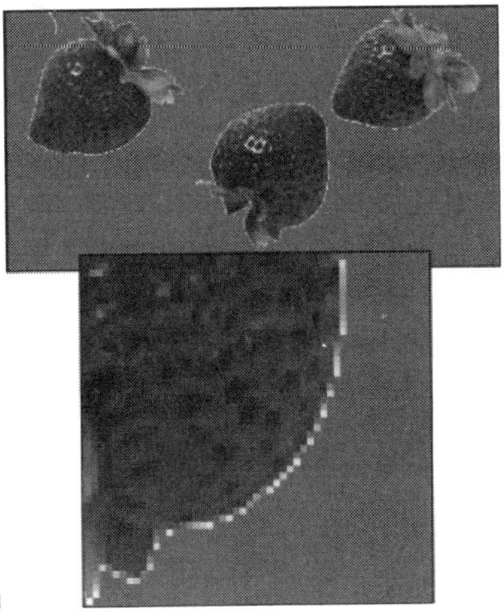

Figure 12.14 : Cette image présente une frange, car ses bords n'ont pas été préparés pour un arrière-plan foncé.

lissage). Les pixels semi-transparents dissolvent l'effet d'escalier dans la couleur d'arrière-plan.

Lorsque vous exportez une image depuis un logiciel graphique, vous obtenez systématiquement une couleur unie d'arrière-plan à l'emplacement des pixels transparents (même si vous avez travaillé sur un calque transparent dans Photoshop ou Fireworks). Dans l'image exportée, les bords semi-transparents prennent une couleur unie qui n'est pas exactement la même que celle utilisée à l'arrière-plan (qui était complètement transparente dans le logiciel graphique). La couleur de ces pixels est à mi-chemin entre la couleur d'arrière-plan et la couleur du sujet dans l'image.

En d'autres termes, lorsque vous choisissez la couleur d'arrière-plan comme couleur transparente, seule cette couleur bien précise est considérée transparente ; la transparence n'agit pas sur les couleurs intermédiaires, d'où la présence de cette frange autour de l'image. Vous ne verrez pas cette frange si l'image est placée sur une couleur d'arrière-plan Web de la même couleur que le fond de l'image. Elle est visible uniquement lorsque l'image est placée sur un arrière-plan de couleur différente.

TRUC

Le meilleur moyen d'éviter cette frange est de créer vos images avec la même couleur de fond que celle prévue pour l'arrière-plan de la page Web. De la sorte, lorsque vous choisissez la couleur d'arrière-plan de l'image comme couleur transparente, les pixels des contours de l'image reçoivent des couleurs qui se fondront dans l'arrière-plan de la page Web.

L'inconvénient de cette méthode est que vous vous restreignez dans l'emploi d'un arrière-plan Web de la même couleur que le fond d'origine de l'image. Si vous utilisez l'image sur un arrière-plan de couleur différente, la frange sera visible.

Il existe un moyen d'éviter ce problème de frange qui consiste à utiliser des images à contours *non lissés*, c'est-à-dire sans pixels intermédiaires entre le sujet et l'arrière-plan de l'image. N'oubliez simplement pas que les images avec des bords non lissés présentent des effets d'escalier. Par exemple, le texte HTML est du texte non lissé : c'est pourquoi il semble mal dégrossi. Les bords non lissés sont cependant ce qui permet au texte HTML de ressortir correctement sur n'importe quelle couleur ou motif d'arrière-plan. Puisqu'il n'y a pas à se préoccuper de l'effet de frange, les images non lissées sont exploitables dans n'importe quelle situation.

Image avec ombre portée

Le problème de frange est encore plus prononcé lorsque l'image a une *ombre portée*, car l'ombre portée est un dégradé qui fait grand recours au lissage. Observez la Figure 12.15. Cette image a été construite sur un calque transparent dans Fireworks, puis exportée en prenant soin de choisir une couleur de transparence. Or, les divers niveaux de transparence exploités dans Fireworks pour constituer l'ombre portée ne sont pas conservés à l'exportation, les pixels semi-transparents deviennent alors opaques et seuls les pixels étant exactement de la couleur transparente demeurent transparents. D'où le vilain effet de découpe blanche obtenu.

Nous vous proposons ci-dessous un exercice pratique où vous emploierez Fireworks afin de préparer et exporter correctement pour le Web une image avec ombre portée.

1. **Démarrez Fireworks CS5 et créez un nouveau fichier.**

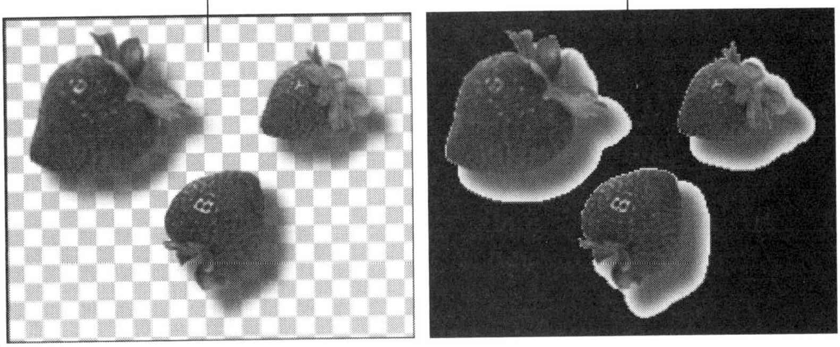

Figure 12.15 : Le problème de frange devient carrément problématique lorsqu'une image comporte une ombre portée.

Actionnez Fichier/Nouveau. Dans la boîte de dialogue obtenue, entrez les dimensions 200 x 200 pour avoir assez d'espace de travail. Activez l'option Couleur personnalisée et cliquez sur l'échantillon de couleur pour choisir une couleur correspondant au fond de votre page HTML (ainsi, les images seront lissées avec la bonne couleur). Après avoir choisi la couleur, cliquez sur OK.

2. **Dessinez une forme circulaire.**

Dans la section Vecteurs de la palette Outils, sélectionnez l'outil Ellipse (cliquez sur l'outil Rectangle et maintenez le bouton de la souris enfoncé pour accéder à l'outil Ellipse). Dessinez un cercle. Lorsque vous relâchez le bouton de la souris, le cercle est automatiquement sélectionné. Choisissez une nouvelle couleur de remplissage en cliquant sur l'échantillon de couleur en bas de la barre d'outils (Figure 12.16).

N'OUBLIEZ PAS

L'objectif en dessinant ce cercle est d'obtenir des bords courbes qui seront lissés en tenant compte de la couleur d'arrière-plan. Les formes avec des bords droits, comme le carré, ne sont pas lissées puisqu'elles ne comportent pas de contours arrondis.

3. **Ajoutez une ombre portée.**

Figure 12.16 : Choisissez une nouvelle couleur pour le cercle en cliquant sur l'échantillon de couleur de remplissage.

Pour ajouter une ombre portée au cercle, ouvrez le panneau Propriétés. Il est normalement visible par défaut. Si ce n'est pas le cas, cliquez sur Fenêtre/Propriétés. Dans ce panneau, cliquez sur le signe + de la section Filtres. Choisissez Ombre et lueur/Ombre portée, comme le montre la Figure 12.17. Après sélection de l'effet, une minifenêtre apparaît. Elle présente divers paramètres. Cliquez en dehors de cette fenêtre pour la fermer tout en conservant les paramètres par défaut.

4. **Optimisez l'image au format GIF avec transparence.**

S'il n'est pas déjà ouvert, ouvrez le panneau Optimiser via le menu Fenêtre. Dans la liste déroulante Paramètres, choisissez GIF, une palette Adaptative, et le nombre de couleurs 128. Puis, choisissez Transparence d'index. Ensuite, cliquez sur l'indicateur de couleur Cache. Avec la pipette, cliquez sur la couleur d'arrière-plan du docu-

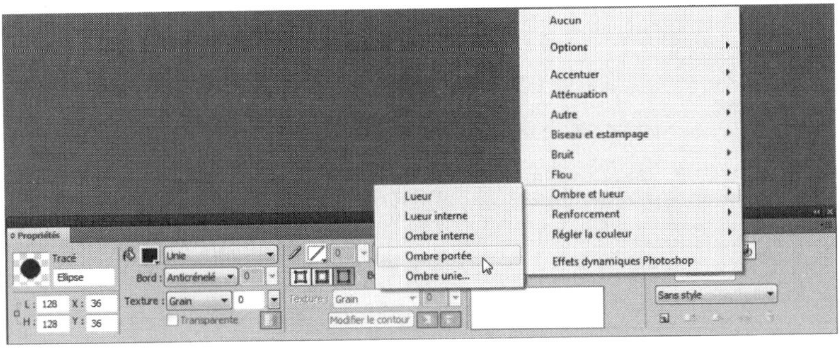

Figure 12.17 : L'option Filtres de Fireworks CS5 permet d'ajouter une ombre portée aux images et aux textes.

ment pour la rendre transparente. Enfin, cliquez sur le bouton Aperçu de la fenêtre du document, et appréciez le résultat illustré à la Figure 12.18.

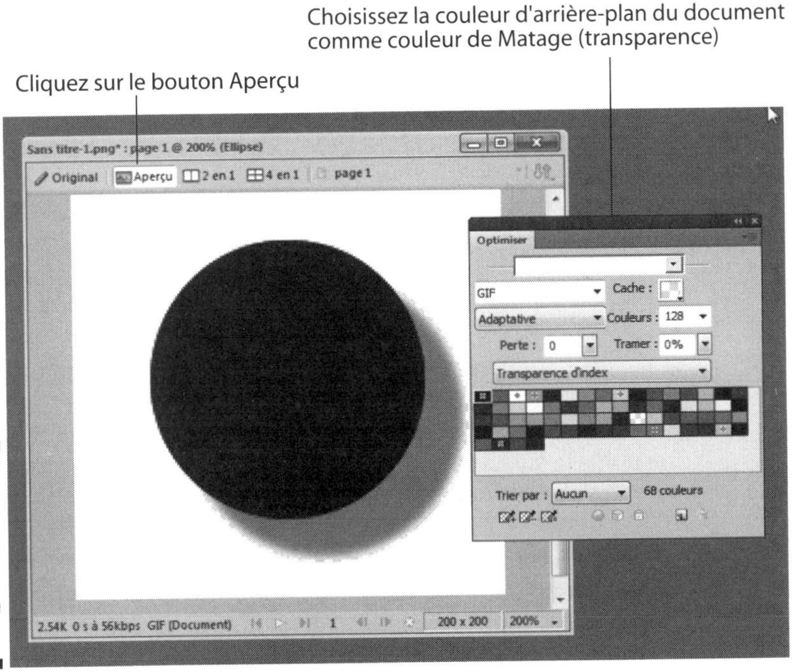

Figure 12.18 : Choisissez la palette Adaptative GIF 128, puis Transparence d'index.

Pour exporter cette image pour le Web, cliquez sur Fichier/Exporter. Dans la fenêtre Exporter, nommez l'image et enregistrez-la.

Adaptation à un motif d'arrière-plan

TRUC

Vous avez vu comment préparer une image pour l'adapter à un arrière-plan de couleur unie. Est-il possible d'en faire autant pour un motif d'arrière-plan ? Le processus est presque identique. La seule différence est que vous devez choisir une couleur médiane dans le motif et l'utiliser comme couleur d'arrière-plan. Lorsque vous sélectionnez la couleur médiane comme couleur transparente, les pixels lissés qui restent sont adaptés à la couleur globale du motif.

Emploi de couches alpha

Toutes les images numériques sont composées de trois *couches* rouge, vert et bleu (c'est le système RVB) qui reconstituent l'image que vous voyez. Chaque image peut être dotée d'une couche supplémentaire invisible, nommée *couche alpha*, dont l'unique rôle est de gérer la transparence dans l'image.

Pour gérer la transparence, une couche alpha se sert d'une image en niveaux de gris (c'est-à-dire une image colorée avec du blanc, du noir et diverses nuances de gris). Les zones totalement noires rendent l'image transparente (zones invisibles), alors que les zones totalement blanches rendent l'image opaque (zones visibles). Les niveaux de gris de la couche alpha restituent les divers degrés de transparence : plus le gris est sombre, plus l'image est transparente.

Le format GIF donne certes la possibilité d'employer une couche alpha pour mettre en place plusieurs couleurs transparentes, mais le résultat n'est pas probant. Une couche alpha est supposée contrôler le *degré* de transparence de l'image. Or, la façon dont le format GIF utilise la couche alpha transforme finalement tout pixel semi-transparent en pixel complètement transparent. Le seul intérêt est de pouvoir désigner plusieurs couleurs d'une image comme devant être considérées transparentes.

Le format PNG gère réellement les divers niveaux de transparence via la couche alpha. À l'heure où nous écrivons, cependant, nous n'avons encore pas vu de navigateur Web capable de restituer les niveaux de transparence des images PNG. Lorsque cet aspect du PNG sera parfaitement géré, ce sera l'idéal pour obtenir des images bien lissées, avec des ombres portées bien restituées sur n'importe quel arrière-plan (Figure 12.19). Le bénéfice de la véritable gestion de niveaux de transparence via la couche alpha est que vous pouvez réemployer une même image à d'autres endroits du site Web sans problème, quelle que soit la couleur ou la texture d'arrière-plan de la page. Cette pratique n'est pas possible pour l'instant ; le concepteur doit d'abord créer plusieurs versions d'une même image, adaptées aux différents arrière-plans sur lesquels il est prévu que l'image soit exploitée.

Figure 12.19 : Une couche alpha permet d'obtenir des bords d'image réellement semi-transparents.

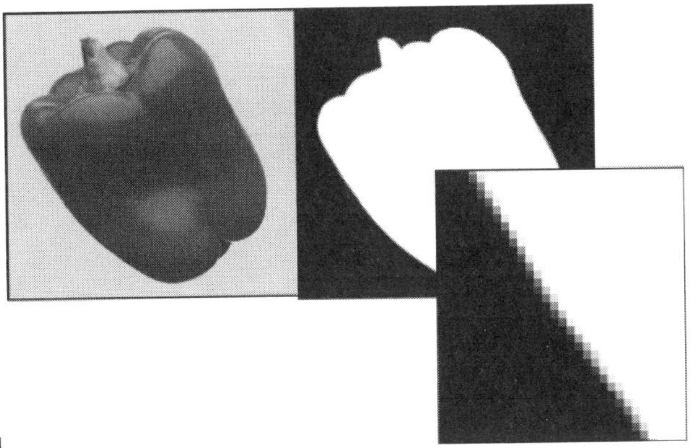

Troisième partie

Production finale

Dans cette partie...

Dès la fin de la conception graphique, les programmeurs entrent en scène. Ils vont produire un code HTML qui va faire tenir toutes les pages ensemble. En tant que concepteur et superviseur de la création d'un site, vous devez connaître les implications HTML, CSS, et des langages de programmation dans le développement d'un site Web opérationnel de manière à en optimiser la puissance.

Ainsi, l'équipe de programmeurs HTML ne doit pas ruiner votre belle conception graphique. Le Chapitre 13 explique ce que vous pouvez obtenir avec le langage HTML, tandis que le 14 montre comment pousser plus loin l'implémentation HTML avec les CSS qui apportent souplesse et fiabilité du contrôle. Enfin, le Chapitre 15 montre comment créer des applications Web en intégrant des langages de programmation et des bases de données dans votre code HTML.

Chapitre 13

Le Koh Lanta HTML

Dans ce chapitre :

- Présentation de HTML et de ses balises.
- Concevoir la structure de ses pages Web.
- Utiliser les feuilles de style en cascade.
- Des effets visuels en HTML.
- Possibilités et limites HTML.
- Augmenter la puissance du code sans programmer.

Chaque page Web a deux facettes – l'aspect visuel, graphique, qui séduit le visiteur, et l'aspect HTML qui permet à l'ensemble d'un site Web et du contenu des pages de fonctionner correctement. En tant que concepteur, et uniquement dans l'optique que l'on ne porte pas atteinte à votre conception graphique, vous devez connaître les rudiments du langage HTML.

Maîtriser HTML n'est pas complexe. Il y a suffisamment de sites et de forums sur le Web pour que vous y trouviez votre bonheur. Il existe aussi des programmes dits WYSIWYG qui, dans une interface graphique, permettent d'obtenir sans intervention directe de votre part le codage HTML nécessaire à la bonne tenue et au bon fonctionnement du site. Dans ce chapitre, vous découvrirez comment utiliser des tableaux, des cadres, et des CSS pour contrôler efficacement la mise en page, et utiliser des arrière-plans qui se répètent sur chaque page du site. Vous verrez aussi comment rendre vos pages interactives avec des liens.

HTML, ça sert à quoi ?

Prenons une image assez simple pour définir HTML : c'est un langage universel qui tient le Web à bout de bras. Aucune page du Web n'échappe à ce langage de description ou à ses évolutions comme DHTML, XML et le déploiement attendu de XHTML. Ainsi, lorsque vous arrivez sur un site, une page Web s'affiche dans votre navigateur. Vous y contemplez du texte, des images, des animations, des vidéos, et entendez parfois de la musique. Sachez que tous ces éléments ont été créés dans des logiciels spécifiques comme Word pour le texte ; Photoshop, Fireworks, Paint Shop Pro, etc., pour les images ; Premiere CS5, Windows Live Movie Maker, Pinnacle Studio 14, QuickTime, RealVideo, Flash, etc., pour la vidéo ; et enfin WaveLab, SoundForge, CakeWalk et j'en passe pour le son. (Pour ce dernier point, l'éditeur audionumérique livré avec votre carte son devrait généralement suffire à vos besoins sonores.)

Une fois ces éléments créés, il faut les placer dans une ou plusieurs pages Web pour qu'ils s'affichent correctement dans un navigateur Web. C'est le langage HTML qui permet d'y arriver.

Nous pouvons dire que HTML est un *langage structurel*, c'est-à-dire qu'il définit l'ossature des pages Web. C'est la charpente de tout bon site.

C'est également un *langage de conception*. Il permet à un développeur de mettre en place tous les éléments évoqués ci-dessus.

HTML, grâce à des *balises*, c'est-à-dire des morceaux de code enfermés entre deux identificateurs, assure un respect total de la position des éléments d'une page. Comme le Web répond à ces contraintes draconiennes, il est bien plus difficile de mettre en page une page Web que n'importe quel document destiné à l'impression.

Nous pouvons dire que les éléments d'une page Web sont répartis dans la nature d'un disque dur. Ils se trouvent stockés dans un ou plusieurs dossiers, et c'est le code HTML qui indique au navigateur Web le ou les dossiers à ouvrir pour positionner tel et tel élément à tel et tel endroit de la page Web.

ATTENTION !

Il est dangereux de créer une page Web dans un logiciel de traitement de texte ou tout autre programme qui ne travaille pas avec les contraintes du Web à l'esprit. Bien plus faciles à manipuler, vos documents Web se révéleront catastrophiques dès que vous les enregistrerez au format HTML, format indispensable à leur publication sur l'Internet. Bien évidemment, si vous vous contentez d'un texte avec une image dessous, la page Word (ou issue de tout autre traitement de texte) sera identique dans sa version HTML. Mais, dès qu'un site a des ambitions techniques, soit vous le concevez en saisissant manuellement le code HTML, soit vous utilisez les possibilités de logiciels aussi puissants que Dreamweaver.

TRUC

HTML signifie *Hypertext Markup Language*. Vous le placerez à l'occasion dans un dîner.

Conclusion à cette section : si vous n'avez pas le temps et/ou le courage d'apprendre HTML, utilisez les meilleurs logiciels WYSIWYG du moment, comme cela est décrit dans ce chapitre et dans la quatrième partie avec quelques exemples à l'appui. Mais gardez à l'esprit que certains problèmes ne pourront être réglés que si vous modifiez, en toute connaissance de cause, le code HTML.

Bien que le reste de ce chapitre ne soit pas indispensable à votre formation immédiate, il enrichira votre culture générale sur la création Web.

Poser ses balises

La création de pages Web repose avant tout sur le HTML (HyperText Markup Language). Le HTML est un langage de programmation très simple, permettant de dicter aux navigateurs la mise en page de vos pages Internet. Nous apprendrons ici à concevoir des pages HTML et à créer des liens d'une page vers une autre. Nous nous en tiendrons en somme aux notions de base, mais rien ne vous empêche d'aller plus loin dans l'apprentissage de ce langage.

TRUC

Vous trouverez les dernières spécifications techniques du HTML sur `www.w3c.org/TR/html`.

Le HTML est organisé en *éléments*. Un paragraphe et une image, par exemple, sont des éléments. Ces éléments sont subdivisés en *balises*, *attributs* et *contenu*. Une *balise* est un petit morceau de programme indiquant au navigateur le type d'élément rencontré. Tous les éléments commencent par leur nom encadré des signes < et >. C'est ce que l'on appelle une *balise de début*. Ainsi, la balise de début d'un élément paragraphe est `<P>` ; pour une image, ce sera `<IMG>`. La fin d'un élément est marquée par une *balise de fin*. Celle-ci est presque identique à la balise de début, à l'exception d'un slash situé avant le nom de la balise. Par exemple, la balise de fin de paragraphe est `</P>`. Certains éléments, comme l'élément `<IMG>`, ne nécessitent pas de balise de fin. Un *attribut* est une modification des spécificités attribuées par défaut aux éléments ; par exemple :

```
<IMG width="100" height="30">
```

permet de spécifier la largeur et la hauteur d'une image.

Le contenu prend place entre la balise de début et la balise de fin :

```
<P>ceci est un paragraphe.</P>
```

Au fil de cet ouvrage, nous verrons de quels attributs et balises vous avez besoin. Les bases que nous venons de voir permettent de comprendre plus facilement la section ci-dessous.

Jeter un œil sur le code source

Les navigateurs Web permettent d'afficher le code source des pages. Comme le montre la Figure 13.1, une page Web ne saurait fonctionner sans ce code.

Pour voir le code HTML qui se cache derrière une page Web, suivez ces quelques étapes :

1. **Affichez une page Web dans un navigateur comme Internet Explorer 9.**
2. **Cliquez sur la page avec le bouton droit de la souris.**
3. **Dans le menu contextuel, choisissez Afficher la source.**

Comme vous le voyez sur la Figure 13.1, le code HTML apparaît dans le Bloc-notes, l'éditeur de texte par défaut de Windows. De prime abord, cela paraît très complexe. Rassurez-vous, en tant que concepteur, vous n'avez pas besoin de maîtriser tous les aspects d'un tel code.

Figure 13.1 : La majorité des navigateurs Web savent afficher le code HTML de la page en cours.

Apprendre des autres

Maintenant que vous savez ce qui se trouve derrière le rideau de l'HTML, la prochaine fois que vous déambulerez sur le Web et trouverez une page intéressante, placez-la dans vos favoris. Vous pourrez à loisir en étudier le code et, pourquoi pas ? y prélever quelques éléments. Savoir réutiliser un code existant fait gagner du temps et permet souvent d'obtenir de bien meilleures structures que vous ne l'escomptiez.

TRUC

Une fois que vous connaissez les bases du langage HTML, vous savez quelle partie du code d'une page vous pouvez copier puis coller dans votre propre code à des fins d'adaptation. Vous comprenez que connaître le langage HTML facilite cette adaptation en permettant de corriger rapidement certains bugs.

Tous les navigateurs Web n'interprètent pas le code HTML de la même manière. Ainsi, certaines balises sont propres à chaque navigateur. Lorsqu'un navigateur ne reconnaît pas une balise, il l'ignore, ce qui produit un effet désastreux sur votre page. Donc, telle page magnifique dans tel navigateur est horrible dans tel autre. Regardez les exemples des Figures 13.2 et 13.3.

Le problème principal de la Figure 13.2 est la taille de la police. Dans Internet Explorer, elle est trop grande. En conséquence, la cellule du tableau est agrandie automatiquement pour y faire tenir le texte. L'autre problème est que la cellule contient une image d'arrière-plan qui est répétée du fait de l'agrandissement.

TRUC

Pour corriger ce problème, vous pouvez augmenter la taille du motif plutôt que celle de la cellule du tableau. Vous placez alors un graphique surdimensionné, puis réduisez la largeur et la hauteur de la cellule. Si, malgré cela, le texte et les images que vous placez dans la cellule entraînent son agrandissement, le pire qui arrivera sera de voir une partie plus importante de l'image, mais pas de répétition de son motif (effet de mosaïque).

Figure 13.2 : Dans Internet Explorer, cette page HTML est étirée, car le texte est trop large, obligeant les cellules du tableau à s'agrandir.

Figure 13.3 : Dans Firefox, la même page s'affiche parfaitement.

Lorsque vous utilisez des motifs répétés en arrière-plan, faites en sorte qu'ils soient simples et contiennent peu de couleurs. Sinon, la page prendra beaucoup de temps pour se télécharger. Pour corriger le problème de la taille des polices, utilisez des tailles de polices absolues plus petites, ou une CSS qui spécifie la taille desdites polices (voir plus loin dans ce chapitre). Vous comprenez que, quoi que vous fassiez, vous devez impérativement tester vos pages dans plusieurs navigateurs interprétant différemment les balises HTML.

Définir la structure des pages Web

Il existe deux façons d'agencer vos pages Web : avec ou sans cadres, mais aussi avec ou sans tableaux. Les pages sans cadres sont les plus simples à organiser, tandis que les pages avec cadres permettent d'afficher plusieurs fichiers HTML sur une même page. Toutefois, pour le visiteur, les pages avec cadres apparaissent comme un tout indivisible.

Les éléments les plus communs

Une page Web type est constituée des éléments `HTML`, `HEAD` et `BODY`. L'élément `HTML` contient les éléments `HEAD` et `BODY`, comme illustré ci-dessous :

```
<HTML>
<HEAD>
</HEAD>
<BODY>
</BODY>
</HTML>
```

Il est techniquement possible de ne pas utiliser les éléments `HTML`, `HEAD` et `BODY`, mais cela n'est pas recommandé. Même si le code HTML reste interprété correctement par le navigateur, la suppression des éléments `HTML`, `HEAD` et `BODY` ne constitue jamais une solution à des problèmes que vous pourriez avoir avec le code. Pis, elle contribue souvent à rendre le code moins lisible.

Le code, qui influence directement ce qui s'affiche à l'écran, est toujours situé dans l'élément BODY. L'élément HEAD contient le titre, notamment. Celui-ci est encadré par les balises <TITLE> et </TITLE>, comme ci-dessous :

```
<HEAD>
<TITLE>Ceci est le titre de la page.</TITLE>
</HEAD>
```

Le titre n'apparaît pas directement sur la page, mais dans la barre de titre située tout en haut de la fenêtre du navigateur.

Cadres et jeux de cadres

Maintenant que les CSS sont devenues standard dans la structuration des pages Web, les cadres sont quelque peu devenus obsolètes. Néanmoins, ils possèdent d'intéressantes propriétés qui peuvent s'avérer très pratiques. Les cadres sont comme des fenêtres qui contiennent plusieurs volets. Chacun a la forme d'un carré ou d'un rectangle. L'organisation des cadres repose sur une filiation. Ainsi, vous avez des cadres *parents* qui organisent plusieurs pages Web *enfants*. Cette polyvalence permet de concevoir des segments indépendants et opérationnels de vos pages. Par exemple, un cadre peut contenir une longue liste déroulante, tandis qu'un autre présentera des choix de navigation sans défilement du contenu de la liste. Ainsi, lorsque vous faites défiler le contenu de la première liste, celui de la seconde reste systématiquement visible.

ATTENTION !

Quand vous employez des cadres, vous découpez la page Web d'origine en plusieurs pages. Vous pouvez utiliser autant de cadres que vous le souhaitez pour « découper » ainsi la page Web originale. Attention de ne pas devenir fou ! La gestion de la page devient en effet de plus en plus complexe au fur et à mesure que vous multipliez les cadres.

Lorsque vous cliquez sur un lien d'un cadre pour changer le contenu d'un autre cadre, il est impératif que ledit lien *cible* ce cadre. En cas d'erreur de cible, soit le contenu ne s'affiche pas du tout, soit il apparaît dans un autre cadre. La mise en œuvre de cadres impose une gestion attentive et très précise des liens hypertextes. En effet, il ne faut pas se tromper dans l'atteinte d'emplacements spécifiques affichés dans vos cadres.

Cadres incorporés (inline frames)

Les *iframes* ou *inline frames* (« cadres incorporés » en français) ont une approche particulière des cadres. Grâce à eux, vous placez un seul cadre où vous le souhaitez sur la page, exactement comme vous le faites avec une image. Mon site d'aquarelle à l'adresse `www.lopuck.com` utilise ce type de cadre pour afficher une galerie illustrée à la Figure 13.4.

Figure 13.4 : Les peintures sélectionnées apparaissent et disparaissent de l'iframe. Cela évite de recharger toute la page et la navigation chaque fois que vous cliquez sur une vignette. Seul le cadre incorporé s'actualise.

Malheureusement, les cadres incorporés ont un inconvénient. Il est très difficile pour un webmaster d'assurer la maintenance et la mise à jour de sites structurés autour des cadres incorporés. Par conséquent, nous déconseillons l'utilisation des iframes pour les sites de grande taille. Ensuite, les cadres réservés peuvent poser des problèmes de navigation. Enfin, certains navigateurs interprètent à leur manière la mise en page des cadres, ce qui porte atteinte à la disposition originale de vos éléments.

Tableaux

Les tableaux permettent également de segmenter le contenu de vos pages. Contrairement aux cadres, ils ne scindent pas la page en plusieurs volets. Ils fonctionnent comme les iframes. Un tableau est une sorte de feuille de calcul composée de cellules. Chaque cellule peut afficher un contenu spécifique. Les tableaux offrent un formidable contrôle sur la mise en page, car vous pouvez composer leur quadrillage comme bon vous semble à partir d'un certain nombre de cellules. Chaque cellule est comparable à une minipage Web.

Comme le montre la Figure 13.5, chaque cellule peut afficher son propre arrière-plan, son titre, son texte, ses images et des éléments de formulaire. La Figure 13.5 montre la structure du tableau ayant permis d'obtenir la disposition Web affichée juste en dessous.

Maquette de la page sous forme de cellules d'un tableau

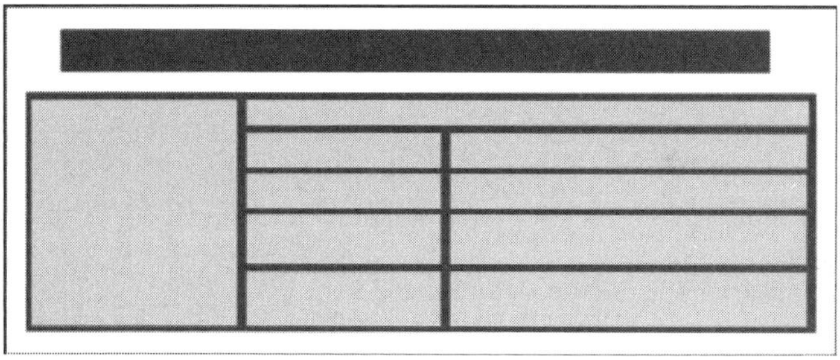

Eléments placés à l'intérieur des cellules

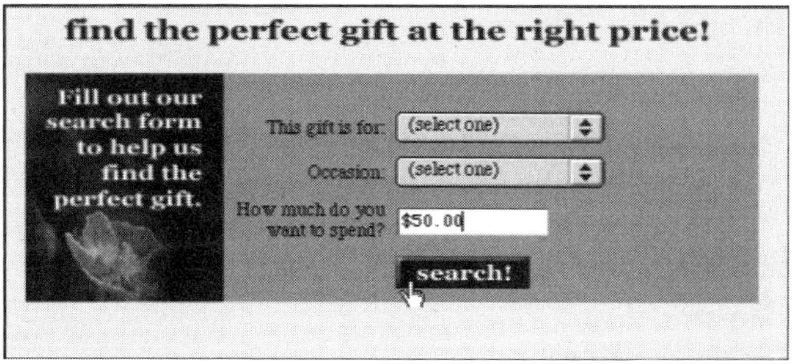

Figure 13.5 : En plaçant les éléments dans les cellules d'un tableau, vous contrôlez leur alignement.

Vous pouvez placer un tableau dans une cellule d'un autre tableau. On parle alors de *tableaux imbriqués* ou d'*imbrication de tableaux*. Bien que la solution soit séduisante, car la mise en page peut prendre des proportions invraisemblables, l'imbrication pose un problème de taille. Le contenu des tableaux situés dans le tableau principal doit être entièrement téléchargé pour que le tableau principal puisse afficher correctement la disposition des éléments de la page Web. De plus, les tableaux imbriqués posent des problèmes d'accessibilité dans la manière de délivrer le contenu à l'utilisateur final. L'ordre que vous souhaitez n'est, en effet, pas toujours respecté.

Utiliser les balises CSS <div>

L'utilisation des feuilles de style en cascade ou CSS est une méthode moderne de structuration du contenu des pages Web. Cette structuration repose sur l'utilisation de la balise `<div>`. Chaque balise de ce type représente une division de la page Web. Cette division peut contenir n'importe quel élément HTML comme un tableau, un formulaire, des graphiques, des animations Flash, etc. En fait, chaque balise `<div>` est sa propre page. L'intérêt est que vous pouvez définir de nombreuses balises `<div>` sur une même page Web, et les empiler les unes sur les autres, les imbriquer, les chevaucher, afin d'obtenir des effets de mise en page fort intéressants.

Vous pouvez contrôler leur ordre, c'est-à-dire définir un *index z* qui gère la superposition des calques. Pour cela, définissez l'attribut suivant :

```
<div id="NewLayer" style="position:absolute; left:128px;
        top:70px; width:400px; height:300; z-index:1">New
        Layer</div>
```

Les valeurs z-index les plus faibles positionnent les éléments derrière ceux dont la valeur est plus élevée. La Figure 13.6 montre un effet typographique intéressant obtenu par superposition de différents calques `<div>` contenant chacun son texte HTML.

Dreamweaver CS5 gère les CSS. Il permet de concevoir en toute transparence le code HTML des pages Web structurées autour des balises `<div>`. Dans un environnement WYSIWYG

Figure 13.6 : La superposition de calques CSS disposant chacun d'un traitement typographique particulier montre les possibilités de conception et la liberté offerte par la balise <div>.

(tel écrit, tel écran), vous créez des calques CSS à la souris, puis y intégrez vos éléments HTML. Une poignée permet de positionner le calque n'importe où sur la page Web.

Laisser HTML faire le travail de conception

Avec les fonctions HTML, vous pouvez contrôler facilement la mise en page de vos sites. En plus, vous intégrerez des éléments comme des tableaux, des styles CSS et des balises `<div>`, des arrière-plans répétés et des arrière-plans en couleurs. L'ensemble tend à améliorer l'impact visuel de vos pages. Par exemple, l'utilisation de tableaux en couleurs peut produire un superbe effet visuel sans qu'il soit nécessaire de recourir à des graphiques plus sophistiqués.

En utilisant moins d'images et plus de code HTML, vous améliorez les performances de votre site Web. Les pages deviennent bien plus simples à mettre à jour, à traduire dans d'autres langues, et à automatiser en recourant à des technologies HTML dynamiques.

Ajouter de la couleur avec des tableaux

Les tableaux créent, à eux seuls, des effets visuels intéressants. Par exemple, chaque cellule d'un tableau peut avoir sa propre couleur d'arrière-plan que vous définissez via une balise HTML. Chaque cellule peut aussi avoir une bordure.

Regardez la bannière de la Figure 13.7. Bien que très colorée, elle a été créée entièrement avec un tableau dont vous apprécierez la structure à la Figure 13.8. Il a suffi d'appliquer une couleur aux cellules avec l'attribut `bgcolor`.

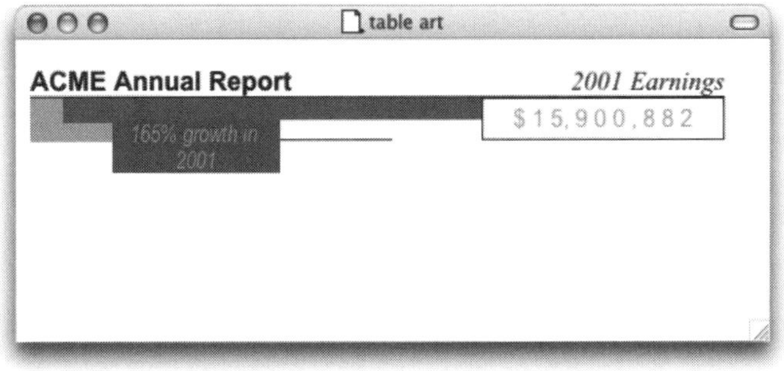

Figure 13.7 : Cet élément ne contient aucune image, mais simplement des cellules colorées d'un tableau et du texte.

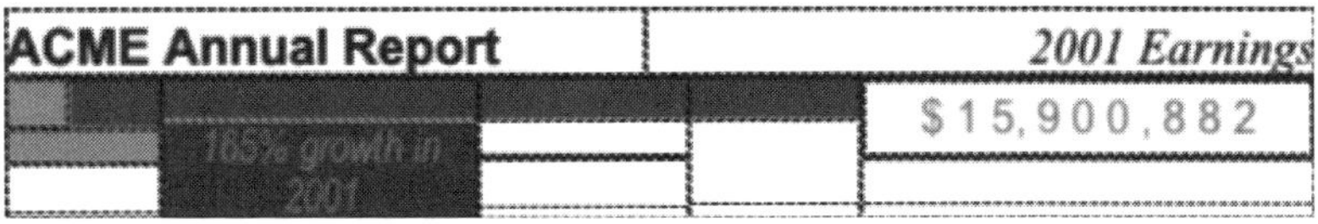

Figure 13.8 : Structure du tableau de la Figure 13.7.

Couleurs d'arrière-plan et motifs

Les feuilles de style en cascade permettent de contrôler l'utilisation des images d'arrière-plan, mais en se reposant uniquement sur les vertus de l'HTML. Grâce à ce langage, vous spécifiez un motif d'arrière-plan et une couleur d'arrière-plan pour une page. Cela représente deux manières d'ajouter une texture à chaque page avant d'y placer quoi que ce soit.

Si vous utilisez le même motif d'arrière-plan sur toutes les pages du site, vous pouvez tirer profit de la mémoire cache des navigateurs Web. En d'autres termes, une fois le motif téléchargé, il reste dans le cache de ce navigateur. L'affichage de chaque page utilisant ce motif est très rapide, car il n'est pas téléchargé depuis le Web mais récupéré dans cette mémoire.

L'ajout d'une couleur ou d'un motif d'arrière-plan est très simple. Vous devez insérer deux balises dans la section `<body>` de la page, comme ceci :

```
<html>
<head>
<title>Using Background colors and tiles</title>
</head>

<body bgcolor="#FF9900" background="tilename.gif">
</body>

</html>
```

Dans la balise `<body>`, la couleur d'arrière-plan est définie par l'attribut `bgcolor`. Le chiffre qui suit, `#FF9900`, est la notation hexadécimale de la couleur. Après la propriété `bgcolor`, vous trouvez l'attribut `background`. Il renvoie à un fichier graphique (ici `tilename.gif`) utilisé comme motif. (Rappelez-vous que pour définir des éléments visuels, HTML plaide véritablement en faveur des CSS. Le code HTML est alors relégué au simple rôle de conteneur.)

Utilisez les motifs en comprenant bien leur enjeu. Un motif destiné au Web est un élément graphique destiné à se répéter, c'est-à-dire à créer un effet de mosaïque dans certaines conditions d'affichage de la page Web. Vous pouvez donc créer des motifs aussi bien gigantesques que minuscules. L'expérience montre que de nombreux concepteurs Web préfèrent créer des motifs bien plus grands que la page Web. Ils gardent ainsi un contrôle sur la conception, et évitent les répétitions en mosaïque qui sont rarement de très bon ton quand les résolutions d'affichage de l'internaute ne correspondent pas à celles nécessaires pour obtenir la représentation visuelle du site telle que vous l'avez conçue.

La Figure 13.9 montre la grandeur du motif par rapport à son affichage réel dans la fenêtre du navigateur. Comme ce motif

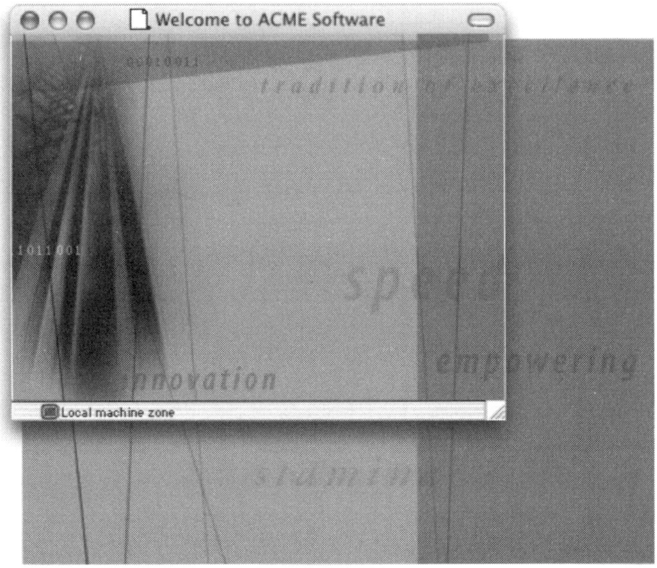

Figure 13.9 : Un motif d'arrière-plan plus grand que son affichage réel dans une page Web.

est assez monotone, je peux le compresser pour qu'il ne pèse pas plus de 25 Ko.

Introduire de l'interactivité dans vos pages

Le langage HTML, à l'inverse de ce que pensent bien des néophytes, permet d'introduire une certaine interactivité dans vos pages.

Les liens standards

N'importe quel texte ou graphique peut devenir un lien hypertexte. Il suffit de le placer dans une balise <a>.

```
<a href="page1.htm">Text link</a>
<a href="page2.htm"><img src="image.jpg" width="100"
        height="80" border="0"></a>
```

Dans le premier cas, les visiteurs voient `Text link` sous forme d'un lien hypertexte. En cliquant dessus ils atteignent la page `page1.htm`. Dans le second cas, les utilisateurs voient le pointeur de la souris se transformer en une main quand ils le placent sur l'image. S'ils cliquent, ils atteignent la `page2.htm`.

Cartes image

Normalement, une image ne peut être associée qu'à un seul lien. Pour qu'une image contienne plusieurs liens, vous devez utiliser une carte image, c'est-à-dire un élément graphique qui se compose :

- de l'ajout à la balise image de l'attribut «`usemap= «#nameofmap`» ;
- de la balise de la carte image qui contient les divers liens.

Voici un exemple de code :

```
<img src="image.jpg" width="100" height="80" border="0"
        usemap="#nameofmap">

<map name="nameofmap">
<area shape="rect" cords="40,50,130,120" href="page3.htm">
<area shape="rect" cords="20,15,60,35" href="page4.htm">
<area shape="rect" cords="7,50,45,100" href="page5.htm">
</map>
```

Les coordonnées sont mesurées à partir du coin supérieur gauche de l'image. Une carte image doit définir des coordonnées X et Y pour spécifier la zone cliquable (ou hotspot). Ainsi, elle doit définir les valeurs X et Y du point de départ et du point d'arrivée de la zone cliquable, c'est-à-dire sa surface comprise entre le coin supérieur gauche et le coin inférieur droit. Dans le code ci-dessus, la première coordonnée indique 40, 50, 130, 120. Cela signifie que la première zone cliquable commence à 40 pixels du bord gauche et 50 pixels du haut, et se termine à 130 pixels plus bas dans le coin inférieur droit et à 120 pixels du haut. L'illustration de la Figure 13.10 est très parlante.

Figure 13.10 : Deux points sur les axes X et Y définissent la zone cliquable d'une carte image. Elle s'étend du coin supérieur gauche au coin inférieur droit.

Les ancres

L'ancre est un lien particulier qui n'ouvre pas une nouvelle page Web, mais vous envoie à un autre emplacement de la page dans laquelle elle se trouve.

Les ancres sont utiles lorsque votre page contient un très long texte HTML. Par exemple, une FAQ affiche un nombre important de questions. Toutes les questions sont listées en haut du document. Il suffit de cliquer sur l'une d'elles pour afficher instantanément la section de la page la contenant et ses réponses. En général, un lien « Retour en haut » permet de revenir à la liste des questions.

Pour qu'une ancre prenne la forme d'un texte HTML, vous avez besoin d'un lien sous forme d'ancre et d'un point d'ancrage. Une ancre ressemble à un lien hypertexte standard. Toutefois, pour la définir, vous ne saisissez pas quelque chose du genre `page1.htm`, mais le signe # suivi du nom de l'ancre :

```
<a href= " #part1 ">Part I</a>
```

Le point d'ancrage est créé avec la balise de lien et la propriété `name` au point de la page Web à atteindre :

```
<a name= "part1"></a>Part I: Le texte de la partie une se trouve ici</a>
```

Liens de messagerie (e-mail)

Le langage HTML peut créer un lien de messagerie. Il s'agit d'un lien hypertexte qui, lorsque l'on clique dessus, ouvre l'application de messagerie du visiteur, comme Outlook Express, où le champ destinataire est déjà rempli. Il ne reste plus qu'à saisir le message.

Les liens de courriel utilisent l'attribut `mailto`. Voici un exemple :

```
<a href="mailto:lopuck@lopuck.com>Ecrivez-moi</a>
```

Au-delà de tout ce que nous avons approché dans ces sections, sachez que HTML ne peut pas faire grand-chose de plus en matière d'interactivité. Vous pouvez créer des éléments de formulaires comme des boutons et des champs textuels, mais pour implémenter des technologies plus complexes comme un paiement par carte bancaire, vous devez vous pencher sur des langages comme ASP (Active Server Pages), Coldfusion ou JavaScript. Pour en savoir plus sur l'intégration de tels langages dans un code HTML, consultez le Chapitre 15.

Fier de votre code !

Maintenant que vous savez tout ce que vous pouvez faire et ne pas faire avec le code HTML, je peux vous annoncer une chose fondamentale pour de nombreux concepteurs : vous n'avez pas besoin de taper le code. De nombreux programmes dits WYSIWG (tel écrit, tel écran) font la plus grosse part du travail à votre place.

Le choix d'un programme WYSIWYG peut s'avérer judicieux lorsque l'on débute dans la création de sites Internet. Il peut rapidement se révéler insuffisant par la suite. Le principal défaut de ces programmes, qui fait également leur principale qualité, est de prendre un certain nombre de décisions à votre place. Ce qui peut être perçu comme un confort au début devient rapidement une grande limite à votre liberté créatrice. Si vous optez pour un programme d'édition WYSIWYG, assurez-vous qu'il vous laisse une marge de manœuvre suffisante.

Dans ce domaine, l'éditeur Adobe a fait de gros efforts. Dreamweaver CS5 se présente comme l'éditeur Web de référence qui permet de se passer de toute édition du code HTML. Vous ne pensez que par et pour la création.

TRUC

Pour les puristes d'HTML, Dreamweaver est le seul éditeur WYSIWYG qui ne modifie pas le code HTML qu'il génère ou que vous importez depuis un autre projet.

Edition HTML avec des outils puissants

Si, comme moi, vous avez besoin d'une assistance dans la création de vos pages Web, vous devez vous en remettre à un éditeur WYSIWYG. Grâce à lui, vous travaillez dans une interface graphique, et il écrit le code à votre place.

Dreamweaver est l'éditeur le plus évolué. Son grand intérêt est de s'enrichir de fonctions sous forme de plug-ins gratuits et payants qui vous libèrent de bien des contraintes de saisie et de maîtrise du code HTML. SiteAssist se présente comme une extension de Dreamweaver. Une fois installé dans Dreamweaver, SiteAssist permet de créer un site entier en quelques secondes. Vous commencez par choisir le type de site comme Club/Association ou Corporate (Enterprise). Chaque site a une arborescence qui inclut toutes les pages dont vous avez besoin. Ensuite, vous sélectionnez des styles graphiques et de navigation que vous personnalisez avec un ensemble de jeux de couleurs. Enfin, remplissez les pages du site avec votre propre contenu.

Utilisez un éditeur de texte

Si vous êtes un dieu du langage HTML, sachez qu'un site Web peut être créé avec un simple éditeur de texte comme le Bloc-notes de Windows. Il existe des applications plus sophistiquées comme BBEdit sur Mac et HomeSite sur PC. Rien ne vous empêche d'utiliser Dreamweaver en mode Code. Cela revient à l'employer comme un éditeur de texte dans lequel vous saisissez directement votre code HTML. Dreamweaver va même plus loin. Il offre un mode Fractionner qui divise l'espace de travail en deux. Dans la partie supérieure, vous saisissez le code ; dans la partie inférieure, vous voyez comment les éléments apparaîtront sur la page Web.

La saisie du code HTML présente l'avantage de produire votre code, pur, limpide, débarrassé de toute une flopée d'éléments introduits par de nombreux éditeurs WYSIWYG.

Chapitre 14
Contrôler la mise en page

Dans ce chapitre :

- Définir les marges de vos pages Web.
- Espacer les images et le texte.
- Concevoir des modèles de pages HTML.

À l'origine, HTML a été créé davantage pour la fonctionnalité des sites que pour leur aspect visuel. Il se destinait uniquement à faire tenir l'ensemble des pages via des liens hypertextes. Au départ, le côté graphique du Web fut largement laissé de côté. Dès que les graphistes se sont accaparés de ce support, les attributs HTML ont été obligés d'évoluer. Ainsi, des fonctions de contrôle de la mise en page ont été implémentées, comme l'ajustement des éléments des tableaux, et l'extraordinaire polyvalence des CSS, les fameuses feuilles de style en cascade.

Dans ce chapitre, vous apprendrez à travailler efficacement avec des tableaux, et approcherez les techniques les plus communes d'utilisation des CSS qui permettent de gagner un temps précieux dans le contrôle de la disposition des éléments de toutes les pages d'un site. Une fois que vous avez défini la mise en page de vos pages, rien ne vous empêche de la sauvegarder sous forme de modèle HTML que l'équipe de production appliquera sur la totalité du site afin d'assurer une cohérence dans la présentation du contenu Web.

Tableaux de taille absolue ou relative

La largeur d'un tableau s'apprécie de deux manières : absolue ou relative. Quand la largeur est absolue, par exemple d'une valeur de 800 pixels, le tableau ne s'affiche intégralement que si la fenêtre du navigateur Web présente cette même largeur. Quand la largeur est *relative*, elle s'adapte aux dimensions de la fenêtre du navigateur. En conséquence, elle augmente ou diminue en fonction de la largeur du navigateur Web.

Créer un tableau dont la largeur est relative permet d'adapter ce tableau aux dimensions de la fenêtre du navigateur Web qui affiche la page, et/ou à la résolution d'affichage de l'écran de l'utilisateur. Les Figures 14.1 et 14.2 montrent deux situations d'affichage d'un tableau dont la largeur est relative.

Figure 14.1 : Dans un tableau dont la largeur est relative, le contenu s'ajuste aux dimensions de la fenêtre du navigateur Web.

N'OUBLIEZ PAS

Gardez toujours à l'esprit que vous ne pouvez jamais connaître la résolution d'affichage de la fenêtre du navigateur Web de l'internaute qui visite votre site.

Par exemple, si l'utilisateur dispose d'un écran large comme un Cinema Display Apple ou un ProLite E220WS Iiyama, une conception basée sur une taille fixe risque de donner une page assez ridicule. Le site Web ressemblera à un timbre-poste. En revanche, une conception relative permet à la page Web d'épouser les dimensions d'affichage de ces très grands écrans informatiques.

Voici quelques réflexions sur la nature imprévisible de la taille des navigateurs Web :

- **Essayez de centrer les pages du site.** Si vous optez pour une taille fixe (absolue), centrez le contenu Web sur la page. Ainsi, les éléments ne seront pas regroupés dans le coin supérieur gauche du navigateur Web.
- **Réfléchissez bien à l'implémentation d'une image d'arrière-plan sur votre site.** Créez une image ou un motif intéressant, et utilisez une CSS pour le mettre en place soit sous forme de motif fixe, soit sous forme de motif en mosaïque. L'idée ici est d'obtenir un motif qui ne présente pas de raccord visible dans la répétition de sa mosaïque quand la fenêtre du navigateur Web est plus grande que le motif en question.
- **Définissez votre tableau en pourcentage de la largeur du navigateur.** Si vous utilisez un tableau dont la largeur est relative, vous pouvez la définir selon un pourcentage des dimensions de la fenêtre du navigateur. Ainsi, lorsque vous fixez ce pourcentage à 80, vous êtes assuré que le tableau sera visible à une échelle de 80 % de la taille de la fenêtre du navigateur Web. Le contenu du tableau sera donc toujours visible. En revanche, si la résolution d'affichage est très faible et que votre tableau contient beaucoup d'informations, le contenu ne sera peut-être pas très lisible.
- **Concevez le tableau en pensant à cette notion d'ajustement relatif.** Comme le montrent les Figures 14.1 et 14.2, la mise en page permet d'obtenir une bonne disposition du contenu du tableau quelles que soient les dimensions de la fenêtre du navigateur Web.

Positionnement précis avec les calques CSS

Malgré les vertus de mise en page des tableaux, il est parfois difficile de placer du contenu Web exactement où vous le souhaitez. Pour y parvenir, utilisez les balises CSS `<div>` aussi connues sous le nom de *calques CSS*. Vous les implémenterez seules ou combinées avec des tableaux. (En plaçant, par exemple, un tableau dans une balise `<div>`.) Lorsque vous

Figure 14.2 : Si la fenêtre du navigateur est très étroite, le contenu de la page s'ajuste vers le bas de manière à afficher la totalité du tableau.

employez un calque CSS, vous créez en fait une minipage Web dans laquelle vous insérez du texte, des boutons, des images, et d'autres éléments HTML comme des tableaux.

Les CSS utilisent un système de balises et de syntaxe. Pour cette raison, je vous encourage à créer vos feuilles de style en cascade avec un outil comme Dreamweaver qui écrit le code à votre place. Lorsque vous serez un peu plus familiarisé avec les différents attributs des CSS, vous pourrez finaliser ce code manuellement. Vous trouverez quelques ressources intéressantes sur Internet comme CSS débutant à `http://mammouth-land.free.fr/cours/css/` et Aidenet à `www.aidenet.com/css/index.htm`.

Le positionnement d'un calque CSS sur une page Web se fait par la spécification de coordonnées X et Y. Par exemple, si X = 25 et Y = 25, le coin supérieur gauche du calque se situe à 25 pixels du haut de la page et à 25 pixels de son bord gauche.

Avec un programme de conception WYSIWYG, il vous suffit de glisser-déplacer visuellement le calque sur la page Web. Le programme écrit le code à votre place. Si vous désirez taper vous-même le code du calque CSS, voici comment indiquer les valeurs des coordonnées X et Y :

```
<div id="Layer1" style="position:absolute; left:70px;
        top:50px; width:150px; height:130px; z-index:1"
       >Insert graphics, text, or whatever here</div>
```

Dans cet exemple, le calque CSS nommé `Layer1` est placé à 70 pixels du bord gauche et à 50 pixels du haut. Je veux également attirer votre attention sur l'attribut `z-index`. Il contrôle l'empilement des calques sur la page Web. Ainsi, grâce à la valeur `z-index` de chaque calque CSS, vous pouvez chevaucher les calques pour produire des effets visuels tout à fait étonnants comme le montre la Figure 14.3.

Cet exemple utilise des valeurs de positionnement absolues. Rien ne vous empêche d'en spécifier des relatives. Ainsi, le code ci-dessous indique une position de 20 % du bord gauche et de 10 % du haut de la fenêtre du navigateur. Que vous augmentiez ou diminuiez la largeur de votre navigateur Web,

Figure 14.3 : Les calques CSS permettent de placer les éléments n'importe où sur la page Web.

le calque sera toujours à 20 % du bord gauche et 10% du bord supérieur.

```
<div id="Layer1" style="position:relative; left:20%;
        top:10%; width:100px; height:200px; z-index:
        2">Insert graphics, text, or whatever here</div>
```

Les calques CSS ne sont pas sans poser quelques problèmes. Les anciens navigateurs Web – notamment Netscape Navigator – interprètent mal ces calques. Quand l'utilisateur redimensionne la fenêtre de son navigateur Web, les calques se retrouvent un peu n'importe où sur la page. De plus, certaines mises en forme du texte sont perdues. L'utilisateur doit recharger la page Web en cliquant sur le bouton Actualiser ou Rafraîchir de son navigateur pour retrouver une mise en page correcte.

Agissez en toute connaissance de cause. Certains navigateurs peuvent déplacer les éléments, nuisant à la précision de votre mise en page d'origine.

Contrôler les éléments graphiques avec des CSS

Au positionnement précis des éléments Web, les CSS ajoutent un ensemble d'options de conception textuelle et graphique. Par exemple, vous pouvez créer un style CSS pour spécifier une police particulière, sa couleur, et l'alignement des paragraphes de tout texte HTML comme les titres, les légendes, etc.

Il existe trois types de feuilles de style CSS :

- **Interne.** Une feuille de style interne contient tous les styles CSS dans la section <head> de la page Web. Dans ce cas, les styles ne sont utilisés que par cette page.
- **Externe.** Une feuille de style externe est un document autonome qui contient tous les styles CSS. Ainsi, plusieurs pages peuvent s'y référer pour la mise en forme de leur contenu. Ensuite, il suffit de modifier une propriété de la CSS externe pour que toutes les pages Web qui l'utilisent comme référence soient automatiquement mises à jour.
- **Incorporé (inline).** Un style CSS peut être défini dans un seul élément HTML de la page. Par exemple :

```
<p style="color: a60433; font-weight: bold; font-size:
      xx-large; text-align: left;">This is an inline
      style applied</p>
```

Le terme « cascade » de feuilles de style en cascade se réfère à la possibilité d'utiliser ces trois types de CSS simultanément. La « cascade » de chaque définition de style détermine l'ordre de préséance des styles quand un objet est soumis à plusieurs types de styles. Voici comment sont définies les priorités : style incorporé, puis style interne, et enfin style externe. En cas d'échec global, ce sont les paramètres par défaut du navigateur qui prennent le relais.

Contrôle des marges de la page

Par défaut, une page HTML laisse une marge d'environ 10 pixels en haut et à gauche du bord de la fenêtre du navigateur Web. Cela exclut les motifs et les couleurs d'arrière-plan. Cependant, vous pouvez définir les marges qui siéent à votre site. Rien n'empêche que le contenu de la page commence précisément aux coordonnées X et Y 0,0. Ou bien, comme à la Figure 14.4, vous pouvez définir une marge très grande. Dans cet exemple, j'utilise une image d'arrière-plan, et j'applique une marge suffisante aux éléments graphiques pour qu'ils se positionnent impeccablement sur mon arrière-plan.

Figure 14.4 : Le motif d'arrière-plan et la définition des marges permettent une mise en page sobre et efficace.

Ma méthode favorite pour définir des marges consiste à créer une CSS. Dans la section <head> de votre code HTML, vous ajoutez le code CSS suivant :

```
<style type="text/css">
body {
        margin-left: 50px;
        margin-right: 50px;
        margin-bottom: 50px;
}
</style>
```

Il est judicieux de définir les marges dans une feuille de style externe. Ainsi, toutes les pages du site adopteront cette marge. Si une page nécessite une marge différente des autres, appliquez-lui exceptionnellement une CSS interne. La nature en cascade des CSS fait que la feuille interne a priorité sur l'externe.

Pour une compatibilité maximale, veillez à ne pas laisser d'espace entre la valeur, comme `50`, et l'unité, en l'occurrence le pixel ainsi libellé dans le code : `px`. Firefox et Netscape interprètent très mal `50 px` (ou toute autre valeur), alors qu'ils n'ont aucun problème avec `50px` (ou toute autre valeur).

Images et motifs d'arrière-plan

Au Chapitre 13, je traite des propriétés HTML standard des motifs d'arrière-plan. Ils se positionnent dans le coin supérieur gauche de la page et se répètent à l'infini de haut en bas et de gauche à droite. Souvent, cette mosaïque est inesthétique, car elle crée des raccords visibles sur la répétition de ce motif. Pour éviter qu'un motif se répète en mosaïque, et pour affirmer la qualité graphique du site, utilisez des CSS.

Répétition de motifs – ou non

Le code CSS suivant, qui prend place dans la section `<head>` de votre page HTML, centre l'image sur l'arrière-plan de la page, et empêche toute répétition du motif :

```
<style type="text/css">
body
{
background-image: url('tile.gif')
background-repeat: no-repeat;
background-position: center;
}
</style>
```

La propriété `background-repeat` a la valeur `no-repeat`. Elle indique clairement que le motif ne sera pas répété sur toute la page sous forme d'une mosaïque. Si vous désirez peupler l'arrière-plan de la page Web avec ce motif, c'est-à-dire créer une mosaïque, assignez à cette propriété la valeur `repeat`. Dans ce cas, spécifiez si la répétition se fait sur l'axe X ou Y de la page, comme ceci :

```
background-repeat: repeat-y;
```

Empêcher le défilement de l'arrière-plan

Pour que l'image ou le motif d'arrière-plan reste à sa place alors que tout le contenu défile, ajoutez l'attribut suivant :

```
background-attachment: fixed;
```

Position du motif d'arrière-plan

Enfin, vous pouvez spécifier à quel endroit l'image d'arrière-plan apparaîtra sur la page. La première ligne du code ci-dessous est un exemple à part entière. Les indications qui la suivent se substituent, à votre convenance, au paramètre `top left`.

```
Background-position: top left;

Top center;
Top right;
Center left;
Center center;
Center right;
Bottom left;
Bottom center;
Bottom right;
40% 60%
50px 50px
```

Les deux dernières lignes affichent des nombres. J'ai choisi 40 et 60 % et 50 pixels uniquement à titre d'exemple. Comme vous pouvez le constater, les CSS offrent un très grand contrôle sur le positionnement des éléments graphiques de vos pages.

Définir les couleurs d'arrière-plan

Avec les CSS, vous définissez la couleur d'arrière-plan de la page Web et des éléments textuels. Pour ces derniers, la couleur joue le rôle d'un surligneur, comme le montre la Figure 14.5.

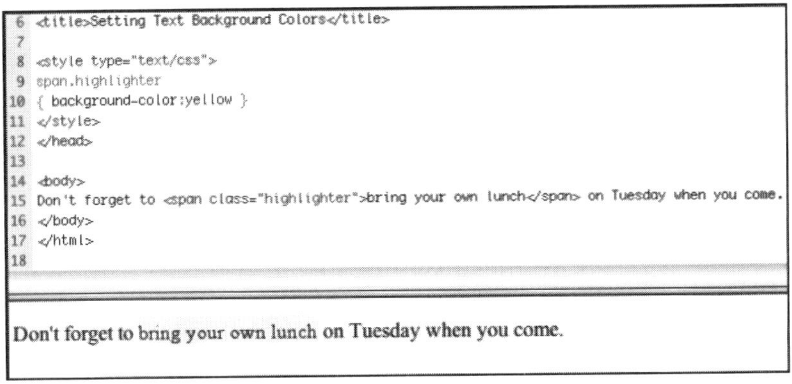

Figure 14.5 : Avec les CSS, vous pouvez définir la couleur d'arrière-plan du texte.

Dans la section `<head>`, définissez un nom de couleur d'arrière-plan comme `highlighter` (ou tout autre nom, même en français) :

```
<head>
<style type="text/css">
span.highlighter
{
background-color:yellow
}
</style>
</head>
```

Ensuite, dans la section `<body>` de votre page, celle qui contient le texte HTML de la page Web, ajoutez la mise en forme CSS `highlighter`, comme ceci :

```
Don't forget to<span class="highlighter"> bring your own
        lunch</span> on Tuesday when you come.
```

Gestion du texte

Les CSS donnent un contrôle quasi absolu sur le texte. Vous assignez des couleurs, créez des bordures, définissez une couleur d'arrière-plan comme surlignage, et la liste des possibilités pourrait encore être longue. Les feuilles de style en cascade sont si puissantes que des livres complets leur sont consacrés. Pour vous mettre l'eau à la bouche, voici quelques exemples de codes significatifs.

Police, couleur, taille et style

Comme avec HTML, les CSS assignent des propriétés de base à votre texte. Commencez par définir son style dans la section `<head>`.

La Figure 14.6, bien qu'en anglais, illustre parfaitement bien le code ci-dessous.

```
<style type="text/css">
.styleA {
        font-family: Verdana, Arial, Helvetica, sans-serif;
        font-size: 12pt;
        font-style: italic;
        line-height: 20pt;
        color: #3366CC;
}
</style>
```

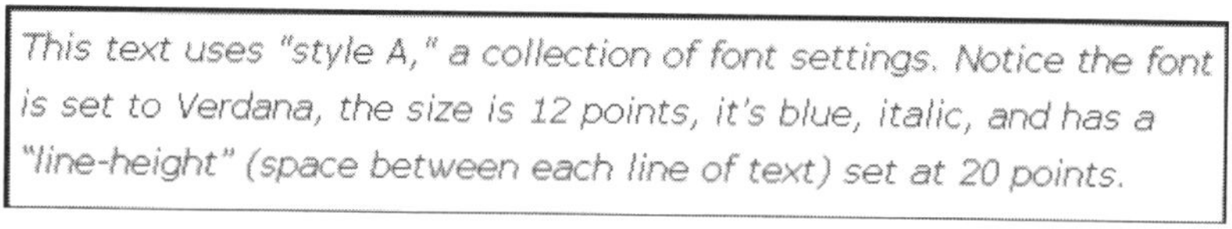

Figure 14.6 : Vous pouvez définir un grand nombre de styles CSS, comme styleA dans cet exemple qui régit tout un jeu de paramètres assignés aux polices de caractères.

Dans la section <body>, vous appliquez le style au segment du texte. Bien entendu, tout ce qui se trouve dans la balise <p> peut et doit être rédigé en français si votre site vise la population francophone :

```
<p class="styleA">This paragraph uses "style A," a collection
        of font settings. Notice the font is set to
        Verdana, the size is 12 points, it's blue, italic,
        and has a "line-height" (space between each line
        of text) set at 20 points.</p>
```

Majuscules et minuscules

Comme en témoigne la Figure 14.7, bien que le code HTML permette de mettre le texte en majuscules, vous pouvez lui imposer de s'afficher tout en majuscules, tout en minuscules, ou que chaque mot commence par une majuscule, les autres lettres restant en minuscules. Voici le code à insérer dans la section <head> :

```
<style type="text/css">
p.allcaps {text-transform:uppercase}
p.lowercase {text-transform:lowercase}
p.initialcaps {text-transform:capitalize}
p.smallcaps {font-variant: small-caps}
</style>
```

Dans la section <body>, ajoutez les balises suivantes autour du texte à affecter :

```
<p class="allcaps">Ce texte apparaît tout en majuscules.<p>
<p class="lowercase">Malgré les majuscules, tout est en minuscules.<p>
<p class="initialcaps">Seule la première lettre est en majuscule.<p>
<p class="smallcaps">Toutes les lettres sont en petites majuscules.<p>
```

Espacement des lettres et des lignes

Utilisez les CSS pour définir le *crénage* (espacement entre les lettres) et l'*interlignage* dans vos paragraphes. La Figure 14.8 montre ce que l'on obtient avec un code comme celui-ci :

```
<style type="text/css">
p.tight {letter-spacing: -3px}
```

```
p.open {letter-spacing: 4px; font-variant: small-caps}
</style>
```

Dans la section `<body>`, ajoutez ces balises :

```
<p class="tight">Ce texte n'est pas assez espacé.</p>
<p class="open">Lettres très espacées et en petites majuscules.</p>
```

Figure 14.7 : Même si le texte du code mélange les capitales, le code CSS force l'affichage du texte selon ses spécifications.

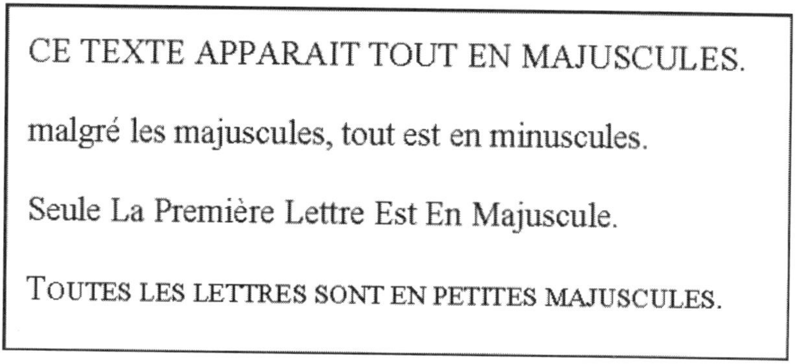

Figure 14.8 : Dans cet exemple, la phrase du haut est trop condensée, donc difficile à lire. Dans la seconde phrase, j'ai combiné un texte étendu et des petites majuscules.

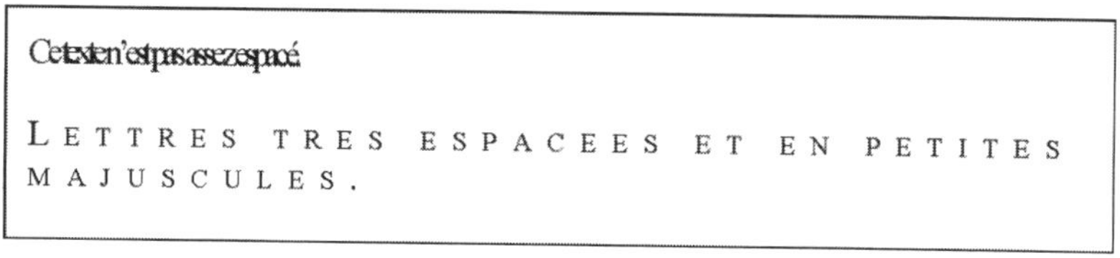

Pour ajuster l'interlignage d'un paragraphe, comme à la Figure 14.9, la syntaxe du code prend place dans la section `<head>` :

```
<style type="text/css">
p.openleading {line-height: 20pt}
</style>
```

La syntaxe se situe dans la section `<body>` :

```
<p class="openleading">Insérez un paragraphe ici et mesurez
        l'espace entre chaque ligne de texte quand vous
        spécifiez une hauteur de ligne égale à 20.
        Notez que l'unité de mesure est le point et non pas le pixel.</p>
```

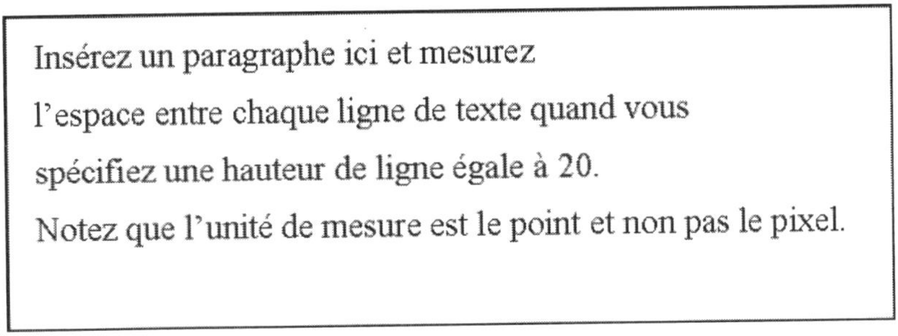

Figure 14.9 : La propriété line-height ajuste l'interlignage du paragraphe.

Ajouter un espace supplémentaire autour des éléments

Que vous utilisiez des cadres, des tableaux ou des calques CSS pour positionner des éléments sur une page ou que vous souhaitiez placer le graphique dans la direction adéquate, vous avez très souvent besoin d'un espace supplémentaire ici ou là entre les graphiques,. Plusieurs astuces permettent d'aboutir à une disposition de prime abord très technique.

Ajouter des marges aux cellules d'un tableau

Lorsque vous créez un tableau, vous pouvez insérer des marges dans les cellules de deux manières : avec les attributs `cellpadding` ou `cellspacing`. Ils sont tous deux inclus dans la balise `<table>` afin de définir les marges du tableau. Chacun fonctionne différemment, mais l'effet obtenu reste bel et bien que chaque cellule présente un espace sur chacun de ses bords.

`cellspacing` crée une gouttière entre les cellules, et `cellpadding` ajoute une marge dans chaque cellule. La différence entre ces deux attributs est clairement montrée sur la Figure 14.10. Comme vous le constatez, ces deux méthodes ont un impact majeur sur l'arrière-plan coloré des cellules. `cellpadding` ne crée pas d'espace entre les cellules elles-mêmes, présentant alors un tableau dont les sections sont identifiées par la couleur d'arrière-plan de chaque cellule.

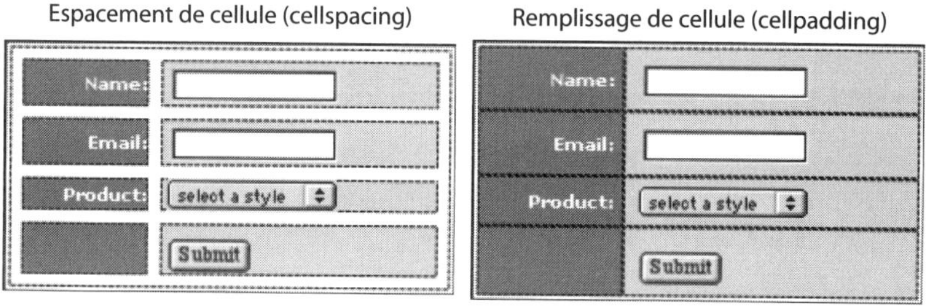

Figure 14.10 : Espacer les cellules laisse un vide entre chacune d'elles, mais le contenu remplit la cellule. Le remplissage des cellules quant à lui ajoute une marge dans la cellule elle-même.

Vous devez toujours inclure les deux attributs dans la balise d'ouverture `<table>`, et ce même si vous devez leur assigner une valeur zéro. Si vous oubliez l'un d'eux, le tableau utilise ses paramètres par défaut : un espacement de cellule de deux pixels et un padding d'un pixel.

Si vous utilisez la structure d'un tableau pour morceler une image d'arrière-plan, veillez que la valeur d'espacement et de padding soit égale à zéro. Comme le montre la Figure 14.11, cela crée une image sans raccord visible. Dans ce type de structure, il est possible de mélanger des images au format GIF et au format JPEG. Dans le jargon de l'optimisation des images pour le Web, on parle de *tranches*. Chaque tranche peut avoir une qualité de compression différente des autres. Pour plus d'informations à ce sujet, reportez-vous au Chapitre 12.

Figure 14.11 : Ce tableau n'utilise aucun espace et aucun padding. Chaque image s'ajuste parfaitement aux autres.

Ajouter un espace entre les graphiques

Dans le but de placer des graphiques dans vos pages HTML, voire dans les cellules d'un tableau, vous aurez occasionnellement besoin d'insérer un petit espace pour, par exemple, que les images et les textes ne soient pas collés les uns à côté des autres. Vous souhaiterez aussi décaler une image vers la droite ou la gauche. Dans cette section, je dévoile quelques techniques qui ajoutent ce petit espace qui fait les grandes différences.

Sauts de ligne automatiques, forcés et absolus

Lorsque vous tapez une ligne de texte HTML, elle s'affiche sur toute la largeur de la fenêtre du navigateur Web, et revient automatiquement à la ligne si cette largeur est insuffisante pour faire tenir toute la phrase sur une seule ligne d'affichage. Cela peut poser un problème. Imaginez un long titre destiné à être vu sur une seule ligne. Si la fenêtre du navigateur Web n'est pas assez large, le titre revient étrangement à la ligne, comme à la Figure 14.12.

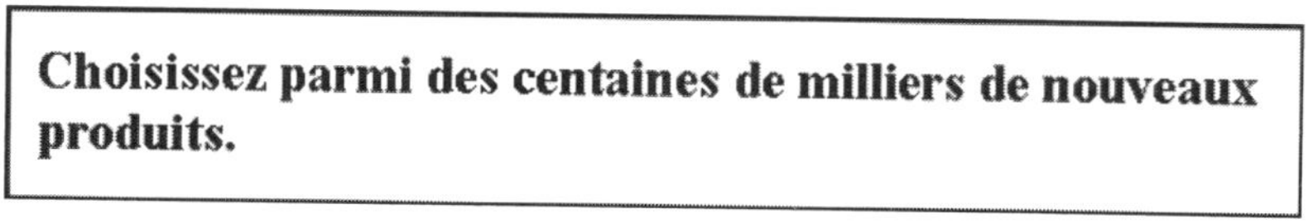

Figure 14.12 : Sans retour forcé, le titre peut revenir à la ligne n'importe comment.

Pour contrôler les sauts de ligne et les retours forcés, comme à la Figure 14.13, vous pouvez insérer une simple balise <br>, comme ceci :

```
Choisissez parmi des centaines <br> de milliers de nouveaux produits.
```

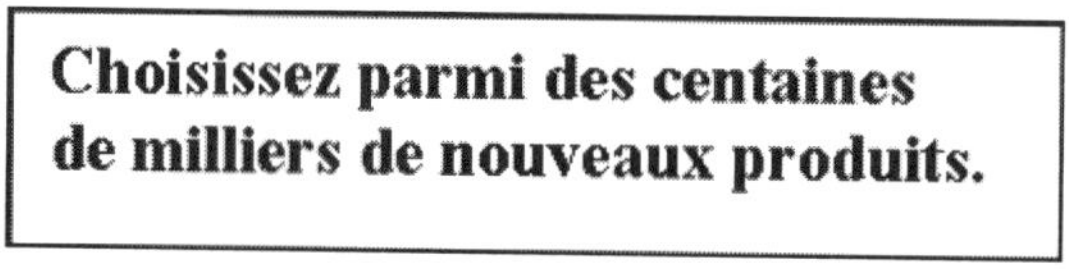

Figure 14.13 : Avec un retour forcé, le titre est mieux équilibré.

Un retour forcé équilibre le titre, certes, mais s'avère insuffisant. Si vous réduisez encore la largeur de la fenêtre, un nouveau retour automatique à la ligne se produit. Vous vous retrouvez avec un titre ressemblant à celui de la Figure 14.14. Le retour forcé par la balise <br> est présent avec en plus un retour automatique. La lecture de la page perd en fluidité.

Insérer un *retour de ligne absolu* (ou *obligatoire*) revient à utiliser la touche Entrée quand vous saisissez du texte : vous

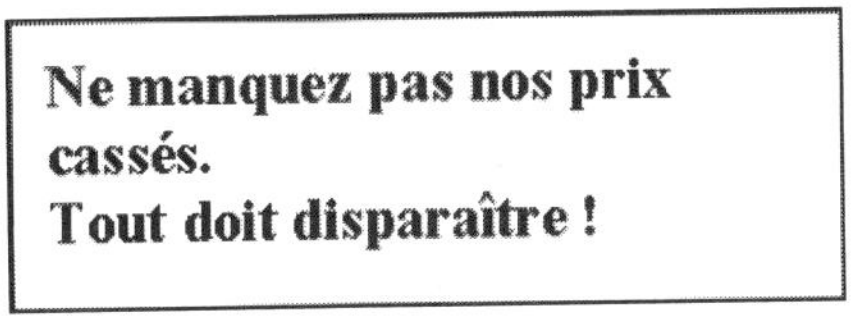

Figure 14.14 : L'insertion d'un retour forcé peut aussi afficher un texte de manière inattendue.

créez un nouveau paragraphe comme à la Figure 14.15. Voici comment insérer pareil retour :

```
Choisissez parmi des centaines <br> de milliers de nouveaux produits.
        <p>
Si vous trouvez moins cher ailleurs,
on vous rembourse la différence. </p>
```

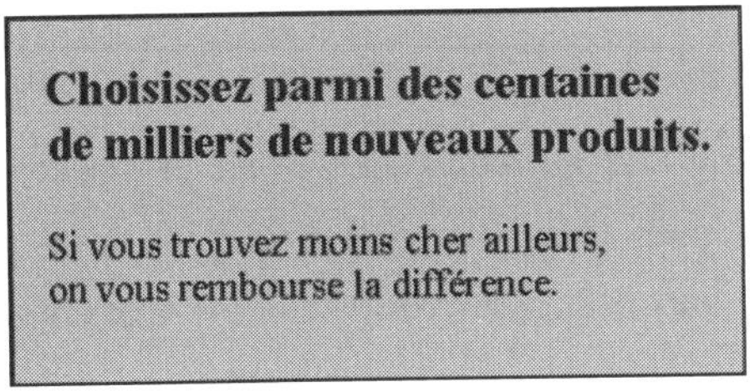

Figure 14.15 : En utilisant un saut de ligne, vous contrôlez l'espace entre les lignes et la fin des lignes.

Espaces verticaux et horizontaux autour des images

Vous pouvez définir une marge autour des éléments graphiques de votre page. Il suffit pour cela d'implémenter les attributs `vspace` (espace vertical) et `hspace` (espace horizontal) dans la balise image (<img>). Ces propriétés ajoutent un certain nombre de pixels sur les deux côtés du graphique.

Par exemple, si vous assignez une valeur `vspace` de cinq pixels, vous créez une marge équivalente au-dessus et en dessous du graphique, comme le montre la Figure 14.16. Le même principe régit l'attribut `hspace`. Voici le code :

```
<img src="computer.jpg" width="168" height="140" hspace="0"
        vspace="5">
```

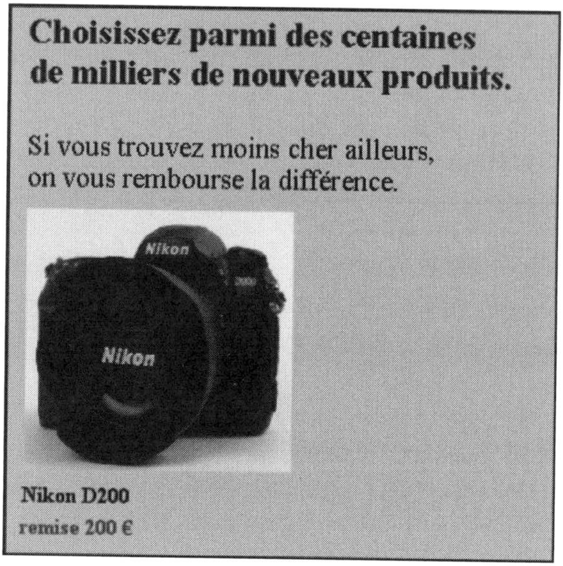

Figure 14.16 : Les attributs vspace et hspace ajoutent une marge autour d'un graphique.

Utiliser des CSS pour ajouter une marge aux éléments

La nouvelle norme d'ajout d'une marge aux éléments graphiques d'une page consiste à s'en remettre aux CSS. Plutôt que d'utiliser les attributs HTML `vspace` et `hspace`, vous implémentez les attributs CSS `margin-top`, `margin-right`, `margin-bottom` et `margin-left`. L'attribut `margin` spécifie un espace exprimé en pixels sur tout ou partie des bords de l'élément HTML. Le code suivant est un exemple de CSS incorporé dont le résultat est illustré à la Figure 14.17 :

```
<p style="color: red; margin-left: 20px">
Ce texte se trouve à 20 pixels de la marge.
</p>
```

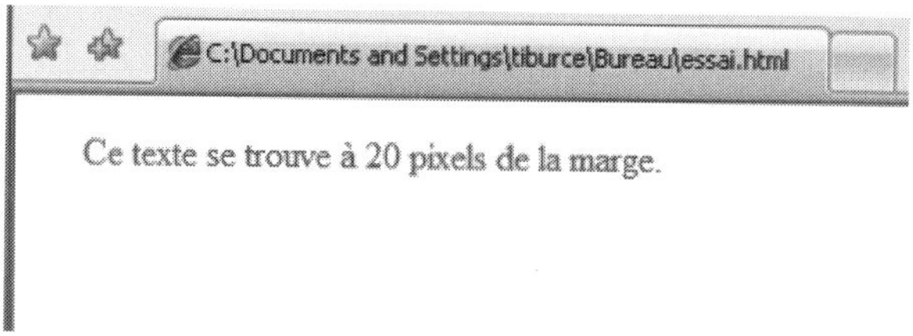

Figure 14.17 : Un code CSS ajoute une marge aux éléments de la page.

Créer des modèles HTML

Après bien des essais, beaucoup de rigueur et une grosse dose d'abnégation, votre page HTML ressemble tout à fait à ce que vous vouliez au départ. Dans ce cas, sauvegardez-la en tant que modèle qui sera utilisé par l'équipe de production pour assurer la cohérence de la mise en page sur tout le site. Beaucoup de sites Web contiennent des centaines de pages. Heureusement, elles sont toutes basées sur le même modèle. Dans mes modèles, j'insère aussi des images qui servent simplement de référence aux emplacements des graphiques du site. Il n'y a plus qu'à changer les images « factices » par les images définitives.

Si vous concevez chaque modèle sous forme de modules aux mises en page différentes, vous gagnerez énormément en productivité. Par exemple, vous pouvez définir le système de navigation générale sous forme d'un module qui sera utilisé par chaque modèle. Ensuite, d'autres modules pourront structurer la mise en page du contenu Web. Vous comprenez que cette approche modulaire permet de changer un élément d'un module sans porter atteinte aux autres. Ainsi, si vous décidez de redéfinir uniquement la navigation, vous interviendrez sur le module concerné, tous les autres restant intacts.

Chapitre 15

Intégration de technologies avancées

Dans ce chapitre :

- Vérifier les accès CGI.
- Implémenter des scripts CGI.
- Utiliser JavaScript.
- Ajouter des applets Java.
- Intégrer un moteur de recherche.
- Ajouter des outils de navigation.
- Intégrer des applications Flash et des médias diffusés en flux continu.

Nous allons apprendre à ajouter des fonctionnalités intéressantes à votre site Web par le biais de petits programmes. Pour cela, nul besoin d'être programmeur. La plupart sont écrits en Perl. Il vous suffit de les intégrer à vos pages Web grâce à la Common Gateway Interface ou CGI. Comme vous pourrez le constater, il n'y a rien de bien compliqué à l'utilisation du CGI. Nous aborderons les bases de l'utilisation de scripts CGI un peu plus loin dans ce chapitre.

NOTE TECHNIQUE

Un *script* est un petit programme.

Les *applets* Java permettent d'ajouter des fonctionnalités aux pages Web. Ce sont de petits programmes écrits en Java que l'on trouve en libre accès – et en quantité – sur la Toile.

Il existe un troisième langage de programmation permettant d'ajouter des fonctionnalités à vos pages Web : le JavaScript. Contrairement au Perl et au Java, le JavaScript a été spécialement développé pour le Web. Vous pouvez apprendre le JavaScript si vous en avez envie, mais sachez que vous pouvez vous contenter d'utiliser les scripts disponibles. Vous devez saisir le code JavaScript dans votre code HTML, puis le déclarer afin qu'il soit correctement interprété.

Les personnes férues de la création WYSIWYG risquent de regretter leur méconnaissance de HTML pour implémenter des scripts. Sachez pourtant qu'un programme comme Flash de Adobe permet de créer intuitivement des scripts, la syntaxe étant produite par le logiciel lui-même. Par conséquent, ce chapitre ne vous intéresse que si vous devez implémenter un script depuis votre serveur Web. La plupart des autres seront générés automatiquement par les programmes WYSIWYG traités dans la dernière partie de cet ouvrage. Mais, en cas de dysfonctionnement du script et autre appliquette, vous devrez mettre les mains dans le cambouis de la programmation.

Le Web étant également devenu un support de diffusion audio et vidéo, nous verrons le code permettant d'incorporer des animations Flash et du contenu diffusé en flux continu. Flash est étudié plus en détail dans la dernière partie de ce livre.

Avez-vous accès aux scripts CGI ?

Attention, cette section est très technique ! Pour créer un site Web rudimentaire, sa lecture n'est pas nécessaire.

Vous comptez utiliser les scripts CGI dans vos pages Web ? Vous devez avant tout être certain d'y avoir accès. Avoir accès au CGI signifie pouvoir démarrer des programmes à partir de son serveur *via* la Common Gateway Interface (CGI). C'est une méthode permettant d'envoyer des informations sous forme de formulaires à un programme de traitement externe à partir d'une page Web.

La plupart du temps, ces programmes sont stockés dans un sous-dossier nommé « cgi-bin ». Avant toute chose, vérifiez que votre serveur héberge bien ce sous-dossier. Dans l'affirmative, vous avez accès aux commandes CGI. Faites un test : exécutez un programme CGI. Si cela ne fonctionne pas, renseignez-vous auprès de votre fournisseur d'accès ou de votre administrateur réseau.

Il se peut que vous ayez accès aux commandes CGI sans toutefois pouvoir utiliser les scripts. Pourquoi ? Parce que pour exécuter des scripts vous devez pouvoir utiliser le SSI (Server Side Includes). Le SSI permet de manipuler des données directement sur le serveur et de les renvoyer à votre page Web. Sans cette capacité, la plupart des scripts CGI sont inutiles.

C'est la faute au fournisseur d'accès !

Si votre site est hébergé sur le serveur de votre fournisseur d'accès, vous vous rendrez rapidement compte que vous n'avez pas une grande liberté d'utilisation des scripts CGI. C'est son choix. Et il a un certain nombre de raisons de vous limiter l'accès aux scripts CGI.

Tout d'abord, des programmes de piètre qualité utilisant le CGI peuvent menacer la sécurité du système. Les fournisseurs d'accès étant souvent désireux de garder le contrôle total de leur système, ils préfèrent ne prendre aucun risque.

De plus, les fournisseurs d'accès sont souvent peu soucieux de la qualité de l'hébergement qu'ils offrent. Ils estiment que le rôle du fournisseur d'accès est de donner un accès Internet. Les autres services sont souvent jugés secondaires et sont proposés à seule fin publicitaire et commerciale.

Hébergeur de sites et CGI

Fort heureusement, tous les hébergeurs ne partagent pas ces conceptions archaïques de l'hébergement de sites. Vous avez peut-être la chance d'avoir choisi un fournisseur d'accès providentiel. Si tel n'est pas le cas, il vous reste la solution de ne pas faire héberger votre site chez votre fournisseur d'accès.

Vous pouvez utiliser un serveur virtuel ou un fournisseur d'espace Web payant. Vous pouvez également trouver un fournisseur d'espace Web gratuit en utilisant le moteur de recherche AxDial. Pour cela, rendez-vous sur `www.axdial.com`. Dans la liste CGI, choisissez Fourni par l'hébergeur. Ensuite dans le champ Prix, tapez 0. Enfin cliquez sur Rechercher comme le montre la Figure 15.1.

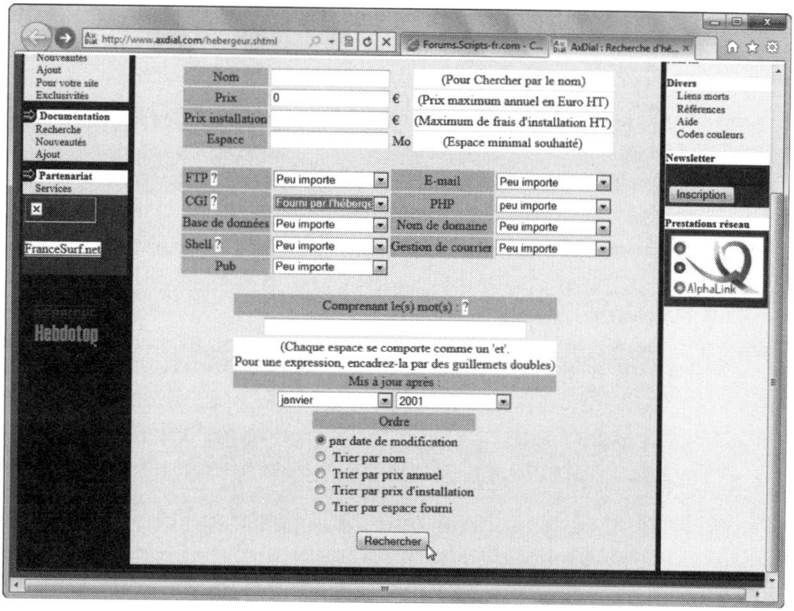

Figure 15.1 : Le formulaire de recherche avancée de FreeWebspace.net vous permet de trouver un fournisseur d'espace Web supportant le CGI.

Utiliser des scripts CGI distants

Il existe une autre solution au problème : vous pouvez utiliser des scripts CGI situés sur un autre serveur que celui hébergeant votre site. Les scripts sont alors exécutés sur l'autre serveur, ce qui, en cas d'affluence sur votre site, peut vous être salutaire. En effet, l'exécution de scripts Web demandant une importante puissance machine, cette solution offre l'avantage de ne pas ralentir le serveur hébergeant vos pages. Vous verrez que de nombreux scripts CGI sont hébergés sur des serveurs distants, ce qui vous permet de profiter du confort des scripts CGI sans surcharger votre serveur.

Ajouter des scripts CGI

Un script CGI fonctionne de la façon suivante : il reçoit des informations provenant de vos pages Web (par le biais de formulaires ou d'un clic de l'internaute sur un lien) qu'il renvoie ensuite à un programme qui les traite pour finalement retourner une page Web contenant les résultats. Le site Scripts-Fr.com offre de nombreux scripts CGI gratuits et exécutables directement sur leur serveur (voir Figure 15.2). En voici l'adresse : `http://cgi.scripts-fr.com/scripts/scripts-fr/`.

Techniques de base

Avant toute chose, vous devez télécharger le script. Chaque script abordé dans cet ouvrage est accompagné d'une adresse Web où vous pouvez le télécharger.

La deuxième étape est très importante : lisez les instructions ! Après avoir utilisé quelques scripts, on se sent assez téméraire pour se passer des instructions – et c'est la cause principale des problèmes rencontrés ! Il suffit de mal paramétrer l'une des options d'un script pour qu'il ne fonctionne pas.

Les instructions se trouvent souvent dans un fichier séparé nommé « readme.txt », mais elles peuvent également se trouver dans le code même du script sous forme de commentaires. Les *commentaires* sont des aide-mémoire que les programmeurs utilisent pour différencier les différentes parties d'un programme. Ils ont recours à certains codes permettant

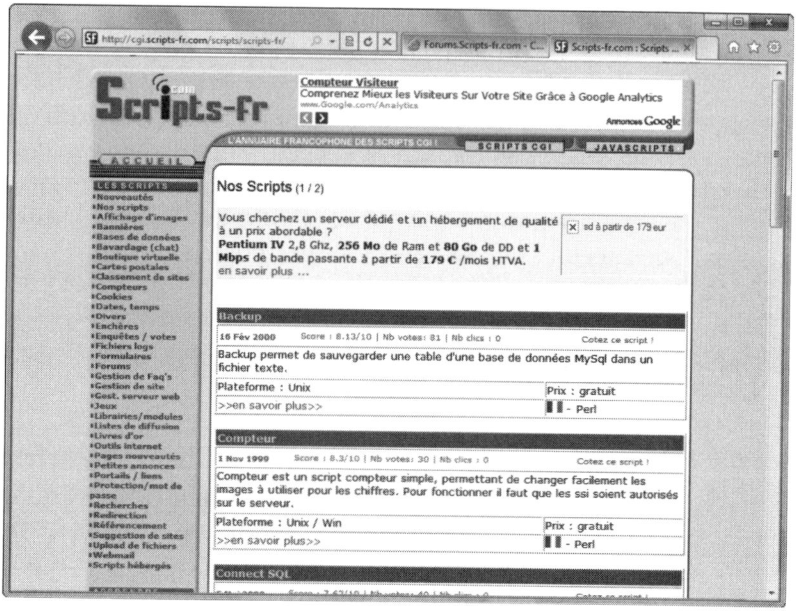

Figure 15.2 : Le site Script-Fr.com vous offre des scripts CGI qui s'exécutent directement sur le serveur.

de dissocier les commentaires du reste du programme, ce qui permet de ne pas en altérer le fonctionnement.

Ouvrez le fichier dans un éditeur et apportez les modifications nécessaires pour adapter le script à vos besoins. Vous devrez par exemple ajouter quelques liens, une adresse e-mail ou l'adresse de votre page d'accueil. Inutile de comprendre le reste du programme, il vous suffit de changer les valeurs par défaut du script par les vôtres. Enregistrez ensuite le script modifié.

Si vous effectuez vos modifications avec un traitement de texte, vous devez absolument enregistrer votre fichier au format Texte seulement (*.txt) et ne pas modifier l'extension du fichier. Il ne faut pas que le traitement de texte enregistre ses propres codes de mise en page du texte dans le code CGI.

Ajoutez le code HTML requis par votre script CGI dans votre page Web. Comme pour le script lui-même, vous devrez personnaliser certaines valeurs du code HTML. Le code HTML se limite généralement à l'adresse du programme CGI déclarée grâce à l'attribut Action d'un formulaire.

Enfin, téléchargez le script et le fichier HTML modifiés sur votre serveur Web. Le fichier HTML doit être situé dans le dossier HTML et le script dans le dossier « cgi-bin ».

Résoudre les problèmes

Les méthodes que nous venons de voir suffisent dans la plupart des cas, mais il se peut que vous ayez besoin de paramétrer vos codes plus en profondeur.

Un exemple : un script part souvent du principe que le dossier de script CGI se nomme « cgi-bin ». Si le vôtre se nomme « cgi », par exemple, vous devez modifier ce paramètre dans le script.

Vous devrez peut-être changer l'extension de votre fichier. En effet, certaines configurations CGI n'acceptent pas les fichiers « .pl » (fichiers Perl). Vous devrez alors les renommer en « .cgi ». Ainsi, un fichier nommé « recherche.pl » deviendra « recherche.cgi ».

Si, au moment d'utiliser le script, rien ne se produit, revenez en arrière et vérifiez que vous n'avez rien oublié. La plupart du temps, il s'agit d'une erreur si minime qu'il est difficile de la déceler. L'oubli d'un point-virgule entre deux valeurs ou un guillemet de trop rendent un script inefficace. Passez en revue toutes les modifications que vous avez apportées, vous finirez par trouver.

Si vous ne trouvez pas d'erreur au niveau du script, vérifiez que vous avez téléchargé tous les fichiers nécessaires. Certains scripts requièrent en effet des fichiers annexes qu'il faut impérativement placer sur le serveur.

Si rien n'y fait, assurez-vous que le dossier « cgi-bin » possède les bons paramétrages d'autorisation. Faites-vous aider par votre fournisseur d'espace Web si vous n'avez pas les connaissances requises.

Rien n'y fait ? Envoyez un e-mail au créateur du programme et demandez-lui un peu d'aide. N'en espérez pas trop, nous sommes ici dans un contexte de gratuité : ne soyez pas aussi exigeant qu'avec un support technique ! Mieux vaut être aimable et dire combien vous avez besoin de ce programme. N'oubliez pas de fournir au programmeur la liste exhaustive des différents réglages et modifications que vous avez apportés.

Utiliser du JavaScript

Le gros avantage du JavaScript est d'avoir été conçu pour l'Internet. Il est si bien intégré au HTML que son utilisation est très simple. De plus, le traitement de l'information se fait directement au niveau de la page Web, d'où un gain de facilité, de rapidité et de fiabilité. Il est inutile d'apprendre le langage pour utiliser les scripts réalisés par d'autres. Bien souvent, vous n'aurez même pas à modifier le code. Bien sûr, vous devrez parfois changer une URL ou le nom d'un fichier, mais rien de bien difficile. La Figure 15.3 illustre le site toutjavascript.com, une des grandes banques de codes JavaScript gratuits.

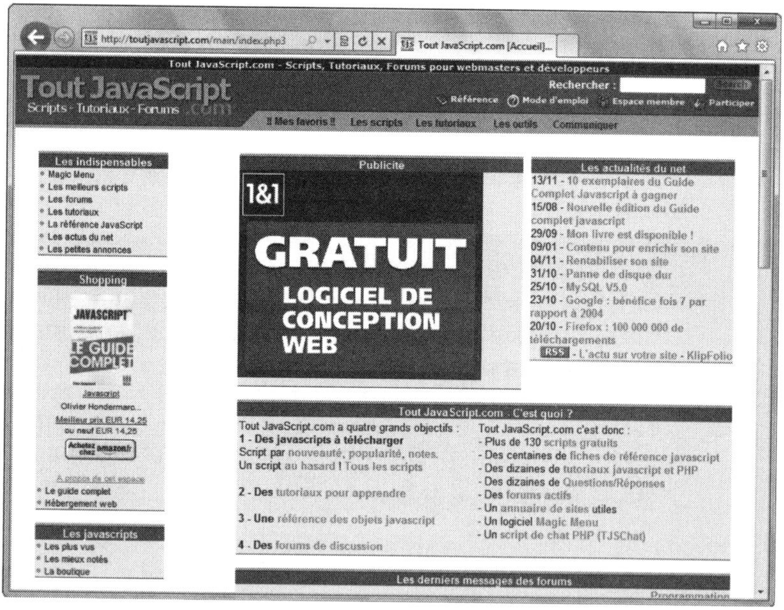

Figure 15.3 : toutjavascript.com donne accès à une grande quantité de codes JavaScript gratuits.

Il est possible d'enregistrer du code JavaScript dans un fichier « .js » et d'y faire appel à partir de votre code HTML. Cette possibilité est très rarement exploitée et aucun des codes de cet ouvrage ne se présente sous cette forme. Les scripts Perl sont, eux, forcément sous cette forme. Il se peut d'ailleurs qu'ils ne se trouvent pas sur votre serveur.

Techniques de base

Vous devez systématiquement ajouter deux choses à votre page Web pour travailler avec du JavaScript. La première est le script lui-même, qui prend place dans l'élément HEAD de votre page Web, comme ci-dessous :

```
<HEAD>
<Script Language="JavaScript">
/*
C'est de cette façon que l'on peut insérer des commentaires
*/
function peuimporte()
{
Ceci est la place du code proprement dit.
}
</Script>
</HEAD>
```

Les scripts peuvent être placés dans l'élément HEAD, mais également dans l'élément BODY. Ce n'est toutefois pas conseillé. En effet, le JavaScript est un langage interprété : il doit être traduit par la machine avant de pouvoir s'exécuter normalement. Si vous placez vos scripts dans l'élément HEAD, ils seront interprétés avant même que la partie BODY de la page n'ait commencé à charger. Les scripts sont donc prêts à fonctionner avant que la page ne s'affiche dans la fenêtre du navigateur de l'internaute. Tandis que s'ils se trouvent dans l'élément BODY, il est possible que l'internaute en déclenche un avant que celui-ci ne soit totalement chargé, ce qui conduit à un message d'erreur.

La seconde chose que vous devez ajouter à votre page Web est un élément déclenchant le script. Ce déclencheur prend place dans l'élément BODY. Il existe une multitude de déclencheurs de scripts – inutile de les connaître tous. Chaque script demande plutôt tel ou tel déclencheur. Une image de survol, par exemple, change chaque fois que l'internaute passe le curseur de la souris sur une zone précise de la page Web. Le script peut également s'autoactiver à la fin du chargement de la page. Vous pouvez changer de déclencheur si vous connaissez un tant soit peu le JavaScript.

Si vous souhaitez que le script s'exécute à la fin du chargement de la page, utilisez l'attribut `onload` de l'élément `BODY`, comme suit :

```
<BODY onload="peuimporte()">
```

Si vous souhaitez que le script soit activable par un clic, utilisez l'attribut `onClick`. Dans l'exemple ci-dessous, l'attribut `onClick` est utilisé avec l'élément `A`. Sachez que vous pouvez utiliser `onClick` avec la plupart des éléments :

```
<A onClick="peuimporte()">Cliquez ici pour peuimporte.</A>
```

Il existe de nombreux autres déclencheurs, tels que `onMouseOver»` ou `onMouseOut`, qui déclenchent un script respectivement quand le pointeur de la souris entre ou sort d'une zone définie. La documentation livrée avec le script vous aide généralement à choisir le bon déclencheur.

Résoudre les problèmes

Les scripts JavaScript en accès gratuit sont fonctionnels dans 99 % des cas. Lorsqu'ils ne fonctionnent pas, cela peut être dû à une multitude de causes externes au script. Les plus grandes causes de dysfonctionnement sont la relative incompatibilité de scripts entre Netscape Navigator et Internet Explorer, ainsi que les différentes interprétations du même script selon les versions de ces deux navigateurs. En effet, un script fonctionnant correctement avec la dernière version d'Internet Explorer peut ne pas fonctionner avec une version plus ancienne de ce même navigateur. Il existe malheureusement quantité d'autres navigateurs qui vous poseront autant de problèmes.

Lorsqu'un navigateur ne reconnaît pas JavaScript, le script ne fonctionne pas, mais la page s'affiche.

Selon vos connaissances du langage JavaScript, décidez si vous voulez ou non optimiser un script de sorte qu'il fonctionne avec tous les navigateurs. Testez le script avec le plus grand nombre de navigateurs possible, et notez ceux avec lesquels votre script ne fonctionne pas. Posez-vous ensuite la question suivante : ces navigateurs risquent-ils d'être utilisés par mes internautes cibles ? Par exemple, si vous utilisez des scripts sur un site consacré aux produits Microsoft, vous pouvez en déduire que vos visiteurs seront en majorité équipés d'Internet Explorer. Si vos scripts ne fonctionnent pas avec Netscape, c'est peu gênant.

Les applets Java

Les applets Java (parfois appelées *appliquettes*) vont du gadget au sublime. Beaucoup de ces applets sont utilisées pour transformer une image. D'autres permettent de programmer des bandeaux publicitaires rotatifs, etc. Un des avantages des applets Java est, à l'instar des scripts JavaScript, qu'elles s'exécutent sur la machine de l'internaute. Ce qui implique un temps machine moindre côté serveur. Le revers de la médaille est le temps de chargement pour l'internaute qui doit télécharger l'applet du serveur vers sa machine avant de pouvoir l'exécuter.

Quelle est la différence entre une application et une applet ? Les gros programmes sont appelés *applications*. Votre traitement de texte ou votre tableur, par exemple, sont des applications. Bien que Java puisse être utilisé pour écrire des applications, les programmes Java pour l'Internet sont souvent très petits et sont donc appelés *applets*.

Bien que partageant un nom ressemblant, le Java et le JavaScript sont deux langages très différents, dans leur programmation comme dans leur fonctionnement. Leur point commun le plus notable est qu'ils sont tous deux exécutés sur la machine de l'internaute.

Techniques de base

Les applets Java se composent de fichiers « .class » (ou « .cls »). Si les fichiers peuvent être téléchargés tels quels, ils sont souvent compressés au format « .zip », entre autres formats de fichiers compressés. Ils sont également accompagnés de leur documentation ou des images et des sons nécessaires à leur fonctionnement.

Après avoir récupéré le fichier, vous devez ajouter le code HTML qui permet d'activer l'applet. Pour cela, utilisez l'élément `APPLET`. Il comprend de nombreux attributs que vous aurez ou non à utiliser selon le type d'applet dont vous avez besoin. Vous trouverez presque toujours le code HTML à utiliser dans la documentation de l'applet. Ainsi, l'implémentation d'une applet au niveau du code HTML se limite-t-elle souvent à un simple copier/coller. Vous n'aurez généralement qu'à modifier quelques noms de fichiers.

TRUC

Parfois, les applets sont livrées sans documentation. Toutes les informations nécessaires figurent toutefois sur le site Web où vous les avez téléchargées. Dans ce cas, enregistrez-les sur votre disque dur afin de pouvoir copier/coller les exemples de code.

NOTE TECHNIQUE

Attention aux serveurs en panne ! Mieux vaut disposer des explications relatives aux applets sur votre disque dur pour éviter d'être bloqué lorsque le site d'explications est en panne.

Pour ajouter une applet Java nommée `bongo.class`, procédez comme suit :

```
<APPLET code="bongo.class">Concours de tam tam.</APPLET>
```

La phrase inscrite entre les balises de début et de fin ne s'affiche pas dans les navigateurs supportant Java, mais renseigne les internautes utilisant des navigateurs ne le supportant pas. Bien sûr, cette phrase n'est pas obligatoire, elle est là pour que tout le monde comprenne de quoi il retourne.

Vous pouvez même nommer une applet. Cette fonction est intéressante lorsque plusieurs applets coexistent sur le même site et qu'elles doivent s'échanger des informations. Ces noms permettent alors de les identifier.

```
<APPLET code="bongo.class" name="tapebambou"></APPLET>
```

Vous devez également donner la largeur (`width`) et la hauteur (`height`) de votre applet. Vous trouverez ces informations dans la documentation de l'applet.

```
<APPLET code="bongo.class" width="200" height="100"></APPLET>
```

Si le fichier .class ne se trouve pas dans le même dossier que le fichier .html qui y fait appel, vous devez spécifier où trouver le fichier .class à l'aide de l'attribut `codebase`. Dans l'exemple suivant, le fichier se trouve dans le sous-dossier tamtam :

```
<APPLET code="bongo.class" codebase="/tamtam" width="200"
   height="100"></APPLET>
```

NOTE TECHNIQUE

Contrairement aux URL en HTML, les applets Java doivent se trouver dans le même dossier que le fichier HTML ou dans un sous-dossier. Vous ne pouvez pas faire appel à une applet située sur un autre serveur, par exemple.

La plupart du temps, vous devrez fournir une autre information au code HTML. Cette information, nommée *paramètre*, est ajoutée grâce à l'élément `PARAM`. Dans l'exemple suivant, nous avons ajouté un son à l'applet bongo :

```
<APPLET code="bongo.class" width="200" height="100">
<PARAM name="CurrentSound" value="quickroll.au">
</APPLET>
```

Le paramètre est en général le nom d'un fichier image ou d'un fichier son, l'URL d'une page Web ou le texte d'un message. Cela peut être bien d'autres choses encore, selon la fonction de l'applet. Le paramètre peut définir une taille de police, la couleur d'un arrière-plan, bref, tout ce qu'une applet peut requérir comme argument. Sachez que certains paramètres sont obligatoires, tandis que d'autres sont facultatifs. Comme toujours, lisez précautionneusement la documentation.

Améliorer la navigabilité

Fidèles à l'intitulé de ce chapitre, nous envisageons ici la mise en place d'éléments et de fonctions pour des sites Web avancés. Malgré votre modestie en la matière, il est important que vous sachiez ce que l'on peut développer sur un site pour lui donner un caractère plus professionnel, et ainsi inciter les internautes à y revenir régulièrement.

Il existe deux sortes d'internautes : les pressés et les explorateurs. Les pressés souhaitent accéder à l'information le plus vite possible, tandis que les explorateurs prennent le temps de se promener dans le site.

Vous devez concevoir un système de navigation contentant ces deux types d'internautes. Pour les internautes pressés, faites en sorte qu'ils accèdent le plus rapidement possible à l'information qu'ils recherchent. Pensez à l'élaboration d'un annuaire répertoriant les différents thèmes abordés sur le site d'un moteur de recherche dont les résultats se cantonnent à votre site – mais vous pouvez également couvrir le World Wide Web.

Pour les internautes explorateurs, facilitez la navigation sur le site. Vous pouvez vous contenter de quelques liens pertinents, mais il est possible de faire mieux – nous verrons comment.

Dans ce chapitre, nous allons améliorer la navigabilité de votre site, pour le plus grand plaisir de tous vos visiteurs.

Ajouter un moteur de recherche

Si votre site comprend plus d'une page, pensez à concevoir un petit moteur de recherche. Les sites sans moteur de recherche sont très désavantagés. Il suffit de se mettre à la place d'un internaute : rien de plus désagréable que de perdre du temps sur un site à chercher une information que l'on n'est pas sûr de trouver alors qu'un moteur de recherche intégré donne rapidement accès à l'information.

Les fonctionnalités de recherche décrites dans ces pages présentent des avantages comme des inconvénients. Certains programmes ou services assez similaires offrent des fonctionnalités somme toute différentes. Ainsi, certains services de recherche remettent-ils à jour leur base de données quotidiennement, alors que d'autres fonctionnent sur une base hebdomadaire. Le moteur de recherche dont la mise à jour est quotidienne aura peut-être certaines exigences en échange de la qualité du service rendu, comme d'afficher un bandeau publicitaire sur votre site. Apprenez à connaître vos besoins et cherchez le meilleur compromis. Il est conseillé de connaître toutes les possibilités du moteur que vous choisissez. Elles sont en général assez simples à mettre en œuvre et peuvent ajouter un véritable plus à votre site.

Un moteur de recherche gratuit

Le problème de la mise en œuvre d'un moteur de recherche sur votre site Web est qu'il faut indexer tout le texte des pages pour que l'internaute trouve rapidement l'information qu'il cherche. Cette compétence dépasse largement le savoir-faire des concepteurs Web débutants.

Il existe des solutions gratuites qui assistent les créateurs dans l'implémentation des moteurs de recherche. Webminator de Thunderstone, PicoSearch, ht://Dig et FreeFind font partie des plus connues. Dans la plupart des cas, ces services sont personnalisables, s'insèrent en quelques minutes, permettent de générer un plan du site, gèrent une rubrique des nouveautés continuellement mise à jour, établissent un compte rendu des habitudes des visiteurs, etc., sans que vous déboursiez le moindre centime d'euro.

Un produit comme PicoSearch se débarrasse des inconvénients liés à une installation sur le serveur, car vous l'implémentez directement sur votre site, et ce quel que soit votre hébergeur. Toutefois, la gratuité a son revers. Un bandeau publicitaire apparaît dans le résultat de la recherche. Dans d'autres systèmes comme FreeFind, le bandeau se trouve sur la page du moteur lui-même. De plus, ce type de bandeau aura la priorité sur toute autre publicité présente sur le site.

La marche à suivre est assez générique. Pour PicoSearch, il faut aller sur la page d'inscription à l'adresse `www.picosearch.com`. Là, vous indiquez l'adresse (URL) de votre site, puis une adresse e-mail. Cliquez sur Sign up. Vous accédez à un formulaire. Renseignez les champs en indiquant vos nom et prénom, en vérifiant votre adresse électronique, et en créant un mot de passe. Ensuite, indiquez trois points d'entrée de votre site, comme la page d'accueil, par exemple `http://minamata.free.fr/`, puis éventuellement (donc sans obligation) deux autres adresses de pages du site. Ensuite, choisissez quelques précisions dans des listes prédéfinies, cochez la case Check: I agree to the terms of the Picosearch, et cliquez sur le bouton OK, build my FREE Search Engine. Une série d'e-mails vous renseigne sur l'évolution de l'implémentation du moteur de recherche.

Pour utiliser convenablement Picosearch, une bonne connaissance de l'anglais est indispensable.

La plupart des moteurs de recherche gratuits s'installant directement sur le site et non sur le serveur fonctionnent de la même manière. Essayez une solution alternative avec FreeFind en visitant `www.freefind.com`.

Scripts CGI Perl et Simple Search

L'idée de laisser d'autres serveurs prendre en charge les recherches de vos visiteurs vous est insupportable ? Glissez un script CGI Perl ! Cela requiert un peu plus de savoir technique ou d'aide de votre fournisseur d'accès mais reste faisable, même si vous ne connaissez rien au CGI. Un des meilleurs scripts du moment reste Simple Search. Ecrit par Matt Wright, il est aujourd'hui intégré à de nombreux sites.

Vous pouvez télécharger Simple Search à partir des archives de Matt Wright (`http://www.scriptarchive.com/search.html`). Pour l'ajouter à votre site, vous devrez d'abord décompresser le programme (pour l'instant sous la forme de search.zip, search.tar, search.tar.gz ou encore search.tar.Z). Vous devrez ensuite modifier quelques fichiers.

N'OUBLIEZ PAS

Vous devez modifier quelques paramètres afin de faire fonctionner le script sur votre site. Veillez à respecter les formats de fichier et les conventions de programmation lorsque vous remplacez des valeurs, sinon le script ne fonctionnera pas. Vous devez par exemple laisser les guillemets lorsque vous en trouvez, idem pour les points-virgules. Ne remplacez pas les apostrophes par des guillemets et vice versa. Conservez toujours une copie de sauvegarde de la version originale du script et n'hésitez pas à vous y référer en cas d'hésitation.

Suivez les étapes ci-dessous pour préparer le script Perl Simple Search :

1. **Rendez-vous sur le site, à l'adresse suivante :** `http://www.scriptarchive.com/search.html`.

2. **Dans le cadre gauche du site, repérez la section Matt's Script Archive, et cliquez sur le lien Download de la rubrique Simple Search, comme le montre la Figure 15.4.**

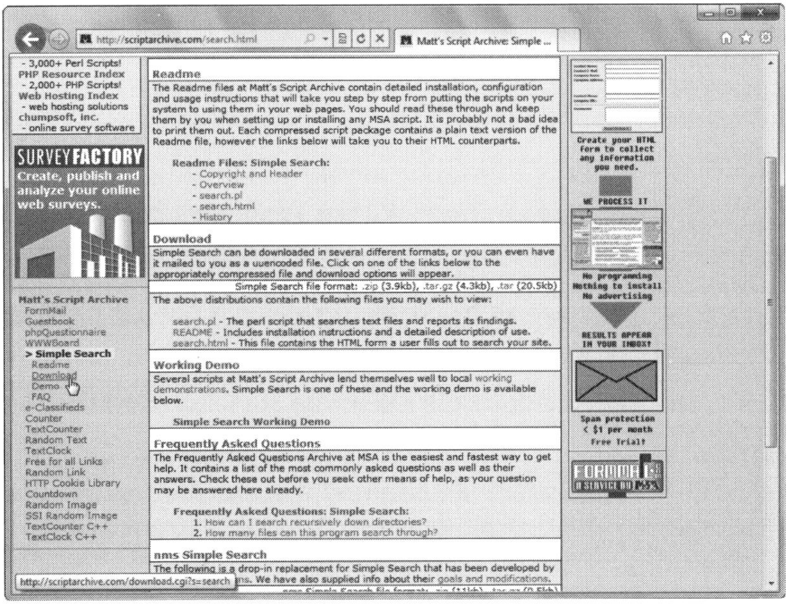

Figure 15.4 : Téléchargez Simple Search.

3. **Dans la nouvelle page, choisissez sous quelle forme de fichier compressé vous désirez recevoir le script, puis cliquez sur le bouton Download Selected File (télécharger le fichier sélectionné).**

4. **Une fois le fichier téléchargé, décompressez-le et ouvrez-le dans un éditeur de texte comme le Bloc-notes de Windows ou SimpleText de Mac.**

   Normalement, il vous suffit de double-cliquer sur le fichier « Search.pl ».

5. **Utilisez la barre de défilement vertical jusqu'à atteindre «** Define Variables **».**

   TRUC

   Si vous l'ouvrez dans un éditeur de texte quelconque, simplifiez-vous la vie en effectuant une recherche sur le terme « Define » ou directement sur `$basedir`. Il ne vous reste plus qu'à passer à l'étape suivante.

6. **Remplacez la valeur** `$basedir` **par le chemin d'accès du dossier racine de votre site.**

   A la ligne suivante, la valeur par défaut pour cette variable est `/home/scriptarchive/;`. Veillez à ne remplacer que la valeur, pas la variable (`$basedir`) ni la ponctuation.

   ```
   $basedir = '/home/scriptarchive/';
   ```

   Le chemin d'accès du dossier racine (« basedir » pour *base directory*, dossier racine) est celui de votre serveur Web, pas l'URL de votre site Web. Si vous ne le connaissez pas, demandez-le à votre fournisseur d'accès ou à votre administrateur réseau. N'oubliez pas le slash «/» à la fin.

7. **Remplacez la valeur de** `$baseurl` **par l'URL racine de votre site.**

   La valeur à fournir pour la variable `$baseurl` est l'URL du dossier dans lequel figure le fichier HTML de votre page d'accueil. L'URL de base de Paris Première, par exemple, est `www.paris-premiere.fr`. Notez que `http://`

est ici très important. Dans la ligne suivante, la valeur à remplacer est www.scriptarchive.com/ :

```
$baseurl = 'http://www.scriptarchive.com/';
```

8. **Remplacez la valeur de la variable** @files **par les dossiers et fichiers que Simple Search doit considérer lors de ses recherches.**

   Dans la ligne suivante, les valeurs à remplacer sont *.html :

```
@files = ('*.html')
```

   Si vous voulez que le moteur ne recherche que dans les fichiers HTML et SHTML situés dans le dossier racine, utilisez la valeur suivante :

```
@files = ('*.html' , '*.shtml');
```

   Si vous voulez que le moteur ne recherche que dans les fichiers HTML et SHTML situés dans le dossier racine et dans un dossier nommé faune, par exemple, utilisez la valeur suivante :

```
@files = ('*.html' , '*.shtml' , '/faune/*.html' , '/faune/*.shtml');
```

9. **Remplacez la valeur de la variable** $title **par le nom de votre site. Dans la ligne suivante, vous devez remplacer la valeur Matt's Script Archive.**

```
$title = «Matt's Script Archive»;
```

   Cette valeur apparaît dans les résultats de la recherche ; l'étape suivante transforme le texte en lien.

10. **Remplacez la valeur de la variable** $title_url **par l'adresse Web de votre page d'accueil. Dans la ligne suivante, vous devez remplacer** http://scriptarchive.com/.

```
$title_url = 'http://scriptarchive.com';
```

   La valeur est normalement la même que celle de la variable $baseurl, mais vous pouvez ajouter le nom de fichier de la page. Par exemple, si la valeur de `$baseurl` est `http://www.monsite.com/` et que votre page d'accueil s'appelle index.html, vous pouvez utiliser les valeurs `http://www.monsite.com/` ou `http://www.monsite.com/index.html` pour la variable `$titleurl`.

11. **Remplacez la valeur `$search_url` par l'adresse Web de votre page contenant le moteur de recherche. Vous devez remplacer `'http://www.scriptarchive.com/demos/search/search.html'` dans la ligne suivante du script.**

```
$search_url = 'http://www.scriptarchive.com/demos/search/
search.html';
```

12. **Enregistrez le fichier.**

Suivez les étapes ci-dessous pour préparer la page contenant le moteur de recherche :

1. **Ouvrez le fichier search.html dans un éditeur de texte.**

2. **Modifiez l'attribut `action` de l'élément `FORM` de façon qu'il indique l'URL sur votre serveur contenant le script Perl.**

   Dans la ligne suivante du fichier search.html, la valeur que vous devez remplacer est `http://www.scriptarchive.com/demos/search/search.cgi`.

```
<form method=POST action="http://www.scriptarchive.com/demos/search/
search.cgi">
```

3. **Enregistrez le fichier.**

Chargez maintenant les deux fichiers sur votre serveur. N'oubliez pas d'envoyer le fichier search.pl en ASCII, ni de le placer dans le dossier « cgi-bin ». Envoyez le fichier search.html en ASCII et placez-le dans le dossier de votre page Web.

Les choses vont se compliquer un peu. Vous devez définir des autorisations aux fichiers pour qu'ils puissent fonctionner sur votre serveur Web. Vous ne comprenez pas ce que cela signifie ? Peu importe. Demandez à votre fournisseur d'accès ou à votre administrateur réseau de le faire pour vous. Dites-leur que vous devez paramétrer search.pl sur 755 et search.html sur 744. Ils comprendront et ce sera fait en 5 minutes.

Des outils de navigation pour s'y retrouver

Plus votre site est complexe, plus vous avez besoin d'outils de navigation. Si un moteur de recherche donne des réponses rapides à des questions spécifiques, rien de tel que de se balader dans un site pour en découvrir les richesses. Afin d'aider vos visiteurs à s'y retrouver, il existe des aides à la navigation très pratiques et surtout très simples.

Créer des listes déroulantes

Il est temps de se lancer dans le JavaScript. La liste déroulante de la Figure 15.5 est très simple à réaliser. Il s'agit d'un formulaire contenant un menu. Lorsqu'un visiteur effectue une sélection dans ce menu, le formulaire appelle le code JavaScript et charge la page sélectionnée.

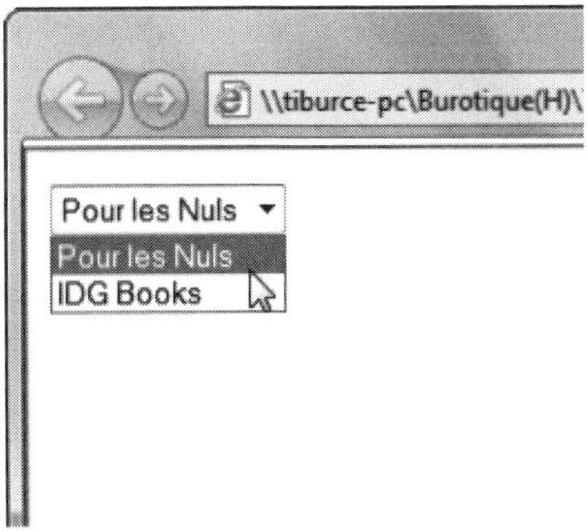

Figure 15.5 : Une liste déroulante JavaScript permet au visiteur de mieux naviguer sur votre site.

Pour ajouter cette fonctionnalité à l'une de vos pages Web, vous devez d'abord placer ce script dans votre élément HEAD. Votre code ressemblera à ceci :

```
<HEAD>
<SCRIPT language="JavaScript">
```

```
<!-- // Hide from old browsers function golinks(where)
      {self.location = where;}
//stop hiding -->
</SCRIPT>
</HEAD>
```

Votre élément HEAD comportera certainement d'autres informations telles que le titre, mais nous nous concentrons ici sur la fonction étudiée.

Insérez maintenant le formulaire dans l'élément BODY :

```
<BODY>
<FORM>
<SELECT onchange="golinks(this.options[this.selectedIndex].value)">
<OPTION value="http://www.efirst.com/">Pour les Nuls</OPTION>
<OPTION value="http://www.idgbooks.com/">IDG Books</OPTION>
</SELECT>
</FORM>
</BODY
```

Créer des listes déroulantes dans Dreamweaver

Ah ! Je les entends d'ici les *nuls* de la première heure qui se disent que le Web est autre chose qu'une juxtaposition de codes dans des codes et des codes pour obtenir une malheureuse liste déroulante. Pour vous, les adeptes du WYSIWYG, c'est-à-dire des éditeurs visuels, voici comment créer une liste déroulante dans Dreamweaver :

1. **Dans une page vierge de Dreamweaver (Fichier/Nouveau/Type de page/HTML, puis un clic sur le bouton Créer), placez le point d'insertion où vous désirez faire apparaître la liste déroulante.**

   Si nécessaire cliquez sur le bouton Création de la fenêtre du document pour travailler en mode WYSIWYG.

2. **Dans le panneau Insertion, choisissez Formulaire, et cliquez sur Liste/Menu.**

   Une boîte de dialogue vous demande s'il faut ajouter une balise d'entrée. Donnez éventuellement un nom à l'Etiquette, laissez les autres options par défaut, et cliquez sur OK.

Un message demande s'il faut ajouter une balise de formulaire. Cliquez sur Oui.

La liste apparaît comme à la Figure 15.6.

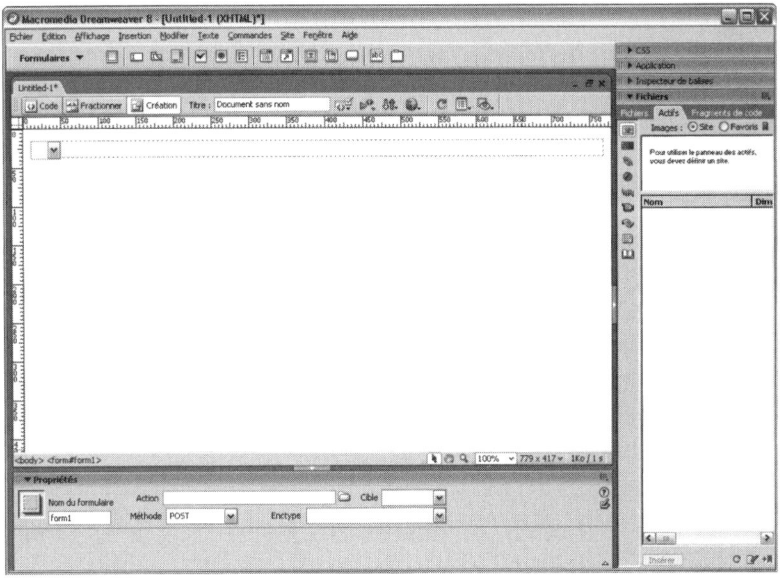

Figure 15.6 : Une liste créée en trois clics de souris dans Dreamweaver.

3. **Cliquez sur la liste elle-même pour la sélectionner, puis, dans le panneau Propriétés, activez le Type Menu (par défaut).**

4. **Cliquez sur le bouton Valeurs de la liste pour saisir les éléments de la liste.**

   Vous accédez à la boîte de dialogue Valeurs de la liste représentée sur la Figure 15.7. Dans la colonnc Etiquette de l'élément, donnez un nom à un des éléments du menu.

5. **Cliquez sur le bouton « + » pour ajouter d'autres éléments à la liste.**

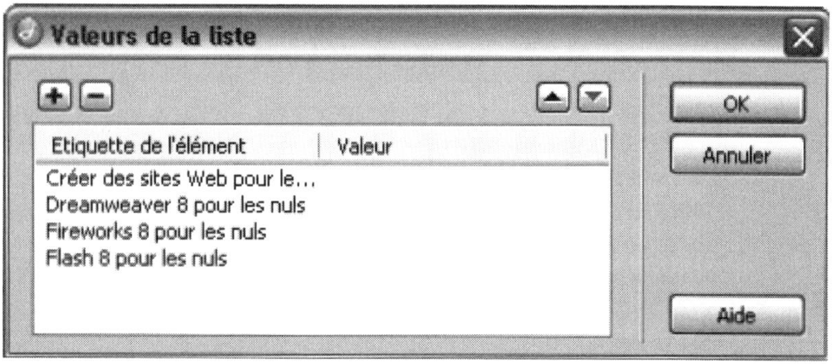

Figure 15.7 : La boîte de dialogue Valeurs de la liste pour définir les éléments d'une liste.

TRUC

Vous pouvez également ajouter d'autres éléments en appuyant deux fois sur la touche Tab.

6. **Une fois la liste complète, cliquez sur OK.**

7. **Dans la liste « Initialement sélectionné » du panneau Propriétés, cliquez sur l'élément qui sera sélectionné quand l'internaute déroulera la liste.**

8. **Testez votre liste via Fichier/Aperçu dans le navigateur ou en cliquant sur le bouton du même nom dans la barre d'outils de Dreamweaver.**

   Comme en témoigne la Figure 15.8, la liste fonctionne à merveille.

9. **Visualisez le code généré sans aucune intervention de votre part en cliquant sur l'onglet Code de Dreamweaver.**

   La Figure 15.9 est éloquente. Le code est d'une grande limpidité.

NOTE TECHNIQUE

Une telle liste ne sert qu'à donner des informations. Elle fait souvent partie d'un choix effectué dans un formulaire dont le contenu sera ensuite envoyé au serveur ou arrivera sous forme d'e-mail au destinataire (vous a priori). Mais, pour qu'une liste agisse comme un véritable menu, vous devez la créer avec l'outil « Insérer menu de reroutage » via Insertion/Formulaire/Menu de reroutage, ou en sélectionnant Formulaires dans le panneau Insertion de Dreamweaver (qui affiche Commun par défaut), puis en cliquant sur le bouton

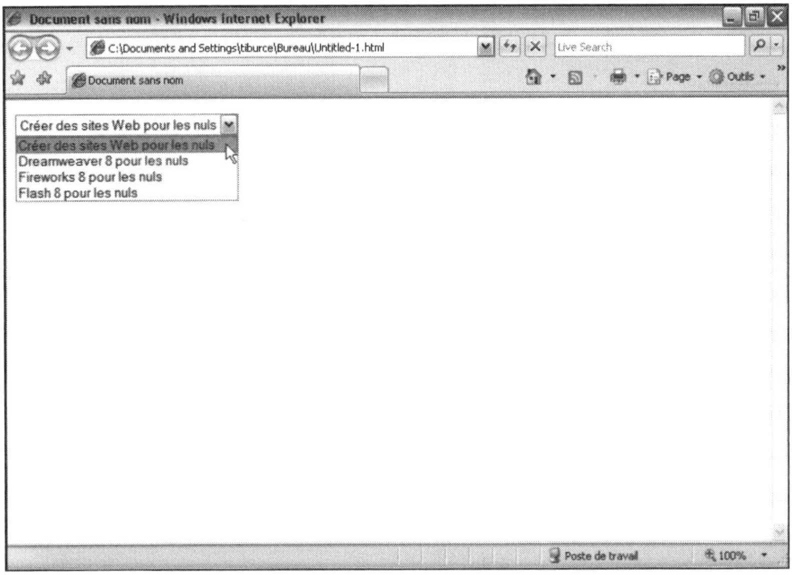

Figure 15.8 : Aperçu de la liste dans un navigateur comme Internet Explorer.

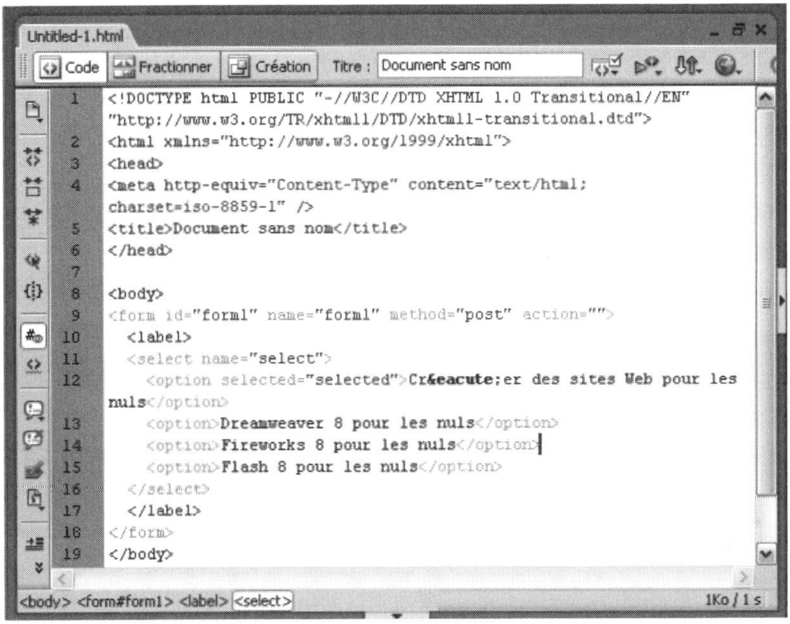

Figure 15.9 : Le code HTML qu'il aurait fallu saisir pour créer une liste déroulante informative.

Menu de reroutage. Lorsque tous les paramètres sont définis, il suffit de cliquer sur un élément du menu pour accéder à une page Web spécifique.

Les bonnes adresses du Net

Le Tableau 15.1 vous donne quelques adresses où vous trouverez des informations complémentaires sur les sujets abordés dans cette section.

Tableau 15.1 : Ressources Internet.

Nom du site	Adresse Web
Barre de navigation	www.asp-php.net/scripts/asp-php/navigation.php
NavSurf	www.navsurf.com/
whatUseek	http://intra.whatuseek.com

Intégrer des éléments multimédias

Si vous ne parvenez pas à ajouter de l'interactivité avec les langages de programmation et HTML, vous avez alors tout intérêt à passer par un programme comme Flash CS4. Bien connu pour ses fonctions d'animation, le débutant ignore ou élude les possibilités de programmation ActionScript qui permettent d'ajouter une interactivité sans équivalent dans vos sites. Par exemple, vous pouvez parfaitement créer un système d'achat sur Internet via un panier virtuel que vous remplissez par simple glisser-déposer des produits. À chaque article ajouté, le prix total s'actualise.

ActionScript peut aussi vous connecter à une base de données et à un système de gestion permettant de créer des applications véritablement dynamiques. Une fois ces applications créées, il suffit de les intégrer au code HTML via une simple balise `<embed>` comme ceci :

```
<embed src="movie.swf" quality=high
          pluginspage="http://www.macromedia.com/shockwave/
          download/index.cgi?P1_Prod_Version=ShockwaveFlash"
          type="application/x-shockwave-flash" width="500"
          height="350" loop="false">
</embed>
```

Une fois l'élément en place sur la page Web, il dispose de son propre jeu de contrôles, et agit indépendamment des autres éléments de la page (texte, liens, boutons, etc.). Regardez l'application Flash de la Figure 15.10. Elle permet de personnaliser la Mini Cooper que l'on souhaite acheter, en choisissant la couleur, les options, etc., et en obtenant le prix correspondant.

Figure 15.10 : Ce site entièrement construit en Flash permet de personnaliser sa Mini Cooper.

ATTENTION !

Pour lire les sites et les animations Flash, les internautes doivent posséder un plug-in connu sous le nom de Lecteur Flash ou Flash Player. Avec certains autres fichiers multimédias comme les vidéos QuickTime (format MOV), il faut disposer du lecteur QuickTime. Dans le cas contraire, la page Web affiche une erreur. Il est possible d'intégrer un script JavaScript qui va automatiquement détecter la présence de ce plug-in dans le navigateur Web de l'internaute. Si ce visiteur ne dispose pas du plug-in, un message l'invite à le télécharger en le dirigeant vers le site adéquat comme Adobe pour le plug-in Flash et Apple pour le plug-in QuickTime. L'installation se fait par un simple clic sur un bouton tout aussi simple.

En plus des interfaces dynamiques Flash, un site contient aujourd'hui de l'audio et de la vidéo. Ces médias très lourds peuvent prendre beaucoup de temps pour se télécharger avant que l'internaute puisse en profiter. Cette durée de téléchargement est d'autant plus rédhibitoire quand le visiteur ne dispose pas d'une connexion haut débit de type ADSL ou câble. En effet, un modem plafonnant à un débit de 56 Kbps est d'une lenteur incroyable.

Pour faciliter la vie de tous, et même de ceux qui surfent en haut débit, il est possible de diffuser de l'audio et de la vidéo en *streaming*. Le streaming est une technologie très ancienne mise au point par la société RealNetwork pour permettre d'entendre et de voir des éléments multimédias avant leur téléchargement complet dans le navigateur de l'internaute. Techniquement, une partie du fichier se télécharge, par exemple 5 %, et la lecture du fichier audio et vidéo commence. Pendant cette lecture, le reste du fichier poursuit son téléchargement. On parle ainsi de lecture en continu ou de fichier diffusé en flux continu.

Aujourd'hui, de nombreuses sociétés ont développé une version *streaming* de leurs fichiers. Ainsi, les formats WMA et WMV de Microsoft connaissent un équivalent en flux continu. Idem pour QuickTime. Bien entendu, le format en flux continu historique est celui de Real, et se présente sous la forme de fichiers portant l'extension « .ra », « .rm », etc. Pour pouvoir être lu, un codec (compresseur/décompresseur) doit être installé dans le navigateur de l'internaute. Bien entendu, tous les codecs de lecture sont gratuits.

Chapitre 16

Pour un site qui en jette... gratuitement

Dans ce chapitre :

- Trouver des images libres de droits.
- Comprendre les formats de fichiers graphiques.
- Commander et créer des logos.
- Utiliser des applets graphiques.

Même s'il est fonctionnel et optimisé, un site sans images est souvent fade et ennuyeux. Il rappelle un écran minitel à peine amélioré. Ne laissez pas vos visiteurs partir pour des horizons plus riches en images !

Ce chapitre vous fera découvrir de nombreux sites proposant des images, des applets Java créant d'étonnants effets graphiques et de nombreux add-ins donnant un peu de pep à votre site.

TRUC

« Applets Java ? » Oui, un débutant en création Web ne connaît ni la terminologie ni la technologie mise en œuvre sur les sites les plus dynamiques. Des *applets* ou *appliquettes* Java sont de petits programmes qui améliorent l'interactivité d'un site Web. Ils sont écrits dans un langage de programmation appelé JavaScript. Un dérivé de ce langage, *ActionScript*, est utilisé par le logiciel Flash CS4. Ce programme, dont nous parlons dans la troisième partie, permet de créer des animations et des interfaces interactives sans équivalent qui intègrent assez facilement des éléments multimédias. Les appliquettes Java écrites en JavaScript ou ActionScript font entrer les sites Web dans une ère qui peut aujourd'hui faire de l'Internet un lieu d'expression artistique tirant profit des contraintes imposées par l'HTML. «Des add-ins ?» Cette fois, il s'agit de modules permettant à des technologies de fonctionner dans votre navigateur, ou de programmes qui donneront à vos images le format graphique approprié pour obtenir des sites attrayants, rapides à télécharger dans le navigateur de l'internaute.

Trouver des images gratuites

Nous ne sommes pas tous des artistes, il faut bien le reconnaître. Plutôt que de perdre un temps précieux à tenter – vainement le plus souvent – de créer une image, nous allons partir à la conquête de sites en offrant – en libre accès, bien sûr.

Attention au copyright !

Toutes ces images que vous admirez sur l'Internet peuvent devenir les vôtres ! Il suffit de les télécharger, ou plus simplement de cliquer dessus avec le bouton droit de la souris (Windows) et d'exécuter la commande « Enregistrer la photo sous ». Et rien ne vous empêche de les observer sous tous leurs angles, de les admirer tout votre soûl. Vous pouvez même les intégrer à votre site, mais vous devez jouer la carte de la prudence : certaines d'entre elles sont protégées et leur utilisation intempestive vous expose à des dangers...

Lorsqu'un artiste crée une image, il en possède le *copyright*. Le copyright, qui signifie littéralement « droit de copie », donne à l'artiste le droit de faire des copies. L'artiste peut accorder la permission à d'autres personnes de faire des copies de cette image. Il peut même leur vendre ce droit.

Lorsque les travaux d'un artiste tombent dans le domaine public, l'artiste n'est plus propriétaire du copyright. Dans ce cas, les œuvres appartiennent à tous et chacun peut en faire ce qu'il veut.

Il se présente cinq situations types en matière de droit de l'image sur Internet :

- L'artiste vous indique clairement que vous ne pouvez pas utiliser ses œuvres.
- L'artiste vous informe que vous pouvez utiliser ses images sans aucune condition.
- L'artiste vous indique que vous pouvez utiliser ses images sous certaines conditions telles que la création d'un lien vers son site ou la mention du copyright sous l'image.
- L'artiste vous informe que vous pouvez utiliser l'image gratuitement si votre site n'est pas commercial. S'il est commercial, vous devez payer des droits.
- L'artiste ne donne aucune information quant à l'utilisation de ses œuvres. Envoyez-lui un courrier électronique pour en savoir plus, mais sachez qu'implicitement aucune mention faite sur l'utilisation d'une œuvre signifie que vous n'avez pas le droit de l'utiliser. Les artistes sont très bien protégés en France. Que ce soit la SACEM, la SACD, la SCALA ou La Maison des Artistes, les droits d'un artiste sur ses œuvres sont préservés.

Reportez-vous à la fin de ce chapitre pour découvrir des sites offrant des images Web de très grande qualité !

Les différents formats de fichiers graphiques

Il existe de nombreux formats de fichiers graphiques, comme vous avez pu le remarquer. Les sociétés, d'Adobe à Kodak, ont toutes leur propre technique en matière d'images électroniques. Sur le Net en revanche, il existe trois grands formats de fichiers – reconnus par tous les grands navigateurs (on parle de Web et non de Christophe Colomb ou de Magellan). Bien que nous en ayons déjà parlé, un petit rappel ne fait jamais de mal à personne.

GIF

Le bon vieux GIF (Graphic Interchange Format) est toujours très utilisé sur l'Internet. Le format GIF n'utilise que 256 couleurs, il est donc conseillé pour les images comportant peu de couleurs. Les fichiers GIF ont une aptitude unique, celle de contenir plusieurs fichiers en un. Ces images apparaissent par séquence lorsque vous visionnez le fichier GIF, ce qui donne une forme d'animation simple et sans prétention.

JPEG

Le format JPEG (Joint Photographic Experts Group), plus récent, également connu sous le nom de JPG, est totalement différent. JPEG est un véritable format de couleur, si bien que vous n'avez pas à vous soucier des limitations de couleur. En outre, il stocke les données selon une technique permettant une forte compression. Pour la même image, le fichier JPEG est donc beaucoup plus petit que le fichier GIF.

PNG

Le format PNG (Portable Network Graphics) est né en réponse aux problèmes légaux croissants liés au format GIF. PNG peut faire tout ce que GIF sait faire, sauf créer des images animées. Mais il y a un certain nombre de techniques qu'il maîtrise mieux, comme la transparence. Sans oublier la cerise sur le gâteau : il est complètement dépourvu de casse-tête légaux et autres droits. À noter qu'un format nommé MNG (Multiple Network Graphics) est apparu dans sa version 1.0 en janvier 2001. Pour afficher des images dans ce format, les navigateurs Web doivent disposer d'un plug-in spécifique. Peu de programmes graphiques permettent actuellement d'exporter vos images dans ce format. Il faut reconnaître que les navigateurs Internet ont parfois quelques ratés avec le format PNG, mais cela va en s'arrangeant. PNG est le format natif du travail sous Fireworks, un grand programme graphique orienté vectoriel et création d'interface Web dont nous avons déjà parlé. Il deviendra certainement un standard Web en attendant la démocratisation du fameux JPEG 2000.

En d'autres termes, nous pouvons dire que le format PNG cumule les avantages des formats GIF et JPEG, c'est-à-dire la gestion de la transparence et des millions de couleurs qui se dégradent très peu malgré une compression très élevée.

Créer un logo avec CoolText.com

Vous voulez un logo gratuit, rapidement ? Vous ne voyez pas d'inconvénient à le créer vous-même ? Essayez CoolText.com sur `www.cooltext.com` (vous l'aviez deviné...). Ce site Web génère des logos d'après les options que vous avez choisies. La méthode est simple et amusante. Et vous pouvez créer autant de logos que vous le souhaitez. Seule anicroche : vous devez comprendre l'anglais pour mener à bien les différentes étapes de création du logo.

Non seulement les logos sont vraiment géniaux, mais le site ne comporte aucune restriction légale. Pas de mention de copyright à ajouter, pas de pub à insérer. Rien. Pour remercier les géniaux personnages se trouvant derrière ce site, vous pouvez insérer un lien, mais ce n'est pas obligé.

CoolText ne détient pas de copyright sur les logos que vous créez, mais vous, peut-être que si. Les décisions que vous prenez au fil du processus de création du logo relèvent de la création artistique, nous semble-t-il. Nous ne sommes pas juristes, mais s'il est important pour vous, dans votre situation, de connaître vos droits en la matière, adressez-vous à un juriste professionnel.

Pour créer un logo personnalisé sur CoolText.com, suivez les étapes décrites ci-dessous :

1. **Rendez-vous sur le site** `www.cooltext.com` **et cliquez sur le l'onglet Logo situé en haut de la page.**

2. **Dans la zone Choose a Logo Design (Choisir un style de logo), cliquez sur le style de logo que vous désirez créer, comme le montre la Figure 16.1.**

Figure 16.1 : Les styles de logo disponibles quand vous cliquez sur le lien Logos de la page d'accueil de CoolText.com.

3. **Dans le champ Logo Text (texte du logo) de la nouvelle page qui apparaît, saisissez le texte de votre logo (Figure 16.2).**

Figure 16.2 : Saisissez le texte de votre logo dans le champ Logo Text.

Vous pouvez saisir ce que bon vous semble, mais le plus souvent il s'agit du nom du site ou de la société. Pour saisir plus d'une ligne, insérez le symbole de nouvelle ligne (`\n`) comme dans l'exemple ci-dessous :

```
première ligne \ndeuxième ligne
```

Peu importe le type de logo choisi, car vous pouvez changer d'avis en cours de route sans avoir à tout recommencer. Dans notre exemple, nous avons choisi le style Chrome One.

4. **Sélectionnez ensuite une police en cliquant sur celle affichée en face de Font.**

   Des centaines de polices sont disponibles. Chacune propose un aperçu. Dès que vous sélectionnez une police, vous revenez dans la page de création de votre logo.

5. **Entrez une taille de police dans le champ Font Size (Taille de la police).**

6. **Définissez la couleur (ou la texture) du texte.**

   Le choix entre couleur et/ou texture varie selon la police utilisée.

7. **Choisissez un arrière-plan en cliquant sur l'image située à droite de Background Color (ou Texture).**

   Cliquez sur l'échantillon de la texture à utiliser.

8. **Choisissez un format de fichier, par exemple JPG, dans la liste File Format.**

9. **Enfin, cliquez sur Render Logo Design pour lancer la procédure de rendu de votre logo.**

   Au bout de quelques secondes, le logo apparaît dans une nouvelle fenêtre, comme le montre la Figure 16.3.

   Pour utiliser votre logo, vous devez :

10. **Cliquez sur le lien Download Image (télécharger l'image).**

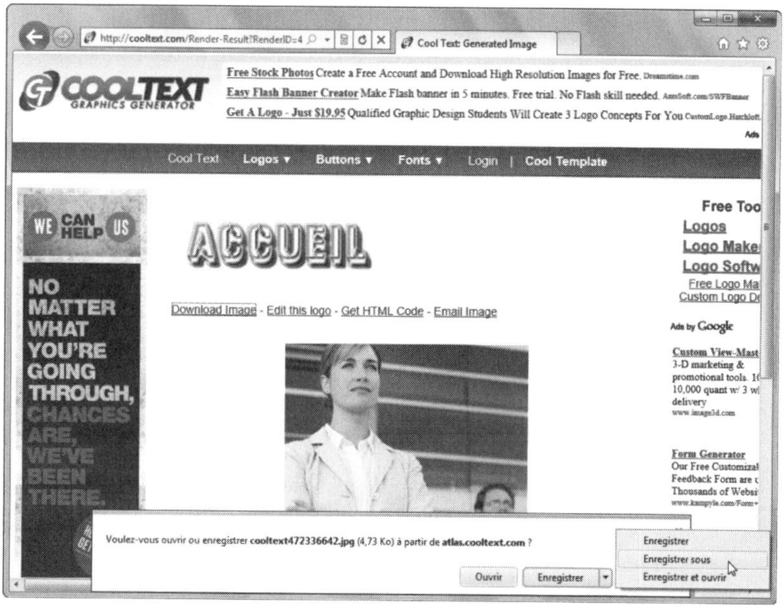

Figure 16.3 : Le logo est créé. Il ne reste plus qu'à le télécharger.

11. **Dans la boîte de dialogue Téléchargement de fichier, cliquez sur le bouton Enregistrer.**

12. **avec Internet Explorer 9, cliquez sur la petite flèche située à droite du bouton Enregistrer, puis sur Enregistrer sous comme à la Figure 16.4.**

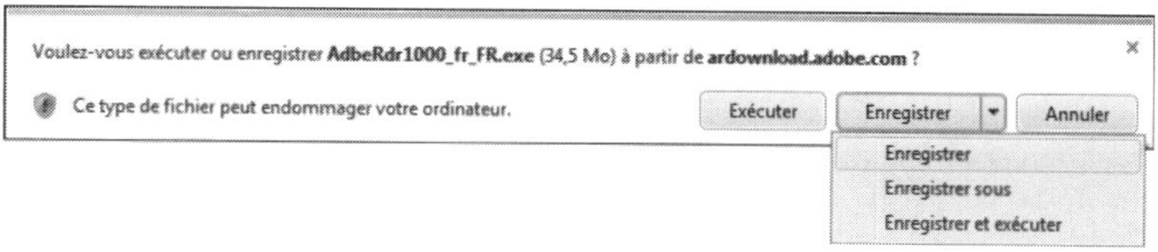

Figure 16.4 : Les nouvelles commandes d'enregistrement d'Internet Explorer 9.

13. **Dans la boîte de dialogue Enregistrer sous, choisissez un disque dur et un dossier de stockage.**

TRUC

Je vous conseille de créer un dossier où vous centraliserez toutes les images destinées au Web.

Donnez au fichier un nom significatif.

14. Cliquez sur Enregistrer.

Il ne vous reste plus qu'à insérer ce logo dans une page Web, en utilisant un programme comme Dreamweaver que vous découvrirez plus en détail dans la prochaine partie de ce livre.

Quelques applets toutes simples

Les applets décrites dans les sections suivantes vont vous permettre d'améliorer considérablement vos pages.

Au feu, les pompiers !

L'applet Fire sera du plus bel effet sur votre site. Elle s'applique principalement sur du texte.

TRUC

Les parties prenant feu étant les plus claires, l'idéal est de saisir un texte noir ou blanc.

Voici le code à coller dans la balise `BODY` de votre code HTML :

```
<APPLET CODE="fire.class" WIDTH=234 HEIGHT=60>
     <PARAM NAME="coolingfactor" VALUE=2>
     <PARAM NAME="coolingrows" VALUE=50%>
     <PARAM NAME="coolinglimit" VALUE=50%>
     <PARAM NAME="text" VALUE="JavaBoutique">
     <PARAM NAME="textfont" VALUE="Verdana">
     <PARAM NAME="textsize" VALUE="24">
     <PARAM NAME="textcolor" VALUE="003300">
</APPLET>
```

Le seul paramètre véritablement indispensable est le paramètre `text`. Modifiez-le pour que le feu enflamme un texte personnalisé !

Il neige !

L'applet Neige transforme n'importe quelle image en paysage d'hiver, comme le montre la Figure 16.5.

Figure 16.5 : De la neige, en veux-tu en voilà !

Comme l'applet Fire que nous venons de voir, l'applet Neige est très simple à intégrer à votre page Web. Ses paramètres ressemblent à ceux de l'applet Fire. Vous devez définir la valeur du paramètre image. Le paramètre `value=»img.jpg»`, dont la valeur est le fichier de destination du lien, doit indiquer le nom de l'image sur laquelle s'applique le code. Voici le code à implémenter dans la balise `BODY` :

```
<applet code="alcsnow.class" align="baseline" width="353" height="273">
<param name="grph" value="img.jpg"> <!--votre image ici-->
<param name="snows" value="990"><!--densité de neige-->
<param name="threadsleep" value="10"><!--vitesse de déplacement de la
    neige (frame/ms)-->
</applet>
```

Cube

L'applet Cube permet de répartir 6 images sur chaque face d'un cube dont vous dirigez la rotation avec le pointeur de la souris.

La Figure 16.6 montre l'applet Cube dans son plus simple apparat. Pour en avoir une idée juste, il faut vraiment l'admirer à l'écran. Elle ajoute une surface réfléchissante dans la partie

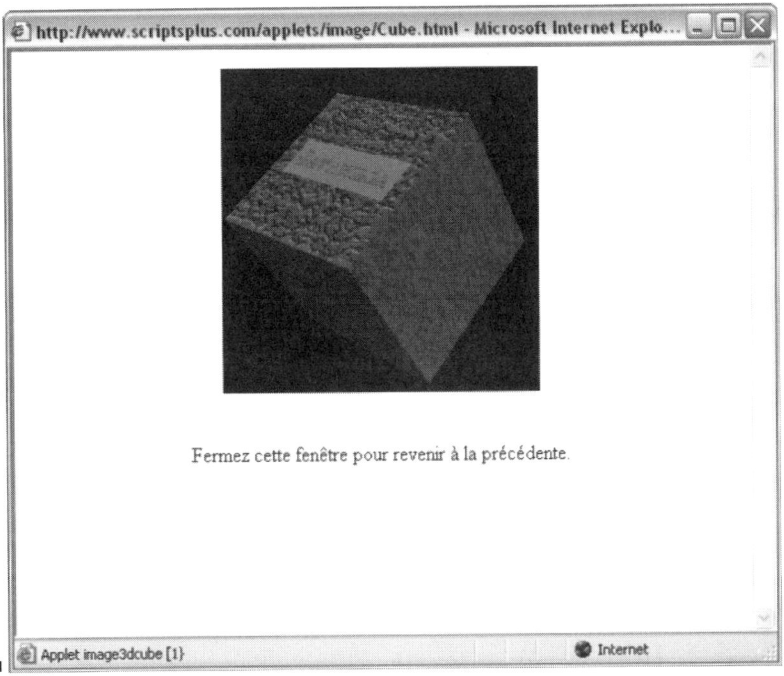

Figure 16.6 : Avec l'applet Cube, vos images tournent sur un cube dirigé par le pointeur de la souris.

inférieure d'une image ainsi qu'un effet d'ondulation. La partie inférieure de l'image semble réfléchie dans une eau troublée par une douce brise.

Utilisez également cette applet pour un menu. Cette fois, chaque face peut être un lien vers une autre partie du site, voire un autre site Web.

Voici le code à insérer dans la balise `BODY` :

```
<APPLET CODE="image3dcube.class" WIDTH=250 HEIGHT=250>
<PARAM name="background" value="000000">
<PARAM name="shadowcolor" value="000000">
<PARAM name="textcolor" value="FFFFFF">
<PARAM name="spotlight" value="no">
<PARAM name="showlightbutton" value="no">
<PARAM name="sleeptime" value="5">
<PARAM name="target" value="_self">
<PARAM name="anglestep" value="8">
<PARAM name="mouseresponse" value="6">
<PARAM name="zoomspeed" value="5">
<PARAM name="image0" value="img1.gif">
```

```
<PARAM name="image1" value="img2.gif">
<PARAM name="image2" value="img3.gif">
<PARAM name="image3" value="img4.gif">
<PARAM name="image4" value="img5.gif">
<PARAM name="image5" value="img6.gif">
<PARAM name="url0" value="">
<PARAM name="url1" value="">
<PARAM name="url2" value="">
<PARAM name="url3" value="">
<PARAM name="url4" value="">
<PARAM name="url5" value="">
</APPLET>
```

Modifiez principalement les valeurs `img1.gif` à `img6.gif` qui doivent reprendre le nom des fichiers des images à appliquer sur le cube.

Les bonnes adresses du Net

Le Tableau 16.1 vous donne quelques adresses où vous trouverez des informations complémentaires sur les sujets abordés dans ce chapitre.

Tableau 16.1 : Ressources Internet.

Nom du site	Adresse Web
CoolNotions.com	`www.coolnotions.com`
Expo de Brandi Jasmine	`www.brandijasmine.com`
Expo de Dee	`www.dreslough.com/main/index.html`
Goddess Art of Jonathon Earl Bowser	`www.jonathonart.com`
Lindy's Graphics	`www.theiowa.net/lindy`

N'OUBLIEZ PAS

Vous pouvez utiliser ces images gratuitement, mais certaines d'entre elles nécessitent une autorisation. Lisez toujours le texte Licence Agreement ou encore Conditions d'utilisation. Méfiez-vous des *images repositories*, sites qui mettent à votre disposition des milliers d'images sans vous informer des conditions légales d'utilisation.

Quatrième partie

L'art de recevoir ses visiteurs

Dans cette partie...

Cette partie vous apprend à fidéliser vos internautes. Dans le Chapitre 17, les visiteurs s'expriment à l'aide de questionnaires, et le Chapitre 18 donne la parole aux visiteurs à travers des forums où ils contrôlent la situation.

Chapitre 17

Ecouter ses visiteurs

Dans ce chapitre :

- Organiser des questionnaires.
- Concevoir des formulaires.
- Assurer la protection des données et la sécurité.

Lors de ses premiers pas, le Web était à sens unique. Le webmestre y déposait des informations, le visiteur y avait accès, un point c'est tout. Aujourd'hui, l'avis des visiteurs joue un grand rôle – et ils aiment qu'on leur donne la parole. La plupart des sites Web utilisent des formulaires à cet effet. Ce chapitre traite des moyens les plus simples d'utiliser des formulaires sur votre site.

NOTE TECHNIQUE

Ah ! les formulaires, quelle belle histoire ! Vous en avez certainement rempli à tour de bras depuis votre embarquement sur le Web, mais leur mise en place n'est pas aussi simple qu'il y paraît. Dans la prochaine partie, vous verrez que des logiciels comme Dreamweaver permettent de créer facilement des formulaires. Le plus difficile est de programmer le bouton « Envoyer ». En effet, comment allez-vous recevoir le contenu d'un formulaire ? Le plus simple est une réception par courrier électronique. Dans ce chapitre, contentez-vous de comprendre le fonctionnement général des formulaires. Vous verrez que, à un certain niveau, la gestion des informations transmises par un formulaire exige de bonnes connaissances en programmation, et un serveur Web capable de l'assumer.

Organiser un sondage

Impossible d'écouter les infos sans entendre les résultats d'un sondage, qu'il s'agisse des craintes sur la maladie de la vache folle, de l'avis des Français sur le réchauffement de la planète, du nombre de trottinettes par habitant – les gens adorent savoir ce que les autres pensent et ils aiment donner leur avis sur tout (et même surtout donner leur avis). Voici le type de questions que l'on peut rencontrer sur le Web :

- Avis sur la qualité d'un produit : « Quelle note attribuez-vous à notre nouveauté ? »
- Opinion sur les sujets de société : « Doit-on accorder plus d'importance aux espèces menacées ? »
- Préférence entre les candidats aux élections : « Pour qui avez-vous l'intention de voter ? »
- Nouvelles fonctionnalités du site : « Quelles nouvelles fonctionnalités souhaitez-vous trouver sur ce site ? »

mon-fomulaire.com

Mon-formulaire.com (`www.mon-formulaire.com`) permet de créer et d'utiliser des formulaires de contacts totalement intégrés à votre site Web. Voici comment procéder :

1. **Rendez-vous sur** `www.mon-formulaire.com` **et inscrivez-vous.**

   L'inscription est gratuite ! Vous recevrez un mail de confirmation. Cliquez sur le lien de ce mail afin de valider votre inscription. Vous voici de retour chez mon-formulaire.com.

2. **Tapez votre adresse mail et votre mot de passe pour vous connecter à votre compte.**

3. **Faites défiler le contenu de la page Web afin d'accéder à la rubrique Créer un formulaire Gratuit.**

4. **Nommez le formulaire et tapez l'adresse Internet où il devra apparaître (Figure 17.1), et cliquez sur Ajouter.**

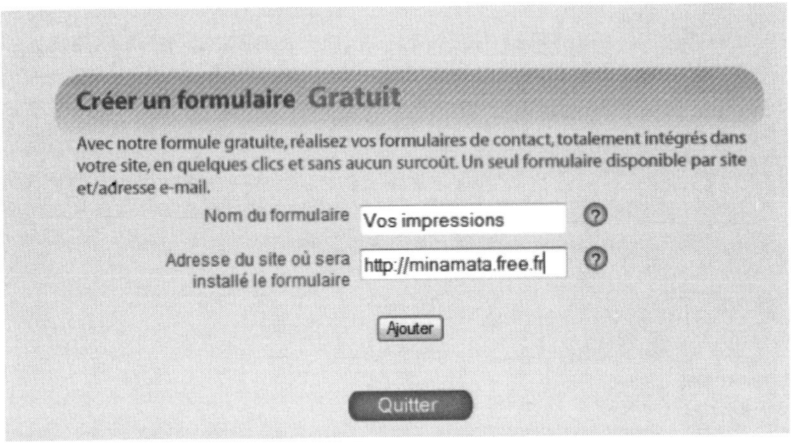

Figure 17.1 : Créez un petit formulaire gratuit chez mon-formulaire.com.

5. **Faites glisser le contenu de la page vers le bas pour afficher la section Ajouter un nouvel élément.**

6. **Dans la liste Choisir le type, sélectionnez l'apparence de votre formulaire. Par exemple, optez pour Groupe de cases à cocher comme à la Figure 17.2.**

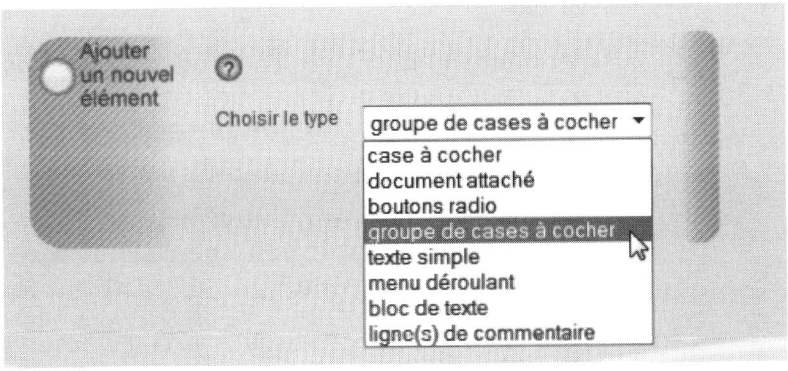

Figure 17.2 : Première étape de votre formulaire : choisir son type.

7. **Activez le bouton radio qui rend ou non le champ obligatoire.**

8. **Dans le vaste champ de saisie, tapez Femme.**

9. **Appuyez sur Entrée, et tapez Homme.**

10. Indiquez si les deux cases vous se placer l'une au-dessus de l'autre (horizontal) ou l'une en dessous de l'autre (vertical).

Vous obtenez la configuration de la Figure 17.3.

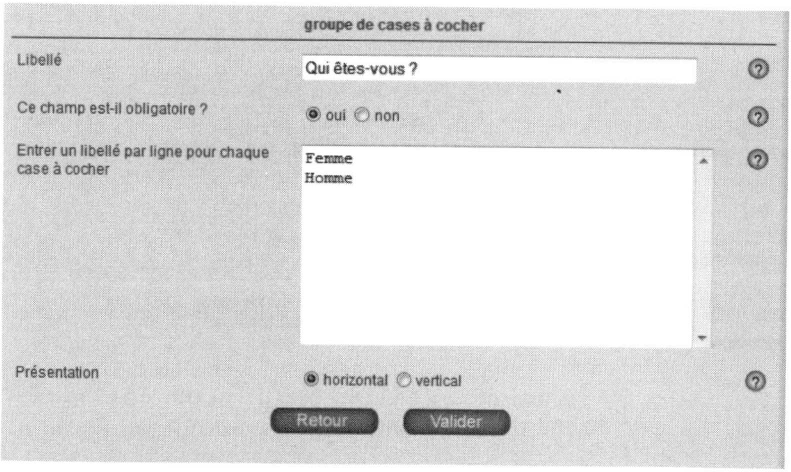

Figure 17.3 : Plusieurs cases à cocher sont définies.

11. Cliquez sur Valider.

12. Ajoutez d'autres éléments en suivant la procédure ci-dessus.

Par exemple, à la Figure 17.4, je demande comment l'internaute a connu l'existence du site. Les choix seront disponibles dans un menu déroulant dont je définis les éléments.

13. Dès que vous disposez d'un nombre suffisant de rubriques, cliquez sur le lien Aperçu situé dans la partie gauche de la page Web.

Vous effectuez une prévisualisation du formulaire sans le publier en ligne. La Figure 17.5 montre le formulaire tel qu'il apparaîtra sur votre page Web.

14. Si votre formulaire vous convient, il suffit de cliquer sur le lien Installation pour le publier sur votre site Web.

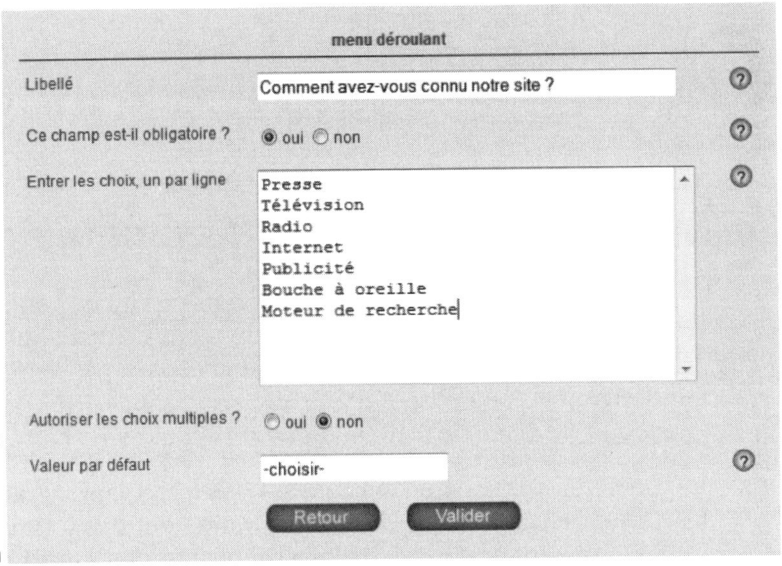

Figure 17.4 : Ajoutez des propositions.

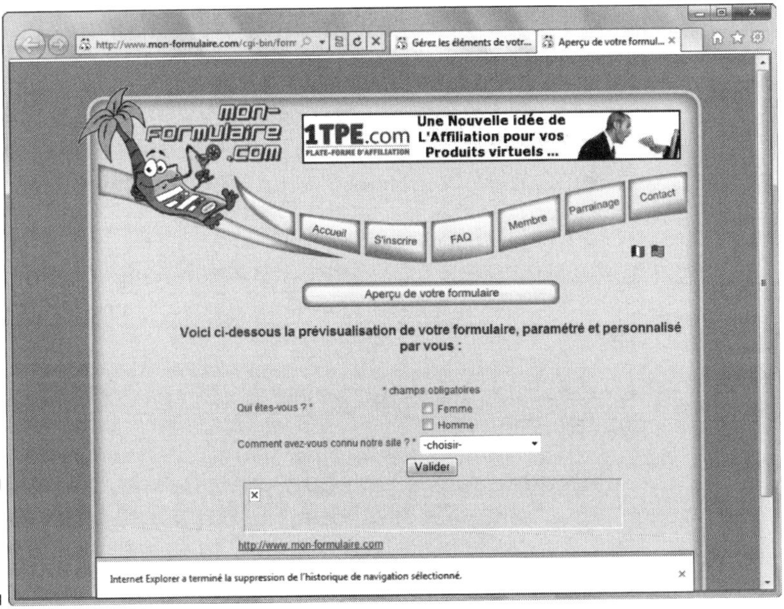

Figure 17.5 : Aperçu du formulaire.

Il suffit simplement de copier-coller le code HTML écrit par le site mon-formulaire.com dans la page Web où vous désirez afficher le formulaire.

TRUC

Pendant la conception de votre formulaire, utilisez les liens « voir/modifier » et « supprimer déplacer » pour apporter des modifications à vos éléments, et pour les changer de position dans votre formulaire.

Tester les concepteurs de formulaires

Sur le Web, les formulaires ne servent pas qu'aux sondages. Ils sont très utilisés dans divers domaines. Vous souhaitez vous en servir davantage, mais ne maîtrisez pas le CGI ? Vous pouvez vous en passer grâce aux programmes de conception et aux services de traitement de formulaires.

De nombreux organismes offrant des formulaires gratuits proposent également un service de traitement des formulaires. Les concepteurs de formulaires fournissent souvent des services CGI, même s'ils les limitent à leurs propres formulaires. Un véritable service de traitement de formulaires pourra, lui, traiter vos propres formulaires.

Response-O-Matic, que vous trouverez sur `www.response-o-matic.com`, est l'une des meilleures sociétés de création de formulaires. Très flexible, elle gère absolument tous les formulaires.

Les questions que vous faites figurer dans le formulaire ne dépendent que de vous. Il faut simplement connaître un peu HTML.

Pour créer un formulaire à l'aide de Response-O-Matic, faites comme suit :

1. **Rendez-vous à l'adresse suivante :** `www.response-o-matic.com`**, puis cliquez sur le bouton Get Started.**

   Vous arrivez à la page Create a Response-O-Matic Account. Remplissez les champs en indiquant votre nom (Name), votre adresse e-mail et un mot de passe. Cliquez sur Sign Up (S'inscrire).

Surveillez votre courrier électronique. Dès que le message de chez Response-O-Matic vous parvient, cliquez sur le lien permettant de valider votre compte.

2. **Dans la première étape, cliquez sur le lien Add a question.**

3. **Dans la liste des types de réponse, choisissez par exemple Radio Buttons.**

4. **Tapez votre question.**

   Par exemple : « Qui êtes-vous ? »

5. **Dans le champ de texte situé en dessous, tapez les réponses possibles comme à la Figure 17.6. Si une réponse est obligatoire, cochez la case Required. N'oubliez pas de cliquer sur le bouton Save.**

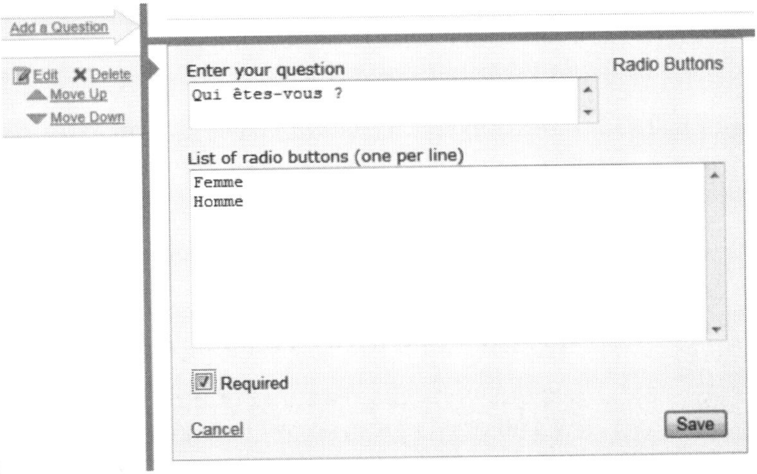

Figure 17.6 : Une question et ses réponses possibles sous forme de boutons radio.

6. **Ajoutez autant de questions que vous le souhaitez par un clic sur le lien Add a question. Validez par un clic sur le bouton Save.**

7. **Dès que vous avez défini tout le contenu de votre formulaire, cliquez sur le bouton Save and Continue to Step 2 situé en bas à droite de la page.**

8. **Décidez de l'action qui va se produire une fois que l'internaute aura répondu au formulaire.**

   Si vous optez pour Send them to your site, le visiteur sera renvoyé vers le site Web dont vous indiquez l'adresse dans le champ qui apparaît. En revanche, si vous choisissez Show them ou « Thank You » page, un message de remerciement s'affichera.

9. **Dans la section Email, cochez la case Receive a copy... afin d'être averti par mail que quelqu'un a répondu au questionnaire.**

10. **Tapez alors votre adresse mail ainsi que l'objet (Subject) du message.**

11. **Cliquez sur le bouton Save and Continue to Step 3.**

    Le code du formulaire est généré !

12. **Copiez et collez le code dans un éditeur de texte ou dans Dreamweaver.**

    Profitez-en pour personnaliser le formulaire, notamment en remplaçant l'anglais par le français.

13. **Testez le formulaire via la fonction aperçu de votre éditeur, ou tout simplement en affichant le fichier HTML dans votre navigateur.**

14. **Testez le formulaire en répondant à la question.**

    Dès que vous cliquez sur le bouton d'envoi, une page Web affiche la progression du traitement du formulaire. Une fois le traitement terminé, cliquez sur le lien Continue. Cette fois, vous êtes envoyé vers la page Web spécifiée lors de la création du formulaire.

15. **Relevez votre courrier électronique.**

    Un mail vous affiche la réponse donnée au sondage.

Confidentialité et sécurité

La première chose à savoir lorsque vous faites traiter les informations de votre site par un service est que vous abandonnez une partie du contrôle sur ces informations. Vérifiez bien les mentions de confidentialité du service. Cherchez un lien du type Privacy Statement, Privacy Policy, Confidentialité ou quelque chose de ressemblant. Lisez attentivement les mentions et imprimez-en une copie à conserver dans vos dossiers.

Si le service de traitement des formulaires ne porte aucune mention de confidentialité ou des mentions floues, ne vous y risquez pas. S'il ne vous garantit pas par écrit la confidentialité de vos informations, c'est dangereux !

Il existe un autre problème. La plupart des services de traitement de formulaires vous envoient le contenu du formulaire par e-mail. Sachant que les administrateurs peuvent lire les mails transitant par leur serveur, cette méthode n'est pas très prudente, même s'ils ont certainement mieux à faire que d'éplucher votre courrier. Les programmes sniffers (renifleurs) peuvent, eux, filtrer les messages intéressants lorsqu'ils passent par un serveur.

Il est évident qu'il n'est pas idéal de passer par ces services de traitement des formulaires si vous recevez des informations sensibles telles que des numéros de cartes de crédit.

Si vous traitez des informations sensibles, vous devez être sûr que le service utilisé récolte les données en passant par un formulaire sécurisé. Il doit en outre conserver les données sur son serveur jusqu'à ce que vous alliez les chercher vous-même en vous connectant sur une page sécurisée du site. C'est le cas de la version professionnelle de Formsite.com.

Les bonnes adresses du Net

Le Tableau 17.1 vous donne quelques adresses où vous trouverez des informations complémentaires sur les sujets abordés dans ce chapitre.

Tableau 17.1 : Ressources Internet.

Nom du site	Adresse Web
Guidewebmaster	http://www.guide-webmaster.com/
Freedback.com	www.freedback.com
EZPolls	http://ezpolls.mycomputer.com
Freepolls.com	www.freepolls.com
Sparklit.com	http://www.sparklit.com/
SiteGadgets.com	www.sitegadgets.com

Chapitre 18

Vos visiteurs ont leur mot à dire

Dans ce chapitre :

- Offrir un livre d'or.
- Créer des forums.

Les fonctionnalités que nous abordons dans ce chapitre rappellent par certains aspects les sondages et les formulaires du Chapitre 17 – à une grande différence près. Les sondages et les formulaires vous laissent la maîtrise totale de la situation, tandis qu'avec les livres d'or, forums et autres chat rooms (salles de discussion), vous perdez un peu de contrôle sur le contenu de votre site Web. Ce contrôle passe entre les mains de vos visiteurs.

Le livre d'or

Un livre d'or, ou livre d'hôtes, permet aux visiteurs de consigner leurs impressions.

TRUC

Certains livres d'or permettent au visiteur de laisser un message à la seule intention du webmaster.

Le livre d'or contient tous les messages laissés par les visiteurs. En général, le message le plus récent s'affiche en haut du livre. Si certains fonctionnent sur le principe inverse, nous

Votre site et la censure

La censure est souvent un mot connoté négativement. Mais vous vous rendrez rapidement compte qu'en tant que webmaster il est parfois nécessaire d'imposer certaines limites. Vous devrez peut-être même interdire l'accès à des éléments perturbateurs intervenant par exemple dans votre chat room. Ce genre d'interdiction et de filtrage peut-il être considéré comme de la censure ? La réponse à cette question dépend de vos intentions. Si vous refusez la parole à quelqu'un sous prétexte que vous ne partagez pas le même avis, il s'agit de censure pure et simple. Si vous souhaitez défendre la liberté de parole du reste des membres, c'est complètement différent.

Il ne s'agit pas ici d'un débat philosophique, mais d'une réflexion d'ordre pratique. Un jour ou l'autre, un esprit malintentionné sèmera la zizanie dans votre communauté. En tant que webmaster, vous devrez y remédier. Pour le bien de tous, vous devez bannir le fauteur de troubles.

vous les déconseillons, car vous devez descendre dans la page, ce qui n'est pas très pratique.

Vous pouvez utiliser quelques fonctionnalités e-mail pratiquées par la plupart des livres d'or :

- Message de remerciement : cette fonctionnalité envoie un message de remerciement à chaque visiteur laissant une appréciation.
- Copie de message par mail : cette fonctionnalité envoie au webmaster une copie de chaque message posté. Cela vous permet de gagner un temps précieux en vous évitant de consulter régulièrement le livre d'or.

Pour installer un livre d'or, il suffit de se connecter à un site proposant ce service et de suivre les instructions en ligne. Visitez `http://www.scripts-fr.com/scripts/livresdor/`, site référence en la matière et qui propose de nombreuses explications d'installation et de gestion des livres d'or.

Créer des forums

Les forums ou *messages boards* disposent de la structure manquant aux livres d'hôtes. Au lieu d'être classés par ordre d'arrivée, les messages sont organisés par sujet. L'avantage du forum est d'offrir une interactivité plus dynamique.

Avant de poster son message, l'hôte choisit un sujet ou *topic line*. Toute réponse est liée au message d'origine, d'où une certaine fluidité de lecture. Chaque visiteur peut suivre les questions-réponses du début à la fin, envoyer des messages pour répondre ou entamer des discussions totalement nouvelles en postant un nouveau message.

Les messages boards traitent toujours d'un thème particulier commun à tous les visiteurs. Il peut s'agir de :

- Discussions professionnelles.
- Débats politiques.
- Problèmes régionaux.
- Loisirs.
- Actualité.
- Support technique.

Un bon programme de forum contient une fonctionnalité de filtre contre les fauteurs de troubles et ceux qui parlent de tout sauf du sujet central. Les filtres bloquent les messages contenant les mots que vous avez spécifiés.

Créer un forum avec Boardhost

Boardhost (`www.boardhost.com`) vous fournit un espace où vous pouvez héberger vos forums. La société n'héberge que les forums qu'elle fournit, mais ils sont personnalisables. Avec Boardhost, vous disposez d'un forum superbe, digne d'un service payant – pour zéro euro. Ce service n'est plus financé par la publicité.

Boardhost dispose d'un certain nombre de caractéristiques que vous pouvez activer et désactiver à volonté. Il s'agit notamment de :

- Faire en sorte que les utilisateurs reçoivent un message électronique lorsqu'un utilisateur a répondu à l'un de leurs messages.
- Offrir une recherche par mot clé pour éviter de parcourir tous les messages lorsque l'on cherche un sujet particulier.
- Ajouter votre logo à toutes les pages du forum.
- Créer un accès protégé par mot de passe de façon à pouvoir avoir des conversations privées.

Pour créer un forum avec Boardhost, faites comme suit :

1. **Rendez-vous à l'adresse** `www.boardhost.com` **et cliquez sur le lien Join Now, comme l'illustre la Figure 18.1.**

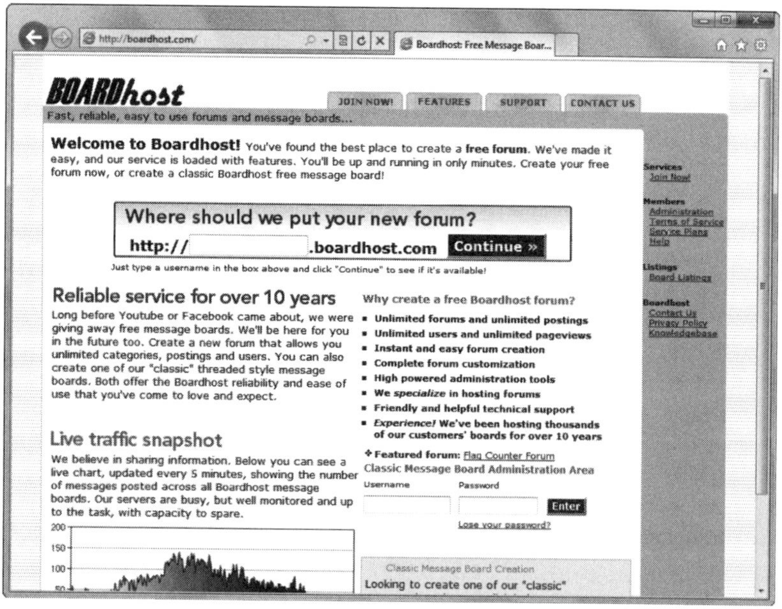

Figure 18.1 : La page d'accueil de Boardhost vous informe des avantages de créer un forum sur ce site.

Vous bénéficiez d'un accès gratuit pendant 14 jours !

2. **Saisissez votre nom d'utilisateur dans la zone de saisie Username et votre mot de passe dans la zone Password.**

   Si vous n'en possédez pas, créez un compte via Join Now.

3. **Cliquez sur Enter.**

   Vous devez respecter la casse lorsque vous saisissez le nom d'utilisateur. « webmasterdusite » et « WebMaster-DuSite » sont interprétés différemment.

4. **Indiquez votre nom et votre adresse e-mail, et cliquez sur Continue.**

5. **Dans la page de validation qui apparaît, cliquez sur Send Activation Link.**

   Un message vous avertit que le code d'activation sera disponible d'ici 10 minutes dans votre boîte aux lettres.

6. **Vérifiez l'arrivée de votre courrier et cliquez sur le lien d'activation.**

   Votre navigateur Web vous parachute sur une nouvelle page où vous devez saisir des informations pour terminer votre inscription :

   - Le nom de votre site Web dans le champ Website name.
   - L'URL de votre site dans le champ Website URL.
   - Une catégorie à sélectionner dans la liste Message Board Category.
   - Un titre à saisir dans le champ Message Board Title.
   - Une catégorie (choix facultatif).
   - Un mot de passe pour administrer votre compte dans les champs Password et Confirm Password.

7. **Cliquez sur le bouton Finish Account Creation (Terminer la création du compte).**

Votre forum est maintenant fonctionnel. Testez-le : cliquez sur le lien affichant son URL et faites quelques manipulations.

Une fois que vous vous sentez à l'aise avec votre forum, retournez à la page Account Area. Dans cette section du site, cliquez sur le lien Generate Linking HTML Codes. Dans la page de code HTML qui s'affiche, prenez le temps d'observer l'apparence des liens, des boutons et des icônes qu'offre Boardhost. Copiez et collez dans vos pages Web les éléments qui vous plaisent. Si aucun ne vous plaît, vous pouvez facilement modifier le code HTML.

Vous pouvez également générer du code HTML ultérieurement en utilisant les fonctions Administration (voir les sections suivantes).

Modifier le forum Boardhost

Vous pouvez modifier le forum à n'importe quel moment. Il suffit de cliquer sur le lien Administration. Si vous avez oublié comment y accéder, faites comme suit :

1. **Rendez-vous à l'adresse suivante :** `www.boardhost.com`**.**

2. **Saisissez votre nom d'utilisateur et votre mot de passe dans les zones de texte appropriées de la zone Message Board Administration Area.**

3. **Cliquez sur le bouton Enter.**

   La page Boardhost Administration s'affiche.

Cette page dispose d'un grand nombre de liens. Les sections suivantes décrivent en détail les plus importants.

Le lien Edit Contact Info (Modifier les informations personnelles)

La page des informations personnelles est divisée en quatre sections. La première, Contact E-mail Address, contient simplement l'adresse e-mail que vous avez donnée lors de votre inscription. Vous pouvez la modifier si besoin est. La case à cocher vous donne le choix de recevoir les mails émis par Boardhost.

La deuxième section, Administrative Post Notifications, ne comporte qu'une case à cocher. Celle-ci vous permet de recevoir un message e-mail vous informant de l'arrivée d'un nouveau message sur votre forum.

La troisième section, Optional *Reply-To* Email Address, affiche une adresse électronique incluse dans le message de notification d'envoi de telle sorte que l'utilisateur puisse directement vous écrire.

La quatrième section, Contact Information, affiche votre nom et votre mot de passe (une série d'astérisques par souci de confidentialité). Vous pouvez fournir votre adresse physique si vous le souhaitez.

Après avoir effectué toutes les modifications, cliquez sur le bouton Save Contact Info (Enregistrer les informations personnelles), en bas de la page. Vous accédez alors à une page comportant la même série de liens que la page Administration.

TRUC

Pour accéder à la page Administration, cliquez deux fois sur le bouton Retour du navigateur.

Le lien Edit Board Settings (Modifier les paramètres du forum)

Ce lien conduit à une page comportant sept sections.

La section Message Board Info affiche le titre de votre forum et les paramètres temporels. Elle vous permet en outre de définir le nombre maximal de messages que peut contenir le forum. Par défaut, le paramètre est de 500 maximum.

Si votre forum dépasse le nombre maximal de messages, il supprime automatiquement les anciens messages pour faire place aux nouveaux.

La section Optional Features présente huit cases à cocher :

- Allow Poll Posts (sondages autorisés) : permet aux visiteurs de créer un sondage personnalisé d'une question contenant 10 réponses.
- Links Allowed (Liens autorisés) : les visiteurs peuvent insérer un lien vers le site Web (sélectionné par défaut).
- Images Allowed (Images autorisées) : permet d'inclure des images dans les messages (sélectionné par défaut).
- Disable Subject Changes (désactiver les changements de sujets) : ne permet pas de changer le sujet. Les messages contiennent donc toujours le même titre de sujet mais précédé de Re.
- Allow E-Mail Notifications (Autoriser les avertissements par e-mail) : permet aux visiteurs d'être prévenus par e-mail qu'un autre visiteur a répondu à leur message.
- Allow HTML (Autoriser le HTML) : permet aux visiteurs d'utiliser du code HTML dans leurs messages (sélectionné par défaut).
- Quote Message Text (texte du message entre guillemets) : le texte du précédent message est systématiquement mis entre guillemets dans toutes les réponses qui lui sont données.
- Spell Checking (Vérification orthographique) : vérifie l'orthographe de chaque message avant leur envoi.

La section Optional Features (Fonctions facultatives) comporte une case à cocher et cinq listes déroulantes.

Les listes déroulantes permettent de paramétrer respectivement les options d'espacement entre les messages et l'utilisation de smileys (émoticônes), de suivi des adresses IP, de recherche des messages et la suppression de certains champs du formulaire.

La section Time and Date Settings (Paramétrage de l'heure et de la date) permet d'indiquer le décalage horaire (Time Zone Offset), le format de l'heure (Time Format) et l'affichage ou non de l'heure en haut du forum (Display the current time on the top of the broad).

La section Default Header (En-tête par défaut) contient une liste déroulante et trois champs de saisie. La liste déroulante permet de choisir le type d'en-tête que vous souhaitez voir apparaître sur votre forum. Les options disponibles sont : afficher le titre du forum en tant qu'en-tête (option par défaut) ; afficher un fichier graphique en tant qu'en-tête (Display Header With Logo – Afficher en-tête avec logo) ; n'afficher aucun en-tête. Si vous utilisez un fichier graphique en tant que logo, vous devez entrer son URL dans la zone de saisie. Si vous ne voulez ni titre ni logo mais souhaitez afficher les liens vers la zone de messages et la page d'accueil, sélectionnez l'option Display Header With Logo (Afficher en-tête avec logo), puis saisissez `http://boardhost.com/images/invisible.gif` dans la zone de saisie de l'URL. Les deux autres champs permettent de modifier le nom du site Web et son URL si, et seulement si, c'est bien nécessaire et si cela correspond à la nouvelle réalité de votre site.

La section Message Options (options des messages) est en quatre parties qui permettent de définir l'aspect des messages dans le forum. Vous pouvez plus ou moins espacer les messages, définir un style et l'apparence des formulaires.

La section Allowed Postings (Publication autorisée) contient une série d'options sur la gestion des publications. Cela va de la publication de tous les messages, jusqu'à la suspension complète de l'activité du forum.

Une fois les paramétrages effectués, cliquez sur le bouton Save Board Settings (Enregistrer les paramètres du forum).

Vous accédez à une page comportant la même série de liens que la page Administration.

Pour accéder à la page Administration, cliquez deux fois sur le bouton Retour du navigateur.

Le lien Edit Appearance (Modifier l'aspect)

Ce lien vous conduit vers une page comportant les cinq sections suivantes :

- Message Board Colors (Couleurs du forum) : cette section vous permet de paramétrer les couleurs de votre forum en saisissant le code hexadécimal approprié dans les zones de saisie Background Color (Couleur de l'arrière-plan), Link Color (Couleur des liens), Visited Link Color (Couleur des liens cliqués) et Text Color (Couleur du texte). Cliquez sur le bouton Choose (Choisir) pour vous permettre de choisir le bon code.
- Message Board Fonts (Polices du forum) : cette section contient trois champs permettant de définir le style et la taille de police de votre forum.
- La section Button Customization (Personnalisation des boutons) permet de définir les différents textes qui doivent apparaître sur les boutons du forum. Vous pouvez également choisir le type de bouton, leur couleur et celle de leur police.
- La section Custom Messages (Messages personnels) permet de définir le texte des messages envoyés. Certains ne s'affichent pas en fonction de la structure du forum. Profitez de ces champs pour franciser les messages !
- Advanced Apparence Options (Options avancées du forum) : Cette section contient quatre champs et deux boutons radio. Le premier permet de saisir l'URL de l'image d'arrière-plan. Le deuxième permet de fixer la longueur des zones de texte (20 par défaut). Le troisième et le quatrième définissent le nombre de rangées

et de colonnes de la zone de message (9 rangées et 50 colonnes par défaut). Enfin, décidez si des lignes horizontales doivent séparer les messages.

Une fois les paramétrages effectués, cliquez sur le bouton Save Board Appearance (Enregistrer les paramètres du forum). Vous accédez à une page comportant la même série de liens que la page Administration.

TRUC

Pour accéder à la page Administration, cliquez deux fois sur le bouton Retour du navigateur.

Le lien Edit Headers/Footers (Modifier les en-têtes et pieds de page)

Ce lien vous conduit vers une page comportant cinq zones de texte. La première vous permet de définir l'en-tête de la page d'indexation du forum ; la deuxième de définir le pied de page de la page d'indexation ; la troisième l'en-tête de toutes les pages de messages ; la quatrième de paramétrer le pied de page de toutes les pages de messages. Vous pouvez utiliser l'HTML comme du texte brut. La cinquième zone vous permet de gérer les balises méta. Saisissez tout texte devant être inséré dans la balise `<head>` de votre code HTML.

Une fois les paramétrages effectués, cliquez sur le bouton Save Headers and Footers (Enregistrer les en-têtes et les pieds de page). Vous accédez à une page comportant la même série de liens que la page Administration.

TRUC

Pour accéder à la page Administration, cliquez deux fois sur le bouton Retour du navigateur.

Les liens Messages

Les cinq liens situés à droite de la page Administration sont les suivants :

- Administrative Post (Courrier de l'administrateur) : Cette option permet d'envoyer un courrier administratif (de l'administrateur). Il présente trois différences majeures avec les courriers normaux : vous pouvez choisir la couleur de votre nom (liste déroulante de la zone de texte Name) ; si le marquage IP est actif, le titre « Administrator » s'affiche à la place de l'adresse IP sur ce message ; vous pouvez choisir de ne pas recevoir de réponse à ce message (case à cocher située en bas de page).

Lorsque vous êtes prêt à envoyer le courrier, cliquez sur le bouton Preview (Aperçu). Si tout vous semble correct, cliquez sur le bouton Post (Envoyer le message).

Vous arrivez alors à une page présentant deux liens : l'un allant au forum et l'autre au message que vous venez d'envoyer.

TRUC

Pour accéder à la page Administration, cliquez deux fois sur le bouton Retour du navigateur.

- Administrative Reply (Réponse de l'administrateur) : Vous conduit vers une page affichant la liste des messages. Cliquez sur un message pour y répondre avec l'adresse IP de l'administrateur.
- Approve Postings : Il s'agit d'une fonction de modération. Seuls les messages approuvés par l'administrateur seront publiés.
- Edit Messages (Modifier les messages) : Vous conduit vers une page affichant la liste des messages. Cliquez sur un message pour le modifier.
- Remove Messages (Supprimer les messages) : Vous conduit vers une page affichant la liste des messages. Pour supprimer un ou plusieurs messages, cliquez dans la case à cocher correspondante puis sur le bouton Remove Messages (Supprimer les messages).

Les liens Access Options (Options d'accessibilité)

Les quatre derniers liens situés à droite de la page Administration sont les suivants :

- Edit IP Address Bans (Bannir un utilisateur) : vous conduit vers une page dans laquelle vous pouvez saisir l'adresse IP que vous avez trouvée dans un message, si la fonction de marquage de l'IP est active. Cliquez sur le bouton Add Ban (Ajouter un interdit) pour bannir une adresse IP particulière. Vous accédez également aux adresses interdites que vous pouvez autoriser à nouveau à l'aide du bouton Remove Ban (Supprimer l'interdiction).
- View Posting Log (Afficher le journal des messages) : vous accédez à un listing qui distille les informations suivantes : Numéro du message, Nom de l'utilisateur, Adresse IP, etc. Il est possible, à partir de ce journal, d'interdire certains utilisateurs du forum.
- Manage Co-Admins (Coadministrateurs) : permet de partager la gestion du forum entre plusieurs personnes. Leur domaine d'intervention se limite à :
  - Administration des publications et des réponses.
  - Affichage des journaux des messages.
  - Modification des interdits.
  - Modification et suppression des messages.
  - Protection par mot de passe.
- Password Protection (Protection par mot de passe) : Vous conduit vers une page vous permettant d'exiger de l'internaute qu'il saisisse un mot de passe et un nom d'utilisateur. Pour activer cette option, il suffit de cliquer sur le bouton Install Password Protection (Installer la protection par mot de passe). Vous devez ensuite saisir votre nom d'utilisateur et votre mot de passe. Ainsi, lorsque vous cliquez sur le lien Install Password Protection, vous pouvez ajouter de nouveaux utilisateurs en

saisissant leur nom d'utilisateur et leur mot de passe, puis en cliquant sur le bouton Add User (Ajouter un utilisateur). Pour supprimer un utilisateur, cliquez sur son nom puis sur le bouton Remove User (Supprimer l'utilisateur). Pour rétablir la situation de départ, cliquez sur le lien Uninstall Password Protection (Désinstaller la protection par mot de passe).

TRUC

Pour accéder à la page Administration, cliquez deux fois sur le bouton Retour du navigateur.

Les bonnes adresses du Net

Le Tableau 18.1 vous donne quelques adresses où vous trouverez des informations complémentaires sur les sujets abordés dans ce chapitre.

Tableau 18.1 : Ressources Internet.

Nom du site	Adresse Web
ASP-PHP.net	`http://www.asp-php.net/ressources/scripts.php?pids=148`
Boards2Go	`www.boards2go.com`
Dreambook	`www.dreambook.com`
Echelon Guestbooks	`http://web.eesite.com/guest`
FTLS.org	`www.ftls.org/fr/exemples/cgi/Guestbook.shtml`
ParaChat	`www.parachat.com`
ScriptFR	`www.scripts-fr.com`

Cinquième partie

Création Web ! Demandez le programme !

"Tu sais, je crois que j'ai compris l'autre nuit pourquoi personne ne consulte notre site."

Dans cette partie...

Dans les précédents chapitres, nous avons insisté sur le fait qu'un bon site Web est le fruit d'une savante programmation HTML, DHTML, JavaScript, VBScript, et de bien plus complexes encore. Cependant, nous sommes conscients que toute personne ne désirant pas s'impliquer dans l'apprentissage d'un langage de programmation souhaite malgré tout créer un site attractif, technologiquement pointu.

Nous allons présenter dans cette partie les quatre grands programmes de suites logicielles permettant de gérer tous les aspects créatifs d'un site. De la conception graphique aux animations vectorielles en passant par la mise en page, nous montrerons, par des exemples simples, comment donner vie à vos pages Web sans saisir une seule ligne de code HTML. Nous avons choisi de présenter les versions CS5 des programmes Photoshop, Flash, Fireworks et Dreamweaver. Toutefois, les exemples donnés sont transposables à la version dont vous disposez.

Le Chapitre 20 abordera une conception Web un peu particulière et davantage orientée grand public en environnement Macintosh, je veux parler de iWeb.

Nous insistons pourtant sur le fait que cette partie ne cherche pas à minimiser l'importance du langage HTML (et autres). Non ! Les logiciels de mise en page WYSIWYG écrivent le code en tâche de fond à votre place, preuve que HTML reste essentiel. Mais il n'est pas nécessaire de le connaître pour créer un site. En revanche, une connaissance de ce langage restera un plus dans de nombreux aspects de la création professionnelle de sites Web, notamment pour solutionner des problèmes.

Chapitre 19

Flash, Fireworks et Dreamweaver CS5

Dans ce chapitre :

- Flash.
- Fireworks.
- Dreamweaver.

Loin de vouloir faire de la publicité pour un éditeur de produits dévolus à la création Web, il n'en reste pas moins que la société Macromedia fut la première à se spécialiser dans des logiciels de création Web proposant une approche aussi bien WYSWIG que de programmation pure. Propriété d'Adobe depuis quelques années, les logiciels phare de Macromedia sont désormais disponibles à l'achat et en téléchargement de versions d'évaluation sur le site `www.adobe.fr`. Cette suite logicielle complète permet de créer assez facilement des sites dynamiques faisant la part belle aux animations vectorielles.

Cette suite propose :

- **Flash** : un programme très puissant de création d'animations vectorielles et de conception d'interfaces Web dynamiques.

  TRUC : Flash permet aussi de créer des dessins animés et des jeux !

- **Fireworks** : un programme d'édition graphique plus spécialement orienté vers l'optimisation des images destinées au Web, la création de « rollovers » à distance, de zones actives, etc.
- **Dreamweaver** : un programme de mise en page Web WYSIWYG qui gère le code HTML avec une précision sans équivalent.

TRUC

Si vous ne comprenez rien aux termes *animations vectorielles*, *interface Web dynamique*, *optimisation des images*, *rollovers à distance (ou non)*, *mise en page Web*, ne vous inquiétez pas. Toutes ces notions sont expliquées dans les différentes sections où nous les abordons.

Maintenant que les présentations sont faites, essayons de mieux comprendre le fonctionnement de ces logiciels, leurs forces et leurs faiblesses, ainsi que leur intégration dans une suite logicielle cohérente dévolue à la création Web.

Flash CS5 : quand les sites s'animent

Flash est le logiciel qui a modifié notre approche du Web en permettant de créer des zones animées dont le poids (la taille) ne pénalisait nullement le temps de téléchargement des sites. Sonnant le glas des interfaces Web statiques, Flash ouvrait la porte à une créativité tous azimuts sans que l'utilisateur soit obligé de saisir des lignes interminables de code HTML ou DHTML, d'appliquettes Java et autres systèmes de programmation exotiques pour le profane qui ne veut qu'une chose : voir ce qu'il fait et le tester quasiment en temps réel, hors connexion au Web.

Aujourd'hui, il est rare de tomber sur un site Web qui n'affiche pas au moins une animation Flash. Je suis même certain que vous visitez des sites entièrement conçus avec Flash sans vous en rendre compte. C'est à la fois l'avantage et l'inconvénient de Flash. Il est capable de créer des sites Web entiers, mais il ne dispose pas en la matière de tous les atouts d'un programme comme Dreamweaver. Nous en reparlerons en temps utile.

Dans ce chapitre, nous allons mettre en évidence la philosophie de Flash et, au Chapitre 21, nous montrerons comment créer quelques effets sympathiques.

Tout au long de cet ouvrage, je n'ai cessé de pointer le doigt sur le sujet brûlant du handicap. Sachez que les animations et les sites Flash ne peuvent pas être décryptés par des programmes comme WebAnywhere. Il faudra probablement envisager deux versions de votre site : une version Flash pour les valides, et une version HTML pour les non valides.

Pour tout savoir ou presque sur Flash, lisez *Flash CS5 pour les Nuls*, paru aux éditions First Interactive.

Ce que Flash sait faire

Flash est un outil merveilleux qui permet aussi bien de créer une animation que la totalité d'une page Web. Vous disposez alors d'un site complet qui s'anime en permanence au passage de la souris sur des boutons (survol, rollover, transformation par souris), et qui permet de renvoyer vers d'autres pages Web entièrement conçues ou non dans Flash.

Avec une connaissance de son langage de programmation *ActionScript*, vous ajoutez de l'interactivité. Par exemple, une animation ou une musique se déclenche quand l'utilisateur fait telle ou telle action. Le fait de programmer des variables peut singulariser un site en fonction d'informations saisies par le visiteur. Avec *ActionScript*, c'est tout un monde nouveau en matière de création Web qui se présente à vous.

Flash génère un code HTML chaque fois que vous créez une animation. Ce code fait référence au fichier Flash lui-même. On peut dire ici que HTML sert uniquement à indiquer au navigateur Web où il peut trouver l'animation Flash, et à quel emplacement de la page Web elle va s'afficher.

Le cadre de cet ouvrage ne permet pas d'étudier Flash dans son intégralité. Ses fonctions, multiples et puissantes, sont à découvrir dans des ouvrages spécialisés sur ce logiciel. Malgré la restriction qu'impose le sujet de cet ouvrage, voici ce que vous pouvez faire avec Flash :

- **Créer du texte fixe ou animé qui prend place sur vos pages Web.** Ce texte peut être une bande-annonce, un message de bienvenue ou toute prose qui vous passe par la tête. Par exemple, plutôt que d'afficher une page Web avec le simple mot BIENVENUE, animez-le ! Une fois la page chargée, le texte apparaîtra en fondu, lettre après lettre, en se déplaçant sur une trajectoire, en effectuant un zoom vers l'avant, et bien d'autres choses encore que vous découvrirez dans les nombreuses fonctionnalités de Flash.
- **Utiliser Flash comme simple outil de dessin.** Flash est un outil de dessin vectoriel. C'est pour cela qu'il sait aussi bien les animer. Il est donc possible de concevoir un graphique vectoriel dans Flash et de le placer ensuite dans une page Web à l'aide d'un logiciel comme Dreamweaver (pur produit de mise en page HTML). Par exemple, vous dessinez un bouton dans Flash que vous importez dans Dreamweaver. Ce bouton sera statique (simple ornementation) ou dynamique (exécutant une action quand on clique ou que l'on passe dessus).
- **Animer graphiques et objets.** Les objets peuvent changer de taille, pivoter, se déplacer en suivant une trajectoire et même changer de forme. Ils peuvent également disparaître grâce aux fonctions de transparence et de luminosité de Flash.
- **Remplir et animer des formes et du texte avec des dégradés.** Il est possible de remplir des formes avec des images bitmaps importées dans Flash. Par exemple, vous pouvez remplir les lettres d'un mot avec une texture.
- **Créer des boutons qui changent de forme et de couleur.** Nec plus ultra de la conception Web ! Créez des

boutons dynamiques qui vivent, attirent l'attention de l'internaute, tout en exécutant des tâches aussi simples que renvoyer à une autre page Web classique et aussi impressionnantes que déclencher une musique et/ou une animation.

- **Ajouter des sons ou de la musique à vos animations.** Flash donne un contrôle absolu sur la lecture des fichiers audio. Le son est lu une ou plusieurs fois, en boucle, ou quelques secondes après l'affichage de la page Web. Lors de la compilation de l'animation, vous indiquerez à Flash d'encoder le son au format MP3, ce qui permet de créer de véritables juke-box !
- **Créer des menus qui transforment votre page Web en une véritable interface logicielle.** Ici, les menus peuvent renvoyer à d'autres pages Web ou contenir des éléments qui lancent des animations.

NOTE TECHNIQUE

Animation vectorielle ?

Une animation Flash est basée sur la création ou l'importation de graphiques. Tous les graphiques créés dans Flash sont dits *vectoriels*, c'est-à-dire qu'ils prennent la forme d'équations mathématiques. Ces équations définissent des lignes, des formes et des positions. Les espaces vides ne sont jamais pris en considération, et les équations sont efficaces pour stocker des informations de taille, de couleur, etc. Les graphiques obtenus sont de petite taille.

Flash propose donc des images fixes ou animées reposant sur le principe de la vectorisation. Les fichiers qui en résultent se téléchargent très rapidement dans les navigateurs des internautes.

En opposition aux images et animations vectorielles, nous avons les graphiques et animations bitmaps. Ces images sont constituées d'une juxtaposition de points que l'on appelle *pixels*. Chaque pixel a une couleur spécifique. On peut dire que chaque point d'une image transporte son lot d'informations. Il y a autant d'informations à stocker et à gérer qu'il y a de pixels dans une image. La conséquence est un fichier de grande taille (surtout dans le cadre d'une animation) qui ne supporte pas le redimensionnement (effet de dégradation de l'image).

- **Créer un préchargeur qui fait patienter l'internaute pendant le chargement d'une animation ou d'un site Flash.**
- **Diffuser des vidéos dont vous définissez la taille et le niveau de compression, c'est-à-dire la qualité, en fonction de la connexion Internet ciblée : modem bas débit, connexion haut débit ADSL ou câble.**

Flash paraît sans limite. Même si ce logiciel n'est pas facile à maîtriser, les premiers éléments qui y sont créés apportent beaucoup de plaisir et de satisfaction à leurs auteurs.

La puissance de Flash est telle que la plupart des jeux que vous rencontrez sur les sites Web ont été créés avec Flash.

La Figure 19.1 montre l'interface de Flash CS5 au démarrage du programme. Elle s'appuie sur un écran de bienvenue à partir duquel vous choisissez la tâche à exécuter.

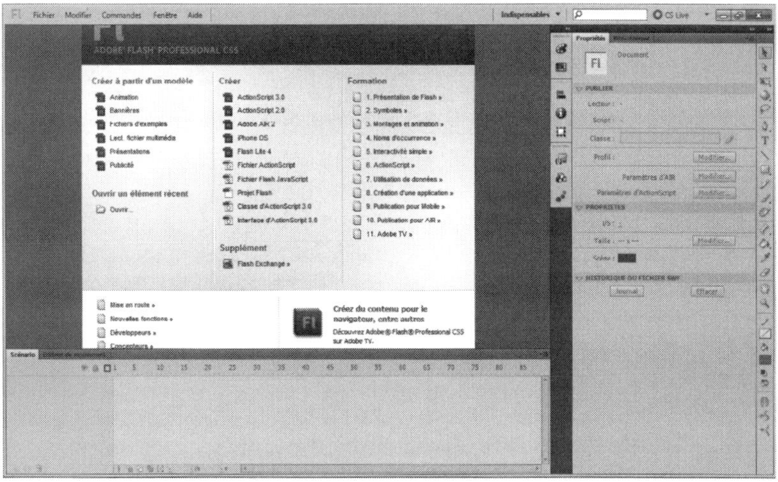

Figure 19.1 : Flash Professional CS5 au démarrage.

Philosophie du travail dans Flash CS5

Flash existe, c'est bien. Mais il faut s'en servir, et pour s'en servir, il faut bien saisir sa philosophie de travail. Eh oui, travailler encore et toujours ! Non, mesdames et messieurs,

Flash, aussi génial soit-il, ne fait pas tout le travail à votre place.

Le maître mot du travail dans Flash est « animation ». Alors, envisagez ce logiciel comme un gigantesque studio d'animation vectorielle, de programmation d'éléments interactifs, dont les sections suivantes décrivent les différents secteurs.

La Scène

Représentée sur la Figure 19.2, c'est le lieu où tout se passe. Vous y créez vos formes et autres graphiques, que vous animez grâce à diverses techniques telles que l'interpolation de forme ou de mouvement, voire la création d'animations image par image comme au bon vieux temps.

Figure 19.2 : La Scène, emplacement de prédilection pour la création des divers objets à animer.

L'*interpolation* est une technique d'animation *automatique*. Vous définissez une image de début, par exemple un cercle, et une image de fin, comme un carré. Ces deux images sont des images clés qui vont servir de référence à Flash pour créer une animation. Afin que le cercle se transforme en carré, il suffit d'éloigner ces deux images clés dans le temps. Par exemple, vous placez l'image clé du cercle sur l'image 1 du Scénario de Flash et l'image clé du carré sur l'image 15. En utilisant la fonction Interpolation de forme de Flash, la transformation progressive du cercle en carré est calculée par Flash. En d'autres termes, Flash crée les images 2 à 14. Cette technique peut être utilisée pour des mouvements (interpolation de mouvement), ce qui permet de créer plus rapidement de véritables dessins animés.

Grâce à la lecture d'une succession d'images, vous donnez l'illusion d'un mouvement. C'est le principe même du cinématographe en général et du cinéma d'animation en particulier.

Le Scénario

Cette partie de l'interface de Flash gère les calques et les images de l'animation. Le résultat est affiché sur la Scène. Comme vous le constatez sur la Figure 19.3, le Scénario est composé de petites cases représentant chacune une image de l'animation. C'est la lecture successive de ces images qui va créer un effet animé.

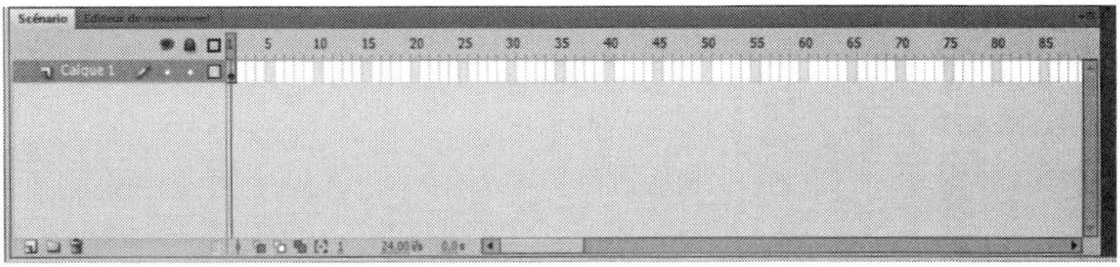

Figure 19.3 : Le Scénario gère les différentes images de l'animation composée de calques.

Les calques

A gauche du Scénario, se trouve la palette des *calques*. Toute nouvelle animation est dotée d'un seul calque appelé calque 1 (voir la Figure 19.4). Le calque équivaut à un film transparent contenant un dessin. La superposition des calques permet d'obtenir des animations complexes, car chaque calque s'anime indépendamment des autres. Dans Flash, toute l'organisation des animations repose sur celle des calques. Ainsi, il est facile de placer un décor statique sur un calque. Les autres calques de l'animation contiendront diverses formes, objets et personnages animés. C'est le principe du dessin animé !

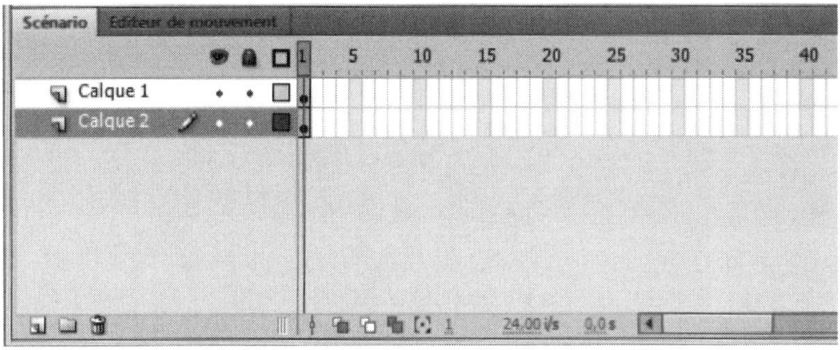

Figure 19.4 : La palette des calques de Flash.

Les symboles

Flash tire sa puissance des *symboles*. N'importe quelle image importée ou créée dans Flash peut être convertie en symbole. Cela signifie deux choses :

- L'élément (texte, image, forme) apparaît dans la Bibliothèque des symboles représentée sur la Figure 19.5.
- Le symbole d'un élément peut être utilisé plusieurs fois dans une animation sans en pénaliser la taille. Chaque « copie » d'un symbole ainsi placée sur un calque se nomme *occurrence*.

La notion de symbole est fondamentale dans Flash. Imaginons que vous désiriez animer l'apparition des puces d'une liste. Vous créez une puce carrée de couleur grise. Il suffit de convertir cette puce en symbole, puis de la faire glisser de la Bibliothèque sur la Scène chaque fois que vous désirez utiliser une nouvelle puce. Un même symbole peut être utilisé à l'infini dans Flash.

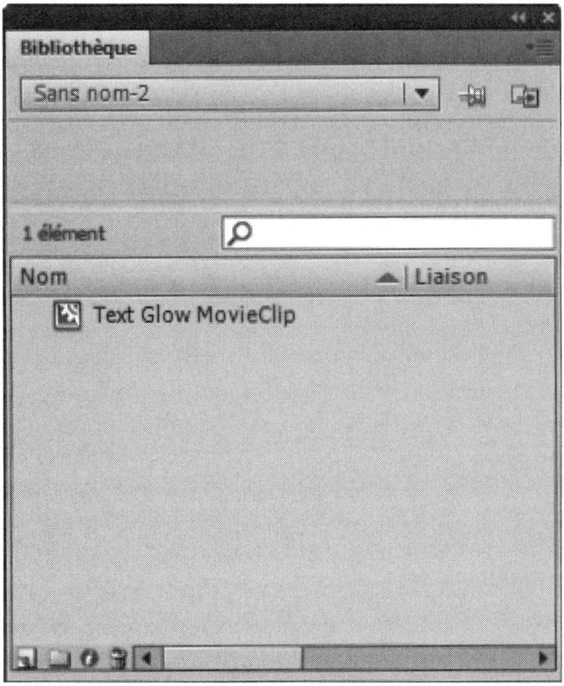

Figure 19.5 : La Bibliothèque des symboles.

Le symbole permet donc de créer des animations sophistiquées sans pénaliser le temps de téléchargement de l'animation Flash.

La boîte à outils

Flash dispose d'une boîte à outils complète pour créer des formes et du texte. Appréciez-en la diversité sur la Figure 19.6.

Les panneaux

Les panneaux de Flash rationalisent votre travail. Vous les organisez en fonction de vos habitudes de travail.

Pour aérer l'interface de travail, Adobe a regroupé les panneaux dans des sous-menus accessibles depuis le menu Fenêtre. Ainsi, vous accédez aux différents panneaux et les affichez en cliquant sur Fenêtre/<nom du panneau>. Lorsque

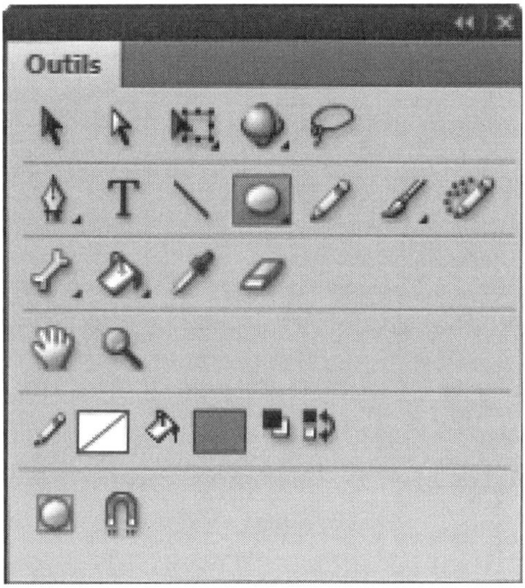

Figure 19.6 : La boîte à outils de Flash.

vous ne trouvez pas le panneau qui vous intéresse, cherchez-le dans Fenêtre/Autres panneaux.

Les sections qui suivent décrivent et illustrent les divers panneaux de Flash.

Infos

Fenêtre/Infos.

Grâce à ce panneau, Flash donne des informations sur la position et la taille d'un objet. Tous les symboles peuvent être repositionnés et redimensionnés en saisissant directement des valeurs dans les champs X, Y, L et H du panneau Infos. Sur la Figure 19.7, vous savez que l'objet sélectionné sur la Scène a une Largeur de 119,65 et une Hauteur de 38,85, et que sa position est de 144,60 sur l'axe X et de 94,15 sur l'axe Y. Vous voyez également les valeurs RVB qui définissent sa couleur, ainsi qu'une valeur A (alpha) qui indique le taux d'opacité de l'objet.

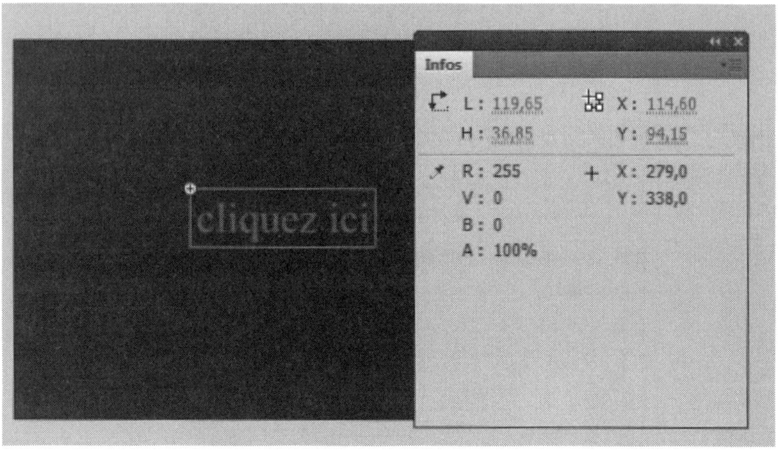

Figure 19.7 : Le panneau Infos permet entre autres de connaître instantanément la taille et la position d'un objet sur la Scène.

Couleur

Fenêtre/Couleur.

Avec le panneau Couleur, Flash donne la possibilité de remplir les objets avec des couleurs, des dégradés et des images bitmaps (des textures par exemple), comme le montre la Figure 19.8.

Transformer

Fenêtre/Transformer.

Comme son nom l'indique, les options de ce panneau permettent de modifier la taille des objets, de les incliner et de les faire pivoter. Ce panneau est illustré sur la Figure 19.9.

Aligner

Fenêtre/Aligner.

Pour faciliter la disposition et l'alignement des objets sur la Scène, Flash met à votre disposition la palette Aligner représentée sur la Figure 19.10. Il suffit de sélectionner un objet. Il sert de référence à l'alignement des autres objets. Il devient

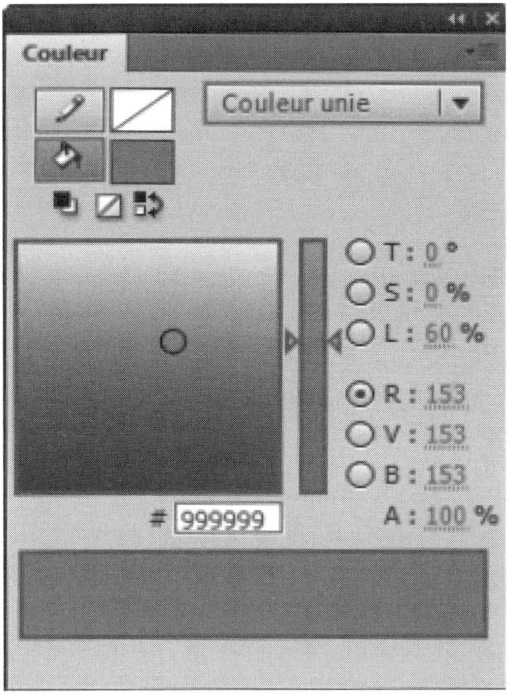

Figure 19.8 : Le panneau Couleur applique des couleurs, des dégradés, des bitmaps aux objets.

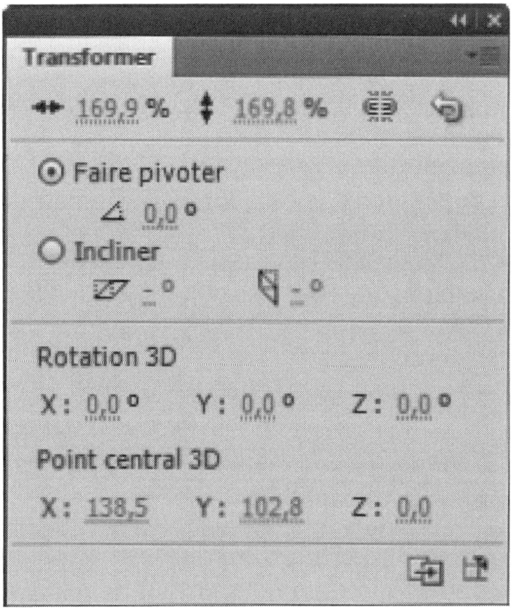

Figure 19.9 : Le panneau Transformer modifie les objets.

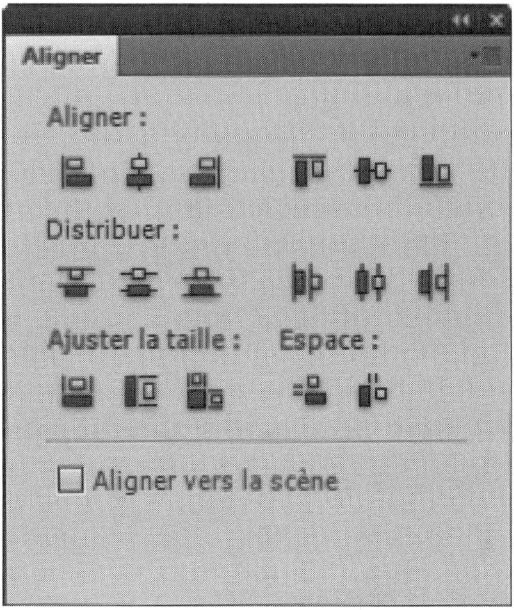

Figure 19.10 : L'alignement et la disposition des objets sont facilités par les options du panneau Aligner.

facile de placer, par exemple, toutes les formes verticalement en les alignant sur le bord gauche de l'une d'elles.

Nuanciers

Fenêtre/Nuanciers.

Le panneau Nuanciers représenté sur la Figure 19.11 permet de créer vos propres jeux de couleurs et de définir des dégradés. Pouvoir sauvegarder un jeu de couleurs personnalisées assure une cohérence colorimétrique à vos animations Flash sur un site spécifique. Par exemple, vous retrouvez immédiatement telle nuance bleue que vous avez appliquée à un bouton.

Propriétés

Fenêtre/Propriétés.

Placé sur le côté droit de l'interface de Flash, le panneau Propriétés regroupe un nombre important de panneaux.

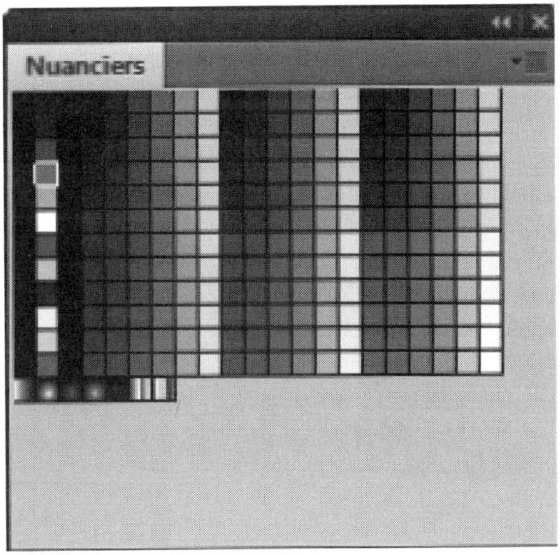

Figure 19.11 : Le panneau Nuanciers permet de définir des modèles de couleurs et des dégradés.

Le contenu du panneau Propriétés varie en fonction de l'objet sélectionné sur la Scène. Par exemple, la Figure 19.12 montre le contenu de ce panneau quand vous sélectionnez un texte. Il est alors possible de modifier tous les attributs du texte dans les divers champs et listes du panneau. Sélectionnez une nouvelle police, définissez la taille, appliquez ou non un lissage aux caractères (anti-alias), définissez le texte en tant que lien hypertexte renvoyant à une URL particulière, et bien d'autres choses encore !

La Figure 19.13 montre les options du panneau Propriétés quand un fichier audio est placé et sélectionné sur la Scène. Il permet de définir des effets, de sélectionner le type de synchronisation en fonction de la finalité de cet élément audio (simple bruit événementiel, musique en continu, etc.), mais aussi de le modifier pour créer des fondus en ouverture ou en fermeture, des variations de volume sur toute la durée, etc.

Vous devez comprendre que le panneau Propriétés est le plus important de tous. C'est lui qui va permettre de modifier les attributs de tous vos objets. Vous devrez vous y référer en permanence. C'est le seul panneau qu'il faut constamment laisser afficher dans l'interface !

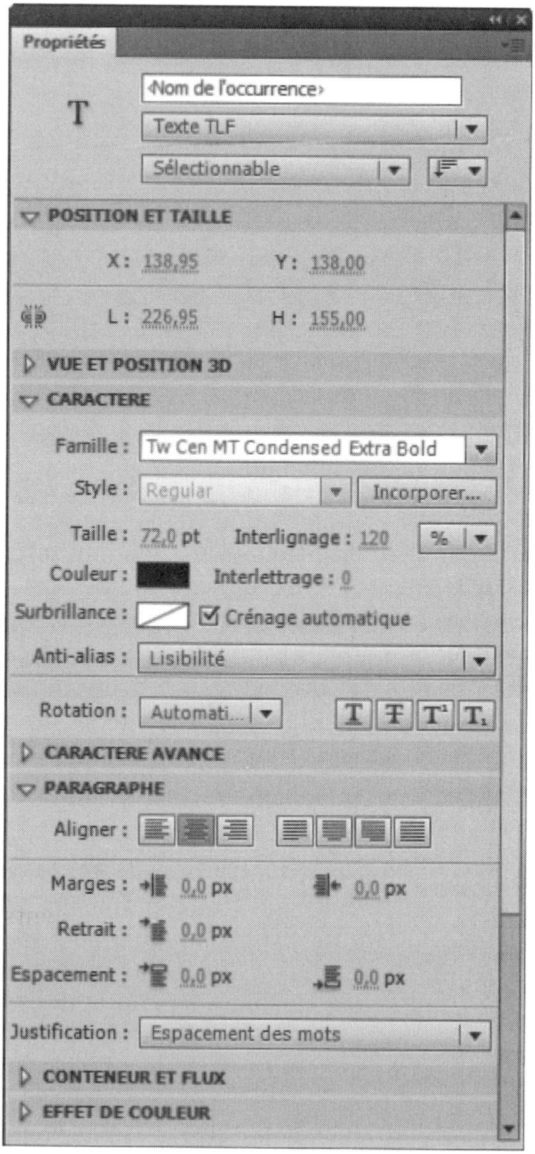

Figure 19.12 : Le panneau Propriétés affiche un contenu en rapport avec l'élément sélectionné sur la Scène, en l'occurrence du texte. Le contenu de ce panneau est donc contextuel.

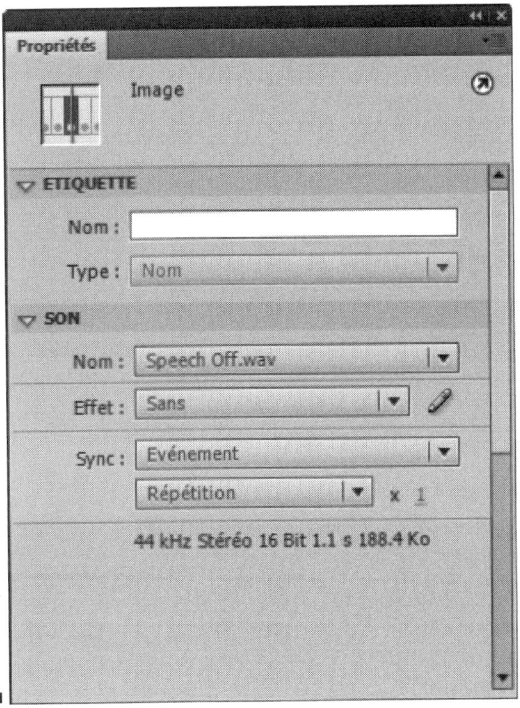

Figure 19.13 : Les options du panneau Propriétés quand un fichier audio est présent et sélectionné dans l'animation.

Actions

Fenêtre/Actions.

Dès que vous désirerez programmer des événements, des actions, définir des conditions, en un mot créer de l'interactivité, vous utiliserez le panneau Actions qui contient tous les codes à saisir pour créer des actions dans Flash.

L'exemple le plus simple est celui d'une animation qui doit être lue une seule fois. Pour éviter une boucle interminable, vous devez placer un code `stop();` sur la dernière image clé de votre animation. Dans ce cas, soit vous saisissez directement le code dans la vaste zone de texte blanche, soit vous sélectionnez ActionScript 1.0 & 2.0 dans la liste des versions disponibles en haut du panneau. Ensuite, cliquez sur Fonctions globales/Contrôle du scénario/Stop. Le code est inséré, comme le montre la Figure 19.14.

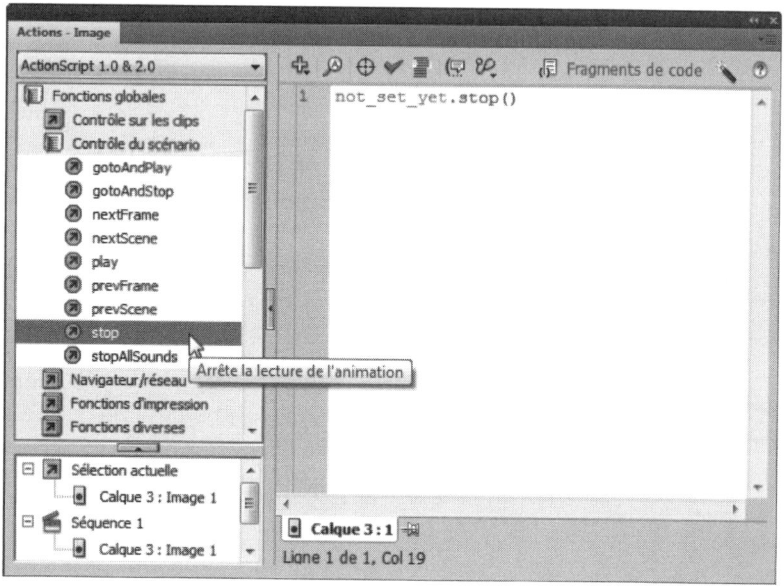

Figure 19.14 : Le panneau Actions, centre de contrôle de l'interactivité de Flash.

Ce code est écrit en *ActionScript*, un langage ressemblant à JavaScript mais difficile à maîtriser. Je vous conseille donc, le jour où vous déciderez de pousser plus loin vos investigations Web, de consulter des ouvrages spécialisés sur ActionScript.

Aller plus loin

Il existe d'autres panneaux qui s'apparentent davantage à des fenêtres de gestion d'événements spécifiques, comme l'Explorateur d'animations qui donne une vue globale de tous les éléments constituant une animation. Quand vous ne savez plus où se trouve un objet particulier ou un script spécifique, ouvrez cette fenêtre. Vous découvrirez une organisation hiérarchique des symboles, des occurrences et des scripts constituant l'animation en cours.

Fireworks CS5

Fireworks est le complément graphique logique de Flash et de Dreamweaver (décrit plus loin). Il s'inscrit dans la lignée des logiciels qui font la part belle à la création, laissant la programmation à ceux qui en ont fait un sacerdoce. Fireworks CS5 optimise les images destinées aux sites Web. Il permet de créer des *rollovers* (transformation par souris ou survol) infernaux avec une étonnante facilité et des menus dits *contextuels* à faire pâlir les adeptes et gourous de JavaScript. Même si certaines fonctions sont redondantes avec Flash, notamment en ce qui concerne les rollovers, vous constaterez qu'elles s'intègrent chacune dans une logique de création. La force de ces deux logiciels est d'autoriser la mise en œuvre de technologies identiques sans quitter le logiciel dans lequel l'utilisateur est en train de travailler. Si une interface Web peut être créée dans Flash, vous verrez qu'il en est de même dans Fireworks. Cerise sur le gâteau : Fireworks génère le code HTML nécessaire à l'implémentation des objets dans une page Web. En d'autres termes, Fireworks crée aussi des pages Web.

Les « rollovers » sont des modifications de l'état d'un objet quand le pointeur de la souris passe dessus. Par exemple, un bouton carré devient rond, indiquant que si l'on clique dessus on va déclencher non pas une guerre nucléaire totale mais une action.

Présentation de Fireworks

La différence entre Flash et Fireworks est que le second nommé est un programme graphique. Vous l'utilisez pour créer des images destinées au Web. Comme la programmation HTML n'est pas votre souci premier, Fireworks vous libère de cette préoccupation. Il ne vous reste plus qu'à créer des graphiques dans une interface représentée sur les Figures 19.15 et 19.16, graphiques dont l'organisation sera exportée sous forme de page Web. Étonnant, non ?

Créer une image simple ou complexe est une chose, l'afficher le plus rapidement possible dans un navigateur Web en est une autre. Sans sortir de Fireworks, vous pourrez optimiser vos images. Cela signifie que Fireworks dispose de fonctions pour trouver le bon compromis entre qualité de l'image et vitesse d'affichage. Cette vitesse est essentielle à l'heure où

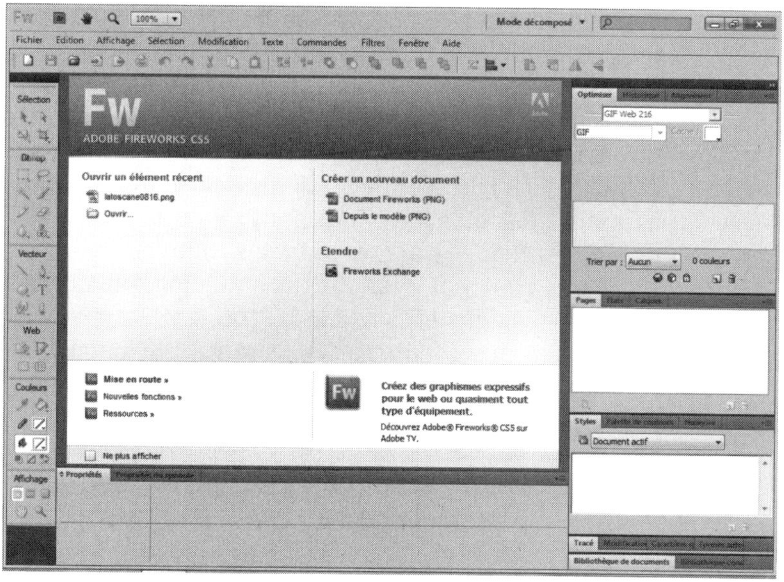

Figure 19.15 : L'interface de Fireworks au démarrage du programme.

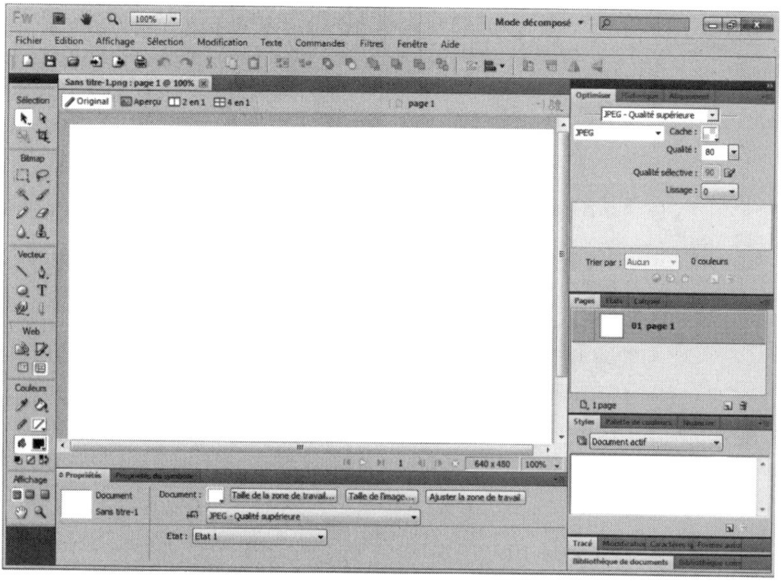

Figure 19.16 : L'interface de travail de Fireworks.

la plupart des internautes se connectent toujours au Web avec des lignes téléphoniques classiques. Le « surfeur fou » n'attend pas indéfiniment l'affichage des graphiques d'une page. Au bout de 20 secondes, il décroche et va voir ailleurs si les choses vont plus vite. Fireworks permet d'optimiser les images pour un affichage rapide de la page sans détériorer outre mesure la qualité de vos graphiques.

Philosophie du travail dans Fireworks CS5

La philosophie de Fireworks est de mettre à la disposition de l'utilisateur tous les outils et fonctions lui permettant de préparer des images pour le Web et de les mettre en page. Même s'il n'a pas la puissance de Flash, Fireworks autorise la création d'animations sommaires.

Vos travaux réalisés dans Fireworks peuvent être exportés sous la forme d'un document HTML. Il regroupe alors tous les éléments définis dans l'espace de travail de Fireworks pour les afficher impeccablement dans un navigateur Web.

Voici, en bref, le déroulement d'une session de travail dans Fireworks.

- **Le projet :** dans Fireworks, comme dans tout logiciel graphique, le projet prend la forme d'un document qui se constitue dans une zone de travail. Cette zone équivaut à la toile d'un peintre. Vous exprimez tout ce sens artistique qui vous démarque des simples contemplatifs d'une vie morose où chacun cherche à survivre comme il le peut. (Yeah ! Quelle phrase !) Le devoir de l'artiste est de faire rêver, d'émouvoir, avec les outils de Fireworks.

- **Bitmaps contre images vectorielles :** tous les éléments graphiques d'un site Web peuvent être créés dans Fireworks. Leur nature est soit bitmap, soit vectorielle :

  Les *bitmaps* sont des images réalistes comme des photographies ou des compositions d'infographistes avancés. Vous pouvez les importer dans Fireworks, les modifier et les optimiser pour une utilisation sur le Web. Comme nous l'avons déjà dit dans cet ouvrage (je pense à ceux qui ont sauté directement à cette section de l'ouvrage), le terme *bitmap* désigne des images constituées de points ou *pixels*. Les *pixels* sont de petits points juxtaposés qui forment une image. Puisque la qualité d'une image bitmap est étroitement liée à sa résolution, plus vous augmentez sa taille, plus vous la détériorez.

Les *images vectorielles* sont des graphiques créés avec les outils de Fireworks. Elles sont recommandées pour les boutons, les textes et les logos. Il est possible d'importer des images vectorielles créées dans d'autres programmes. Puisque la structure des images vectorielles repose sur des formules mathématiques, vous pouvez les redimensionner sans en altérer la qualité. Les images vectorielles n'ont pas la qualité de représentation des photographies. Elles se rapprochent davantage du dessin.

- **Modifier une œuvre :** Toute image créée ou importée dans Fireworks doit être positionnée sur l'espace de travail. Il est très rare que tous les éléments d'une page Web soient exactement comme on le souhaiterait. Cela induit qu'il faut les redimensionner et les modifier afin d'obtenir des éléments présentables pour le Web. La modification d'une image se fait avec les outils de la boîte à outils et les commandes des menus.

- **Organiser vos créations :** La multiplication des objets créés dans l'espace de travail peut rapidement tourner au cauchemar. Les éléments deviennent très difficiles à sélectionner. Fireworks dispose d'outils d'organisation des objets. Vous pouvez grouper les objets en un seul élément, les répartir sur des calques, et combiner des groupements d'objets et des calques quand de nombreux éléments sont présents dans l'espace de travail.

- **Créer du texte :** L'image est essentielle dans les sites Web, mais le texte est parfois incontournable. Fireworks propose un outil Texte dont les paramètres sont semblables à ceux d'un éditeur de texte standard.

- **Utiliser des symboles et des occurrences :** Nous retrouvons ici la même philosophie que celle développée par Flash. Les *symboles* sont des éléments que vous pouvez réutiliser à volonté. Un symbole est stocké dans la Bibliothèque d'un document. Chaque fois que vous prenez un symbole de la Bibliothèque pour le placer sur l'espace de travail, vous créez une *occurrence*. Il s'agit simplement d'une copie du symbole original.

- **Dynamiser vos travaux :** Fireworks améliore considérablement l'aspect de votre page Web en appliquant des effets aux divers éléments créés. Des boutons peuvent être biseautés pour simuler un relief, le texte s'illumine ou encore les objets sont dotés d'une ombre portée.

- **Animation :** Fireworks permet de modifier les caractéristiques d'un objet sur plusieurs images. La lecture successive des images donne l'illusion d'un mouvement. En d'autres termes, vous obtenez une animation.

- **Interactivité :** le Web ne parle plus que d'*interactivité*. C'est-à-dire qu'il faut systématiquement placer des éléments qui réagissent au passage du pointeur de la souris et/ou qui exécutent une action quand vous cliquez dessus. L'internaute doit se retrouver dans un site dont le système de navigation lui fait penser à l'interface d'un logiciel avec des menus, des commandes et des boutons. Tous ces éléments interactifs peuvent être créés dans Fireworks sans aucune connaissance du langage JavaScript.

- **Optimiser vos créations :** la création, l'importation et la modification d'une image terminent généralement la phase de développement d'un projet. Il ne reste plus qu'une chose à faire : *optimiser*, c'est-à-dire choisir un format d'image qui permettra à votre page de charger des images aussi vite que possible dans un navigateur Web. Fireworks est un maître en matière d'optimisation des images, comme nous le verrons dans le prochain chapitre.

- **Exportation sur le Web :** par définition, et à l'inverse d'un programme comme Photoshop, tout dans Fireworks est orienté vers le Web. Votre œuvre, aussi magnifique soit-elle, est destinée à être placée sur un serveur Web qui permettra à tous les internautes de la planète de l'ouvrir dans leur navigateur. Autrefois, sans connaissance du langage HTML, il était impossible d'afficher ses œuvres sur le Web. Fireworks prend en charge cette tâche considérée comme ingrate par les créateurs Web en herbe et les artistes qui se consacrent davantage à la création qu'à la programmation. Fireworks génère donc le code HTML nécessaire à une bonne présentation de vos images sur le Web. Cette « perfection » vous ferait presque passer pour un génie de l'HTML.

La Figure 19.17 montre une page Web créée et optimisée dans Fireworks en moins de 15 minutes.

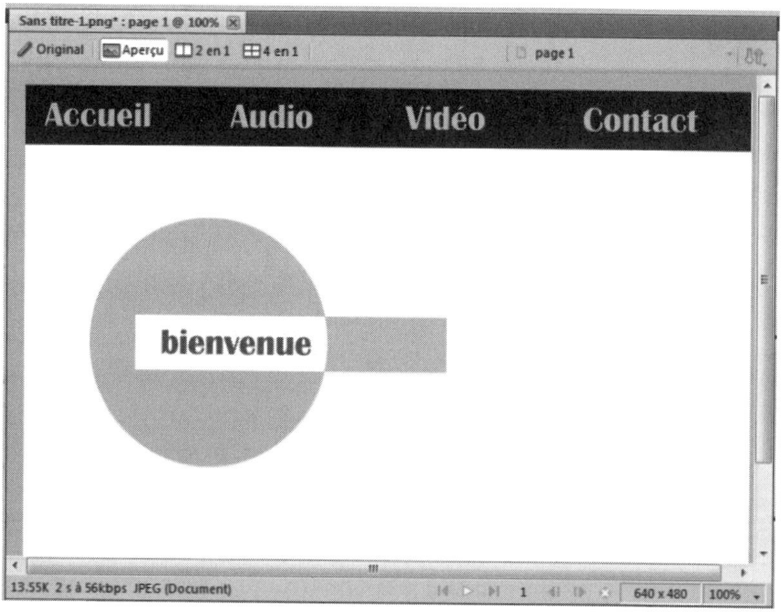

Figure 19.17 : Fireworks permet la création d'une page Web de A à Z.

Aller plus loin

Pour maîtriser ce logiciel complexe, vous devez lire un ouvrage qui lui soit entièrement consacré.

À la différence d'un logiciel graphique comme Photoshop (dont nous parlerons dans la section qui lui est consacrée), Fireworks est vraiment conçu pour le Web. Dans ce cas, une question légitime vous brûle les lèvres : « Pourquoi utiliser Flash et Fireworks, puisque les deux sont capables de créer des interfaces Web dynamiques et des animations ? » La réponse est donnée dans la section suivante.

Différences entre Flash CS5 et Fireworks CS5

Il serait imprudent de penser que Flash peut se substituer à Fireworks et inversement. Même si certaines fonctions sont similaires, il n'en existe pas moins des différences fondamentales entre les deux. D'une manière générale, et avant d'entrer un peu plus dans le détail, je dirais que tout ce que vous ne pouvez pas faire dans Fireworks, vous pouvez le faire dans Flash, et réciproquement, preuve que ces deux applications sont complémentaires.

L'autre preuve est que ces deux applications sont parfaitement interfacées. Vous pouvez passer de l'une à l'autre sans être perdu, car l'interface est identique. Elle repose sur une boîte à outils et des panneaux. Votre travail et votre apprentissage sont donc largement facilités par ce parti pris que nous louons.

Voici une liste des différences essentielles qui distinguent Flash de Fireworks :

- Flash ne sait pas optimiser les images bitmaps avec autant de précision que Fireworks. Si Flash dispose de fonctions d'optimisation globale d'une animation qui peut, bien évidemment, contenir des bitmaps, il ne permet pas de les afficher dans une fenêtre spécifique pour en apprécier les déperditions.

- Fireworks est conçu pour optimiser les images bitmaps intégrées ou non à un projet.

- Si Fireworks crée des animations, elles n'ont pas la qualité et la pertinence des animations Flash. Flash permet de créer de véritables bandes-annonces, dessins animés, animations de graphiques proches d'une qualité vidéo. Les animations de Fireworks prendront souvent la forme de simples bannières affichant des animations GIF.

- Vous pouvez exporter une animation Fireworks au format SWF de Flash. Une telle exportation ne se fait pas sans dommage. Voici les attributs de mise en forme que vous perdez à l'exportation :

  Les effets applicables en direct.

  L'opacité et les modes de fondu (les objets avec opacité sont convertis en symboles avec un canal alpha).

  Les masques.

  Les objets découpe, les cartes-images et les comportements (par exemple, les survols sont perdus).

  Certaines options de formatage de texte telles que le crénage et les traits bitmaps.

  La diffusion des bords.

  Les calques.

  L'anticrénelage appliqué aux objets. (Le lecteur Flash applique l'anticrénelage au niveau du document. Par conséquent, l'anticrénelage est appliqué au document pendant l'exportation.)

- Flash ne permet pas de créer des images bitmaps. Même si Fireworks n'est pas aussi puissant que Photoshop en la matière, il dispose de quelques filtres pour appliquer des effets spéciaux et de quelques outils pour modifier l'image.

- Fireworks permet de numériser des images avec sa commande Scanner.
- Flash permet d'intégrer, donc de diffuser, de la vidéo.

Voilà ! Nous en avons terminé avec un bref aperçu des deux programmes de création d'animations et d'images vectorielles et bitmaps originellement créés et développés par la société Adobe.

Au vu de ce que nous en avons dit, le lecteur peut légitimement penser qu'un des deux programmes suffit à créer des sites Web complets, générant automatiquement le code HTML faisant référence à la mise en page et aux fichiers d'animation SWF (format des fichiers d'animation Flash). Cette déduction, si elle repose sur une certaine logique et une certaine vérité, n'en comporte pas moins une vision marginalisée et restrictive de l'Internet. En effet, un site ne va pas comporter que des animations, des images statiques et dynamiques et du texte qui font davantage ressembler vos pages Web à une enseigne de fête foraine qu'à une structure dévolue à l'affichage d'informations.

J'ai envie de dire qu'un site Web s'articule aujourd'hui autour de plusieurs choses : l'interactivité et les informations, mais le tout mis en page dans une structure dynamique qui ne doit pas se contenter d'en mettre techniquement plein la vue aux internautes. Un site, aussi joli soit-il, n'est pas fait pour une élite d'esthètes et d'artistes. Il doit promettre quelque chose et s'y tenir. C'est dans ce domaine particulier de la gestion de divers éléments statiques et dynamiques qu'intervient un troisième larron : Dreamweaver CS5.

Dreamweaver CS5

Voici le logiciel WYSIWYG par excellence qui ne ferme pas la porte à la saisie de code HTML pour les créateurs avancés de sites Web. La grande force de Dreamweaver est d'attirer l'attention des débutants par sa facilité d'emploi, et de retenir l'intérêt des professionnels par la mise en œuvre de technologies Web avancées.

Les meilleures fonctions de Dreamweaver sont l'édition d'un code HTML exemplaire, capable de supporter les dernières évolutions HTML, DHTML, XML et les feuilles de style en cascade, c'est-à-dire des technologies qui intéressent des personnes déjà aguerries à la conception Web. Les autres ne se soucieront de ces possibilités qu'après quelques semaines d'utilisation du logiciel.

Dreamweaver intègre également des fonctions de développement qui facilitent largement l'utilisation de codes JavaScript. Il dispose également d'éléments prédéfinis Flash, comme des boutons dont vous pouvez personnaliser le fonctionnement, et qui intègrent le code ActionScript nécessaire à leur exploitation.

Et pour rassurer les utilisateurs en herbe, souvent lecteurs de la collection *Pour les Nuls*, je dirai que Dreamweaver permet de travailler dans un environnement WYSIWYG qui vous débarrasse de la saisie des lignes de code quel qu'il soit.

L'autre avantage de Dreamweaver est la cohérence de son interface. Adobe a joué la carte de l'intégration de ses produits inhérents à la gamme Web, pour que l'utilisateur ne soit jamais dépaysé quand il passe d'un logiciel à un autre. Vous vous reposerez sur un environnement de travail composé de fenêtres et de panneaux pour créer des sites Web haut de gamme incluant des fonctions d'animation, des formulaires interactifs et des solutions pour l'e-commerce, un domaine où Flash et Fireworks sont complètement dépassés.

Voyez en Dreamweaver une sorte de logiciel de mise en page de vos différents éléments Web, qu'il s'agisse d'animations Flash (animations vectorielles, boutons dynamiques, etc.) ou d'images bitmaps et vectorielles créées dans Fireworks, combiné à des fonctions de gestion et de maintien des sites qui lui sont propres.

TRUC

Si vous envisagez d'utiliser Dreamweaver, je vous invite à lire *Flash 5 et Dreamweaver CS5 Mégapoche pour les Nuls*, paru aux éditions First Interactive.

Les fonctions les plus importantes de Dreamweaver CS5

Voici une liste des fonctions les plus importantes disponibles dans les versions de Dreamweaver :

- Dreamweaver a étendu les fonctionnalités du panneau Actifs, panneau qui donne directement accès aux Bibliothèques et aux modèles. Vous disposez d'un panneau qui concentre les éléments actifs de votre site. Cela comprend les images, les couleurs, les URL externes, les scripts et les fichiers Flash (ou Schockwave). La simplicité de mise en œuvre étant le maître mot de la gamme des produits Web d'Adobe, utilisez le contenu du panneau Actifs en le faisant glisser directement dans vos documents HTML.
- Une fenêtre Site permet de centraliser les notes de conception (Design Notes). Ces notes sont essentielles quand plusieurs personnes travaillent successivement sur la création d'un site Web. Dreamweaver, grâce à des fonctionnalités poussées, considère la création Web comme une œuvre souvent collégiale. Son parti pris est donc d'en faciliter le fonctionnement.
- Dreamweaver permet de créer et d'utiliser des modèles.
- Dreamweaver dispose d'un éditeur de texte sophistiqué. Il inclut un système de syntaxe coloré, fonction particulièrement appréciée des programmeurs expérimentés.
- Dreamweaver n'est pas un environnement cloisonné. Grâce à Extension Manager, des objets, des commandes, des commandes de menus, des panneaux, des traducteurs de données, des inspecteurs de propriétés, des rapports et des comportements que vous créez à l'aide

de l'API (interface de programme d'application) augmentent les possibilités intrinsèques de Dreamweaver.

- Dreamweaver est parfaitement intégré à Flash grâce aux fonctions Objets bouton Flash et Objets texte Flash, le programme d'animation vectorielle de Macromedia (voir la section « Flash : quand les sites s'animent » au début de ce chapitre). Il devient possible de choisir des styles Flash prédéfinis ou bien d'ajouter vos boutons et textes personnels. Ils s'intègrent facilement à n'importe quelle page de votre site.

- Dreamweaver implémente des liens de messagerie électronique. Les développeurs de sites peuvent associer leurs adresses e-mail à leurs noms. Le contact est immédiat et sans faille avec tous les collaborateurs à un même site.

- Dreamweaver dispose d'un éditeur HTML de haute volée. Il procède automatiquement à la mise en retrait des lignes de code, surveille la ponctuation, et peut sélectionner plusieurs lignes qu'il placera en retrait en une seule opération.

- Dreamweaver gère les tableaux avec une précision diabolique. Vous pouvez dessiner directement les cellules d'un tableau sur une page, le déplacer et grouper les cellules.

- Les développeurs de sites peuvent garder constamment un œil sur le code HTML généré. Dreamweaver dispose d'un affichage mixte qui conjugue un mode création et un mode code. L'un travaille en WYSIWYG, l'autre en affichage et manipulation du code source. Toute modification réalisée dans un mode se répercute dans l'autre.

- Dreamweaver propose une fonction Résultats pour localiser les problèmes comme les documents sans titre et les balises Alt manquantes.

- Dreamweaver permet de composer son interface utilisateur pour travailler en toute logique et sans contrainte.

- Dreamweaver propose la fonction Bureau enregistré qui permet de rouvrir les documents sur lesquels vous travailliez lorsque vous redémarrez le programme.
- La Validation dynamique entre navigateurs permet de vérifier automatiquement la compatibilité du document ouvert avec différents navigateurs lors de chaque enregistrement. Cela permet de vérifier que les pages ne contiennent pas de balises ou d'éléments CSS non pris en charge par ces navigateurs.
- Dreamweaver améliore largement l'utilisation des feuilles de style en cascade avec des fonctions comme CSS pertinents, la visualisation de mises en forme CSS, l'amélioration du rendu CSS, le panneau amélioré Styles CSS, les propriétés des pages reposant sur des feuilles de style en cascade.
- Dreamweaver dispose d'une barre d'outils de retouche d'images intégrée, pour effectuer des retouches simples sans quitter le logiciel et en utilisant des fonctionnalités Fireworks.
- Dreamweaver est paramétré pour s'intégrer facilement à Microsoft Visual SourceSafe et WebDAV.
- Dreamweaver permet d'insérer facilement des fichiers Flash vidéo.
- Le mode En direct vous permet de créer des pages Web dans des conditions de navigation réalistes. Cela ne vous prive pas d'un accès direct au code. Les modifications apportées au code se répercutent immédiatement dans l'affichage rendu.
- Des conseils de code pour les cadres applicatifs Ajax et JavaScript. Vous pouvez désormais rédiger du code JavaScript de manière plus rapide et précise, grâce à une prise en charge améliorée des objets essentiels JavaScript et des types de données primitifs. Vous pouvez également mettre en œuvre la fonctionnalité de codage étendue de Dreamweaver en incorporant des cadres ap-

plicatifs JavaScript courants tels que jQuery, Prototype et Adobe Spry.

- Les fichiers apparentés et Navigation dans le code vous permettent de gérer de manière efficace les différents fichiers qui constituent les pages Web modernes. Vous pouvez cliquer sur n'importe quel fichier apparenté pour afficher en même temps sa source en mode Code et la page parente en mode Création. La nouvelle fonctionnalité Navigation dans le code montre toutes les sources de code qui influent sur votre sélection actuelle : règles CSS (feuilles de style en cascade), inclusions côté serveur, fonctions JavaScript externes, modèles Dreamweaver, fichiers source iFrame, etc.
- La fonction InContext Editing permet aux utilisateurs d'apporter des modifications simples à leurs pages Web sans devoir faire appel à vos services ou à des logiciels supplémentaires. En tant que concepteur Dreamweaver, vous pouvez limiter les modifications à des pages spécifiques, des régions distinctes, voire des options de mise en forme personnalisées, le tout de manière rapide et aisée.
- Dreamweaver CS5 développe une bien meilleure pratique des CSS. L'inspecteur Propriétés de Dreamweaver CS5 vous permet de créer de nouvelles règles CSS et fournit des explications simples et précises quant à la place de chaque propriété dans la cascade des styles.
- Vous disposez de plusieurs ensembles de données HTML, ce qui permet d'intégrer la puissance des données dynamiques à vos pages Web sans maîtriser les bases de données ou le codage XML (Extensible Markup Language). Les ensembles de données Spry reconnaissent les données dans une table HTML simple comme source de données interactive.
- Les objets dynamiques Adobe Photoshop s'insèrent désormais dans Dreamweaver afin de créer un objet image dynamique. Les objets dynamiques sont étroitement liés au fichier source. Vous pouvez apporter des modi-

fications à l'image source et mettre à jour l'image dans Dreamweaver sans ouvrir Photoshop.

- Intégration de logiciel Subversion, un système ouvert de contrôle de version, de manière à offrir une expérience d'archivage/extraction plus robuste. Vous pouvez mettre à jour votre site et archiver directement les modifications à partir de Dreamweaver.

Les apports de la version CS5 sont les suivants :

- Prise en charge intégrée de systèmes de gestion de contenu pour créer et tester des environnements de gestion comme WordPress, Joomla, et Drupal.
- Essayez HTML5 pour voir comment les fonctionnalités HTML5 de Dreamweaver CS5 offrent de nouvelles perspectives de création aux utilisateurs d'Adobe Creative Suite 5.
- Intégration avec Adobe BrowserLab pour prévisualiser les pages web dynamiques et le contenu local au moyen de nombreux outils d'affichage, de diagnostic et de comparaison. Vous simulez ainsi vos pages Web dans tous les navigateurs Web existants sans être obligé de les installer sur votre ordinateur.
- Indicateurs de code PHP pour classes personnalisées qui permet d'être plus précis dans l'écriture du code en affichant la syntaxe à utiliser avec les fonctions PHP personnalisées.
- Intégration avec BusinessCatalyst pour profiter de l'intégration entre Dreamweaver et le service Adobe Business Catalyst (disponible séparément). Vous développerez ainsi de puissants outils commerciaux en ligne sans programmation.
- Indicateurs de code spécifiques au site sur des fichiers et répertoires non standard dans Dreamweaver

Au regard de ces quelques fonctionnalités, vous comprenez immédiatement que Dreamweaver CS5 n'a rien à voir avec

Flash ou Fireworks. Il ne saurait faire double emploi avec ces deux autres programmes. Pour simplifier, nous dirons que Dreamweaver permet de mettre en page d'une manière précise, et au milieu d'autres éléments et fonctions d'un site, des animations créées avec Flash et des graphiques optimisés et dynamiques conçus avec Fireworks.

La force de Dreamweaver

Il existe de nombreux logiciels de création de sites reposant sur le principe du WYSIWYG avec possibilité d'afficher et modifier le code source HTML. Alors, pourquoi Dreamweaver semble-t-il être devenu le chouchou des créateurs Web ? La réponse tient dans ces quelques paragraphes.

Dreamweaver a été l'objet de toutes les attentions en réussissant là où les autres ont souvent échoué. La plupart des développeurs se plaignent des outils de création Web WYSIWYG. Ils considèrent, à raison, que le code HTML généré n'est pas brillant, et surtout qu'ils altèrent le code existant. Cela rend l'édition manuelle des pages très complexe. La plupart de ces problèmes tiennent au fait que les programmeurs HTML qui savent saisir des lignes de code au kilomètre entendent garder un total contrôle sur les pages HTML.

Dreamweaver sait combiner les deux approches de la conception Web, reposant aussi bien sur l'édition pure et dure d'un code HTML que sur l'aspect intuitif et convivial d'une création WYSIWYG. Avec Dreamweaver, vous disposez d'un éditeur HTML puissant et d'une interface WYSIWYG remarquable. Dreamweaver va encore plus loin avec une fonction propre à Macromedia qui se nomme Roundtrip HTML. Grâce à elle, vous pouvez créer des pages HTML dans n'importe quel programme. Ouvrez-les ensuite dans Dreamweaver et vous n'avez pas à vous soucier de votre code original, car il ne subira aucune altération.

Dreamweaver est respectueux de votre code HTML. Il n'altère jamais vos balises comme le font des programmes de moins bonne facture.

Comme Dreamweaver n'altère pas le code, il est devenu un ami reconnu et respecté des concepteurs professionnels. Ils se réjouissent des facilités d'utilisation WYSIWYG et ajoutent leurs touches HTML personnelles sans se préoccuper de savoir si Dreamweaver va les respecter.

Le défi à relever était de savoir comment afficher le code HTML créé dans un éditeur de texte tout en conservant une approche WYSIWYG qui ne dénature pas le code quand on procède à des modifications intuitives. Cette notion est d'autant plus facile quand Dreamweaver ne connaît pas le code HTML initial. Le fait d'avoir su résoudre ces problèmes a fait de Dreamweaver le logiciel de création Web le plus plébiscité, même par les fervents défenseurs d'une édition HTML austère dans un simple éditeur de texte.

Interface et fonctions de Dreamweaver CS5

Difficile de cacher que le premier contact avec Dreamweaver est déconcertant. Toutes les fonctions se cachent dans des panneaux, des barres d'outils et des boîtes de dialogue. En revanche, cela affirme son intégration avec Flash et Fireworks. Les quelques sections suivantes présentent succinctement l'environnement de travail de Dreamweaver. Pour en savoir davantage, n'hésitez pas à acheter l'ouvrage *Flash CS5 et Dreamweaver CS5 Mégapoche pour les Nuls*, paru aux éditions First Interactive.

L'espace de travail

Il est très facile de créer une page Web dans Dreamweaver. Au démarrage de l'application, un écran d'accueil vous propose quelques tâches, comme le montre la Figure 19.18. Comme vous êtes débutant, contentez-vous de cliquer sur le lien HTML de la section Créer. Une page vide apparaît, comme à la Figure 19.19. On l'appelle *espace de travail*. Vous pouvez y saisir directement du texte et appliquer des mises en forme rudimentaires comme le gras et l'italique.

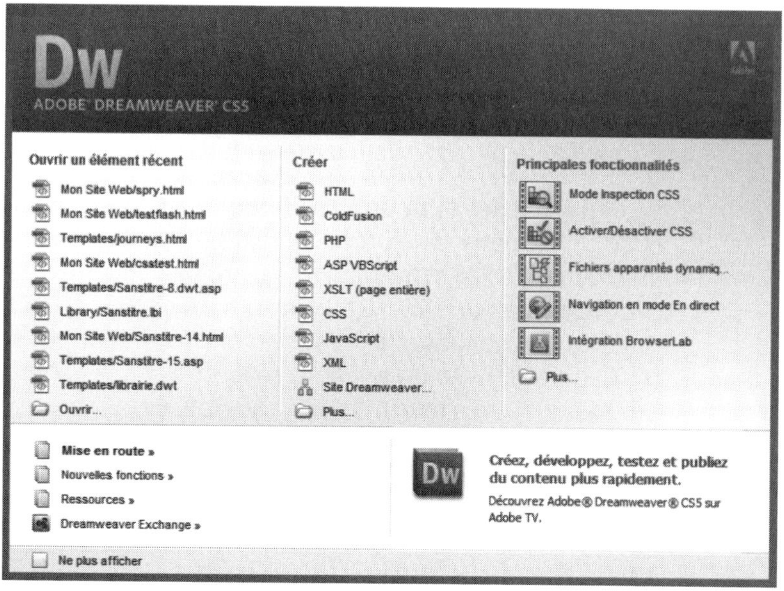

Figure 19.18 : L'écran d'accueil de Dreamweaver.

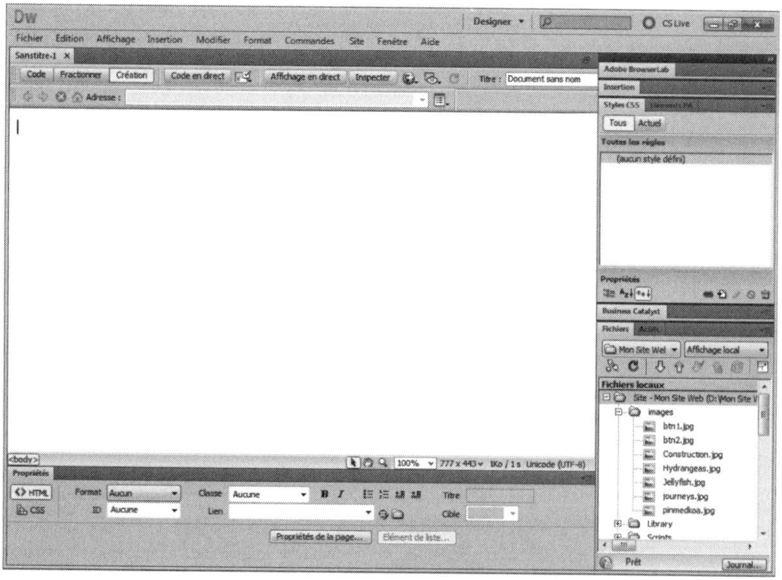

Figure 19.19 : Votre espace de travail en mode Création.

Cet espace consiste en une fenêtre principale qui affiche la page HTML, et en une série de panneaux flottants, d'onglets et de fenêtres qui vous procurent tous les outils nécessaires à vos créations.

TRUC

Si vous ne savez pas programmer en HTML et que vous souhaitez immédiatement travailler dans un environnement convivial, cliquez sur l'onglet Création. Vous êtes alors en mode WYSIWYG.

La fenêtre Document

C'est l'espace de travail, une page vierge dont le code HTML est rudimentaire. C'est ici que vous modifiez et concevez votre page Web. C'est également dans cette zone que vous affichez les images, les textes et tous les éléments qui s'affichent simultanément dans les navigateurs Web de vos visiteurs.

Les panneaux flottants

Les panneaux flottants et leurs onglets donnent un accès rapide aux diverses fonctions de Dreamweaver. Vous pouvez les déplacer sur l'espace de travail par simple glisser-déposer. Leur maniabilité permet de définir un environnement de travail qui sied à vos besoins personnels.

Les panneaux sont des éléments essentiels de l'interface de Dreamweaver. Ils permettent l'insertion des images et des liens, de tableaux, de plug-ins, de formulaires HTML, etc.

Le panneau Insertion

Dreamweaver CS5 possède un panneau Insertion qui regroupe, par catégories, tous les éléments que l'on peut insérer dans une page Web. Ce panneau s'affiche soit sous forme d'onglet, soit sous forme de menu (comme à la Figure 19.19). Il affiche alors, par défaut, les éléments Commun. Pour accéder aux autres catégories, cliquez sur la flèche située à droite de ce nom, et vous obtenez l'ensemble des catégories, comme l'illustre la Figure 19.20.

Dès qu'une catégorie est sélectionnée, tous ses éléments s'affichent sous forme d'icônes. Vous n'avez plus qu'à cliquer sur l'icône correspondant à l'élément à insérer pour que

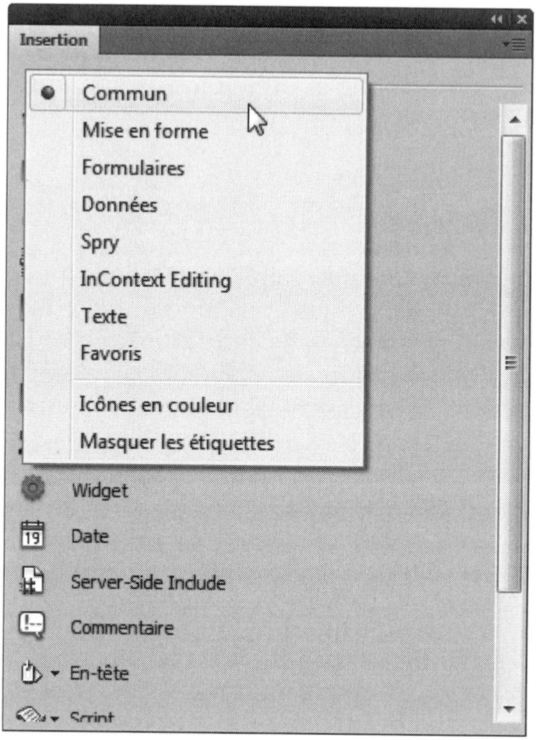

Figure 19.20 : Les éléments à insérer dans une page Web sont regroupés dans un panneau Insertion qui prend la forme d'un onglet ou, comme ici, d'un menu.

Dreamweaver vous donne accès à toutes les commandes nécessaires.

ATTENTION !

Par défaut, Dreamweaver permet de saisir directement du texte dans la zone de travail.

Propriétés

Le contenu du panneau Propriétés change en fonction des éléments sélectionnés. Une *propriété* est une caractéristique HTML, comme l'alignement d'une image ou la taille d'une cellule d'un tableau, que vous pouvez assigner à un élément de votre page Web. Vous pouvez laisser le panneau Propriétés ouvert pendant toute la durée de votre travail. Dès que vous sélectionnez un élément, il affiche les paramètres que vous pouvez modifier : hauteur et largeur, alignement et liens.

La barre de menus

Malgré la préciosité des panneaux, certaines commandes de Dreamweaver ne sont accessibles que par les menus.

Le menu Fichier

Comme toute application, Dreamweaver propose un menu Fichier. Vous y trouvez des options traditionnelles comme Nouveau, Ouvrir et Enregistrer. Vous y verrez également une option Rétablir, une commande d'annulation sophistiquée rétablissant la dernière version enregistrée de votre page. Ce menu dispose aussi d'une option Design Notes, fonction unique qui associe des notes personnelles à vos fichiers HTML ou autres.

Toujours dans le menu Fichier, vous trouverez une fonction qui permet de vérifier la bonne tenue de votre travail dans un navigateur Web. Il est légitime, en tant que concepteur Web, de s'assurer que les éléments mis en place dans Dreamweaver ont le même comportement dans un navigateur. Je dirais, sans exagération, que cette prévisualisation est indispensable. Mais, comme à son habitude, Dreamweaver pousse encore plus loin une fonction que l'on rencontre dans la plupart des éditeurs Web. Vous pouvez tester la compatibilité de vos pages avec différentes versions de navigateurs.

Le menu Edition

Il contient des fonctions aussi traditionnelles que Couper, Copier et Coller. Vous y trouverez aussi une commande Modifier avec Éditeur externe, qui permet de choisir un éditeur adapté à la modification d'un élément sélectionné dans la zone de travail.

Vous découvrirez l'option Préférences qui permet de paramétrer Dreamweaver en fonction de vos habitudes de travail. La boîte de dialogue Préférences donne accès à l'ensemble des catégories que vous pouvez personnaliser pour répondre aux besoins de votre travail.

Le menu Affichage

Ce menu donne accès à des fonctions qui facilitent la conception d'une page Web comme l'affichage de grilles et de règles, des assistants visuels qui permettent de positionner précisément des objets, et bien d'autres choses. Il propose des modes d'affichage et de gestion de la création des tableaux. Utiliser les Assistances visuelles du menu Affichage permet de distinguer les bordures, même si elles ne sont pas visibles dans le navigateur des internautes.

Le menu Insertion

Comme le montre la Figure 19.21, le menu Insertion donne accès à des fonctions propres à la conception Web. D'ici, vous pouvez insérer des éléments tels qu'une règle horizontale, une appliquette Java, un formulaire, un contrôle ActiveX, un fichier Flash Video ou un plug-in.

Dreamweaver offre des supports supplémentaires pour insérer Flash ou Shockwave.

Le menu Modifier

Voici un autre emplacement où vous pouvez afficher et modifier les propriétés des objets, comme les attributs des tableaux, tel que vous le montre la Figure 19.22. Les propriétés (généralement appelées *attributs* dans le langage HTML) définissent des paramètres tels que l'alignement des éléments d'une page, leur hauteur, leur largeur et d'autres spécificités.

Le menu Texte

Dreamweaver dispose d'un menu pour mettre en forme le texte avec une facilité déconcertante. Vous y trouverez des options comme l'enrichissement des caractères (gras, italique) ou des fonctions plus complexes comme les styles de police et les feuilles de style personnalisées. Vous avez entre les

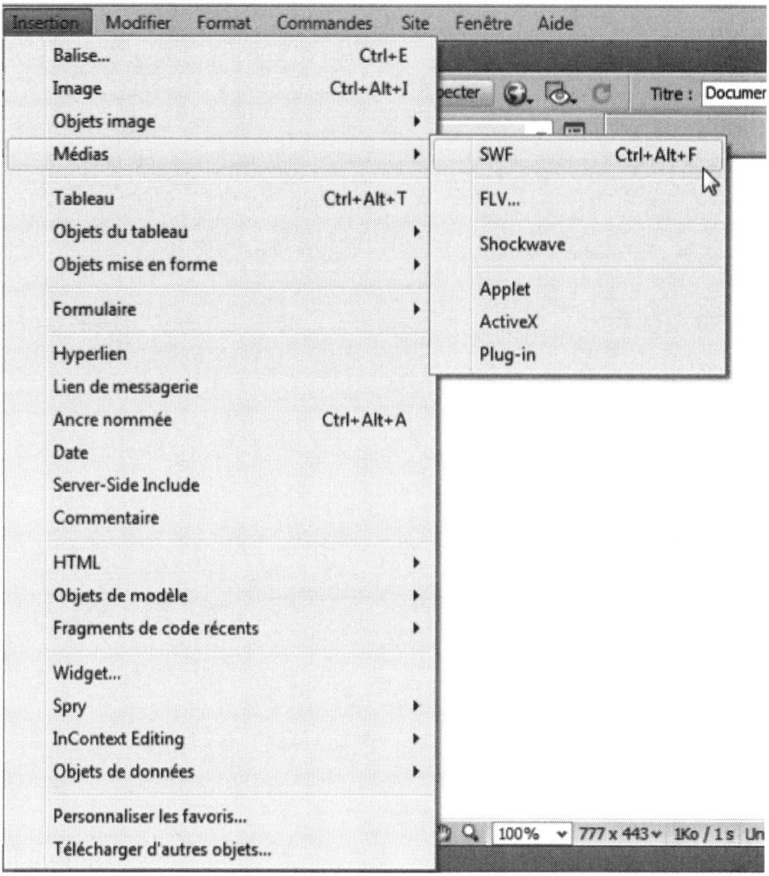

Figure 19.21 : Le menu Insertion facilite l'ajout de divers éléments à vos pages.

mains des outils qui donnent un contrôle puissant sur l'aspect de vos pages.

Par exemple, si vous choisissez une police particulière pour votre texte, elle doit être présente sur la machine de l'utilisateur afin d'afficher convenablement votre page dans son navigateur. À cause de cette restriction, HTML permet d'indiquer plusieurs possibilités d'affichage de votre police. Le navigateur recherche dans l'ordinateur de l'utilisateur une police qui se rapproche le plus de celle utilisée ou de celles que vous « recommandez » de substituer en cas d'absence de ladite police. Dreamweaver reconnaît l'importance de ces substitutions, et l'intérêt qu'il y a de mettre en œuvre des polices communément admises.

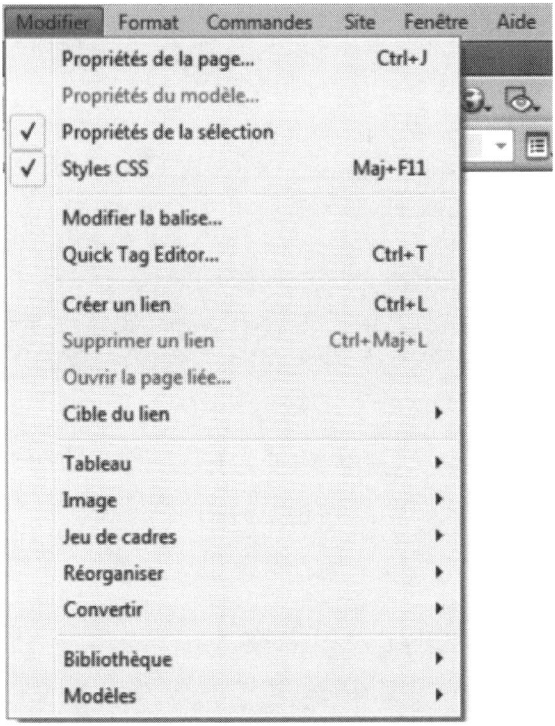

Figure 19.22 : Le menu Modifier facilite la modification des propriétés des objets, comme les attributs d'un tableau.

Le menu Commandes

Le menu Commandes, représenté sur la Figure 19.23, accueille des options liées à l'enregistrement (Démarrage et Reproduction) et permet de mémoriser rapidement une série d'étapes que vous reproduirez en un clic de souris. Pour utiliser l'enregistrement dans Dreamweaver, il suffit de choisir Commandes/Démarrer l'enregistrement. Exécutez ensuite les actions qui doivent être enregistrées, comme l'ajout d'un tableau composé de trois lignes et de deux colonnes, puis choisissez Arrêter l'enregistrement. Ensuite, pour que ces actions soient exécutées sans intervention supplémentaire de votre part, choisissez Reproduire la commande enregistrée. Afin de bénéficier de commandes prédéfinies, choisissez Commandes/Télécharger d'autres commandes. Cette fonction lance automatiquement votre navigateur qui se connecte au site Adobe. Une fois que vous y êtes, vous pouvez télécharger de nou-

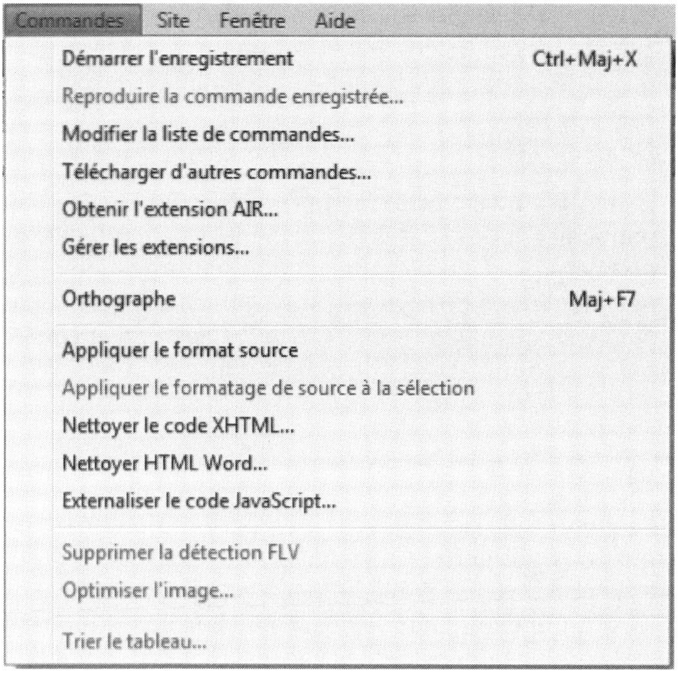

Figure 19.23 : Le menu Commandes propose des fonctions avancées de Dreamweaver.

velles commandes pour ajouter des fonctions à Dreamweaver. Le programme propose une commande Créer un album photo pour le Web qui facilite la création d'une galerie photos Web. En quelques clics, vous indiquez le répertoire des photos, la taille des vignettes, le nombre de colonnes, le dossier de destination de l'album, la qualité de compression des vignettes et des photos... et le tour est joué !

NOTE TECHNIQUE

L'option Nettoyer le code XHTML du menu Commandes aide à rectifier les erreurs d'un mauvais code HTML. De son côté, la fonction Nettoyer HTML Word est destinée à corriger les problèmes communément provoqués par la fonction Enregistrer au format HTML du logiciel de traitement de texte Word.

Le menu Site

Avec ce menu, Dreamweaver propose des options de paramétrage de votre site. Cette procédure est indispensable pour bénéficier des autres fonctions de Dreamweaver. Vous vérifiez ainsi le travail de chaque intervenant sur le site.

Le menu Fenêtre

Dans Dreamweaver, le menu Fenêtre contrôle l'affichage des panneaux et des boîtes de dialogue. Une coche devant le nom de chaque option indique cet état. Pour désactiver ces panneaux, cliquez de nouveau sur leur nom. D'autres panneaux et boîtes de dialogue, comme les Styles CSS et l'Inspecteur de balises, sont présents dans ce menu.

Le menu Aide

Le menu Aide donne accès à un certain nombre d'assistants qui vous permettent de trouver des solutions sur des sujets qui vous posent problème. Vous y trouvez également des leçons qui expliquent les bases de la conception HTML, envisageant les tableaux et les cadres. Ces assistants donnent une vision globale de sites complexes, mais distillent aussi des idées qui permettent de concevoir des mises en page complexes sans grand effort de votre part.

Conclusion

L'objectif de cette partie n'est pas d'entrer dans le détail du fonctionnement des logiciels de création Web reposant sur le principe du WYSIWYG. Ce chapitre a présenté les trois logiciels composant la suite « logique » de création Web développée par l'éditeur Adobe. En lisant ces diverses sections, vous avez eu une idée générale du rôle tenu par chacun. Notre objectif a été de montrer qu'ils ne faisaient aucunement double emploi. Chacun intègre un système de création des éléments constitutifs d'un site dynamique et interactif tel que les restrictions actuelles du Web l'imposent. Flash se spécialise dans l'animation vectorielle, la conception d'interfaces, l'intégration vidéo, et la création de sites dynamiques et interactifs, et s'avère incapable d'optimiser des images bitmaps aux formats JPEG, GIF ou PNG. De son côté, Fireworks permet de créer des pages Web complètes, mais ne crée que de petites animations vectorielles. En revanche, il est idéal pour optimiser les graphiques qui prendront place dans une page Web, et permet de créer des menus contextuels avec une facilité déconcertante. Enfin arrive Dreamweaver, sorte d'application qui va assurer la mise en page de divers éléments conçus dans Flash et Fireworks, tout en proposant des fonctions spécifiques à la conception et à la gestion des sites comme les CSS, les tableaux, les formulaires, la publication des sites, etc. Les programmes évoqués ici ne pourront être maîtrisés qu'après avoir consulté des ouvrages qui leur sont entièrement consacrés. Les débutants porteront leur choix sur *Flash CS5 et Dreamweaver CS5 Mégapoche pour les Nuls*.

À une époque, faire l'éloge de ces produits aurait été un manque d'objectivité flagrant. Désormais, dans l'univers du WYSIWG, il est bien difficile de trouver des concurrents à Flash, Fireworks et Dreamweaver.

Enfin, nous ne pouvons pas traiter des programmes de création Web sans présenter Photoshop CS5 et un programme spécifiquement Mac, c'est-à-dire iWeb. Passez au chapitre suivant pour en savoir plus à leur sujet !

Chapitre 20

Photoshop et iWeb

Dans ce chapitre :

- Photoshop CS5.
- iWeb.

Dans ce chapitre nous allons aborder deux programmes particuliers, et qui ont chacun leur raison de l'être. Plus concrètement, il s'agit de Photoshop CS5, dernière version du logiciel phare de l'imagerie numérique qui existe aussi bien sur Mac que sur PC ; et de iWeb, programme spécifiquement Mac proposé par la suite logicielle iLife. Cette application permet de créer facilement un site Web. Nous verrons qu'il est idéal pour les sites personnels, mais aussi pour réaliser facilement un prototype de site que vous réaliserez ensuite avec des outils comme Flash, Fireworks, Photoshop, et Dreamweaver.

Comme dans le précédent chapitre, notre but est de vous faire toucher du bout des doigts les possibilités offertes par Photoshop et iWeb.

Suite aux études réalisées dans cette partie, vous pourrez alors choisir la suite logicielle adaptée à vos besoins propres, votre budget, votre sens créatif, et à votre philosophie de la création Web basée sur le concept du WYSIWYG.

Photoshop CS5

Commençons par un constat sans appel : Photoshop n'est pas l'enfant reconnu du Web, puisque le logiciel graphique phare de l'industrie de l'image a précédé celui des interfaces et des animations Web, donc de l'optimisation nécessaire aux graphiques destinés à ce média. Contrairement à Fireworks, spécialement conçu dans une optique de création de graphiques pour le Web, Photoshop s'est vu adjoindre des fonctionnalités permettant de sauvegarder ses images dans un format reconnu par le Web.

Présentation de Photoshop CS5

Avec Photoshop CS5, vous ne pouvez créer que des éléments graphiques optimisés pour le Web, et des interfaces sommaires.

Même si vous êtes un nouveau venu dans l'univers infographique, que ce soit par passion de l'image ou de l'Internet, vous connaissez l'énorme potentiel de Photoshop. En revanche, vous connaissez moins sa fonction de création de tranches (zones sensibles, ou réactives, ou encore hotspots), et ses possibilités d'exporter tout un contenu HTML. La Figure 20.1 montre l'interface de Photoshop CS5.

Nous pouvons quasiment reprendre le même discours que celui tenu à propos de Fireworks, c'est-à-dire que la création d'images, aussi difficile soit-elle, nécessite une optimisation pour afficher plus rapidement les pages Web contenant des travaux graphiques sophistiqués. Si notre préférence va à Photoshop en ce qui concerne la création graphique et la retouche d'image, Fireworks l'emporte en matière d'optimisation et de création d'interfaces dynamiques.

Philosophie du travail dans Photoshop CS5

En matière de conception Web, voici ce qu'offre Photoshop CS5 :

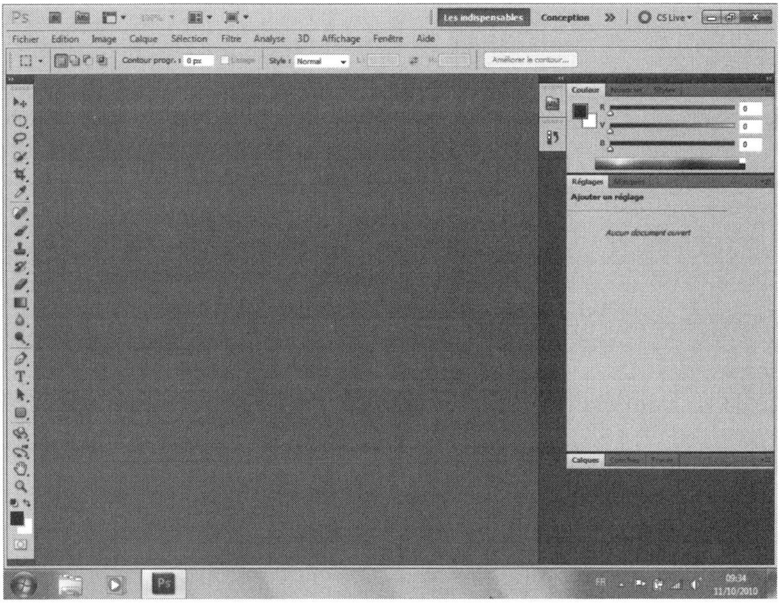

Figure 20.1 : L'univers de Photoshop CS5.

- Optimiser les images pour le Web dans une interface spécifique affichée à la Figure 20.2.

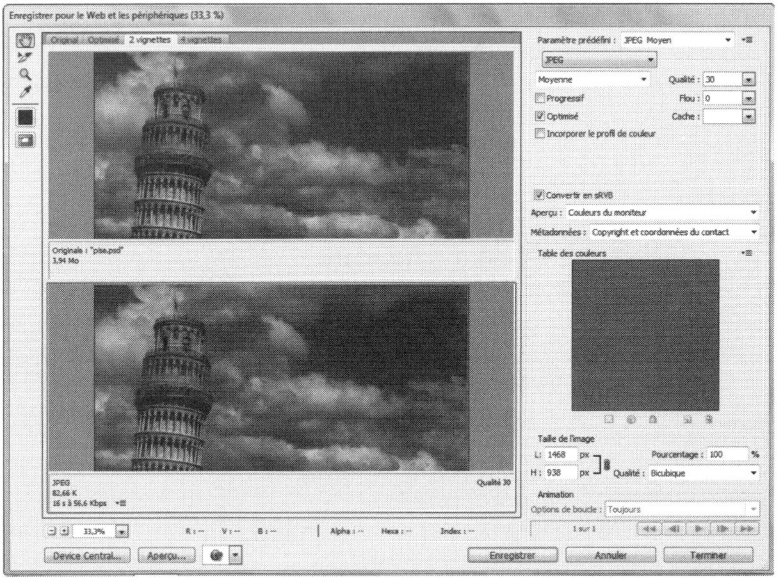

Figure 20.2 : La fonction Enregistrer pour le Web et les périphériques de Photoshop CS5.

- Créer des tranches, c'est-à-dire diviser une image en zones fonctionnelles. Chaque zone ainsi définie dispose de paramètres propres. Certaines parties seront optimisées en GIF et d'autres en JPEG. Cela permet, par exemple, d'optimiser un texte en GIF et la photographie qui s'y rapporte en JPEG.
- Transformer ces tranches en zones sensibles, c'est-à-dire réactives (hotspots) en définissant directement des tranches sur vos images, tranches auxquelles vous pouvez assigner des URL absolues. (Figure 20.3.)

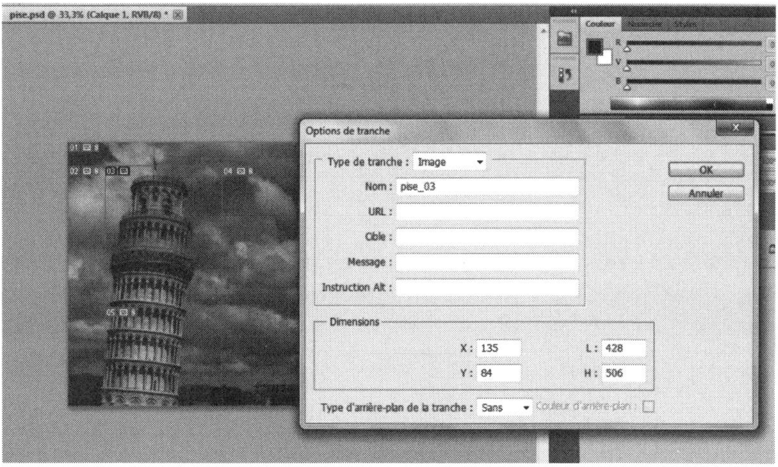

Figure 20.3 : Il est facile de définir des zones sensibles sur une image.

- Générer du code HTML au moment de l'enregistrement.
- Afficher les images ou les interfaces sommaires dans le navigateur par défaut.

Différences entre Photoshop et Fireworks

Il serait imprudent de penser que Photoshop et Fireworks sont identiques. Comme nous le disions en début de section, la grande différence est que si Fireworks a vraiment été conçu dans une optique Web, Photoshop ne tire ses fonctions Web que d'une extension intrinsèque des possibilités du logiciel.

Photoshop est avant tout un programme de retouche d'images et de préparation des fichiers pour une impression professionnelle. Il est largement utilisé dans l'industrie de l'édition.

Photoshop gère donc, sans aucun souci et avec maestria, le mode colorimétrique CMJN (Cyan, Magenta, Jaune et Noir), seul mode utilisable en imprimerie.

Fireworks ne gère pas le mode CMJN. Normal puisque sa fonction est d'optimiser les images pour le Web. Il travaille donc sur des images en RVB.

Ces deux logiciels savent optimiser les images. Mais, je le répète, l'optimisation de Photoshop est opportuniste. Il suffit de choisir Fichier/Enregistrer pour le Web et les périphériques afin d'accéder à une boîte de dialogue d'optimisation (Figure 20.3). En revanche, l'optimisation étant la fonction principale de Fireworks, vous travaillez dans un univers qui lui est entièrement dévolu, comme en témoigne la fenêtre d'optimisation qui est toujours ouverte quand vous travaillez. Ici, les paramètres d'optimisation se trouvent dans une palette spécifique, mais reprennent sensiblement les mêmes options que dans Photoshop.

Au prochain chapitre, nous verrons comment optimiser des images dans Photoshop et dans Fireworks.

iWeb le Net facile sur Mac

Voici une application singulière dont nous traitons superficiellement car il ne s'agit pas véritablement d'un programme de création Web comme le sont Fireworks, Flash, ou Dreamweaver.

iWeb est une application de la suite iLife 09. Lorsque vous lancez ce programme, il s'ouvre instantanément sur un choix de modèles comme à la Figure 20.4.

Ainsi, vous allez choisir un style de site, et commencer tout naturellement par définir une page d'accueil. Dans iWeb on parle de Bienvenue.

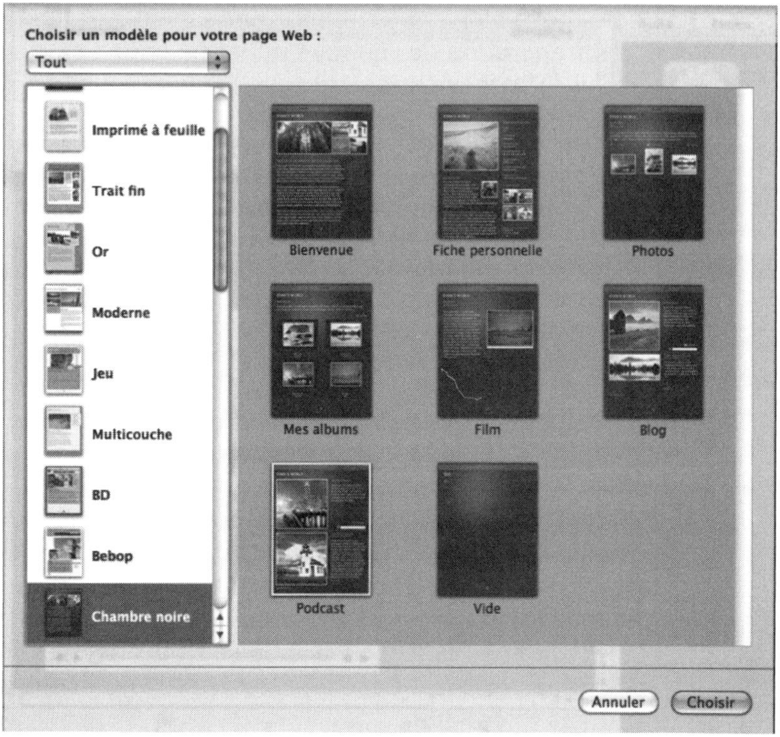

Figure 20.4 : iWeb met tout à votre portée pour créer des sites Web personnels très puissants.

Comme vous pouvez le voir à la Figure 20.5, le modèle affiche une structure de page. Il ne vous reste plus qu'à changer les titres, les photos, et le texte par défaut.

Ce site est-il très personnel ? Oui, et non… réponse de Normand. « Non » car vous êtes lié par une structure, et « oui » car vous pouvez modifier le contenu proposé. Vous comprenez alors qu'iWeb, comme nous le verrons au prochain chapitre, permet de créer rapidement un contenu Web esthétique et performant. En effet, outre le texte et les photos, vous pourrez y insérer des vidéos, des galeries photos, de la musique, créer des blogs et des podcasts.

Mais en matière de création Web pure, iWeb ne saurait se substituer à un programme comme Dreamweaver. Celui-ci permet de créer le site de votre choix en préparant vos éléments personnels dans des programmes comme Photoshop, Flash et Fireworks. De plus, vous pouvez publier votre site chez n'im-

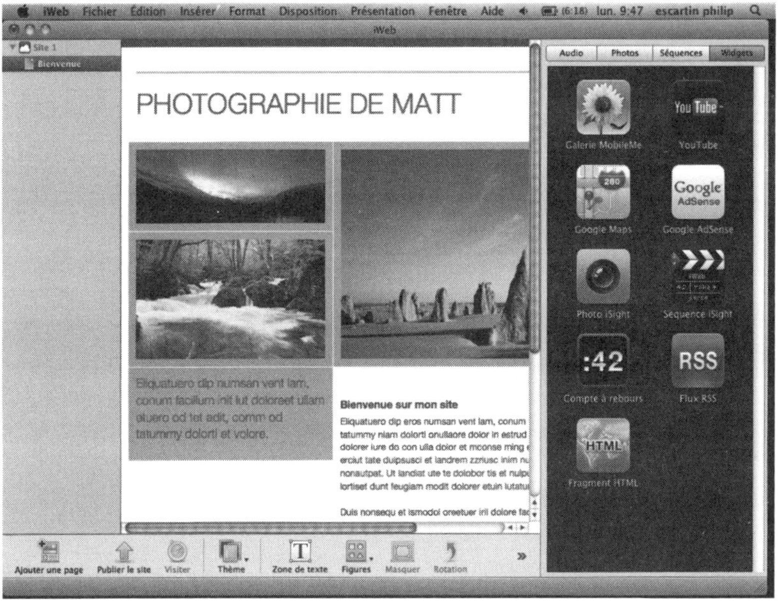

Figure 20.5 : Une page d'accueil dont la structure est prédéfinie par iWeb.

porte quel FAI, chose que ne permet pas iWeb. Les sites créés avec iWeb ne seront entièrement opérationnels que si vous les publiez sur MobileMe d'Apple.

À quoi peut bien vous servir iWeb d'un point de vue professionnel ? À vous inspirer de ses modèles, mais aussi à créer une maquette de site que vous améliorerez et personnaliserez avec les outils de conception Web WYSIWYG dans le détail desquels nous allons entrer d'ici peu.

Conclusion

Voilà, nous avons terminé notre tour d'horizon des produits Adobe (et Apple pour iWeb) consacrés à la création Web. Je concède qu'il est difficile de faire plus court. Les anciennes éditions de ce livre mentionnaient le programme concurrent de Dreamweaver, Adobe GoLive. Dans la mesure où Adobe et Macromedia ne font désormais plus qu'un, GoLive a totalement perdu de son importance, et tous les regards et les envies sont désormais tournés vers Dreamweaver. Pour cette raison majeure, et pour ne pas vous inciter à investir dans un programme qui ne sera sans doute plus développé d'ici peu, nous avons pris le parti de ne pas étudier GoLive.

Que choisir ? Téléchargez les versions d'évaluation proposées. Vous disposez de 30 jours pour tester les logiciels. Cela risque de faire court pour ceux qui mettent les pieds pour la première fois dans la conception Web.

Chapitre 21

De la théorie à la pratique

Dans ce chapitre :

- Créer une animation dans Flash CS5.
- Créer des transformations par souris (rollovers) dans Flash, et Fireworks CS5.
- Créer des menus contextuels dans Fireworks.
- Optimiser des images dans Photoshop CS5 et Fireworks.
- Créer une interface Web fonctionnelle dans Photoshop
- Intégrer des boutons et des images dans Dreamweaver CS5.

Les deux précédents chapitres ont introduit les familles de logiciels Web les plus utilisées pour créer des pages et des sites sans saisir la moindre ligne de code. Cela signifie que vous pouvez mettre en œuvre des sites sans recourir à des langages comme HTML, DHTML, XML et à des langages de scripts comme JavaScript, VBScript, ASP, PHP, etc.

Cependant, si une interface peut facilement être implémentée sur le Web, l'interactivité de ses éléments nécessite un minimum de programmation. Nous allons apprendre dans ce chapitre à créer une petite animation dans Flash CS5 et des boutons interactifs dans plusieurs logiciels dédiés au Web. Ensuite, nous verrons comme optimiser des images pour le Web, et comment placer boutons et images dans une page Web en utilisant Dreamweaver CS5. Enfin, nous aborderons sans entrer dans le détail quelques principes de programmation en ActionScript, le langage qui permet à Flash de donner toute la puissance interactive des sites Web modernes.

Bien évidemment, il s'agit d'exemples simples, davantage destinés à montrer les principes de fonctionnement de ces logiciels que leurs richesses intrinsèques.

Pour mener à bien ces exercices et apprécier comme il se doit les principes évoqués dans ces sections, je vous invite à télécharger les versions d'évaluation des différents logiciels de la suite CS5 sur les sites `www.adobe.fr`.

Animez vos bienvenues !

Qui n'est jamais arrivé sur un site dont la page d'accueil affiche un texte simple, sans vie, sans âme, sans pertinence. La célèbre formule de politesse *Bienvenue* vous tombe sous les yeux avec une brutalité proche de l'agression.

Cette section montre comment faire apparaître, en zoom avant et transparence, le terme *Bienvenue*. Cette création sera faite dans Flash. Il en résultera une animation au format SWF qui s'insérera dans n'importe quelle page Web créée avec votre logiciel préféré en la matière, comme Dreamweaver CS5.

Cette dernière étape est facultative. En effet, il est possible de générer directement une page au format HTML publiable sur le Web avec un utilitaire FTP (petit programme de publication des éléments d'un site), ou en utilisant les fonctions de gestion et de maintenance des sites de programmes dédiés en la matière comme l'est Dreamweaver.

Cette section montre comment créer du texte, des symboles, et une double interpolation de mouvement et d'opacité.

Bienvenue dans Flash CS5 !

Ouvrez Flash. Dans l'écran d'accueil, localisez la section Créer et cliquez sur Fichier Flash (AS 3.0). A priori, la Scène est blanche et vierge de tout élément.

Voici la procédure de création de notre animation :

1. **Dans la boîte à outils située sur le côté droit de l'interface, activez l'outil Texte.**
2. **Cliquez sur l'indicateur Couleur dans la section Caractère du panneau Propriétés.**

   Dans la palette de couleurs qui apparaît, choisissez un gris foncé. Il suffit de cliquer sur la teinte avec le pointeur de la souris qui prend la forme d'une pipette.

3. **Dans la liste Famille du panneau Caractère, choisissez une police qui vous plaît, puis définissez une taille de 50 dans le champ situé juste en dessous. Enfin, dans la liste Style, choisissez *Bold* pour mettre le mot en gras.**
4. **Cliquez au centre de la Scène.**

   Une petite zone de texte apparaît. Le point d'insertion y clignote. Saisissez, en majuscules, **BIENVENUE**.

5. **Cliquez ensuite sur l'outil Sélection (V).**

   Le texte apparaît dans un petit rectangle bleu muni de quatre poignées.

6. **Placez le mot « Bienvenue » au centre de la Scène.**

   Cette opération peut être réalisée à la souris ou avec le panneau Aligner (Fenêtre/Aligner). Activez-y le bouton Aligner vers la scène, puis cliquez sur la deuxième icône en partant de la gauche, puis sur la cinquième.

   Vous obtenez un texte semblable à celui de la Figure 21.1.

7. **Cliquez sur Modification/Convertir en symbole.**

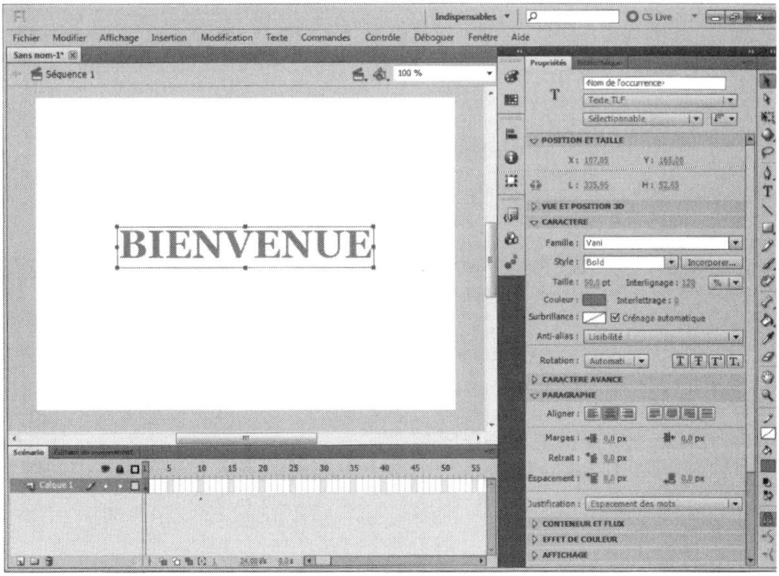

Figure 21.1 : « Bienvenue » affiché au centre de la Scène de Flash.

8. **Dans la boîte de dialogue Convertir en symbole, donnez un nom, par exemple « Bienvenue ».**

9. **Dans la liste Type, choisissez Graphique.**

   Vous transformez un texte en un symbole graphique. Vous êtes alors certain que la police sélectionnée ne posera pas de problème si elle n'est pas installée sur la machine de l'internaute.

10. **Cliquez sur OK pour valider vos choix et revenir à la Scène.**

TRUC

Créer un symbole place l'élément dans la Bibliothèque des symboles. Vous pouvez alors le réutiliser dans n'importe quel calque de votre animation, sans pénaliser le temps de téléchargement de cette dernière.

11. **Activez l'outil de sélection (si nécessaire), puis cliquez sur l'image clé 1 du Scénario avec le bouton droit de la souris.**

12. **Dans le menu contextuel, choisissez Créer une interpolation de mouvement.**

Par défaut, ceci crée une interpolation sur 25 images.

Vous pouvez modifier cette durée en plaçant le pointeur de la souris sur le bord droit de la dernière image clé et en le faisant glisser vers la gauche. Par exemple, pour limiter l'animation à 20 images, glissez jusqu'à l'image 20 du Scénario.

Désormais, tout est prêt pour l'interpolation, c'est-à-dire la modification de l'aspect du texte sur 20 images automatiquement générées par Flash (Figure 21.2).

Figure 21.2 : Configuration d'une interpolation de mouvement.

13. **Placez la tête de lecture sur l'image clé 1 pour la sélectionner.**

14. **Dans la boîte à outils, activez l'outil Transformation libre (Q).**

15. **Des poignées apparaissent autour du symbole Bienvenue. Faites-les glisser afin que le mot soit le plus petit possible.**

16. **Dans le panneau Propriétés, cliquez sur la flèche située à gauche du paramètre Effet de couleur.**

17. **Dans la liste Style ou est inscrit Sans, choisissez Alpha.**

    C'est le paramètre qui va modifier l'opacité (transparence) du mot Bienvenue.

18. **Fixez la valeur Alpha à 0 %.**

    Voilà ! Bienvenue est petit et transparent.

19. **Placez la tête de lecture sur l'image 10.**

    C'est une image clé intermédiaire qui va permettre d'obtenir une opacité complète du mot Bienvenue à la moitié de l'animation.

20. **Si nécessaire, cliquez sur le texte dans la Scène. Ensuite, modifiez la valeur Alpha du panneau Propriétés, en fixant son pourcentage sur 100.**

    Ceci crée automatiquement une image clé sur l'image 10.

21. **L'image clé 10 étant sélectionnée, augmentez légèrement la taille du texte.**

    Pour cela, soit vous agissez sur les poignées de redimensionnement, soit vous saisissez directement des valeurs dans les champs L et H du paramètre Position et taille dans le panneau Propriétés.

    Ainsi, le mot « Bienvenue » va apparaître en fondu sur les dix premières images, tout en augmentant de taille plus vite que dans la seconde partie de l'animation.

22. **Placez la tête de lecture du Scénario sur l'image 1.**

23. **Appuyez sur Entrée pour jouer l'animation.**

    Le mot « Bienvenue » apparaît progressivement en effectuant un zoom avant. C'est simple et efficace.

Pour voir immédiatement ce que donne cette animation dans un navigateur Web, cliquez sur Aperçu avant publication/ HTML ou appuyez sur la touche F12. L'animation s'ouvre par défaut dans votre navigateur et s'exécute en boucle.

Pour qu'une animation ne s'exécute pas en boucle, il faut ajouter un peu d'ActionScript, qui consiste ici en une simple commande Stop placée sur la dernière image de l'animation.

Aller plus loin

Nous en avons terminé avec cette animation créée dans Flash, le logiciel phare de l'animation vectorielle. Comme vous l'apprécierez en lisant *Flash CS5 pour les Nuls*,les animations Flash sont plus puissantes, car le langage de script qui les gère autorise des choses époustouflantes. Mais pour arriver à une maîtrise parfaite du programme, il faut travailler, travailler encore, travailler toujours !

Puisque nous sommes dans Flash, restons-y pour créer un bouton interactif.

Création d'un bouton interactif

Cette section se limite à la création d'un élément indispensable à toute interface Web : le *bouton*. Autrefois statiques, les boutons réagissent désormais au passage de la souris, attirant l'attention de l'internaute qui se dit : « Si ça bouge, c'est que cela déclenche quelque chose ! » Autrefois appelés « rollovers », ces changements d'état d'un bouton ont diverses appellations en fonction du logiciel utilisé. On parle de *transformation par souris* ou encore de *survol*.

Voyons comment créer cet élément d'interface dans Flash, puis dans Fireworks.

Un bouton interactif dans Flash CS5

J'avoue que, malgré mon admiration pour Flash, la programmation des rollovers n'est pas des plus simples. Cette section montre comment utiliser les outils de dessin de Flash pour concevoir un bouton que nous ferons changer de couleur au passage de la souris.

Création du bouton

Ouvrez Flash et laissez les paramètres par défaut. Si nécessaire, cliquez sur le lien Document Flash de la section Créer de l'écran d'accueil.

1. **Dans la boîte à outils, cliquez sur l'outil Rectangle.**

   Nous allons créer un rectangle arrondi.

2. **Dans le panneau Propriétés, définissez une couleur de contour (trait) et de remplissage.**

   Pour les besoins de cet exemple, nous choisissons une couleur de trait noire et une couleur de remplissage jaune. Ces deux couleurs sont définies en cliquant sur les indicateurs de couleur situés dans la section Remplissage et trait du panneau Propriétés.

3. **Dans la section Options du rectangle du panneau Propriétés, faites glisser le curseur vers la droite pour définir l'arrondi des angles du bouton.**

   Fixez cette valeur à **5**.

   TRUC

   Si vous ne parvenez pas à fixer cette valeur à l'aide du curseur, cliquez dans le premier des quatre champs numériques. Tapez 5 et validez en appuyant sur la touche Entrée ou Tabulation.

4. **Sur la Scène, tracez un rectangle arrondi.**

   Ne vous inquiétez pas de sa taille.

   Ajoutons maintenant du texte à ce bouton.

5. **Cliquez sur l'outil Texte (T) et définissez une couleur de remplissage noire.**

6. **Cliquez sur le rectangle arrondi et saisissez Bouton.**

   Dans le panneau Propriétés, modifiez le style et la taille de la police.

7. **Activez l'outil Sélection, et tracez un cadre de sélection englobant le rectangle et le texte afin de sélectionner tous les éléments présents sur la Scène.**

   Il s'agit de sélectionner le contour du trait, le rectangle, et le texte.

8. **Cliquez sur Fenêtre/Aligner. Ensuite cliquez sur les icônes du panneau Aligner qui vont permettre de positionner ces trois éléments bien au centre de la Scène.**

   TRUC

   Ne vous inquiétez pas si le texte disparaît. Il réapparaîtra dès que vous cliquerez sur une portion vide de la Scène pour quitter le mode d'alignement.

   À cet instant de la procédure, la Scène ressemble à celle représentée sur la Figure 21.3.

Création du rollover

Pour que ce graphique devienne un bouton et se comporte comme tel, il faut en faire un symbole.

1. **Choisissez Modifier/Sélectionner tout.**

   Le texte, le contour et le remplissage de la forme sont sélectionnés.

2. **Choisissez Modification/Grouper (ou appuyez sur Ctrl+G).**

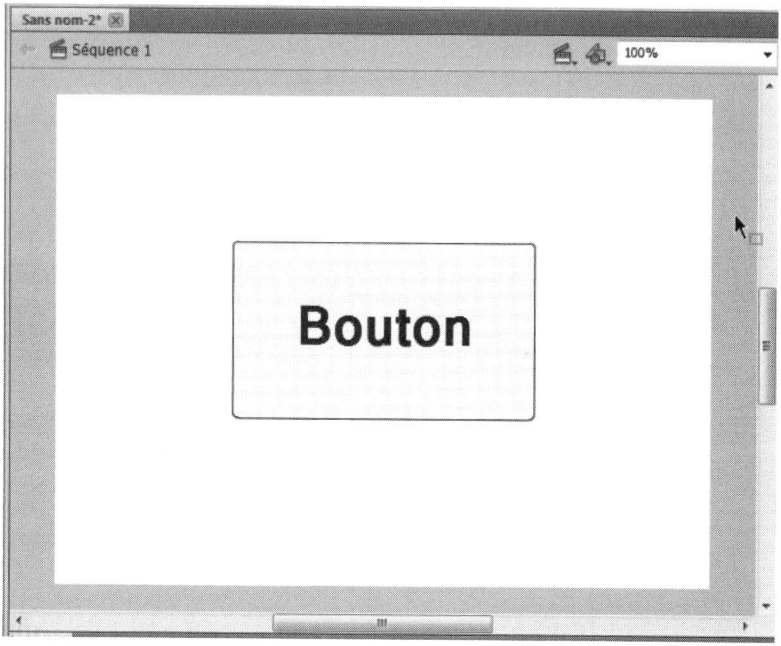

Figure 21.3 : Un bouton sommaire sur la Scène de Flash.

Tous les éléments qui forment le bouton sont réunis en un seul.

3. **Choisissez Modification/Convertir en symbole ou appuyez sur F8.**

4. **Dans la boîte de dialogue Convertir en symbole, saisissez Bouton. Dans la liste Type, choisissez Bouton, puisque nous définissons un... bouton (bravo !). Cliquez sur OK.**

5. **Double-cliquez sur le bouton pour basculer le Scénario en mode d'édition des symboles.**

   C'est dans ce mode que vous allez définir les différents états du bouton, comme le montre la Figure 21.4.

6. **Avec le bouton droit de la souris, cliquez sur l'état Dessus. Dans le menu contextuel, choisissez Insérer une image clé.**

Figure 21.4 : Édition des différents états d'un bouton dans Flash.

Cette action crée une copie conforme du bouton. Il faut donc modifier sa couleur.

7. **Cliquez plusieurs fois sur la couleur jaune du bouton jusqu'à ce qu'elle soit sélectionnée.**

   Attention, ne sélectionnez pas le texte !

8. **Dans le panneau Propriétés, cliquez sur l'indicateur Couleur de remplissage (icône d'un pot de peinture).**

   Dans le sélecteur de couleur, choisissez un rouge vif.

   L'état Dessus est défini. Il faut maintenant tester le rollover (ou transformation par souris).

9. **Cliquez sur Séquence 1, dans le coin supérieur gauche du Scénario.**

   Vous revenez dans la Scène où se trouve non pas le bouton mais son graphique, c'est-à-dire dans son état normal.

10. **Cliquez sur Contrôle/Activer les boutons simples.**

11. **Placez le pointeur de la souris sur le bouton. Il passe au rouge, c'est-à-dire à son état Dessus !**

Voilà un rollover, une transformation par souris, un survol, enfin tout ce que vous voulez qui réagit au passage de la souris. Nous avons limité notre démonstration à un changement de couleur, mais le bouton pourrait parfaitement changer de forme. Vous comprenez que la subtilité des rollovers est de substituer une image à une autre quand le pointeur de la souris passe dessus ou se retire du bouton. L'état du bouton ne cesse de passer de Haut à Dessus et de Dessus à Haut.

Tester le rollover dans un navigateur

Pour tester le rollover dans votre navigateur Web :

1. **Enregistrez l'animation Flash sous le nom « boutonflash.fla ».**
2. **Cliquez sur Fichier/Aperçu avant publication/HTML ou appuyez sur F12.**

   Le fichier HTML généré alors par Flash doit s'ouvrir dans votre navigateur Web. Si ce n'est pas le cas, procédez comme à l'étape 3.
3. **Ouvrez le dossier dans lequel vous avez enregistré l'animation Flash.**
4. **Double-cliquez sur le fichier « boutonflash.html ».**

   Cette fois, le bouton apparaît dans le navigateur Web.
5. **Placez le pointeur de la souris sur le bouton. Le rollover s'effectue comme à la Figure 21.5.**

Un bouton interactif dans Fireworks

Voyons maintenant comment créer un bouton identique dans Fireworks.

Commencez par ouvrir Fireworks. Dans l'écran d'accueil, cliquez sur le lien Document Fireworks (PNG) de la section Créer un nouveau document. La boîte de dialogue Nouveau docu-

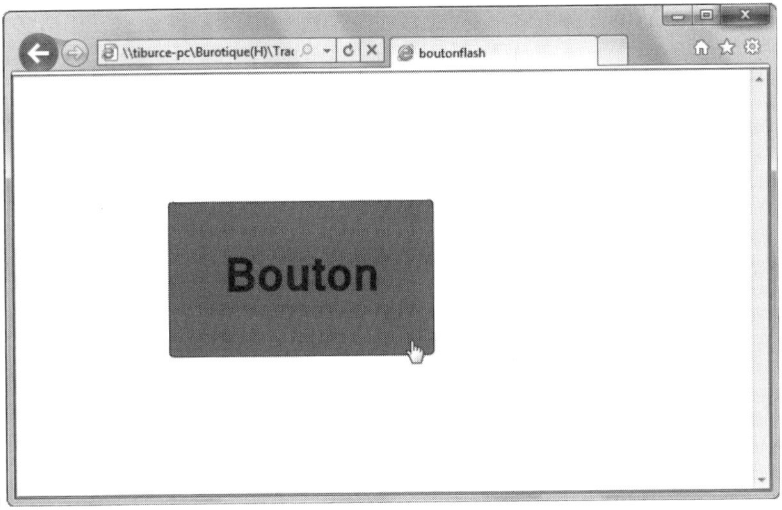

Figure 21.5 : Un rollover créé dans Flash fonctionne parfaitement dans une page Web !

ment apparaît. Laissez les paramètres par défaut et cliquez sur OK. Une page vierge s'affiche.

Création du bouton

1. **Dans la boîte à outils de Fireworks, cliquez sur l'outil Rectangle pour ouvrir son menu local.**

2. **Choisissez Rectangle arrondi.**

   TRUC

   Si vous ne trouvez pas l'outil Rectangle, c'est que vous avez déjà utilisé Fireworks et que vous avez défini une forme vectorielle comme l'ellipse. Dans cas, cliquez sur cette forme pour ouvrir le menu local et choisir Rectangle arrondi. Il s'agit du troisième bouton de la section Vecteur de la boîte à outils.

3. **Dans le panneau Propriétés, cliquez sur l'icône du pot de peinture pour définir la couleur du rectangle.**

   Dans le sélecteur de couleur, choisissez le jaune.

4. **Dans la section Couleurs de la boîte à outils, cliquez sur le nuancier de l'icône du crayon, et affectez la couleur noire au trait entourant le rectangle.**

5. **Tracez le rectangle arrondi au centre de la zone de travail.**

   Ici la taille importe peu, mais pour travailler dans de bonnes conditions, créez un rectangle assez gros.

6. **Activez l'outil Texte.**

7. **Veillez que le texte soit écrit en noir. Pour cela, vérifiez les options du panneau Propriétés.**

8. **Cliquez au centre du rectangle arrondi.**

   Un champ de saisi apparaît avec le point d'insertion.

9. **Saisissez** BOUTON.

10. **Centrez le texte sur le rectangle arrondi, et modifiez si nécessaire les attributs du texte dans le panneau Propriétés.**

    À cet instant de la procédure, le texte BOUTON repose sur un rectangle arrondi jaune au contour noir, comme le montre la Figure 21.6.

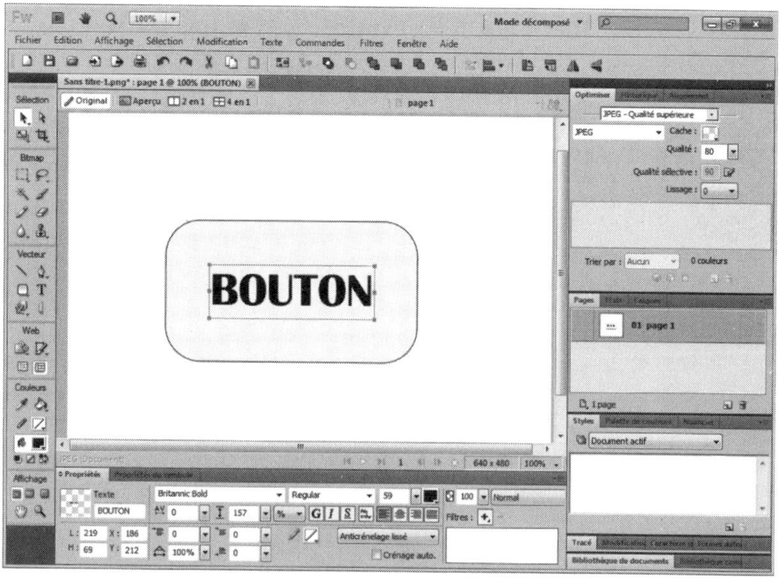

Figure 21.6 : Un futur bouton avec rollover créé dans Fireworks.

Création du rollover

Maintenant que vous avez défini la forme du bouton et son texte, il faut créer la fonction de rollover, c'est-à-dire de transformation du bouton au passage de la souris. Comme pour Flash, nous allons faire en sorte que la couleur du bouton passe du jaune au rouge.

1. **Ouvrez le panneau États.**

   Vous constatez qu'il n'y a qu'une seule image, celle de votre bouton, appelée ici État 1.

2. **En bas du panneau États, cliquez sur le bouton Nouvel état/Dupliquer l'état.**

   Fireworks affiche le contenu de cette nouvelle image. Elle est vide.

4. **Dans le panneau États, cliquez sur État 1.**

   Cette action affiche le contenu de la première image du rollover, c'est-à-dire le rectangle arrondi jaune au contour noir avec le texte BOUTON.

5. **Cliquez sur Sélection/Sélectionner tout. (Ou appuyez sur Ctrl+A.)**

6. **Cliquez sur Edition/Copier.**

7. **Dans le panneau États, cliquez sur État 2.**

   L'image est vide !

8. **Cliquez sur Edition/Coller.**

   Cette fois l'état 2 est la réplique de l'état 1.

9. **Cliquez sur une partie vide de la zone de travail pour désélectionner les objets.**

10. **Cliquez sur la couleur jaune pour ne sélectionner que le rectangle arrondi.**

11. **Dans le panneau Propriétés, cliquez sur l'indicateur de couleur de l'icône du pot de peinture.**

12. **Dans le sélecteur de couleur, choisissez un rouge vif.**

    Immédiatement la couleur de fond du rectangle arrondi de l'Etat 2 vire au rouge.

13. **Dans le panneau États, cliquez sur Etat 1.**

14. **Avec le bouton droit de la souris, cliquez sur le rectangle arrondi.**

15. **Dans le menu contextuel, choisissez Insérer tranche rectangulaire.**

    Comme le montre la Figure 21.7, une découpe verte apparaît sur le rectangle arrondi. C'est elle qui va gérer le rollover.

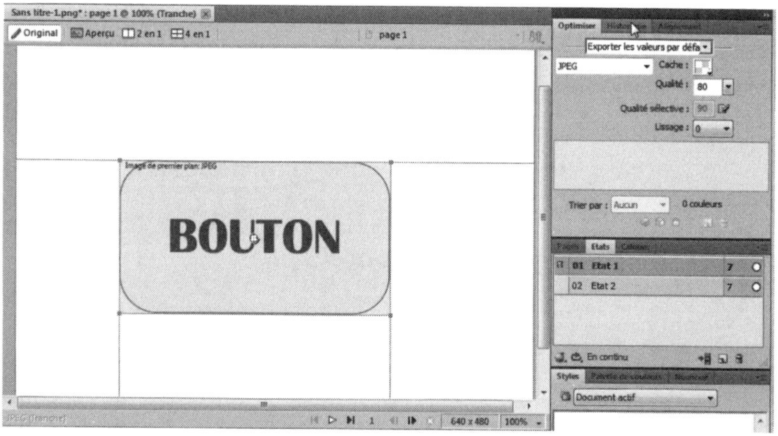

Figure 21.7 : La découpe va permettre de créer le rollover.

16. **Cliquez sur la découpe avec le bouton droit de la souris.**

17. **Dans le menu contextuel, choisissez Ajouter le comportement survol simple.**

    Voilà, le rollover est créé ! Pour vous en persuader, cliquez sur le bouton Aperçu en haut de la zone de travail.

Placez le pointeur de la souris sur le bouton : il passe au rouge.

Toutefois, une question angoissante surgit. Le rollover fonctionne dans Fireworks, mais fonctionne-t-il dans une page Web ? Pour le savoir, passez à l'étape 18.

18. **Cliquez sur Fichier/Aperçu dans le navigateur/Aperçu dans Internet Explorer.**

    Fireworks génère le code HTML de la page Web et affiche le bouton dans votre navigateur.

Voilà comment se déroule la création d'un rollover simple. À partir de cette technique, il est très facile de composer une interface avec des boutons présentant chacun un rollover.

Aller plus loin

Pour qu'un bouton créé dans Flash CS5 exécute quelque chose, il faut le programmer avec ActionScript. Non seulement l'état Dessus permet de changer la couleur, mais aussi la forme d'un bouton, et de déclencher des sons ou d'autres animations Flash. L'état Abaissé correspond à l'aspect du bouton quand vous cliquez dessus. En général, le bouton ne change pas, car soit il lance un son ou une animation, soit il renvoie vers une autre page du site ou un autre site Web.

Un bouton fait bien d'autres choses que de changer de couleur et de forme. Il suffit de lui assigner un comportement dans la boîte de dialogue Modifier les comportements. Moins riches que les scripts de Flash, vous pouvez malgré tout assigner des comportements essentiels aux boutons, comme déclencher un son, une nouvelle animation, afficher une transformation par souris à distance (rollover à distance), ouvrir une nouvelle page Web, envoyer un e-mail, et même accéder à un autre site Web. Élément indispensable d'une interface Web, le bouton est souvent utilisé comme instrument de navigation à l'intérieur d'un site.

Afin de parfaire votre apprentissage des boutons et de leurs incroyables possibilités, consultez *Flash CS5 et Dreamweaver CS5 Mégapoche pour les Nuls*, paru aux éditions First Interactive.

Si vous travaillez avec Photoshop, je ne peux que vous conseiller la lecture de *Photoshop CS5 pour les nuls*, paru aux éditions First Interactive.

Créer des menus contextuels dans Fireworks

Une des fonctions les plus spectaculaires de Fireworks concerne la création de menus JavaScript qu'un utilisateur débutant ne saurait coder dans ce langage particulier. Dans son interface intuitive, Fireworks prend tout en charge. Il en résulte, par exemple, une barre de menus de navigation qui se déroule dès que le visiteur place le pointeur de la souris dessus !

Adobe utilise les termes *menus contextuels*. Toutefois, il s'agit davantage de menus déroulants, car la notion de *contexte* est liée à une portion d'une interface et apparaît quand on clique sur le bouton droit de la souris. Là, un menu flottant apparaît, renfermant des commandes propres au contexte dans lequel il a été appelé. Vous comprenez alors que les commandes d'un menu contextuel varient en fonction de son utilisation, ce qui n'est pas le cas des menus créés dans Fireworks.

Nous allons voir dans cette section comment créer un menu à partir d'un élément d'une future interface. En d'autres termes, nous n'allons pas concevoir une barre de menus dans son intégralité. Toutefois, la méthode indiquée ici peut se répéter sur tous les éléments d'une barre de menus créée dans Fireworks.

1. **Démarrez Fireworks CS5.**

2. **Créez un nouveau document.**

3. **Dans la zone de travail, tracez un rectangle arrondi (à l'aide de l'outil homonyme), en haut de la future page Web.**

4. **Ajoutez du texte pour chaque menu à créer. Par exemple, saisissez Vidéo, Art, Contact.**

   Vous obtenez un résultat identique à celui de la Figure 21.8.

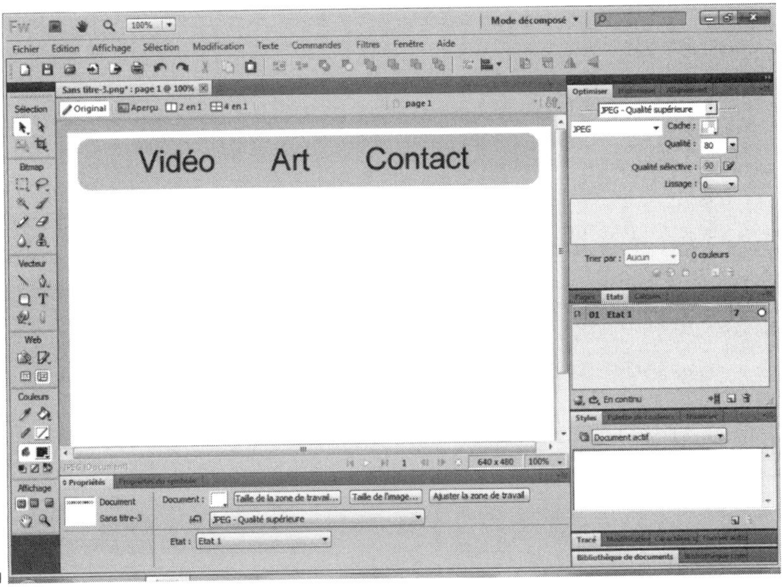

Figure 21.8 : L'arrière-plan de la future barre de menus.

5. **Comme nous allons créer un seul menu sur les quatre, activez l'outil Tranche (K) de Fireworks.**

6. **Tracez une tranche qui encadre le mot Vidéo.**

   Comme le montre la Figure 21.9, une découpe apparaît sur ce mot. C'est elle qui va permettre de composer le menu Vidéo.

7. **Activez l'outil Pointeur.**

8. **Placez le pointeur de la souris sur la découpe, et cliquez dessus avec le bouton droit.**

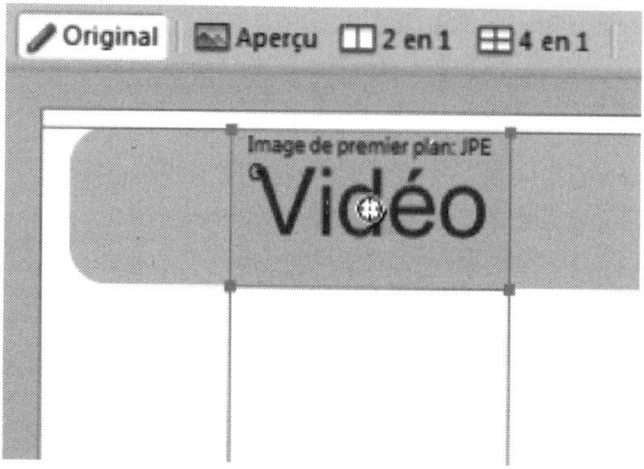

Figure 21.9 : La découpe va permettre de créer le menu.

9. **Dans le menu contextuel représenté Figure 21.10, cliquez sur Ajouter menu contextuel.**

   Vous accédez à la boîte de dialogue Éditeur de menu contextuel (Figure 21.11).

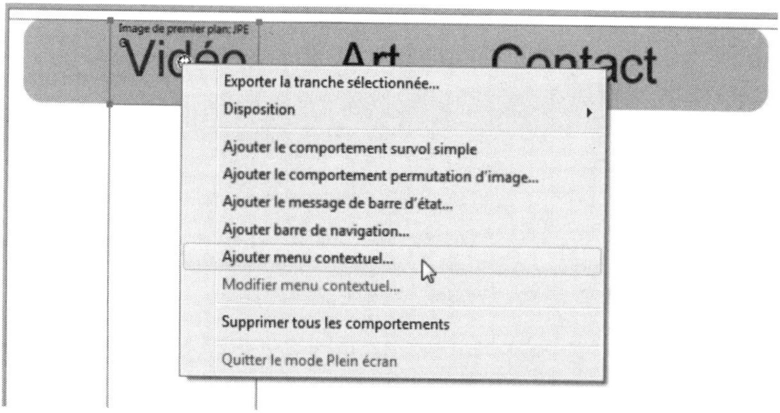

Figure 21.10 : Ajouter un menu contextuel à une découpe.

10. **Double-cliquez dans le champ de la colonne Texte. Saisissez le nom de la première commande du menu, par exemple Art-Vidéo.**

    Pour le moment, laissez les deux autres champs vides. Sachez simplement que les champs de la colonne Lien permettent d'indiquer l'URL de la page Web vers laquelle renvoie la commande du menu quand on clique dessus, et que ceux de la colonne Cible permettent de choisir entre les quatre types d'affichage de la cible, notamment

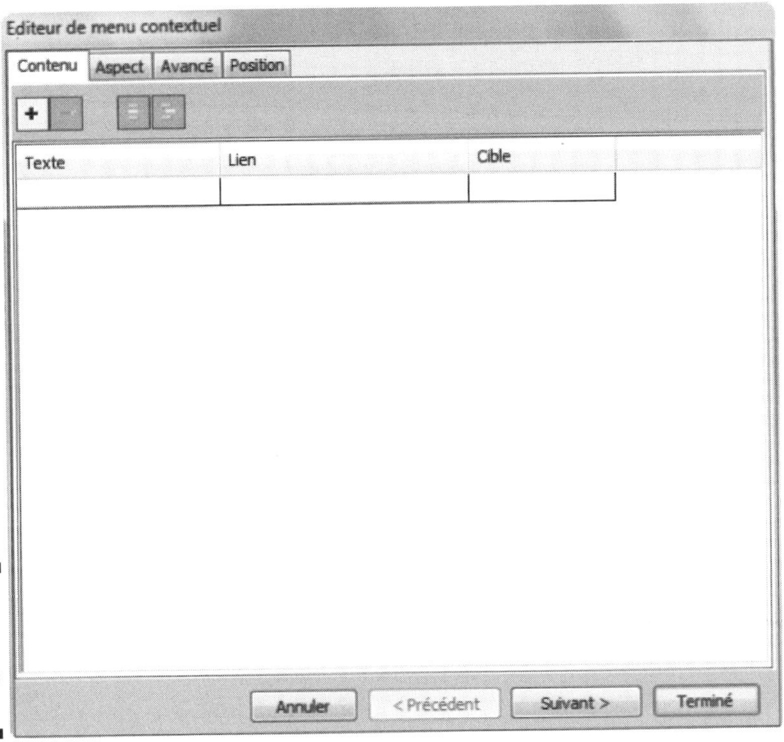

Figure 21.11 : L'éditeur de menu contextuel de Fireworks.

si la page ainsi appelée s'affiche dans une autre fenêtre du navigateur ou dans la même.

11. **Cliquez sous le premier champ de la colonne Texte, et saisissez, par exemple,** Vidéo-Clip.

12. **Faites de même dans tous les champs que vous désirez ajouter au menu. Si aucun nouveau champ n'apparaît automatiquement, cliquez sur le signe + en haut à gauche de l'onglet Texte.**

    Ainsi, à la Figure 21.12, vous voyez que j'ai un total de quatre commandes dans mon futur menu.

13. **Cliquez sur le bouton Suivant.**

    Vous accédez au contenu de l'onglet Aspect, qui permet de définir l'apparence du menu, comme à la Figure 21.13.

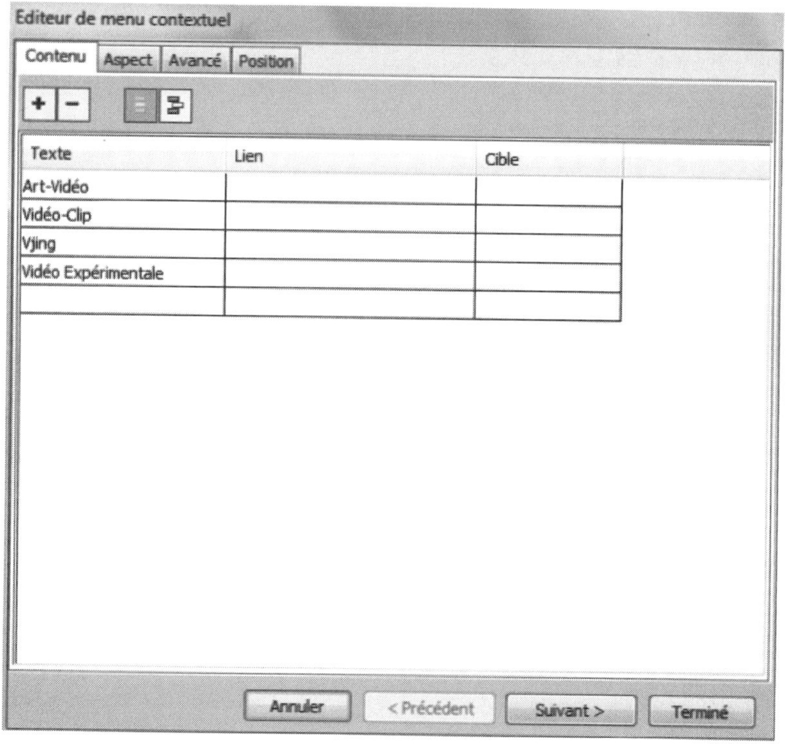

Figure 21.12 : Le contenu est terminé.

14. **Optez pour un aspect dit HTML.**

    En effet, cela permet de conserver un caractère vectoriel au menu, ce qui, graphiquement, évite d'alourdir la page Web de graphiques bitmap.

15. **Conservez la police et la taille par défaut, la position Centrer, et modifiez à votre convenance la couleur du texte de l'État Relevé et celle de la cellule, c'est-à-dire de l'arrière-plan.**

    Toutefois, comme j'ai créé une barre de menus grise, je reprends la même couleur de cellule. Il suffit de cliquer sur la flèche de la cellule et de prélever la même couleur avec la pipette. Pour vous assurer de la concordance de la couleur, placez la pipette sur la barre de menus et cliquez pour en prélever la teinte.

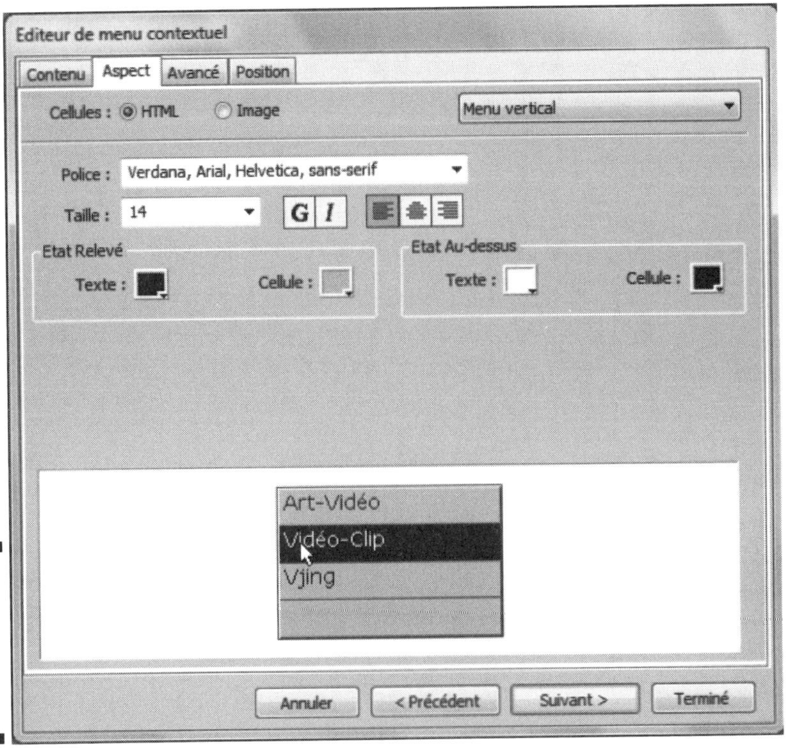

Figure 21.13 : L'onglet Aspect permet de définir l'apparence du menu.

16. **Faites de même dans la section État Au-dessus pour déterminer l'apparence du menu quand le pointeur de la souris passe sur une des commandes.**

    Pour mon exemple, j'ai fait l'inverse de l'État Relevé : j'ai appliqué une couleur noire à la cellule et la couleur grise au texte. Ces deux paramétrages sont reflétés dans la zone d'aperçu, comme l'illustre la Figure 21.14.

17. **Cliquez sur Suivant.**

    Vous accédez aux options de l'onglet Avancé. Laissez les paramètres par défaut. Sachez simplement que cet onglet permet de définir la hauteur et la largeur des cellules, de fixer une marge intérieure, d'ajouter une bordure intérieure pour séparer les cellules du menu et de fixer, avec le paramètre Menu Intervalle, la durée

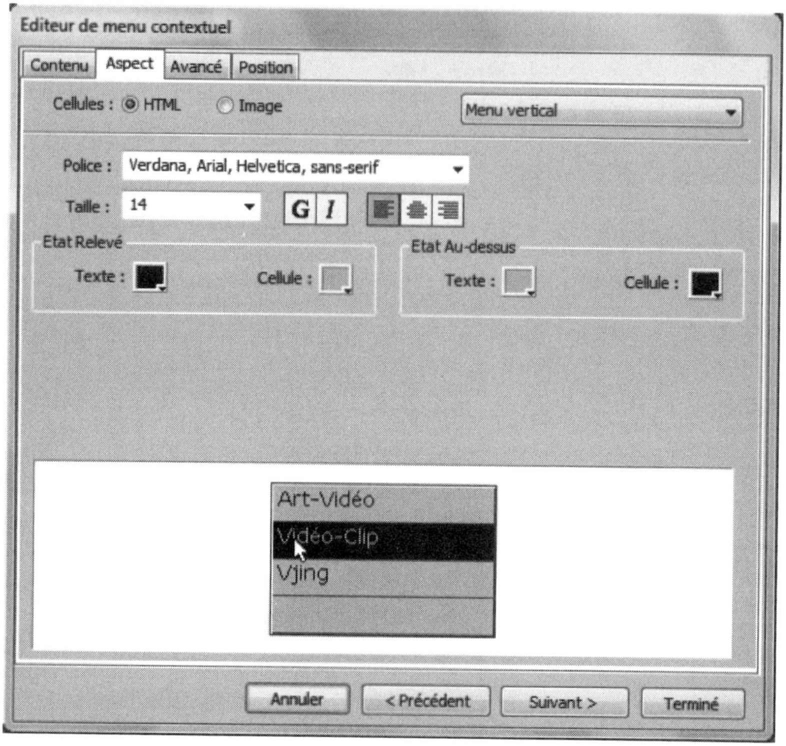

Figure 21.14 : Les deux états des éléments du menu sont paramétrés dans l'onglet Aspect.

d'affichage du menu une fois que le pointeur de la souris n'est plus dessus.

18. **Cliquez sur Suivant.**

    Vous accédez au contenu de l'onglet Position, illustré Figure 21.15.

19. **Cliquez sur une icône de la section Position du menu où le petit rectangle symbolise l'emplacement futur du menu, ou saisissez directement les coordonnées X et Y pour définir un placement très précis.**

    Pour les besoins de cet exemple, j'ai cliqué sur la deuxième icône pour que le menu apparaisse bien sous le mot Vidéo.

20. **Cliquez sur Terminé.**

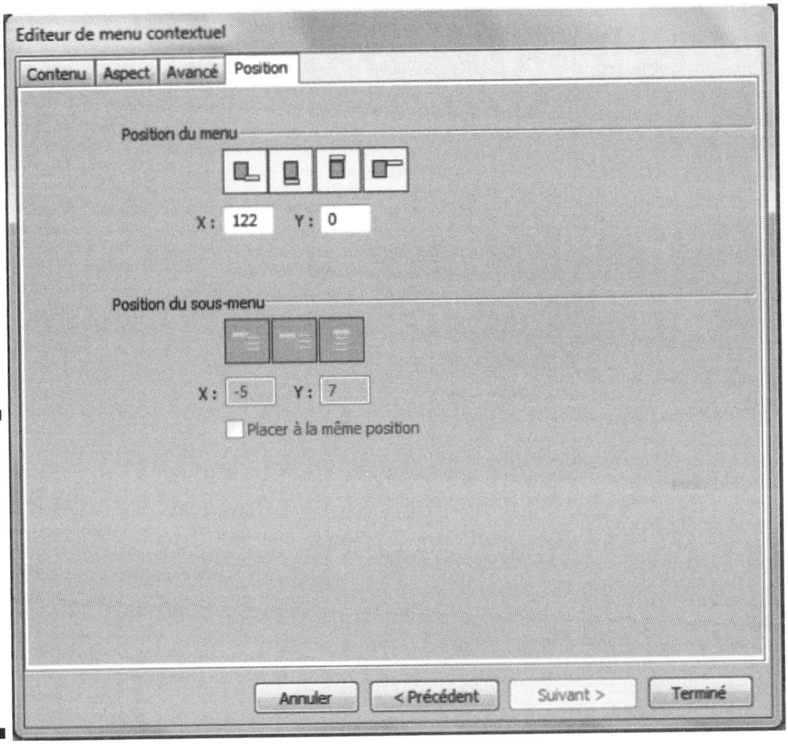

Figure 21.15 : L'onglet Position permet de définir la position d'affichage du menu par rapport au texte de la barre de menus.

Revenu dans la zone de travail, vous constatez que le menu apparaît sous une forme toute simple, c'est-à-dire des cadres vides rattachés par une espèce de fil au nom du menu.

Vous pouvez déplacer le menu à la souris pour le repositionner d'une manière plus intuitive.

Pourquoi ne voyez-vous pas le menu ? Parce qu'il s'agit d'un menu en JavaScript. Il faut donc que son code soit interprété par un navigateur Web. Donc, pour tester le menu :

21. **Appuyez sur F12 pour lancer un aperçu dans votre navigateur Web.**

22. **Placez le pointeur de la souris sur le mot Vidéo.**

Le menu apparaît. Placez-le sur une des rubriques du menu et le rollover s'opère, comme en témoigne la Figure 21.16.

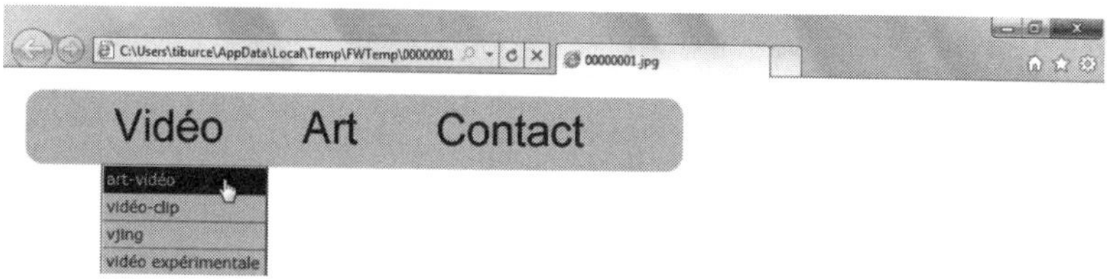

Figure 21.16 : Voilà ! Écrit en JavaScript, le menu ne peut être testé que dans un navigateur Web !

La création de ces menus est simple dans Fireworks. Comme vous n'êtes pas un as de JavaScript, vous ne sauriez l'écrire directement dans ce langage.

Optimisation des images pour le Web

Nous avons répété dans cet ouvrage que la rapidité d'affichage des éléments d'une page Web était la clé du succès d'un site. Moins l'internaute attend, plus vous avez de chance qu'il visite la totalité de votre site. Ce gain de temps passe par l'optimisation des images que vous allez insérer dans vos pages Web. L'*optimisation* est une technique qui permet d'obtenir le meilleur compromis entre la taille de l'image et sa qualité d'affichage.

Optimiser pour l'exportation avec Fireworks CS5

Découvrons la première méthode d'optimisation proposée par Fireworks :

1. **Ouvrez une image dans Fireworks.**
2. **Cliquez sur le bouton 4 en 1 de la fenêtre du document.**

Vous disposez de quatre versions de la même image, comme le montre la Figure 21.17.

Figure 21.17 : L'optimisation de Fireworks est plus efficace si vous affichez quatre images simultanément.

Grâce à cet affichage, vous allez tester et comparer quatre paramètres différents d'optimisation. La première image, en haut à gauche, est l'image d'origine.

3. **Cliquez sur la deuxième image et ouvrez le panneau Optimiser.**

   Dans la première liste du panneau Optimiser, choisissez JPEG-Qualité supérieure. Sous la vignette, apparaît une estimation du temps de téléchargement sur un modem 56 Kbps.

4. **Cliquez sur la troisième image (en bas à gauche).**

   Cette fois, dans la liste, choisissez JPEG-Fichier réduit. L'estimation du temps de téléchargement est largement réduite.

5. **Cliquez sur la quatrième image.**

Choisissez un paramètre GIF et, dans la liste Couleurs, choisissez 4.

Toutes ces manipulations montrent trois images optimisées que vous comparez les unes aux autres, et surtout à l'image originale, comme le montre la Figure 21.18.

Figure 21.18 : L'optimisation d'une image dans Fireworks.

TRUC

Nous n'avons utilisé ici que des préréglages de Fireworks. Sachez que chaque préréglage peut être modifié soit en réduisant la compression JPEG, soit en diminuant le nombre de couleurs GIF. Dès qu'un paramètre correspond à vos besoins, cliquez sur le bouton Enregistrer les paramètres du menu local situé dans le coin supérieur droit du panneau Optimiser, pour l'utiliser quand bon vous semble. **6. Pour enregistrer l'image optimisée, sélectionnez celle qui présente le meilleur compromis qualité/vitesse de téléchargement. Choisissez Fichier/Exporter.**

Si les paramètres vous agacent, utilisez l'Assistant d'exportation, comme cela est décrit dans la section suivante.

L'Assistant d'exportation de Fireworks CS5

Voilà un assistant qui va soulager tous ceux qui veulent optimiser rapidement les images sans s'inquiéter de multiples paramètres.

1. **Choisissez Fichier/Assistant d'exportation.**

   La boîte de dialogue Assistant d'exportation apparaît, comme sur la Figure 21.19. Elle vous pose des questions. Contentez-vous d'y répondre.

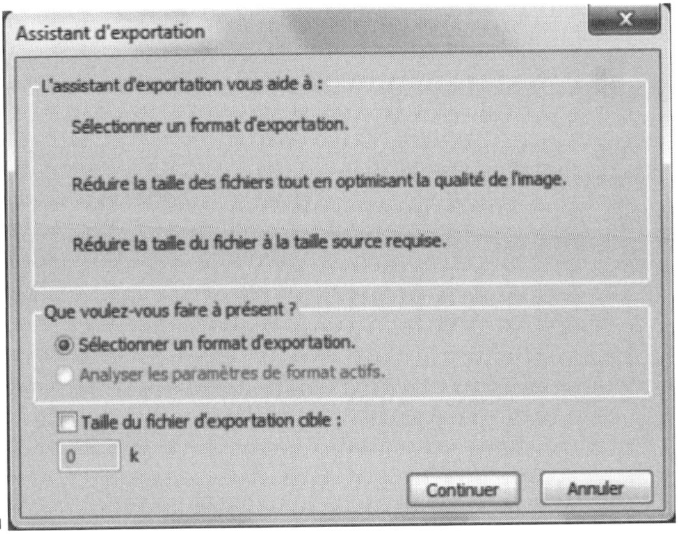

Figure 21.19 : L'Assistant d'exportation de Fireworks.

2. **Dans la zone « Que voulez-vous faire à présent ? », choisissez Sélectionner un format d'exportation. Puis cliquez sur le bouton Continuer.**

   Une nouvelle étape apparaît : Choisir la destination.

3. **Activez l'option Le Web, puis cliquez sur Continuer.**

4. **L'assistant affiche les résultats de l'analyse. Lisez-les et conformez-vous aux instructions après avoir cliqué sur Quitter.**

5. Dans la boîte de dialogue Aperçu de l'image, sélectionnez, par exemple, la première image affichée en JPEG (voir la Figure 21.20).

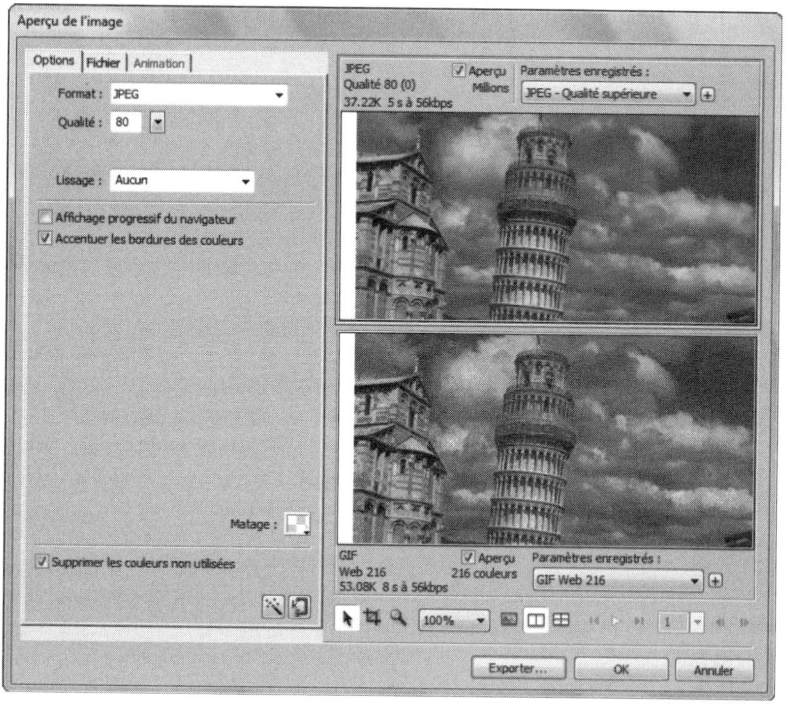

Figure 21.20 : L'assistant invite à sélectionner un format d'image.

6. Vous pouvez déjuger l'assistant en modifiant les paramètres proposés dans l'onglet Options.

- Conservez le format JPEG quand il s'agit d'une photographie.
- Fixez le paramètre Qualité sur 50.
- Dans la liste Lissage, choisissez Lissage maximum de 8.
- Cochez la case Affichage progressif du navigateur.
- Décochez Accentuer les bords des couleurs.
- Cochez l'option Supprimer les couleurs non utilisées.

Vous optimisez largement l'image.

7. **Cliquez sur le bouton Exporter pour enregistrer l'image au format JPEG, telle que vous venez de l'optimiser.**

Vous venez d'approcher l'optimisation des images dans Fireworks. Nous avons décrit une procédure générale qui devra être affinée par une pratique de l'optimisation pour laquelle de nombreux détails sont donnés dans des ouvrages spécialisés.

Voyons maintenant comment Photoshop permet d'optimiser des images, et comment y créer une interface Web élémentaire.

Les fonctions d'optimisation de Photoshop CS5

Une fois que vous avez ouvert votre image dans Photoshop, procédez comme suit :

1. **Choisissez Fichier/Enregistrer pour le Web et les périphériques.**

   Vous accédez à la boîte de dialogue représentée sur la Figure 21.21.

   À l'instar de Fireworks, vous disposez d'une représentation de l'image originale et de trois images optimisées.

2. **Pour chaque image, procédez comme cela est décrit aux étapes 3 à 5 de la section « Optimiser pour l'exportation » dans les fonctions d'optimisation de Fireworks.**

   La seule différence avec Fireworks est que les options d'optimisation ne sont pas regroupées dans une palette externe à la boîte de dialogue.

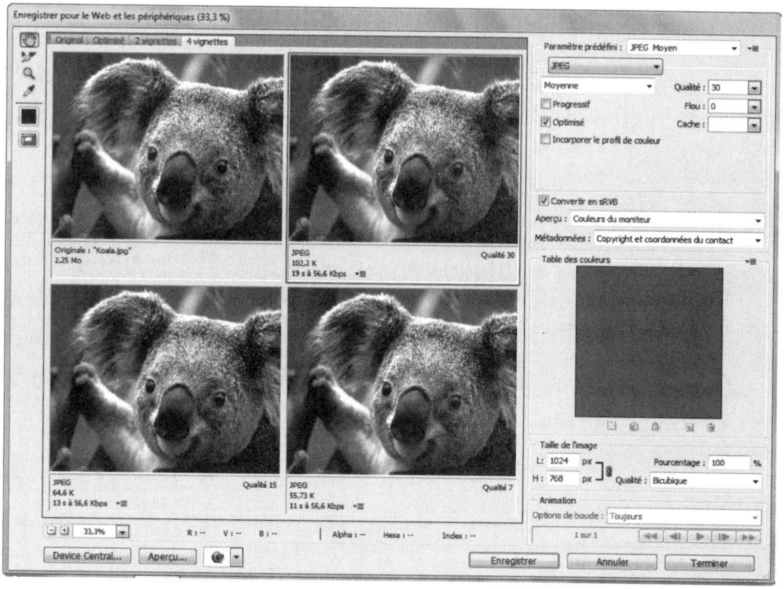

Figure 21.21 : La boîte de dialogue d'optimisation des images pour le Web de Photoshop CS5.

3. **Expérimentez divers paramètres JPEG, GIF et PNG prédéfinis que vous modifierez en agissant sur les options Qualité, Progressif, etc.**

   Chaque fois que vous activez ou modifiez la valeur d'une option, regardez l'estimation du temps d'affichage de l'image. Si elle augmente dans des proportions dramatiques, diminuez les valeurs ou activez et désactivez certaines options.

4. **En bas de la boîte de dialogue Enregistrer pour le Web, cliquez sur le bouton Aperçu, afin d'apprécier la qualité d'affichage de l'image dans le navigateur que vous avez défini par défaut dans la liste adjacente.**

   Si aucun navigateur Web n'est défini par défaut, cliquez sur la liste située à droite du bouton Aperçu. Là, choisissez Autre. Dans la boîte de dialogue Aperçu dans un navigateur Web, parcourez votre disque dur système (C:) afin de localiser le fichier qui exécute votre navigateur Web. Par exemple, si vous utilisez Internet Explorer, le chemin d'accès à l'exécutable « iexplorer.exe » est « C:\

Programmes\Internet Explorer\iexplorer.exe ». Sélectionnez ce fichier, et cliquez sur Ouvrir.

5. **Dès qu'un compromis taille/qualité vous convient, sélectionnez l'aperçu et cliquez sur Enregistrer.**

6. **Dans la boîte de dialogue Enregistrer une copie optimisée sous, sélectionnez le dossier dans lequel vous voulez stocker l'image.**

Là encore, il faut expérimenter les différents formats d'image et choisir la taille de l'image jusqu'à ce que vous trouviez le compromis qui s'adapte le mieux à vos besoins de représentation de vos images sur le Web.

Créer une interface Web dans Photoshop CS5

Photoshop CS5 ne permet pas de créer des interfaces dynamiques, mais aide à la conception de pages Web statiques totalement opérationnelles. Voici comment procéder :

1. **Dans Photoshop CS5, créez une composition intégrant des éléments graphiques.**

   En d'autres termes, vous définissez votre future page Web, comme à la Figure 21.22.

   Travaillez pour le Web, c'est-à-dire créez une composition qui ne dépassera pas une dimension 800 x 600 dans une résolution de 72 ppp.

2. **Créez une barre de navigation sous forme de textes.**

   Les textes seront des hyperliens vers les autres pages de votre site Web. La Figure 21.23 montre la page d'accueil d'un site proposant une formation à Photoshop.

   Vous devez maintenant transformer ces textes en véritable liens.

3. **Dans la barre d'outils, activez l'outil Tranche qui se situe au même emplacement que l'outil Recadrage.**

Figure 21.22 : Créez une composition comme s'il s'agissait d'une image ordinaire mais en respectant les contraintes graphiques du Web (résolution et taille).

4. **Tracez une tranche autour du premier mot, en l'occurrence Débutants.**

   Vous venez de définir une zone sensible, c'est-à-dire réactive. Elle agira comme un lien dès que vous lui aurez précisé cette fonction.

5. **Répétez l'étape 4 pour créer des tranches autour des trois autres textes de la barre de navigation.**

   Les tranches ne doivent pas se chevaucher. Vous devriez obtenir un ensemble de tranches équivalent à celui de la Figure 21.24.

   Une fois les tranches définies, vous devez spécifier leur fonction, c'est-à-dire vers quelle page Web ou quel site elles vont renvoyer quand l'utilisateur cliquera dessus.

6. **Activez l'outil Tranche.**

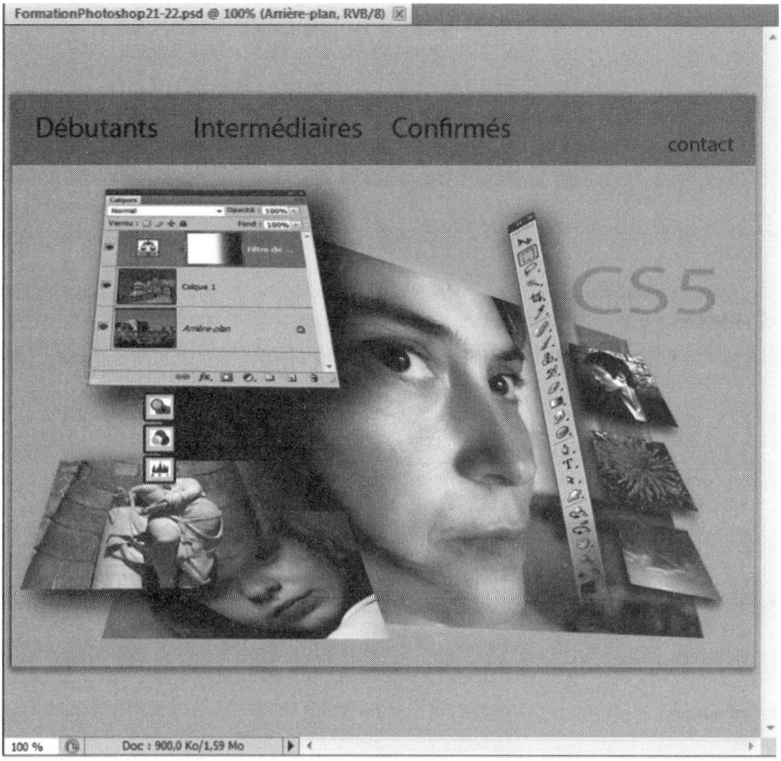

Figure 21.23 : La barre de navigation.

Figure 21.24 : Les tranches vont permettre de définir les liens hypertextes de la barre de navigation.

7. **Faites un clic-droit sur la tranche du premier mot.**

8. **Dans le menu contextuel, choisissez Modifier les options de tranche.**

   Vous accédez à la boîte de dialogue Options de tranches :

- Dans le champ Nom donnez un nom qui va permettre de mieux identifier la destination de la tranche. Par exemple, donnez-lui le nom de l'élément textuel comme Débutants.
- Dans le champ URL, tapez l'adresse Web vers laquelle l'internaute sera dirigé quand il cliquera sur ce lien. Dans notre exemple, il s'agira de la page `http://www.formationCS5/debutant.html`.
- Dans le champ Cible, spécifiez le code qui va soit ouvrir la page Web dans une nouvelle fenêtre de votre navigateur Web, soit dans la fenêtre actuelle. Si vous tapez « _blank », une nouvelle fenêtre s'affichera.
- Dans le champ Message, tapez le texte qui s'affichera dans la barre d'état du navigateur lorsque l'internaute placera le pointeur de la souris sur ce texte.
- Dans le champ Instruction Alt, tapez le texte qui s'affichera dans l'info-bulle qui apparaîtra à la base du pointeur de la souris quand l'utilisateur le placera sur ce lien.

Vous obtenez une boîte de dialogue semblable à celle de la Figure 21.25.

9. **Une fois les options définies, cliquez sur OK.**
10. **Répétez l'étape 8 et 9 pour chacune des autres tranches.**
11. **Pour créer la page Web, commencez par aplatir votre image via Calques/Aplatir l'image.**
12. **Cliquez sur Fichier/Enregistrer pour le Web et les périphériques.**

    Définissez la meilleure qualité possible sans trop pénaliser la vitesse de téléchargement.
13. **Cliquez sur Enregistrer.**

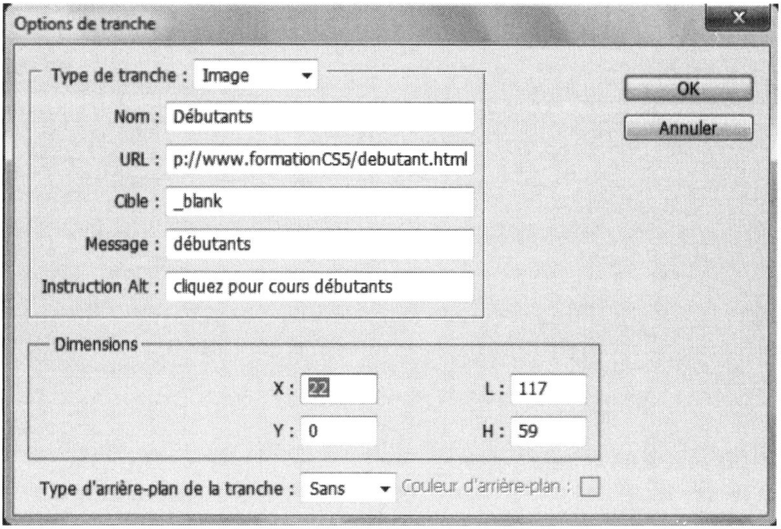

Figure 21.25 : Les options hypertextes de cette tranche.

14. Dans la boîte de dialogue Enregistrer une copie optimisée sous (Figure 21.26), ouvrez la liste Type et choisissez Html et images.

Ainsi, Photoshop va créer un dossier contenant les images et les tranches, ainsi que le fichier HTML qui les utilisera pour composer la page Web.

15. Donnez un nom au fichier.

Ce sera également le nom de la page.

16. Cliquez sur le bouton Enregistrer.

Photoshop crée les images et les tranches, et génère le fichier HTML.

17. Localisez le fichier HTML sur votre disque dur, et double-cliquez dessus.

Comme le montre la Figure 21.27, Internet Explorer 9 affiche une page Web dont les liens de la barre de navigation sont opérationnels.

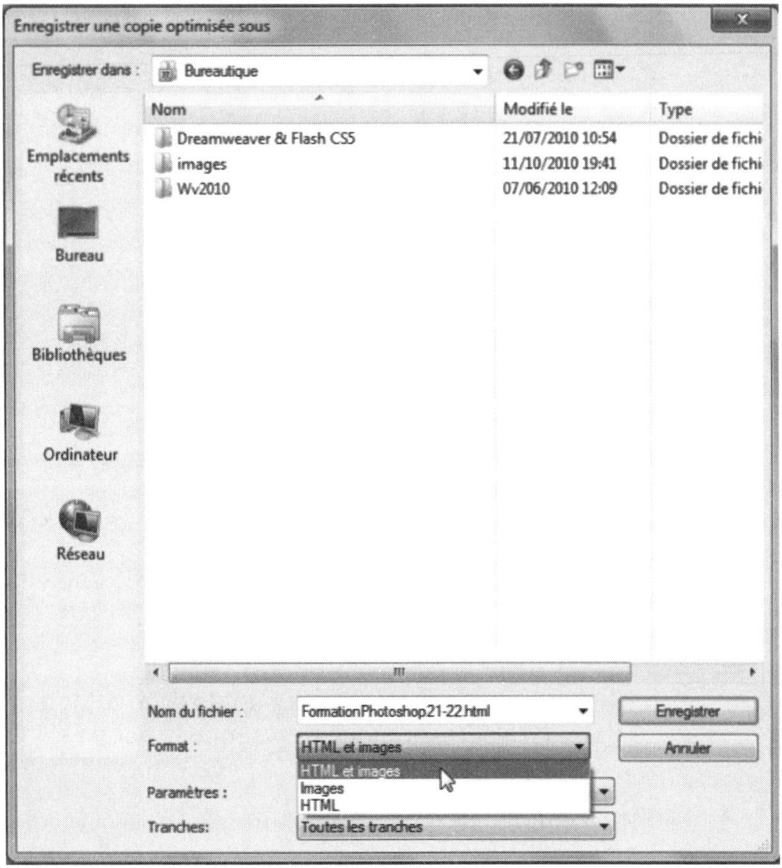

Figure 21.26 : Création de la page Web.

Il ne vous reste plus qu'à publier cette page Web chez votre FAI via un programme de transfert FTP, ou bien Dreamweaver que je vous propose de découvrir à la prochaine section. Disposer d'un programme de transfert FTP évite d'investir dans Dreamweaver uniquement pour réaliser cette opération… c'est une économie d'argent non négligeable.

Aller plus loin

Nous avons terminé notre tour d'horizon des procédures d'optimisation. Vous constatez qu'elles diffèrent peu d'une application à l'autre. Il faut admettre qu'il n'y a pas cinquante possibilités pour optimiser une image, et chaque éditeur s'est

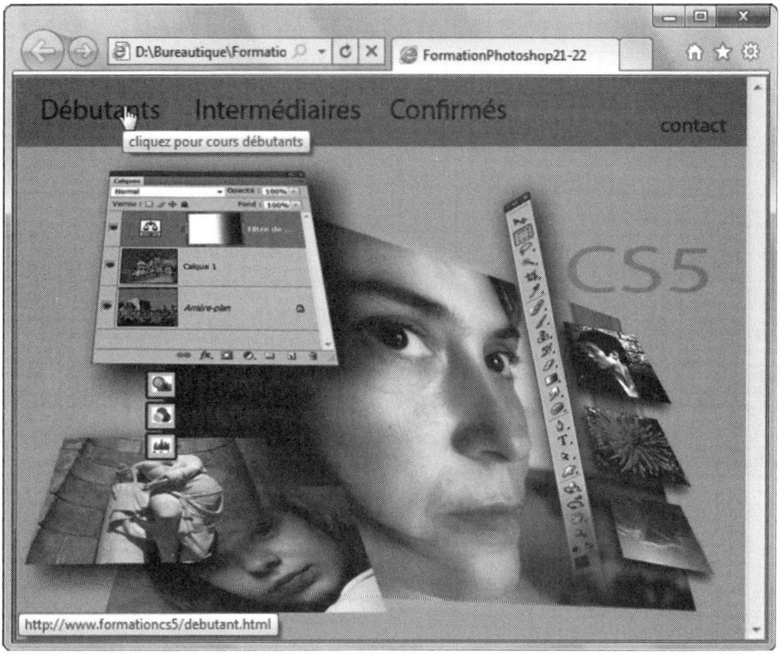

Figure 21.27 : La page Web créée avec Photoshop CS5.

inspiré des autres. Pour affiner vos travaux d'optimisation et devenir un maître en la matière, consultez les ouvrages *Pour les Nuls* consacrés à Photoshop CS2 parus aux éditions First Interactive. Malheureusement, les ouvrages sur Fireworks sont très rares.

Insérer ces éléments dans Dreamweaver CS5

Abordons rapidement les principes d'insertion d'éléments dans un logiciel WYSIWYG (tel écrit, tel écran), en l'occurrence Dreamweaver. Il ne s'agit pas ici de détailler la procédure de mise en page et encore moins la gestion des sites, mais de montrer le principe général d'insertion d'éléments Web dans le logiciel WYSIWYG le plus intéressant du marché.

Insérer un bouton dans Dreamweaver

Nous supposons que Dreamweaver est ouvert en mode création. Si ce n'est pas le cas, cliquez sur le lien HTML de la section Créer de l'écran d'accueil, ou choisissez Fichier/Type de page/HTML dans la fenêtre qui apparaît. Cliquez sur le bouton Création situé en haut de la fenêtre du document. Le challenge qui se présente à nous est d'insérer le bouton créé dans Flash à la section « Un bouton interactif dans Flash ». Nous allons donc insérer une animation Flash dans Dreamweaver.

Il est possible de créer des boutons survolés (rollovers) directement dans Dreamweaver. Une boîte de dialogue vous demande d'indiquer le chemin d'accès à l'image du bouton normal et celui du bouton survolé.

Voici comment insérer dans Dreamweaver un bouton interactif créé dans Flash, c'est-à-dire une animation Flash au format SWF par défaut.

1. **Commencez par enregistrer votre document vide.**
2. **Dans panneau Insertion de Dreamweaver, veillez que les outils Commun soient affichés.**

   Si ce n'est pas le cas, cliquez sur la petite flèche du « menu » Insertion et choisissez Commun.
3. **Cliquez sur l'icône Médias, et choisissez SWF.**
4. **Dans la boîte de dialogue Sélectionner un fichier, parcourez vos lecteurs pour trouver le fichier SWF du bouton. Sélectionnez-le et cliquez sur OK.**
5. **Laissez la boîte de dialogue Attributs d'accessibilité des balises d'objet vide, et cliquez sur OK.**
6. **L'animation Flash apparaît instantanément dans Dreamweaver, sous la forme d'une « icône » en reprenant la taille, comme le montre la Figure 21.28.**

   L'animation Flash s'affiche à la taille définie dans Flash. Vous pouvez la redimensionner en agissant sur la poi-

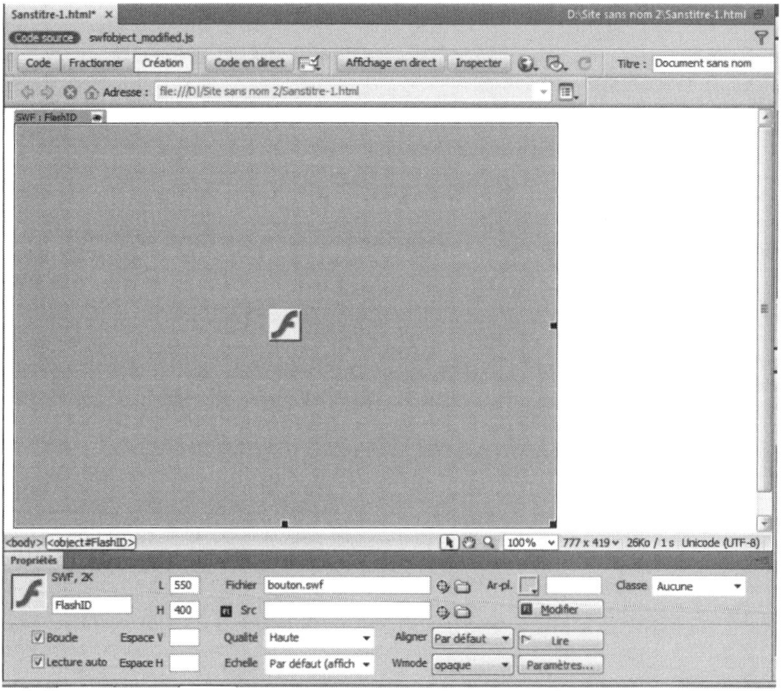

Figure 21.28 : Le bouton Flash inséré dans Dreamweaver.

gnée de redimensionnement située dans le coin inférieur droit.

Vous constatez que le panneau Propriétés affiche des paramètres propres à l'animation Flash ainsi insérée.

7. **Testez l'animation Flash, c'est-à-dire le bouton, en cliquant sur Lire du panneau Propriétés.**

   Cette fois, vous voyez réellement le bouton créé dans Flash. Placez le pointeur de la souris dessus pour tester le rollover, comme en témoigne la Figure 21.29.

Ce n'est pas plus compliqué que cela. Toutes les animations Flash s'insèrent de la même manière dans Dreamweaver.

NOTE TECHNIQUE

Pour que le bouton exécute une action quand vous cliquez dessus, il faut la définir dans Flash. Sinon, créez directement un bouton dans Dreamweaver auquel vous assignez un lien. Pour en savoir plus sur la programmation des actions des

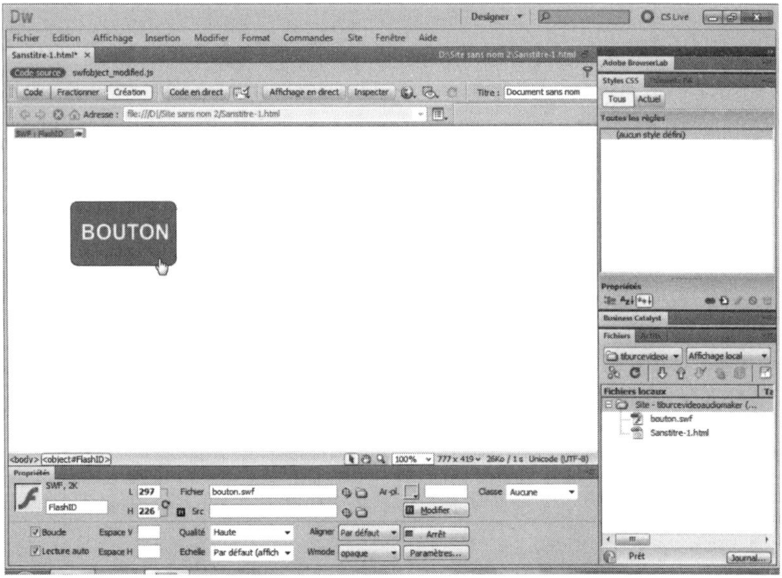

Figure 21.29 : Test de l'animation Flash (bouton) après redimensionnement de la zone occupée par le fichier SWF.

boutons, consultez *Flash CS5 pour les Nuls* et *Dreamweaver CS5 pour les Nuls*.

Insérer une image dans Dreamweaver

Puisque Dreamweaver est ouvert avec un joli bouton créé dans Flash, poursuivons en insérant l'image optimisée à la section « Les fonctions d'optimisation de Fireworks ».

1. **Laissez le point d'insertion clignoter à droite de l'animation Flash. (Si nécessaire, cliquez sur le bouton Arrêt du panneau Propriétés pour repasser en mode Création.)**

   TRUC

   Si l'icône de l'animation est trop grande, c'est-à-dire si le bouton occupe une trop grande place dans la page (ce qui devrait être le cas), réduisez sa taille en glissant les poignées de redimensionnement vers l'intérieur.

2. **Dans le panneau Insertion de Dreamweaver, cliquez sur le bouton Images (outils Commun), et choisissez Image.**

3. **La boîte de dialogue Sélectionner la source de l'image apparaît. Parcourez vos lecteurs pour trouver l'image. Cliquez dessus, puis sur le bouton OK.**

4. **Laissez la boîte de dialogue Attributs d'accessibilité des balises d'image vide, et cliquez sur OK.**

   Comme le montre la Figure 21.30, l'image apparaît à droite de l'animation du bouton Flash. Si l'image est trop grande, Dreamweaver risque de la placer sous l'animation Flash. Dans ce cas, agissez sur les poignées de redimensionnement pour lui donner une taille correcte.

   Vous notez que le panneau Propriétés affiche des paramètres propres aux images.

   Redimensionner ainsi l'image ne réduit pas sa taille réelle. Le redimensionnement opéré dans Dreamweaver est fait pour améliorer la mise en page. Pour cette raison, il est préférable de modifier les tailles des images dans Fireworks. Cliquez dessus pour la sélectionner. Dans le panneau Propriétés, cliquez sur le bouton Edition (icône Fireworks) de la section Modifier (il représente l'icône de Fireworks). L'image s'ouvre dans Fireworks. Redimensionnez-la, enregistrez-la et elle s'actualise automatiquement dans Dreamweaver.

À ce moment de la création de la page Web, vous ne voyez que l'image et pas le bouton (voir la Figure 21.30). Voici comment apprécier totalement votre page Web :

1. **Sélectionnez l'animation Flash et cliquez sur le bouton Lire du panneau Propriétés.**

   Vous affichez simultanément le bouton et l'image, comme le montre la Figure 21.31.

2. **Testez l'animation dans votre navigateur Web en cliquant sur le bouton Aperçu/Débogage dans le navigateur/Aperçu dans <nom du navigateur> de la fenêtre du document (icône d'un globe terrestre). Une méthode plus rapide consiste à appuyer sur F12.**

Figure 21.30 : L'image insérée et redimensionnée dans Dreamweaver.

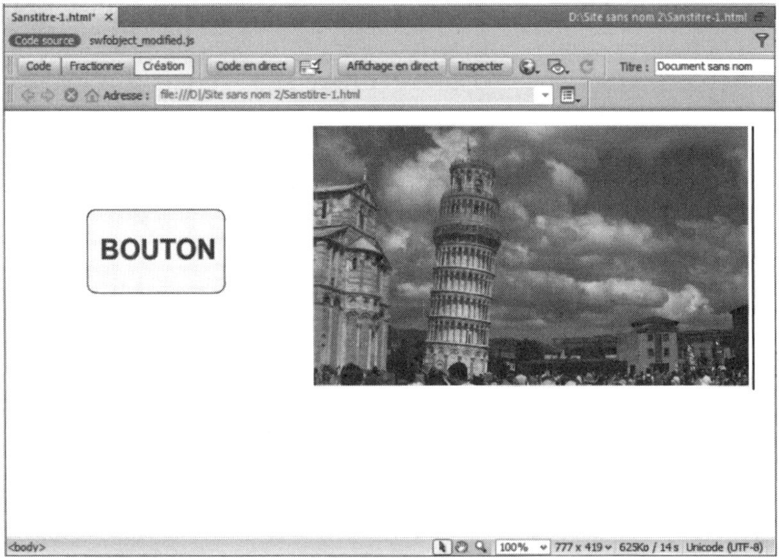

Figure 21.31 : L'animation Flash et l'image simultanément affichées dans Dreamweaver.

La page Web s'affiche dans le navigateur Web, comme sur la Figure 21.32.

TRUC

Si l'animation Flash ne s'affiche pas, cliquez sur la bannière jaune de blocage de contenu d'Internet Explorer avec le

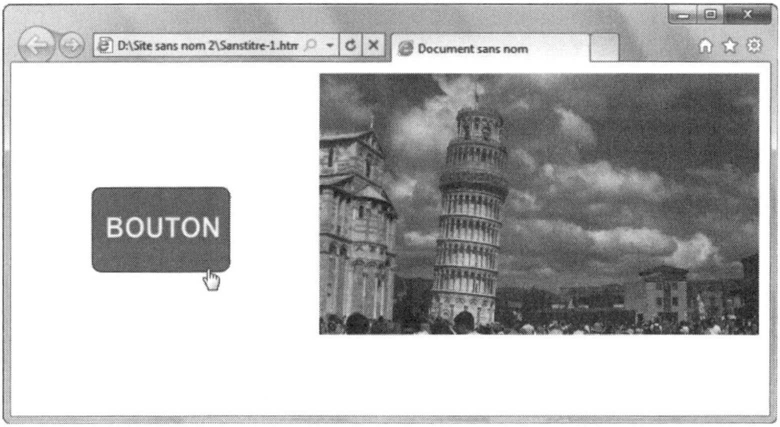

Figure 21.32 : Test du fonctionnement de l'animation Flash et de l'affichage de l'image dans le navigateur Web installé par défaut.

bouton droit de la souris. Dans le menu contextuel, choisissez Autoriser le contenu bloqué, puis cliquez sur Oui. Cette fois, le bouton Flash et l'image apparaissent bien l'un à côté de l'autre.

Ces deux procédures sont très simples. Elles sont là pour vous montrer que la gestion des éléments se fait par l'utilisation des différentes boîtes à outils et du panneau Propriétés. Des mises en page complexes peuvent être réalisées avec des cadres et surtout des tableaux. Ensuite, la gestion et la maintenance du site sont prises en charge par les fonctions avancées de Dreamweaver.

Conclusion

Les procédures d'insertion d'éléments dans un logiciel WYSIWYG sont très simples. Mais ces programmes de création, d'organisation, de gestion et de maintenance des sites vont bien plus loin que cela. Leur étude dépasse le cadre de cet ouvrage, qui cherche simplement à vous faire apprécier la philosophie du travail de logiciels comme Flash, Fireworks, Photoshop, et Dreamweaver dans une utilisation entièrement dévolue au Web.

Leur maîtrise passe par un apprentissage soutenu, difficilement envisageable sans l'aide d'ouvrages qui leur sont consacrés.

Quoi qu'il en soit, un jour ou l'autre votre site sera créé sur votre disque dur. Il s'agira alors de le publier et surtout de le faire connaître, deux choses abordées par la sixième partie de ce livre.

Sixième partie

Publier son site et le faire connaître

"Depuis que notre site est opérationnel, nous avons quelques commandes, des injures, et surtout neuf personnes qui veulent passer notre logo au carbonne 14."

Dans cette partie...

Cette partie vous dévoile tout ce que vous devez savoir pour mettre votre site en ligne et le faire connaître. Le Chapitre 22 vous dit tout sur l'hébergement de sites Web. Le Chapitre 23 vous explique comment vous inscrire dans les moteurs de recherche et comment créer des liens réciproques avec d'autres sites. Enfin, le Chapitre 24 vous montre comment garder le contact avec vos visiteurs sans tomber dans le piège du *spamming*.

Chapitre 22

Venir au monde

Dans ce chapitre :

- Choisir un hébergeur.
- Trouver un fournisseur d'espace Web gratuit.
- Trouver et enregistrer son nom de domaine.

Vous cherchez un fournisseur d'espace Web pour votre nouveau site ? Vous êtes mécontent de votre fournisseur actuel ? Vous avez plusieurs possibilités. Avec une connexion haut débit et Linux, vous pouvez créer votre propre serveur. Idem si vous tournez sous Windows 7 ou Windows Vista ! Mais cela représente beaucoup de travail.

Si vous préférez vous concentrer sur l'entretien et la mise à jour de votre site, laissez donc cette besogne aux professionnels.

La plupart des fournisseurs d'espace Web proposent toutes sortes de services. Ils offrent souvent l'hébergement de boutiques électroniques, de la simple fourniture du logiciel à la solution clé en main.

Héberger son site

Pour héberger votre site, vous avez trois solutions :

- Les fournisseurs d'accès.

- Les serveurs virtuels.
- Les serveurs dédiés.

Les fournisseurs d'accès

C'est la solution choisie par les quidams comme vous et moi. Vous disposez d'un accès à l'Internet et d'un espace de publication pour vos pages Web. Souvent, les fournisseurs d'accès proposent un service d'hébergement de sites. Votre abonnement comprend certainement un peu d'espace Web gratuit – ce qui est amplement suffisant pour les sites simples. Même si vous n'avez aucun accès CGI, vous pouvez utiliser des services distants pour améliorer votre site.

Les FAI sont gratuits pour la plupart. Vous ne payez que le prix des communications locales quand vous établissez une connexion Internet. Les FAI proposent des forfaits comprenant le prix des communications. Les forfaits du style 15 euros pour 50 heures de connexion sont de plus en plus rares à l'heure des offres ADSL/Câble très intéressantes. Chez certains FAI, le prix varie en fonction du débit de la connexion, et de services comme le téléphone illimité gratuit et la télévision. Ces prix fluctuant sans cesse, il est risqué de donner un ordre de tarification. Sachez que les plus gros FAI de France proposent une offre équivalente pour 29,90 euros.

Les serveurs virtuels et dédiés

Cette solution intéresse principalement les sociétés. Un particulier ne s'en soucie guère. Il remet tout entre les mains de son FAI.

Un *serveur virtuel* est un dossier présent sur le disque dur d'un serveur Web physique. Chaque serveur virtuel hébergé par le serveur physique fonctionne comme un serveur Web physique. Si, techniquement, il n'y a qu'une machine, l'utilisateur pense être en présence de plusieurs machines.

La solution du serveur virtuel est intéressante si votre site est simple, peu exigeant et que vous vous attendez à un trafic modéré. C'est la solution la plus économique.

L'inconvénient est que vous partagez un serveur physique avec plusieurs utilisateurs. Plus un serveur est sollicité, plus ses performances faiblissent. Il en va de même pour un serveur physique hébergeant des serveurs virtuels. Si l'un des sites hébergés est très fréquenté, le vôtre ralentira fatalement. C'est un inconvénient.

La plupart des sociétés gérant des serveurs virtuels gèrent également des serveurs dédiés. Un *serveur dédié* est un ordinateur unique destiné à héberger exclusivement votre site.

TRUC

Les serveurs virtuels et dédiés offrent plus qu'un hébergement. Ils gèrent également les e-mails.

Les serveurs dédiés coûtent une petite fortune – bien que les prix soient en baisse. À 150 euros par mois pour certains, cela reste cher pour les particuliers, mais très modique pour une société. À 2 000 euros par an, c'est moins cher que de payer un administrateur ! Vous avez même des hébergements à moins de 10 euros par an !

Pourquoi comparer le prix de revient d'un serveur dédié à celui d'un administrateur ? Tout simplement parce que la société à qui vous louez le serveur dédié gère et entretient ce serveur, ce qui est le rôle d'un administrateur réseau. Les serveurs dédiés et virtuels se trouvent dans les locaux des fournisseurs d'espace Web tels que OVH (voir Figure 22.1). Vous n'avez pas à penser à sauvegarder vos données, à les restaurer après un plantage, à mettre à jour les kernels Linux ni à faire les centaines de choses qu'implique l'administration d'un réseau.

L'hébergeur qu'il vous faut

Il n'est pas facile de s'y retrouver dans la jungle des hébergeurs. En dehors des offres (espace disque, services supplémentaires...), il est souvent difficile de connaître la qualité réelle d'un hébergeur (rapidité, fiabilité, discrétion de la

Figure 22.1 : OVH vous offre de bons services pour une somme modique.

publicité…). Pour obtenir des informations sur les hébergeurs, vous pouvez faire des recherches dans les moteurs ou les annuaires Internet. Certains moteurs de recherche comme BePub (`http://www.bepub.com/fr/annuaire-53.html`) sont même spécialisés dans ce domaine ! Ils vous aident à trouver le meilleur hébergeur dans des domaines spécifiques (voir Figure 22.2).

Les sites Web affichés dans le Tableau 22.1 vous permettent de comparer.

Tableau 22.1 : Annuaires d'hébergeurs de sites.

Nom du site	Adresse Internet
Abchebergement	`www.abchebergement.com`
Les providers	`http://www.lesproviders.com/joomla/`
Quali-Gratuit	`http://www.quali-gratuit.com/`
Yahoo	`www.yahoo.fr`

Figure 22.2 : BePub est un moteur de recherche et un annuaire qui vous aide à trouver le meilleur hébergeur dans votre catégorie socioprofessionnelle.

Fournisseurs d'espace Web gratuit

Pour héberger votre site personnel, vous pouvez faire appel à un fournisseur d'espace Web gratuit. Certains offrent même plus d'espace que votre fournisseur d'accès sans vous réclamer un centime.

En revanche, si vous créez un site professionnel, faire appel à un fournisseur d'espace Web gratuit n'est pas l'idéal. Il vous faut votre propre nom de domaine en .com, .fr ou .org, peu importe, pour être pris au sérieux (reportez-vous à la section « Obtenir un nom de domaine », dans ce chapitre). De plus, les fournisseurs d'espace Web gratuit gagnent de l'argent grâce à la publicité, vous ne pouvez décemment pas afficher les vôtres en plus.

TRUC

La publicité de votre hébergeur d'espace Web peut vous empêcher d'utiliser des add-ins distants imposant leur propre bandeau publicitaire.

Le Tableau 22.2 vous indique quelques hébergeurs de sites gratuits.

Tableau 22.2 : Hébergeurs d'espace Web.

Nom du site	Adresse Internet
Free	`www.free.fr`
Gmail	`www.gmail.com/`
I-France	`www.ifrance.com`
Lycos	`http://www.multimania.fr/`
Nexen	`www.nexenservices.com/`
Ton herbergement gratuit	`http://www.hebtoweb.com/hebergeurs-details-58.html`

Obtenir un nom de domaine

Un *nom de domaine* est l'adresse d'un site sur le World Wide Web. Dans cette section, nous allons vous expliquer comment choisir et enregistrer son nom de domaine. Lorsque vous demandez à votre navigateur Internet de se rendre à l'adresse suivante : `http://www.efirst.com`, il est évident qu'il va se rendre sur le site Web d'efirst. Le nom de domaine, très parlant pour l'utilisateur, est traduit par le Domain Name Server (DNS) en une série de chiffres plus faciles à interpréter par l'ordinateur. Cette série de chiffres est appelée *adresse IP*.

Les extensions de domaine – les lettres situées à la fin d'une adresse Internet – sont connues sous le nom *top-level domain* ou TLD. Pourquoi « top level » ? Parce qu'on lit les adresses de droite à gauche, les lettres situées à droite du point étant le niveau de hiérarchie supérieur. Vous avez certainement rencontré les cinq extensions de domaine suivantes :

- .com : opérations commerciales.
- .fr : sites généralistes de langue française.

- .edu : organismes éducatifs.
- .net : fournisseurs de services Internet (ISP).
- .org : organisations à but non lucratif.

En 1997, les sept TLD suivants ont été approuvés officiellement :

- .arts : sites d'art.
- .firm : sociétés commerciales.
- .info : services d'information.
- .nom : sites privés (« nom » pour « nom de plume »).
- .rec : sites de divertissement.
- .store : sites marchands.
- .Web : sites traitant du Web.

Pourtant, le 21 novembre 2000, suite au meeting de Los Angeles, ce sont les domaines de premier niveau suivants qui ont fait leur apparition. L'ICANN a adopté :

- .info
- .biz
- .name
- .pro
- .coop
- .aero
- .museum.

Vous noterez qu'il n'y a aucune obligation d'utiliser l'extension adéquate. Ainsi, un certain nombre d'organisations à but non lucratif ont des adresses en .com et certains sites en .net n'ont rien à voir avec les fournisseurs d'accès.

Le sigle « .com » (prononcer « point com ») devient un terme de la langue française à part entière, que l'on retrouve dans l'expression « la vie .com » (la vie point com) par exemple. Employé en ce sens, « .com » se rapporte à tout ce qui touche à l'Internet, à la nouvelle société créée par l'Internet, aux nouvelles habitudes, technologies, moyens de communication tournant autour du Web.

Les extensions de domaines que nous vous avons présentées sont appelées *TLD génériques*. Il existe d'autres TLD – les *country-level TLD* ou domaines nationaux. Ils indiquent le pays d'origine du site Web. Ce n'est pas nécessairement le pays où se trouve le serveur, en raison de la nature planétaire de l'Internet. Pour les organismes internationaux, il peut s'avérer très utile d'enregistrer le même nom dans plusieurs pays et de faire traduire son site en plusieurs langues. Vous aurez un site en espagnol à monsite.es, un site en allemand à monsite.de et un site en japonais à monsite.jp, en plus de votre site en français à monsite.fr.

Si vous souhaitez en savoir plus, vous pouvez faire des recherches sur les termes gTLD (TLD génériques) et ccTLD (country level TLD).

Choisir un nom de domaine

Autrefois, on pouvait facilement trouver un nom de domaine en trois ou quatre lettres. Aujourd'hui, c'est devenu très difficile, car toutes les combinaisons ou presque sont prises. La solution consiste à choisir des mots, voire des phrases, suffisamment longs pour qu'ils n'aient pas déjà été retenus, mais assez courts pour être mémorisés facilement.

Comment savoir si un nom est libre ? C'est simple. Vous devez passer par un utilitaire WhoIs (utilisez par exemple `http://www.raynette.fr/services/whois/`, illustré Figure 22.3).

Il est conseillé de donner le nom de votre société (Fleurs et jardins, par exemple) à votre nom de domaine (`www.fleursetjardins.fr`). Normalement, le nom de votre société est déposé, donc personne ne peut l'utiliser, même pour en faire

Figure 22.3 : Ce site vous permet de vérifier la disponibilité des noms de domaines.

un nom de domaine. Si votre société porte un nom très long du type « Feng-Shui Equilibre et bien-être au quotidien » et que le nom de domaine « Feng-Shui Equilibre et bien-être au quotidien » est déjà pris, vos avocats auront la tâche facile pour libérer le nom. La tâche est bien plus ardue pour des termes courts et courants tels que « e-commerce », « Fleuriste en ligne » ou « Avocat ».

TRUC

Si le nom de domaine que vous voulez est pris, vous pouvez toujours l'acheter à son propriétaire. Cela ne coûte rien d'essayer.

Certaines personnes ou sociétés enregistrent des noms de domaines non pour les réserver en vue de la création d'un site, mais simplement pour retenir des noms en otage, pour ainsi dire. Elles les vendent ensuite à prix d'or à des sociétés qui, comme vous, recherchent *le* nom de domaine idéal.

Enregistrer son nom de domaine

Une fois que vous avez choisi un nom et vous êtes assuré qu'il est disponible, vous devez l'enregistrer. C'est en général votre fournisseur d'espace Web qui s'en charge.

Vous pouvez recourir à des services comme ceux proposés par E-Zone (`www.e-zone.fr`) ou Domaines des noms.com (`http://www.ddn.fr/`). Ces organismes enregistrent votre nom de domaine moyennant une rétribution annuelle. Pour réserver votre nom, il vous en coûte également une somme déboursée tous les ans.

Le gouvernement américain a toujours été très impliqué dans la gestion de l'Internet par l'intermédiaire de l'IANA (Internet Assigned Numbers Authority). Il a décidé de transférer la responsabilité de la gestion du DNS (Domain Name Server ou System) et de l'adressage IP, entre autres, à une organisation représentative de l'ensemble de l'Internet mondial : l'ICANN (Internet Corporation for Assigned Names and Numbers).

L'ICANN supervise la gestion du DNS, de l'adressage IP, des paramètres du protocole IP ainsi que du serveur ROOT. Elle tient la liste de tous les *registrars* autorisés à enregistrer votre nom de domaine.

Pour vous enregistrer en TLD générique, rendez-vous sur `www.icann.org/registrars/accredited-list.html` et choisissez l'organisme qui vous convient.

Pour vous enregistrer en ccTLD, rendez-vous sur `http://www.iana.org/domains/root/db/`. Vous y trouverez des liens conduisant vers les organismes accrédités de tous les pays.

Pour la France, l'organisme accrédité est l'AFNIC. Qu'est-ce que l'AFNIC ? L'AFNIC (Association française pour le nommage Internet en coopération) est une association à but non lucratif responsable de l'enregistrement des noms de domaines en .fr. Ses seuls interlocuteurs sont les fournisseurs d'accès Internet qui en sont membres. Toute personne voulant déposer un nom de domaine dans la zone .fr doit s'adresser à un fournisseur d'accès Internet membre de l'AFNIC. Une fois le nom de domaine choisi, le fournisseur transmettra à l'AFNIC les documents que vous lui aurez fournis pour l'enregistrement de votre nom de domaine.

TRUC

Il n'est pas obligatoire d'être adhérent de l'AFNIC pour recevoir (*via* un prestataire) un nom de domaine en .fr.

Les bonnes adresses du Net

Le Tableau 22.3 donne les adresses de quelques sites offrant des informations sur les sujets abordés dans ce chapitre.

Tableau 22.3 : Ressources Internet.

Nom du site	Adresse Internet
AFNIC	`www.afnic.fr`
Gandi	`www.gandi.net`
Nordnet	`www.nordnet.net`
Better-Whois.com	`www.betterwhois.com`
FreeWebspace.net	`www.freeWebspace.net`
Netcraft	`www.netcraft.com`

Chapitre 23

Faire connaître votre site

Dans ce chapitre :

- Bien choisir ses mots clés.
- Se référencer.
- Vérifier sa position.
- Échanger des liens.
- Utiliser des bandeaux publicitaires.

Les *sites de recherche*, également appelés *moteurs de recherche*, sont un élément indispensable du Web. Sans eux, il serait impossible de trouver des informations de façon ciblée. Tout webmestre devrait donc bien connaître les moteurs de recherche – l'idéal étant de tous les essayer pour se faire sa propre idée sur leur valeur.

Le Tableau 23.1 vous indique le nom et l'adresse des plus grands moteurs de recherche.

Pour qu'en saisissant un mot clé l'internaute croise votre site, vous devez le référencer dans un moteur de recherche ou un annuaire. La question qui se pose est : dans combien de moteurs de recherche ? C'est comme vous voulez, l'idéal étant de le référencer dans tous, mais ce serait trop long puisqu'il en existe plus de 2 000. Coupez la poire en deux et référencez votre site dans les moteurs indiqués dans le Tableau 23.1, ce sera parfait. Référencer votre site dans les autres moteurs de recherche ne serait pas très rentable au regard du temps passé.

Tableau 23.1 : Moteurs de recherche.

Moteur de recherche	Adresse Internet
AltaVista	`http://fr.altavista.com`
Ask Jeeves	`www.ask.com`
Overture	`http://searchmarketing.yahoo.com/fr_FR/yahoo-search-marketing.php?mkt=fr`
Francité	`http://francite.com`
Google	`www.google.fr`
Hotbot	`www.hotbot.com/Default.asp`
Lycos	`www.lycos.fr`
Bing	`www.bing.fr`
Voila	`www.voila.fr`
Webcrawler	`www.webcrawler.com`
Yahoo!	`http://fr.yahoo.com/`

Pour vous faire connaître, il y a d'autres moyens que de vous faire référencer. Vous pouvez par exemple utiliser des liens réciproques avec d'autres sites Web. Vous pouvez le faire à un niveau personnel ou par l'intermédiaire d'un organisme d'échange de bandeaux de liens.

Les mots clés

Les moteurs de recherche utilisent différentes méthodes pour rassembler des informations sur le contenu des sites Web. Chez certains, le travail est manuel, chez d'autres, il est entièrement automatisé. Dans le premier cas, des personnes que l'on appelle *éditeurs* se rendent sur les sites dont l'URL leur a été soumise, les parcourent, puis classent les sites dans des catégories. Dans le second cas, des programmes, appelés *robots* ou *araignées* (*spiders* en anglais), parcourent le Web, rassemblent des informations et les ajoutent dans la base de données du site de recherche. Les robots et les araignées ne se contentent pas de noter l'URL des pages, ils relèvent également tous les mots de chaque page. Lorsqu'un internaute effectue une recherche, les mots clés sont comparés aux mots indexés. Le site de recherche affiche ensuite l'adresse des sites contenant les mots clés saisis par l'internaute.

En plus d'indexer tous les mots de la page, les robots indexent les mots situés entre les balises méta.

Ajouter des balises méta

L'élément `META` est l'un des plus vastes parce que le moins défini. On peut même dire qu'il n'a pas beaucoup de limites. Grâce à ses attributs `name` et `content`, vous pouvez insérer un certain nombre d'informations dans vos documents HTML.

TRUC

L'élément `META` fonctionne toujours avec l'élément `HEAD` et ne comporte pas de balise de fin.

Vous pouvez utiliser toutes sortes d'attributs de l'élément `META` en sachant que les deux seuls qui comptent pour les araignées sont `description` (description de la page) et `keywords` (liste des mots clés). En dépit du battage existant autour de l'attribut `keywords`, seuls l'attribut `description` et l'élément `TITLE` sont vraiment utiles pour les moteurs de recherche.

Les résultats de la recherche d'un moteur s'affichent souvent sous la forme du titre suivi des premiers mots de la page. D'où l'importance d'un bon titre, d'une première phrase bien choisie et parlante et, si cela ne suffit pas, d'une description `META` judicieuse.

Imaginons que votre page s'intitule « Mandala ». Ne vous attendez pas à ce que tous les internautes sachent qu'un mandala est, dans le bouddhisme du Grand Véhicule et dans le tantrisme, un diagramme géométrique dont les couleurs symboliques et les enceintes concentriques, entre autres éléments, représentent l'univers et servent de support à la méditation. Et si la première phrase est une citation en sanskrit, soyez sûr que votre site ne sera pas souvent visité ! Mais une bonne description peut arranger les choses :

```
<META name="description" content="Méditation avec le bouddhisme du Grand
Véhicule">
```

On ajoute les mots clés de la même façon :

```
<META name="keywords" content="méditation, bouddhisme, Grand Véhicule,
tantrisme, religion">
```

Ajouter les mots clés

L'importance des mots clés `META` n'est pas forcément celle que l'on croit. En effet, votre page, si elle est bien rédigée, comporte les mots que vous considérez comme clés pour votre site. De plus, certains moteurs de recherche ne traitent même pas les mots clés ! Non, l'importance des mots clés `META` est ailleurs. Vous allez comprendre pourquoi. Avez-vous déjà pensé aux personnes ayant des difficultés en orthographe ? Combien de fois doivent-elles réécrire leurs mots clés pour que le moteur de recherche leur affiche enfin des résultats ?! Eh bien, c'est là qu'interviennent les mots clés `META` ! Vous allez saisir les mots clés avec toutes les variantes orthographiques (erronées) possibles et imaginables. Ainsi, même l'internaute à l'orthographe déficiente pourra trouver votre site du premier coup. Cette technique n'est pas purement altruiste, bien sûr. Elle vous permet d'apparaître dans les résultats de recherche à tout prix, même au prix de l'orthographe !

Lorsque vous saisissez les mots clés, n'oubliez pas les synonymes ! Si certains recherchent des « pièces détachées de voiture », d'autres recherchent des « accessoires automobiles ».

N'oubliez pas que le contenu de vos pages Web est plus important que les mots clés `META`, tant pour la notation donnée par le moteur de recherche que pour la satisfaction du visiteur. Votre texte doit comporter le plus de mots clés possible – les moteurs de recherche notent votre site en fonction de l'adéquation entre les mots clés saisis par l'internaute et le contenu de votre site.

Ecrire pour vos lecteurs

Afin de retenir l'attention des éditeurs, qui jugent attentivement votre site, contrairement aux robots et autres araignées, vous devez avoir un style agréable et délié. Nous ne vous en dirons pas plus, nous ne sommes pas là pour ça, mais la partie rédactionnelle du site – souvent négligée – a son importance.

Un problème se pose donc : il faut ménager la chèvre et le chou ; à savoir, se faire remarquer par les araignées en utilisant le plus de mots clés possible, tout en plaisant aux éditeurs avec un style léger. Voilà un art difficile auquel vous devez vous exercer, car il est vraiment payant !

Eviter les piègesLe piège ici se cache dans les frames et les images. Pourquoi ? Parce que de nombreux moteurs de recherche ne naviguent pas correctement dans les frames et qu'aucun d'entre eux ne sait lire le texte affiché sous forme d'image ou le texte situé dans les images.

Cela ne signifie pas pour autant qu'il faut abandonner les cadres et les images textuelles. Vous devez simplement fournir, en parallèle, un texte descriptif. De nombreux concepteurs de sites Web le font également afin que les internautes disposant de vieux navigateurs n'affichant pas toutes les images aient une idée du contenu de l'image refusant d'apparaître.

Si vous utilisez des frames (cadres), n'oubliez pas d'inclure une version sans frames comportant les mêmes liens que la version avec frames. Si vous utilisez des images ou des liens images, créez un lien textuel menant vers une autre page disposant des versions textuelles de tous les liens images.

Jouer avec les mots clés

Certains sites vous promettant le succès facile vous conseillent d'améliorer votre note en multipliant les mots clés. Cela consiste à saisir le même mot plusieurs fois dans les balises méta, comme ceci :

```
<META name="keywords" content="cheval, cheval, cheval, cheval, cheval,
cheval, cheval, cheval, cheval, cheval, cheval">
```

Une autre astuce consiste à insérer un tel contenu dans la page elle-même. Pour ne pas gêner la lecture, le webmestre cache le texte en lui attribuant la même couleur qu'au fond ou en l'écrivant en très petit, ou les deux.

TRUC

Faites bien la différence entre cette astuce et l'utilisation en contexte d'un même terme à de multiples reprises. Si votre site porte sur l'équitation et que le terme « cheval » apparaît à de multiples reprises, c'est bien normal et ce n'est pas pour autant du bombardement.

Nous vous déconseillons toutefois ces astuces, car elles sont mal vues par les moteurs de recherche. Les sites de recherche connaissent ce genre de trucs et rejettent votre candidature au référencement si vous les pratiquez. Ils n'apprécient pas ces méthodes, car elles faussent les résultats et leur font perdre de leur crédibilité.

Et même si, par un tour astucieux, vous parvenez à doper artificiellement votre site, pourquoi arriver le premier dans toutes les recherches si votre site ne tient pas ses promesses ? Après une brève visite et un certain dépit, les internautes quitteront votre site et n'y remettront jamais les pieds !

Analyser les mots clés

Pour choisir les bons mots clés, analysez le comportement des internautes. Quels types de mots saisissent-ils ? Des noms, certes. Et des adjectifs ? Peu. Quelles formes verbales préfèrent-ils ? L'infinitif ou l'impératif ?

N'OUBLIEZ PAS

N'ajoutez pas de termes populaires tels que « sexe » et « MP3 » pour vous attirer les visiteurs si votre site porte sur la migration des cigognes. Comme nous l'avons dit plus haut, les visiteurs seront déçus et ne reviendront pas.

Proposer son site à un moteur

Pour être repéré par un moteur de recherche, vous pouvez vous tourner les pouces en attendant qu'un robot passe sur votre site. Cela finira certainement par se produire. Mais il est préférable de prendre les devants et de faire référencer votre site volontairement. Vous pouvez soit proposer vous-même votre site à un moteur de recherche, soit passer par un service spécialisé.

On n'est jamais mieux servi que par soi-même ?

Pourquoi s'embêter à proposer son site à un moteur de recherche pour le référencer alors que l'on peut payer quelqu'un pour le faire ? Premier avantage manifeste : l'économie.

Mais il y a une autre raison : on n'est jamais mieux servi que par soi-même ! Nous vous recommandons donc vivement de proposer votre site aux moteurs de recherche du Tableau 23.2 ou à certains d'entre eux au moins.

Tableau 23.2 : Pages de soumission d'un site Web en vue d'un référencement.

Nom du site	Adresse Internet
Google	`www.google.com/addurl.html`
Lycos	`www.lycos.fr/service/addasite.html`
Search marketing	`http://searchmarketing.yahoo.com/fr_FR/`
Voila	`http://cvosliens.site.voila.fr/`
Yahoo!	`http://fr.docs.yahoo.com/info/ajouter.html`

Services de référencement

Tout service a son prix, et le référencement ne déroge pas à la règle. Les services gratuits, à de rares exceptions près, vous référencent auprès d'un nombre restreint de sites de recherche.

De nombreux services de référencement proposent des services limités gratuits et des options payantes.

Avant d'investir dans le référencement, tâtez le terrain. Vérifiez que le service de référencement est sérieux, qu'il sait de quoi il parle, qu'il comprend les subtilités entre les différents services de recherche, qu'il connaît la longueur autorisée de la description et ce genre de détails.

Vous pouvez utiliser un logiciel de référencement comme SitePromoter (`http://www.marketingtips.com/sitepromoter/support.html`) ou RefHotkey (`www.refhotkey.com` ; Figure 23.1).

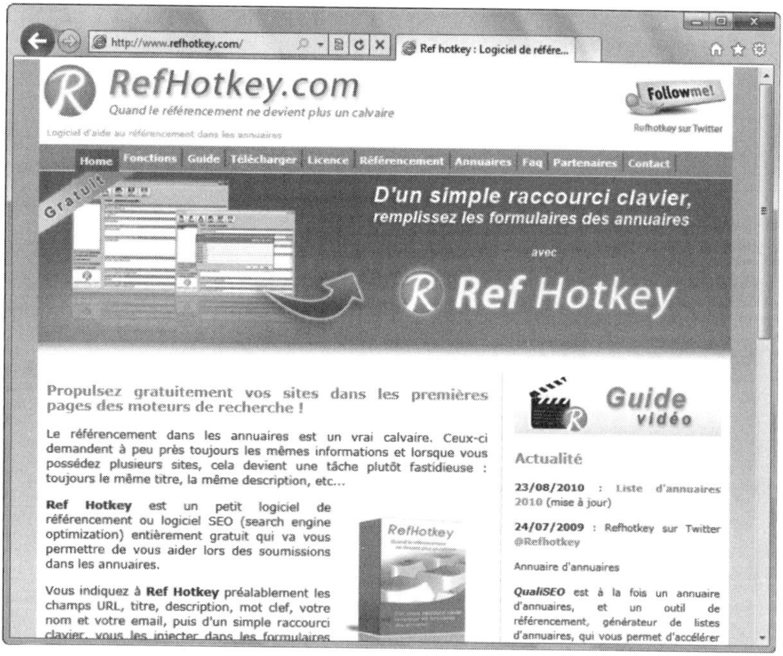

Figure 23.1 : refhotkey.com est un site bien conçu, efficace et riche en trucs et astuces.

Le Tableau 23.3 donne les adresses des sites de référencement gratuits.

Tableau 23.3 : Les services de référencement gratuits.

Nom du site	Adresse Internet
add me	www.addme.com
DevParadise	www.devparadise.com/submit
Referencement 2000	www.referencement-2000.com
Submit now	www.wakatepe.com/submitnow

Pour ne pas être référencé

Certains webmasters souhaitent que leur site ne soit pas référencé et donné en pâture à l'internaute ou, du moins, pas la totalité. Il existe deux méthodes pour que les robots n'indexent pas votre site. L'une d'entre elles nécessite l'aide de votre administrateur réseau ou de votre fournisseur d'accès à l'Internet.

Longtemps, la seule façon de bloquer le passage à un robot était d'utiliser un fichier appelé « robots.txt ». Ce fichier, situé dans le dossier racine du domaine (qui contient également votre page d'accueil), contient la liste de tous les robots interdits et les dossiers à ne pas parcourir. Pourquoi avez-vous besoin d'aide ? Parce que, à moins que vous ne gériez votre propre serveur dédié, vous n'avez pas accès au dossier racine. Vous indiquerez à la personne gérant votre serveur HTTP quels dossiers vous souhaitez garder confidentiels. Elle en fera la liste dans un fichier texte qu'elle placera au bon endroit. L'exemple suivant vous montre comment interdire l'accès à deux dossiers à tous les robots :

```
User-agent: *
Disallow: /~mine/private/
Disallow: /~mine/personal/
```

L'inconvénient du fichier robots.txt est qu'il donne la liste des dossiers confidentiels de votre site. Pour les petits curieux, robots.txt est un véritable sésame !

Vous souhaitez éviter d'utiliser robots.txt ? Vous préférez ne pas faire appel aux services de votre administrateur ? C'est possible grâce aux balises méta. N'oubliez pas ce que nous avons dit précédemment : cette balise a une utilisation très large. En voici encore la preuve : il suffit d'assigner la valeur `robots` à l'attribut `name` et d'ajouter une variable supplémentaire à l'attribut `content`.

Par défaut, le robot indexe votre page, en ajoute les mots dans la base de données du site de recherche et suit tous les liens de la page. Pour désactiver ces deux comportements, il suffit d'ajouter le code HTML suivant dans l'élément `HEAD` du fichier :

```
<META name="robots" content="noindex, nofollow">
```

Vous pouvez arriver au même résultat en utilisant la valeur `none` :

```
<META name="robots" content="none">
```

Techniquement parlant, vous pouvez faire l'opération contraire pour obtenir le résultat inverse, c'est-à-dire utiliser la valeur `all` pour que les deux options fonctionnent. Mais cela n'a aucun intérêt, puisqu'il suffit de laisser les choses comme elles sont pour que cela marche.

Pour autoriser le référencement tout en empêchant les robots de suivre vos liens, utilisez cette ligne de code :

```
<META name="robots" content="nofollow">
```

N'oubliez pas que, par défaut, le robot indexe les mots de votre site et suit les liens. Inutile de créer une ligne de commande lui demandant de faire ces deux actions, puisqu'il les exécute par défaut. C'est pourquoi la ligne de code ci-dessus ne mentionne pas le référencement. Vous pourriez très bien écrire la ligne de code suivante, par souci de précision, mais cela aboutirait au même résultat :

```
<META name="robots" content="index, nofollow">
```

Pour autoriser un robot à suivre vos liens tout en lui interdisant d'indexer les mots de votre page, utilisez le code suivant :

```
<META name="robots" content="noindex">
```

Vérifier la position de votre site

Il est conseillé d'effectuer un suivi du référencement, non seulement pour vous assurer qu'il a bien été pris en compte (les différents sites de recherche sont plus ou moins longs à réagir), mais aussi pour vérifier votre position lors de l'affichage des résultats d'une requête.

Vérification manuelle

Pour vérifier le référencement de votre site et son ordre d'arrivée, le plus simple est de procéder à une vérification manuelle. Saisissez le nom du site dans le moteur de recherche. Le lien vers le site s'affiche-t-il ? Non ? Eh bien, soit le moteur n'a pas encore référencé votre site, soit il ne le fera pas, auquel cas vous devrez le soumettre à nouveau.

C'est également un bon moyen de voir quels sites ont des liens menant vers le vôtre. En effet, chaque page portant le nom de votre site s'affichera dans les résultats. Pour en savoir plus à ce sujet, veuillez vous reporter à la section « Liens réciproques », plus loin dans ce chapitre.

Si votre site s'affiche, formulez une seconde requête à l'aide de mots clés. Le résultat vous permettra de situer votre site : dans quelle position arrive-t-il ? Vous êtes à la traîne ? Consultez le code des sites en tête de liste, notamment les mots clés utilisés. Il est toujours difficile d'accéder aux techniques cachées de ses concurrents, alors profitez-en !

Les liens réciproques

La méthode des liens réciproques consiste à placer sur votre site un lien vers un autre site, lequel insérera un lien vers votre site. C'est un échange de bons procédés pouvant même être pratiqué par deux sites concurrents.

Si l'idéal est d'avoir des liens réciproques avec un maximum de sites, cela n'est pas possible dans la pratique. Il faut donc cibler votre investigation : créez des liens réciproques avec les meilleurs sites de votre catégorie ou les plus visités. Qu'est-ce qu'un bon site ? C'est un site que vous aimez, vous avez carte blanche. Quant aux sites les plus visités, ils sont faciles à trouver. Ils figurent même parfois sur la page d'accueil des moteurs de recherche.

Voici la marche à suivre pour créer un lien réciproque :

1. **Saisissez les mots clés relatifs au sujet traité par votre site. Ces mêmes mots clés sont susceptibles d'être utilisés par les internautes en quête d'information.**

2. **Suivez les liens indiqués dans la page de résultats.**

   Certains moteurs de recherche donnent des réponses peu pertinentes. Faites le tri !

3. **Envoyez un mail au webmaster lui proposant un échange de liens.**

Pour accélérer les choses, vous pouvez placer un lien sur votre site avant même de contacter le webmaster concerné. Cela l'incite souvent à vous rendre la pareille assez rapidement.

Il arrive que des sites ne donnent pas l'adresse électronique du webmaster. Si vous tenez absolument à établir un lien réciproque avec un tel site, il vous faut les coordonnées de son administrateur ! Vous pouvez effectuer une recherche sur le nom de domaine du site à l'aide d'un service WhoIs. Les services WhoIs identifient les contacts administratifs et techniques d'un domaine donné.

Certains moteurs de recherche classent votre site en fonction du nombre de liens pointant vers lui. Toutes choses étant égales par ailleurs, c'est le site vers lequel renvoient le plus de liens qui sera le mieux classé.

Les web rings

Un *web ring* ou *chaîne de sites* est une sorte de grand réseau de liens réciproques. Au lieu de créer un lien réciproque avec un seul site, vous le faites avec un groupe de sites portant sur le même thème. Il existe des web rings sur tous les sujets possibles et imaginables. Vous en trouverez un certain nombre sur `www.webring.org` ou `www.ringsurf.com`. Vous pouvez créer votre propre ring si vous le souhaitez.

L'inconvénient des web rings est précisément leur structure de chaîne. En d'autres termes, chacun crée un lien vers le site précédent et le site suivant dans la liste. Si un site quitte le ring, la chaîne est rompue.

Les échanges de bannières

Lorsque vous pratiquez l'échange de bannières, vous créez une bannière publicitaire et la soumettez à un site central. Ce site, l'échange lui-même, automatise le processus d'affichage de la publicité de chacun des membres sur le site Web de tous les autres membres. L'échange de bannières semble une bonne idée, mais en pratique peu survivent bien longtemps. Avant de vous joindre à l'un d'entre eux, renseignez-vous sur sa date de création. Contactez ses membres et demandez-leur s'ils sont satisfaits.

Rejoindre un échange de bannières est très facile. Vous remplissez un formulaire sur le site de l'échange, puis vous lui envoyez votre bannière et placez du code HTML sur votre site. C'est tout – l'échange s'occupe du reste.

Les bonnes adresses du Net

Le Tableau 23.4 donne les adresses de quelques sites offrant des informations sur les sujets abordés dans ce chapitre.

Tableau 23.4 : Ressources Internet.

Nom du site	Adresse Internet
Bandeau.com	www.bandeau.com/
Ezbanner	www.ezbanner.com/?clicktrade=79847
legratuitdunet	www.legratuitdunet.com/Services/bannieres.asp
PUB.net	www.p-u-b.net/

Chapitre 24

Garder le contact

Dans ce chapitre :

- Utiliser les autorépondeurs.
- Distribuer des newsletters.

Comme tous les webmasters, vous souhaitez que vos visiteurs reviennent sur votre site. L'idéal est de garder le contact avec l'internaute, de lui signaler les nouveautés, de lui rappeler que vous existez. Mais il faut éviter de tomber dans le *spam* – un mot du jargon Internet désignant les mails commerciaux non sollicités.

Comment garder le contact sans spamming ? La réponse est simple. Vous envoyez des messages seulement aux internautes qui le désirent. Dans ce chapitre, vous allez découvrir un certain nombre d'outils informant les visiteurs des nouveautés de votre site.

Les autorépondeurs

Les *autorépondeurs* sont des programmes envoyant automatiquement un message électronique au visiteur l'ayant demandé. Ce dernier en fait la demande en envoyant un e-mail à votre autorépondeur ou en remplissant un formulaire sur votre site.

Bien sûr, le contenu du message doit être utile et répondre à une attente de la part de l'internaute. Vous devez rester crédible. Vous pouvez ainsi envoyer le catalogue de la nouvelle collection. Il est également possible de préparer plusieurs types de documents pouvant être demandés individuellement par les différents internautes. Cette technique est très utile si ce que vous vendez ou les sujets que vous traitez peuvent être organisés en catégories. Si votre site vend des articles de jardinage, vous pouvez créer un lien pour envoyer aux internautes le nouveau catalogue des plantes, celui des outils, etc.

Vous avez donc à votre disposition un moyen complètement automatisé de répondre aux demandes de vos internautes, tout en évitant le spamming.

Il faut cependant jouer la carte de la prudence avec l'une des fonctionnalités de ce genre de programme, qui frise le spamming. Vous pouvez en effet paramétrer l'autorépondeur de façon qu'il envoie, à la suite du premier message, quelques messages sur plusieurs semaines ou plusieurs mois. Dans le commerce, il est rare que le premier contact aboutisse à une vente ou à un contrat. D'où l'intérêt de solliciter l'internaute... sans tomber toutefois dans le spamming. Ce type de fonctionnalité est quelque peu dangereux. Soyez prudent.

Demandez à votre fournisseur d'accès Internet si son offre inclut le service d'autorépondeur.

Les newsletters opt-ins

Les *newsletters* ou *lettres d'information* sont de petites publications traitant d'un sujet particulier. Ecrites par une petite équipe pour un public relativement restreint, elles ont souvent un caractère informel.

Sous couvert d'informations diverses et variées, les newsletters sont un bon outil commercial. Certains envoient leur catalogue dans les newsletters, d'autres, les consultants notamment, y prodiguent des conseils – rien d'altruiste à cela, c'est avant tout une bonne publicité.

Un certain nombre de services vous permettent d'envoyer des messages aux adresses e-mail ciblées dont ils tiennent des listes. On peut considérer ces pratiques comme du spamming, sauf si elles sont générées par des *opt-ins*. Les listes de diffusion opt-ins sont moins intrusives et susceptibles d'erreur que les listes de diffusion traditionnelles. Le système opt-in fonctionne de la façon suivante : l'internaute remplit un formulaire et un message lui est envoyé dans sa boîte aux lettres électronique, message devant être confirmé pour valider l'inscription. Si l'internaute ne répond pas à ce message, son inscription n'est pas prise en compte. Cette méthode est un bon garde-fou.

Excepté lorsque vous avez surveillé le processus de création de ce type de liste, vous ne pouvez être sûr que l'organisme qui vous la propose soit entièrement honnête. Comment s'assurer que toutes les adresses inscrites soient valables et autorisées ? Surtout que les services vendant ce genre de listes pratiquent souvent la philosophie de l'argent facile. Soyez donc prudent et veillez à ne pas tomber dans le spamming.

Les services que nous vous présentons dans ce chapitre sont sérieux, vous pouvez nous faire confiance. Ils vous permettent de gérer votre propre système opt-in depuis votre site, tout en vous déchargeant de la partie la plus difficile des opérations.

Les bonnes adresses du Net

Le Tableau 24.1 donne les adresses de quelques sites offrant des informations sur les sujets abordés dans ce chapitre.

Tableau 24.1 : Ressources Internet.

Nom du site	Adresse Internet
AWeber Systems	www.aweber.com
Bewoopi	bewoopi.com/horde/public/service_sms.php
CyberMailing	www.cyber-mailing.com
MDaemon	www.watsoft.com/mdaemon/
NTT Verio	www.verio.fr/
SendFree	www.sendfree.com

Septième partie

Les dix commandements

"Attends un peu ! Faire un site pour un type comme toi, ça se fait pas en cinq minutes !"

Dans cette partie...

Eh oui, cet ouvrage ne serait pas un Pour les Nuls sans les incontournables dix commandements ! Vous trouverez dans cette partie des tas de sites incontournables et des tonnes d'astuces.

Chapitre 25

Des sites et des conseils

Dans ce chapitre :

- ACSEL.
- FEVAD.
- Le jargon français.
- 2001 Webmaster.
- en-droit.com
- Memoclic.
- Kalifeye.com.
- Le journal du Net.
- ALL HTML.
- Office de la langue française.

On a toujours besoin de quelques conseils, aussi autonome et compétent soit-on. C'est pourquoi nous vous livrons les adresses commentées de dix sites Web riches en conseils judicieux. Tous les créateurs de sites, aussi différents soient-ils, trouveront leur compte dans ces dix sites extraordinaires. Vous vous demanderez même comment vous avez pu vous en passer jusqu'alors !

ACSEL

ACSEL (Association pour le commerce et les services en ligne) est une organisation représentative des services en ligne et du commerce électronique (Figure 25.1). Elle regroupe plus de 200 entreprises et organismes des métiers de son domaine de compétence : e-marchands, prestataires techniques des télécommunications, opérateurs, juristes, éditeurs on-line, conseils, éditeurs de logiciels, établissements financiers et de capital-risque, etc.

Figure 25.1 : ACSEL est un site d'informations générales et spécifiques sur les acteurs de l'e-commerce.

Vous pouvez consulter ce site à l'adresse suivante :

```
http://www.acsel.asso.fr
```

Vous y trouverez une mine d'informations sur l'évolution des professions concernées, sur les technologies, les expérimentations en cours, le commerce électronique, les réseaux, les questions juridiques, les territoires numériques... Informations grand public ou très pointues : tout le monde y trouve ce qu'il cherche !

FEVAD

Le site de la FEVAD (Fédération des entreprises de vente à distance) vous informe sur les règles, les codes et les textes juridiques. Il vous donne des conseils sur la vente par correspondance et à distance, met des annuaires à votre disposition et répond à toutes vos questions sur un forum extrêmement riche (Figure 25.2). Un site indispensable pour ne pas se laisser submerger par la jungle des problèmes liés à l'e-commerce !

Figure 25.2 : Le site de la FEVAD répond à toutes vos questions sur la vente à distance.

Conseillez-le à vos visiteurs récalcitrants à la vente par correspondance, ils seront convaincus !

```
www.fevad.com
```

Le jargon français

L'Internet, comme le monde de l'informatique, a son propre jargon qu'il est parfois bien difficile de comprendre : mots anglais, mots français qui n'ont pas le même sens que dans le langage courant, termes techniques... Il y a vraiment de quoi en perdre son latin ! Heureusement, ce glossaire très complet vous tire d'affaire. Nous vous mettons au défi d'en revenir bredouille ! (Figure 25.3.)

Figure 25.3 : Pour tout comprendre sur le Net !

Vous le trouverez à l'adresse suivante :

```
www.linux-france.org/wiki/Accueil
```

2001 Webmaster

Ce site vise à aider, informer, renseigner tous ceux qui souhaitent se lancer dans l'aventure du Net. Hébergement, référencement, téléchargement, images, logiciels, boîtes à outils, Java,

JavaScript, HTML, polices sont au programme, et même des services gratuits pour un usage personnel et non commercial, sans oublier les liens vers différents services, des tests et des conseils... Vous y lirez également des dossiers bien documentés et des interviews très complètes. Avec ce site, vous avez toutes les cartes en main pour devenir un vrai pro du Net ! (Figure 25.4.)

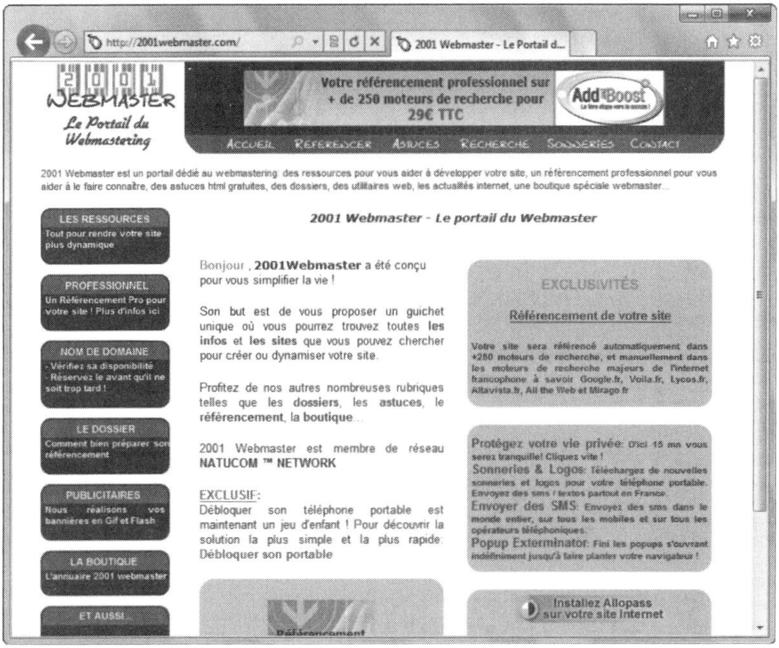

Figure 25.4 : Tout pour le webmaster !

Vous le trouverez à l'adresse suivante :

```
www.2001webmaster.com
```

en-droit.com

en-droit.com est la source la plus complète de droit en ligne et en français sur le droit français. Vous y trouverez absolument tout : les textes fondamentaux, les textes européens, l'actualité juridique, les travaux parlementaires, les lois et décrets, les codes (recherche par mots clés), la jurisprudence et le

Journal officiel. Vous y découvririez également une aide juridique très complète, des adresses, des liens, des nouveautés... Ce site est une perle rare de clarté et une mine d'or de renseignements ! (Figure 25.5.)

Figure 25.5 : Toutes les réponses aux questions juridiques sur en-droit.com !

Consultez ce site à l'adresse suivante :

```
http://www.ddg.fr/
```

Memoclic

Lorsque vous avez un problème avec un logiciel ou voulez optimiser l'utilisation de votre PC et de l'Internet, c'est à cette porte qu'il faut frapper ! Vous y dénicherez également des formations à des logiciels spécifiques, l'astuce du jour, une FAQ extrêmement bien organisée, les actualités Internet... Avec Memoclic, finis les problèmes d'informatique ! (Figure 25.6.)

Vous le trouverez à l'adresse suivante :

`www.memoclic.com`

Figure 25.6 : Memoclic, un compagnon fidèle dans vos périples informatiques !

Kalifeye.com

Pour tous ceux d'entre vous qui créent un site pour se faire connaître, afin de travailler en freelance, intérimaire, intermittent, indépendant, télétravailleur ou solo, Kalifeye sera votre colonne vertébrale. Parce que la liberté ne signifie pas une volonté d'isolement, kalifeye.com vous ouvre les portes de la communication entre indépendants et avec les entreprises qui recherchent un savoir-faire.

Kalifeye.com propose en outre un service d'hébergement gratuit de vos pages personnelles qui vous permet d'afficher vos compétences, tout en bénéficiant d'une large audience sur la Toile. De plus, vous trouverez un outil de création de pages, des infos pratiques, un lexique, des outils de référencement pour vous faire connaître et un espace consacré aux pages personnelles : l'annuaire et la page du mois.

Son adresse Internet est la suivante :

```
www.kalifeye.com
```

Le journal du Net

Comme son nom l'indique, Le journal du Net traite de l'Internet. Vous y trouverez toute l'actualité de l'Internet, et bien plus encore : l'actualité du commerce électronique, de la publicité, les nouveaux outils, les prestataires – avec un moteur de recherche sur tous les articles des éditions antérieures (Figure 25.7). Les chiffres clés vous seront d'une aide précieuse pour toutes vos études de marché. Vous y trouverez des dossiers sur la cyberélite française, sur Amazon, sur le dépôt d'un .com, sur l'Internet et la justice… entre autres sujets passionnants. Et puis, pêle-mêle, des enquêtes, des sondages, des tests, des interviews... Le journal du Net ? Un site riche et précieux.

```
www.journaldunet.com
```

Figure 25.7 : Le journal du Net est une mine d'informations sur l'actualité de l'Internet.

ALL HTML

ALL HTML, le portail des webmasters. Outre des logiciels, des ressources, un annuaire de sites, des services, une FAQ, l'hébergement, des documentations, un glossaire, une boutique, l'actualité des webmasters, des ateliers pratiques, vous dénicherez de précieux conseils et échangerez vos idées, problèmes et solutions grâce au forum et au chat. Rien de tel pour le moral que de se sentir entouré ! Et discuter avec des semblables et des spécialistes est le meilleur moyen de trouver la solution à ses problèmes ! (Figure 25.8.)

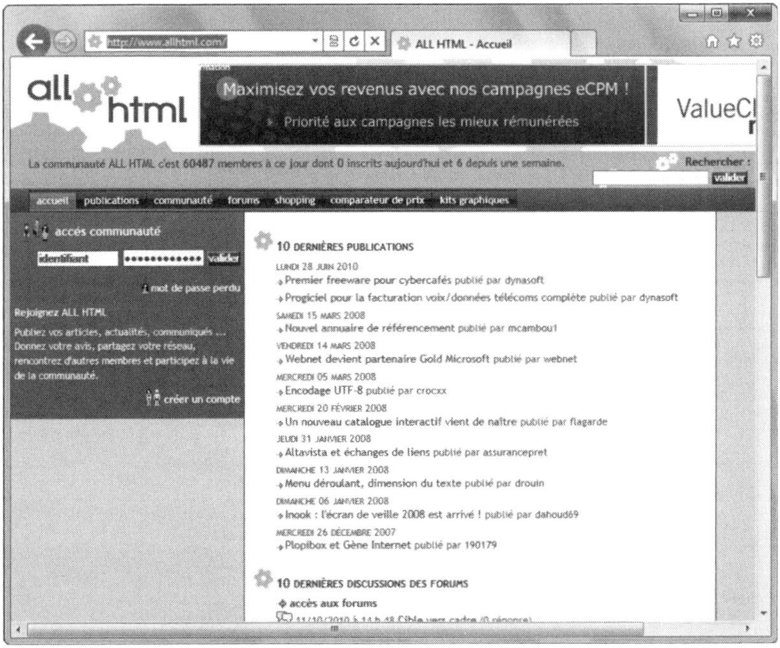

Figure 25.8 : Le site de ALL HTML, le portail des webmasters.

Rendez-vous à l'adresse suivante pour consulter ce site :

```
www.allhtml.com
```

Office de la langue française

L'Office de la langue française est un organisme gouvernemental québécois chargé de la promotion de la langue française (Figure 25.9). S'il existe des variantes entre le parler de France et celui du Québec, ce site vous sera néanmoins d'un grand secours. Vous y trouverez une FAQ très complète, répondant aux problèmes linguistiques par ordre alphabétique, une rubrique traitant exclusivement du parler de l'Internet (index des termes anglais mis en regard avec l'index des termes français) et plein d'autres choses encore, que nous vous laissons découvrir à l'adresse suivante :

```
www.olf.gouv.qc.ca/
```

Figure 25.9 : L'Office de la langue française, parce que la qualité rédactionnelle des sites fait souvent défaut.

Nous l'avons vu dans cet ouvrage, au-delà des aspects techniques, informatiques et marchands, vous devez prêter attention à la qualité rédactionnelle de vos textes. Ce portail vous sera d'un grand soutien.

Chapitre 26

Dix outils fabuleux pour l'e-commerce

Dans ce chapitre :

- advansys.
- Boutika.net.
- HumanClick.
- ebay.
- Metanews.net.
- MapQuest.
- S&H Greenpoints.
- Systran.
- Webmaster-hub.
- i-promotion

Les dix sites que vous allez découvrir dans ce chapitre sont destinés à faciliter la tâche des e-marchands, à les informer, les rassurer, leur livrer des trucs et astuces pour une touche d'originalité et plus de convivialité... Même si vous n'êtes pas e-commerçant, jetez un coup d'œil, c'est très enrichissant... Quelques notions d'anglais sont indispensables pour certains sites, mais vous en êtes tout à fait capable !

advansys

advansys vous offre un bel ensemble d'outils pour e-marchands. Le système est modulable, vous pouvez acheter les outils que vous voulez et remettre l'achat d'autres outils à plus tard en les intégrant à votre structure. Consultez le site à l'adresse suivante :

```
www.advansys.com
```

Les deux éléments clés d'advansis sont ses outils de publicité et de commerce électronique. L'outil publicitaire gère autant les publicités entrantes que sortantes. Il traite les bannières et génère un rapport sur l'efficacité des publicités. Le module e-commerce combine un chariot pour vos clients et un système sophistiqué de gestion de comptes pour votre propre usage. En plus, il gère votre programme d'affiliés.

Les autres outils, plus courants, sont des systèmes de traitement de formulaires, un gestionnaire de forums, un livre d'or, un *jump menu* et des sondages (Figure 26.1).

Figure 26.1 : La page d'accueil d'advansys.

Boutika.net

Boutika.net propose un logiciel de création de boutiques en ligne dont vous pouvez télécharger une version d'évaluation à l'adresse `www.boutika.net` (Figure 26.2). Le programme de base se nomme Boutika Premium. Que vous soyez commerçant, artisan, ou encore une TPE, PME ou PMI BOUTIKA Premium est une solution complète et accessible permettant d'automatiser la création et la gestion de votre activité sur Internet. Vous êtes guidé dans la réalisation de votre projet. Très rapidement vous disposerez d'une boutique entièrement opérationnelle en ligne.

Vous trouverez ce logiciel à l'adresse suivante :

```
http://boutika.net
```

Figure 26.2 : Avec le logiciel Boutika, l'e-commerce est un jeu d'enfant !

HumanClick

HumanClick est une méthode révolutionnaire pour donner un peu d'humanité à votre site. C'est un service gratuit permettant à vos visiteurs d'avoir une réponse instantanée à leurs questions. Imaginez un peu : un internaute visite votre site, aimerait acheter un produit, ne trouve pas l'information qui lui faut. Que fait-il ? S'il est moyennement intéressé, il n'aura pas la patience d'attendre trois jours que le webmaster réponde à son mail. Il quittera le site et vous perdrez un client. Avec HumanClick, il peut avoir la réponse à sa question sur-le-champ ! Voilà un bon moyen d'accrocher des clients !

Consultez le site à l'adresse suivante :

```
www.humanclick.com
```

Cliquez sur Human Click dans la page d'accueil pour accéder à la page de téléchargement.

Le client et l'administrateur du site peuvent donc discuter en direct. Et lorsque l'administrateur s'absente, il suffit au visiteur de laisser un message.

HumanClick est vraiment un must ! (Figure 26.3.)

ebay

Vous voulez connaître la folie des enchères en ligne ? Comme vous vous en doutez, organiser son propre site d'enchères n'a rien de très facile... sauf avec ebay. Grâce à ebay, vous pouvez organiser des enchères privées ou publiques – dans les enchères privées, vous êtes le seul à vendre des objets. À moins de faire plusieurs millions d'euros de chiffre d'affaires par an, cet outil est gratuit. Si vous êtes une grande société, vous devrez payer les droits d'utilisation. Pour en savoir plus, rendez-vous à cette adresse (Figure 26.4) :

```
www.ebay.fr
```

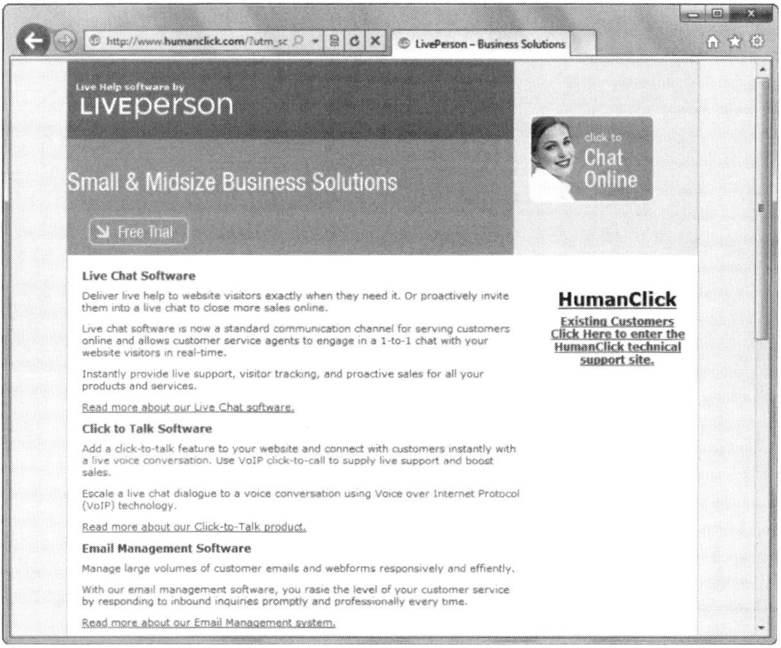

Figure 26.3 : HumanClick donne une dimension très humaine à votre site.

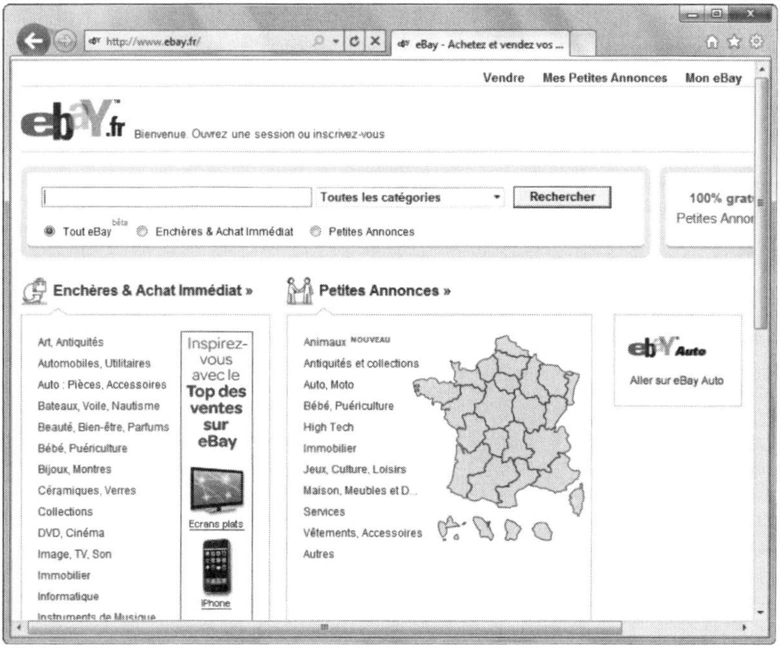

Figure 26.4 : Pour créer une salle d'enchères, rendez-vous sur le site d'ebay.

Newropeans.org

Newropeans.org est une revue du Web critique et analytique, une lettre d'information à propos des tendances et enjeux des contenus multimédias sur l'Internet : création, diffusion, organisation. Vous y trouverez des informations très complètes et merveilleusement bien documentées sur les divers portails, les communautés, les shopbots, l'actualité Internet de France, d'Europe, des Etats-Unis et du monde, les gourous... Des études et enquêtes vous informeront sur l'évolution de l'Internet et du commerce électronique. Vous y trouverez en outre des utilitaires, navigateurs et métamoteurs entre autres outils.

Le site se trouve à l'adresse suivante :

```
http://www.newropeans.eu/index.php?lang=fr
```

De là, vous pouvez naviguer dans les différentes rubriques en faisant défiler le contenu de la page d'accueil (Figure 26.5).

Figure 26.5 : newropeans.org, pour tous ceux qui prennent le Net au sérieux.

MapQuest

MapQuest met des cartes à votre disposition, mais pas n'importe quelles cartes ! Il s'agit de cartes que vous pouvez personnaliser afin d'aider vos clients à trouver votre magasin, par exemple. Pour en savoir plus, rendez-vous à l'adresse suivante (Figure 26.6) :

```
www.mapquest.com
```

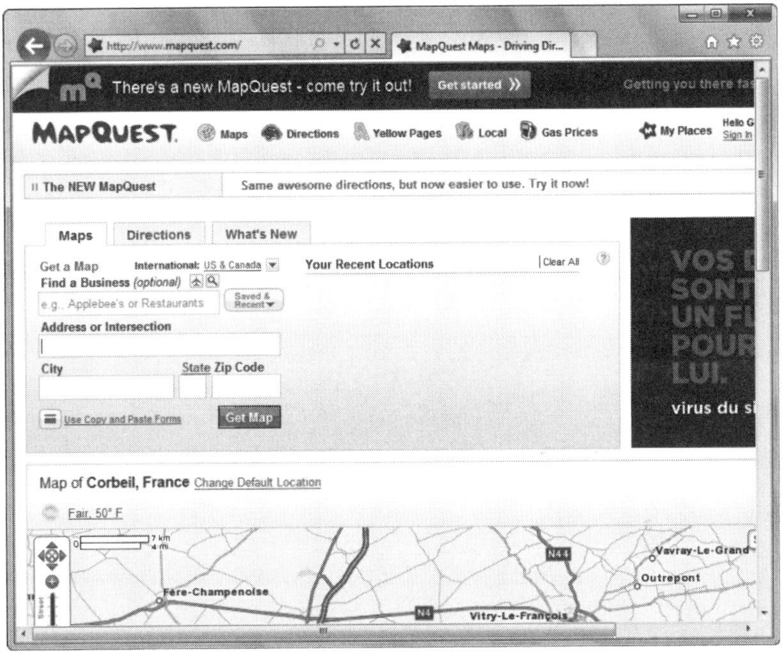

Figure 26.6 : MapQuest vous offre gratuitement des services cartographiques professionnels.

S&H Greenpoints

Enfant, vous avez certainement collectionné les fonds de capsules en plastique des bouteilles de Coca-Cola ou les points du chocolat Poulain pour gagner ensuite des objets ou des albums. Eh bien ! S&H Greenpoints vous offre le même principe – sur l'Internet (Figure 26.7). C'est un excellent moyen de fidéliser votre clientèle, de la pousser un peu à la consommation tout en lui faisant plaisir !

Pour en savoir plus, rendez-vous sur :

```
www.greenpoints.com
```

Figure 26.7 : Le site S&H Greenpoints fait revivre une grande tradition !

Systran

Vous avez certainement entendu parler du système de traduction BabelFish d'AltaVista. Il fonctionne avec le logiciel de traduction de Systran. Vous pouvez accéder directement au site des créateurs de ce logiciel en saisissant l'adresse suivante :

```
www.systransoft.com/
```

Le service de base ne vous coûtera rien, ce qui n'est pas le cas des solutions personnalisées. Mais le jeu en vaut la chandelle. Tout e-marchand doit avoir conscience que son site peut être visité par des internautes du monde entier. S'ils ne comprennent pas de quoi il retourne, ils n'achèteront rien, c'est certain.

Grâce à Systran, le visiteur peut traduire votre site dans l'une des langues suivantes : français, anglais, allemand, italien, portugais, espagnol, chinois, japonais, coréen et russe (Figure 26.8).

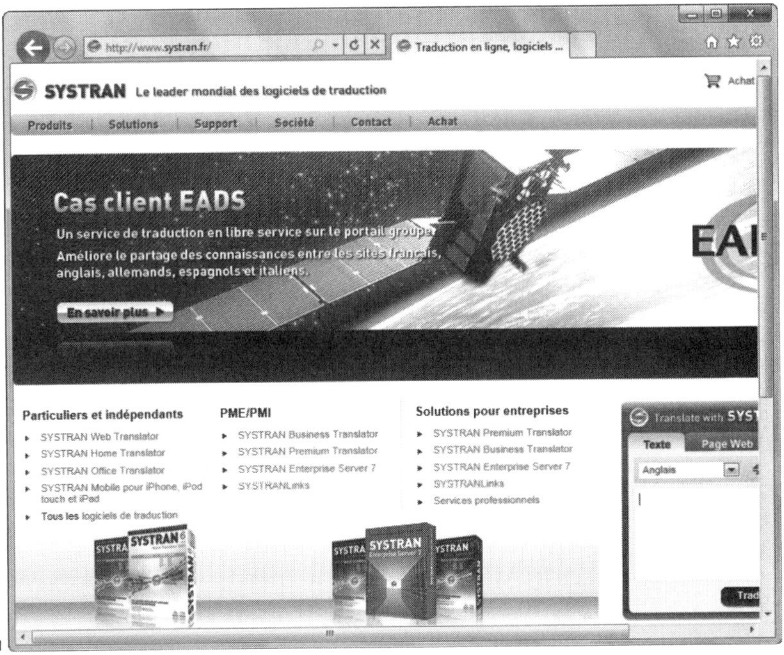

Figure 26.8 : Avec Systran, votre site sera véritablement planétaire.

Webmaster-hub

N'oubliez pas qu'en tant que concepteur d'un site Web, vous êtes un créateur et que personne n'a le droit de vous copier. Afin de défendre vos droits en cas de contrefaçons, lorsqu'un concurrent vous plagie pour vous dérober votre clientèle, vous devez être bien protégé.

Il est conseillé de faire enregistrer votre site auprès de l'INPI, du greffe du tribunal de commerce ou de la Société des gens de lettres. Cela consiste à produire des tirages papier du design des pages et de l'arborescence du site. Heureusement, Webmaster-hub vous facilite la tâche en listant un certain nombre de sites où la protection est assurée en ligne avec notamment : CopyrightDepot, SGDL et INPI. (Figure 26.9.)

```
www.webmaster-hub.com/publication/article6.html
```

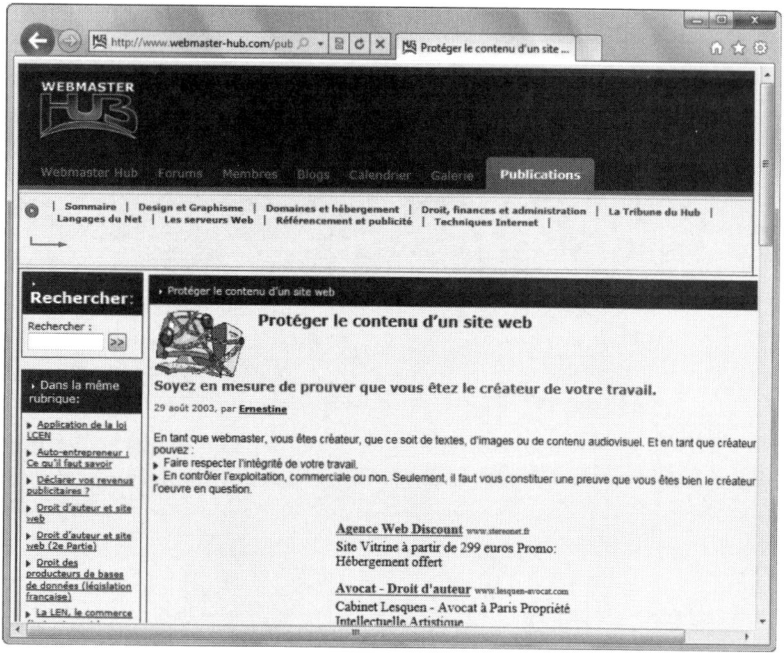

Figure 26.9 : Avec Webmaster-hub, trouvez où protéger votre création.

i-promotion

i-promotion est une mine d'informations sur la publicité (Figure 26.10). Il traite du concept d'efficacité (en accordant une large place aux spécificités publicitaires du Web), du profil des internautes (pour mieux cibler vos campagnes), des formes de publicité (pour une maximisation des achats, sujet intéressant sur les coûts), des outils de mesure (quantitatifs, qualitatifs...) et des différents outils publicitaires. Toutes ces informations permettent de cibler la publicité pour la rendre efficace sans qu'elle nuise à l'ensemble de votre site.

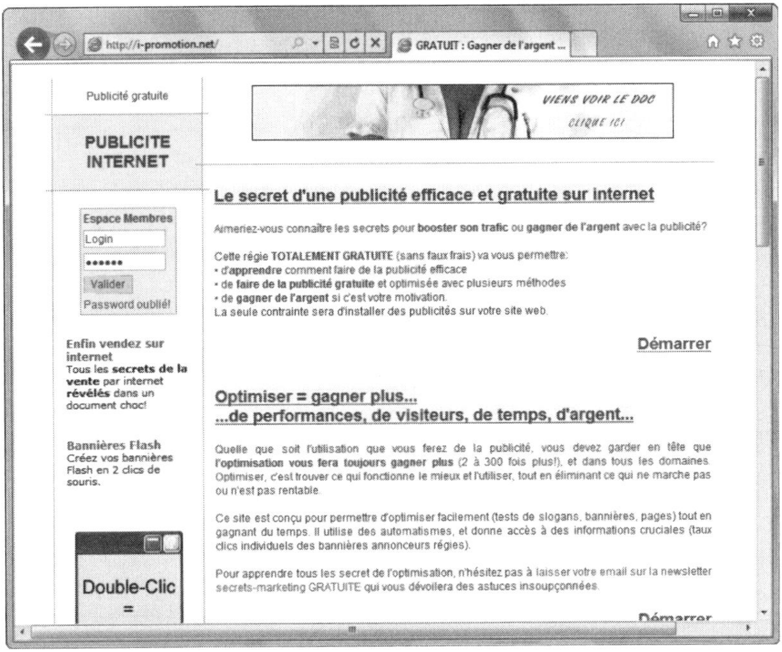

Figure 26.10 : i-promotion, pour une publicité vraiment efficace.

Vous retrouverez i-promotion à l'adresse suivante :

```
http://i-promotion.net/
```

Chapitre 27

Dix situations difficiles à anticiper

Dans ce chapitre :

- Faire face aux dérapages dans la demande du client.
- Trouver du temps pour la carte du site.
- Présenter des propositions que vous assumez.
- Inclure les tests utilisateurs dans votre proposition.
- Maîtriser la technologie.
- Prévoir la traduction du site.
- Gérer un site piloté par bases de données.
- Établir un plan marketing pour un site.

Vous savez démarrer un projet avec un client, construire une carte de site, créer des propositions de conception et faire des choix de technologie, il vous reste néanmoins encore une chose à faire : prévoir l'imprévu. Anticiper le pire susceptible de se produire au cours d'un projet et comment y faire face est la dernière étape pour devenir un concepteur Web accompli. Dans ce chapitre, nous présentons dix choses qui peuvent mal se dérouler, pourquoi cela arrive et comment vous pouvez réagir pour maintenir le projet sur les rails.

Pourrait-on revoir une chose ou deux ?

La première fois que les clients viennent vous voir, il est fréquent qu'ils ne sachent pas ce qu'il est possible de réaliser avec les technologies Web. Ils ne savent pas non plus ce que vous pouvez ou non créer, ni combien tout cela coûte réellement. Ce ne sont donc pas des aspects qu'ils abordent dans leurs demandes initiales. Cependant, une fois le projet en route, une fois qu'ils commencent à voir le site prendre forme, leurs yeux tendent à devenir plus gros que leur ventre en découvrant toutes ces possibilités alléchantes.

ATTENTION !

Le client devenant un peu plus familier avec le processus de développement Web, il vous demandera par exemple de placer par ici une « petite » animation supplémentaire Flash, par là un message de bienvenue personnalisé, et toutes sortes de caractéristiques supplémentaires pour donner vie au site. Ces « petits » ajouts au projet sont ce que l'on appelle des *dérapages.* Si vous satisfaites ces petites requêtes, l'étendue du projet peut croître lentement jusqu'à ce que, finalement, vous travailliez pour rien (ou pis, à perte).

Il est vital d'identifier et résister au dérapage chaque fois que celui-ci pointe son nez. Outre le risque d'y laisser votre chemise, le dérapage provoque deux gros risques :

N'OUBLIEZ PAS

- **Effet de vague.** Bien qu'un changement puisse sembler léger au premier abord, étudiez cependant comment il affecte la production du reste du site ainsi que la future maintenance de ce dernier. Parfois, un petit changement détruit quelque chose autre part dans le site du fait de sa non-planification à l'origine. Cela peut aussi déclencher plus tard des problèmes techniques imprévus ou une assistance au client. Par exemple, l'ajout d'un simple sondage nécessite une personne chez le client pour recueillir les données.
- **Efficacité de production.** Puisqu'il est imprévu, un dérapage est par nature susceptible de s'insérer à tout moment au cours du processus de conception Web. Impossible de mettre en place la nouvelle caractéristique

sans abaisser le rendement de la production : l'équipe de production doit en effet stopper le travail en cours, éventuellement recommencer des travaux déjà aboutis, et se focaliser sur l'ajout. Les ajouts en cours de route demandent finalement bien plus de temps que s'ils étaient prévus dès le début.

Si néanmoins le client vous fait une demande et que vous n'avez pas le cœur à refuser, voici comment gérer élégamment la situation :

- **A titre préventif, consignez tout par écrit dès le démarrage du projet.** Avant de commencer à travailler sur un projet, veillez que votre proposition indique clairement l'étendue du projet (ce que vous allez faire, ce que le client doit fournir, ce que le projet ne comprend pas). Assurez-vous aussi que votre carte du site est suffisamment détaillée pour montrer comment tout s'articule.

  Si tout est écrit, personne ne peut remettre en question ce qui faisait partie de l'accord initial.

- **Annoncez les conséquences financières.** Lorsqu'un client vous demande d'insérer un petit quelque chose dans le site, répondez ainsi : « Certainement, avec plaisir ! Voyons ce que cela va vous coûter et de combien de temps sera retardé le projet. »

  Souligner les réalités d'un dépassement de budget et d'un débordement du calendrier met souvent fin à la demande du client. Toutefois, si ce dernier se décide pour l'ajout, au moins sait-il quels impacts cela aura sur le projet.

Pas de temps pour la carte du site

Le client consulte fréquemment le concepteur au dernier moment, et ce dans l'objectif de demander la réalisation de tout un site avec un délai ridicule. Le client s'obstine sur son calendrier insensé, habituellement pour que cela tombe en même temps qu'une conférence importante ou une date particulière.

Dans cette situation, vous serez peut-être tenté de faire l'impasse sur la proposition initiale et la carte du site pour plancher directement sur les propositions de conception. Cependant, cette précipitation pose problème : ni vous ni le client n'aurez de plan de route pour avancer. Sans plan, vous n'aurez aucune idée de ce qu'il faut inclure dans les propositions de conception (vous foncerez dans le noir, perdant du temps tout en vous rapprochant inexorablement de l'échéance).

Pis, lorsque vous vous dispensez de la phase de planning, vous allez à l'aveuglette en ce qui concerne les attentes du client. Le client pensera quelque chose, vous en penserez peut-être une autre. À mi-chemin du projet, le client pourra s'apercevoir que le projet ne prend pas la forme à laquelle il s'attendait, d'où des problèmes en perspective.

La démarche la plus rentable en termes de temps est de justement en consacrer un peu au tout début afin de créer une proposition qui délimite clairement le contenu et les objectifs du site, puis d'enchaîner avec une carte du site qui montre comment vous comptez organiser le contenu. Il est possible de construire ces deux éléments en un ou deux jours de travail en coordination étroite avec le client. Avec un plan clair en main, vous pouvez produire les propositions de conception, puis un site que le client appréciera, tout en ayant évité de perdre du temps.

Ce n'est pas vrai que le client a choisi ça ?!

Lorsque vous présenterez vos propositions de conception au client, vous serez peut-être tenté de les inonder d'une myriade d'options. Proposer de nombreuses options lui donne l'impression que vous avez passé beaucoup de temps à penser à son projet. Et cela lui donne beaucoup d'idées à considérer.

Le problème avec cette façon de procéder est qu'il est difficile d'élaborer plus de quatre à six propositions distinctes et que vous aimez. Il y a toujours un concept préféré et un autre moins. Pour quelque raison inconnue, les clients ont le chic pour tomber amoureux du concept que vous aimez le moins. Par conséquent, ne présentez jamais un design que vous n'assumez pas.

NOTE TECHNIQUE

Pour disposer d'un bon ensemble de propositions, faites travailler différents concepteurs, chacun sur un ou deux concepts. De la sorte, vous êtes sûr d'obtenir un assortiment de designs uniques. Dans ces travaux, choisissez les quatre à six meilleurs concepts que vous trouvez dignes d'être présentés au client.

NOTE TECHNIQUE

Si vous êtes consultant indépendant et ne disposez donc pas d'une équipe de concepteurs, essayez de trouver quelques concepteurs indépendants dont vous appréciez le travail, pour vous aider à développer les propositions de conception.

Pourquoi tester mon travail ?

Il est fréquent que les concepteurs pensent qu'ils n'ont ni le temps ni l'argent qu'il faut pour organiser un test utilisateur formel afin d'évaluer une création de site Web (bien souvent pour la simple et bonne raison que le test n'a pas été planifié à l'origine). Trop souvent, le test est considéré comme une dépense injustifiée (même par le client).

N'OUBLIEZ PAS

Dans les grands projets, un client peut dépenser beaucoup d'argent pour quelque chose qui ne fonctionne finalement pas. En l'absence de test, personne ne peut découvrir de problèmes avant que le site soit placé sur le Web et que les retours négatifs des visiteurs commencent à remonter. Sur Internet, il y a peu de chance qu'une première visite non convaincante soit suivie d'une deuxième : il n'y a pas le droit à l'erreur, et les tests sont donc d'une importance capitale.

NOTE TECHNIQUE

Pour les grands sites, il est impératif de planifier et de budgétiser des tests utilisateurs formels. Pour les sites de petite ou moyenne taille, il reste profitable de prévoir des tests utilisateurs, mais vous ne pourrez pas vous engager dans des procédures aussi longues et coûteuses que dans le cas de très grands projets. Organisez des petits tests informels en cours de projet, en utilisant des amis, des collègues, et le client lui-même.

Je suis sûr que je résoudrai ce problème technique

Pendant la production, les programmeurs travaillant sans relâche peuvent très facilement perdre notion du calendrier prévu. La plupart des programmeurs et codeurs HTML que nous avons rencontrés aiment relever les défis qui consistent à résoudre les problèmes dont les autres disent qu'ils ne sont pas solubles.

Cependant, la chasse interminable aux solutions peut rapidement drainer le calendrier du projet. Le gestionnaire de projet doit rester vigilant, pour assurer que l'équipe technique reste sur les rails et ne passe pas plus de temps que prévu sur les tâches.

N'OUBLIEZ PAS

Ce genre de dérapage n'est pas limité à l'équipe technique : les concepteurs sont également connus pour déplacer du pixel des heures entières jusqu'à obtenir le parfait design. Afin de conserver à un projet le rythme prévu, le gestionnaire de projet doit tout surveiller.

Traduction d'un site

Un nombre croissant d'entreprises traduisent leur site pour s'adapter au marché international. La *localisation* d'un site Web consiste à traduire le contenu dans une autre langue et, dans de nombreux cas, à héberger le site dans d'autres pays.

Pourquoi donc serait-il nécessaire d'héberger un site dans un autre pays puisque l'accès est mondial ? En réalité, la distance entre le serveur et l'ordinateur du visiteur joue un rôle assez important. Si vous visitez un site Web de l'autre côté du monde, les performances sont moins bonnes.

Outre l'hébergement du site à l'étranger pour obtenir de meilleures performances, vous pouvez aussi envisager de traduire le site dans un certain nombre de langues. Le commerce avec le reste du monde est susceptible d'être profitable : encore faut-il savoir dans quelles langues traduire le site. Une demi-douzaine de langues sont à considérer, de l'anglais au japonais en passant par l'allemand.

NOTE TECHNIQUE

Attention aux différences d'encombrement entre les langues. Par exemple, un texte en anglais prend beaucoup moins de place que ce texte en français. Observez les Figures 27.1 et 27.2. Elles présentent un même contenu mais respectivement en anglais et en allemand. Une comparaison ligne par ligne depuis le titre jusqu'à la liste à puces montre bien que l'allemand prend plus de texte dans la page. Si vous ne tenez pas compte de cet aspect dès le début de la conception, la traduction du site peut modifier la mise en page de façon significative.

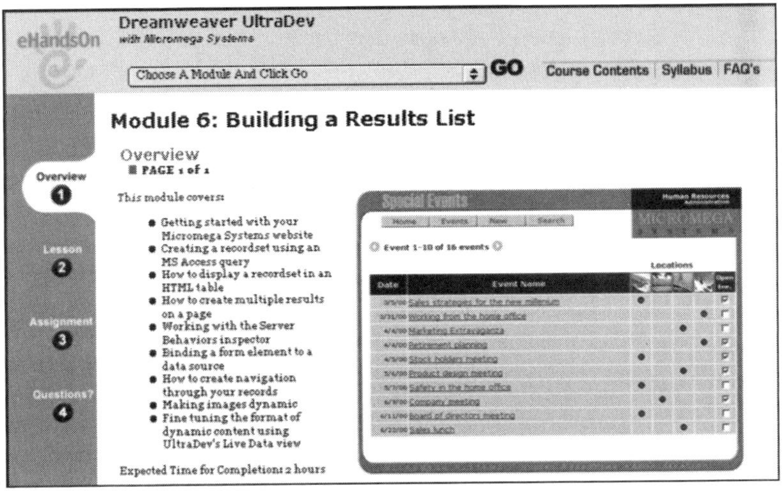

Figure 27.1 : Une page extraite d'un cours de formation en anglais.

Le site doit-il fonctionner sous Windows ?

Nombre de concepteurs et créatifs travaillent sur Mac ; la plupart des techniciens travaillent sur PC. Bien qu'aujourd'hui la plupart des logiciels de conception graphique aient le même

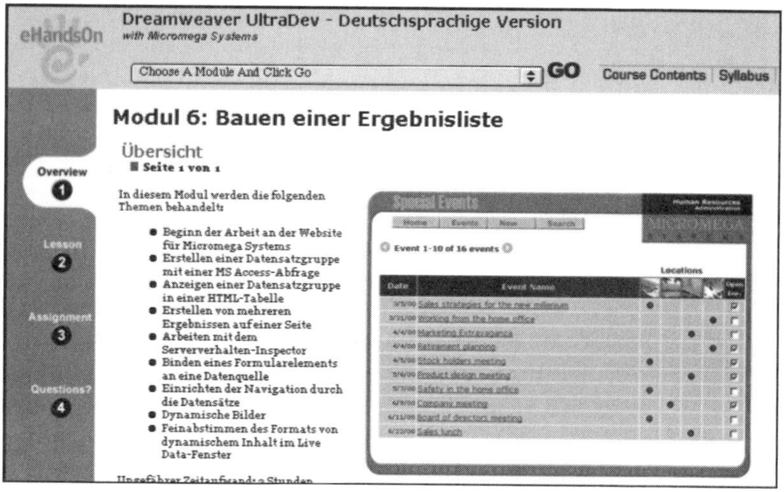

Figure 27.2 : La même page en allemand : chaque ligne de texte est plus longue.

look et les mêmes fonctions sur Mac et Windows, la vieille tradition d'emploi du Macintosh dans la communauté des créatifs persiste.

Du fait que la plupart des graphistes produisant des images pour le Web travaillent sur Mac, beaucoup d'images sont bien rendues sur Mac mais pas sur PC. Les deux grands facteurs à garder à l'esprit lors de la conception interplate-forme d'images Web sur Mac sont :

- **Différences de gamma.** Les paramètres de luminosité et de couleur d'écran sont différents sur Mac et PC. L'affichage du Mac est beaucoup plus clair et moins saturé que celui du PC. Par conséquent, les images avec des couleurs foncées et des variations de couleur subtiles apparaissent souvent en noir lors de l'affichage sur PC.

  NOTE TECHNIQUE

  Si vous développez des images Web sur Mac, testez toujours vos images sur PC avant de les exploiter dans les pages Web. Notez que certains logiciels comme Fireworks offrent un aperçu gamma Windows, ce qui permet de voir ce que votre travail rend sur PC.

  L'inverse est vrai pour ceux qui construisent leurs images sur PC. Testez toujours vos images sur Mac ou utilisez la fonction d'aperçu gamma du logiciel pour être sûr que vos images rendent bien sur les deux plates-formes.

Toutefois, Apple s'est récemment conformé à un standard établi dans le domaine télévisuel. Ainsi, si vous utilisez Mac OS X Snow Leopard, le gamma est de 2.2 au lieu de 1.8, c'est-à-dire exactement celui de Windows.

- **Différences de taille de caractères.** Lorsque vous maquettez une page Web sur Mac avec du texte factice qui sera remplacé plus tard par du texte HTML, le texte a l'air plus petit que prévu lors de l'affichage sur PC. Cela est dû au fait que les PC ont habituellement des écrans en 96 points par pouce (ppp), d'où une taille d'affichage des éléments plus petite que celle produite par les 72 ppp du Mac.

  Pour les maquettes, essayez d'augmenter d'un point le corps des caractères. Par exemple, au lieu d'un Times 10 points pour le corps du texte, travaillez en 11 points. Pour les titres graphiques, faites-les légèrement plus grands que prévu. Enfin, vérifiez toujours votre travail sur PC avant de le transmettre à l'équipe de production.

Le site doit-il fonctionner sur Mac ?

Du fait que les programmeurs et codeurs HTML travaillent principalement sur PC, ils peuvent facilement assembler des pages Web qui ont l'air parfaites sur PC mais pas du tout sur Mac. Le problème vient principalement du navigateur. Les versions d'Internet Explorer et Netscape Navigator sur Mac et sur PC sont en fait complètement différentes. À noter aussi que, habituellement, les versions Mac sont un peu en retard quant aux possibilités.

Bien que les surfeurs Web sur Mac soient moins nombreux que les surfeurs sur PC, il n'en reste pas moins qu'il s'agit d'un public qu'aucune entreprise qui se respecte ne peut ignorer. Et il faut savoir que les solutions techniques ne sont pas toujours les mêmes sur Mac que sur PC.

Avant de construire un site Web, vous devez décider, avec le client, quels navigateurs et quelles versions de ces navigateurs le site doit prendre en compte. Pendant la production, veillez que l'équipe de développement ait accès à ces navigateurs sur Mac et PC pour vérifier que le site est bien restitué.

N'oubliez pas qu'avec Dreamweaver CS5, vous disposez du module Adobe BrowserLab qui permet d'effectuer un aperçu de vos site sur la majorité des navigateurs existants, et ceci sans être obligé de les installer sur votre ordinateur.

Site entièrement piloté par base de données

Après avoir découvert les possibilités offertes par les bases de données pour automatiser la création et la modification des pages Web, vous serez peut-être tenté de baser la totalité du site sur une base de données. La base de données étant capable d'injecter du contenu dans chaque page du site à la volée, vous vous dites que vous n'aurez que quelques modèles de pages à créer et voilà ! Pour actualiser instantanément le contenu du site, vous n'auriez qu'à apporter des changements dans la base de données en ligne…

Certes ces technologies et bases de données rationalisent la création et la maintenance d'un site Web, mais elles génèrent aussi un certain nombre de contraintes :

- **Une équipe dédiée.** Pour que tout tourne correctement, le client a besoin d'une équipe sérieuse qui veille que tout se passe bien. Si la base de données est corrompue (ce qui se produit plus souvent que vous ne le pensez probablement) ou si le serveur de la base de données tombe en panne, la totalité du site est inaccessible.
- **Serveurs chargés.** Si une grosse portion du site s'appuie sur des bases de données, les serveurs doivent fournir une charge de travail plus importante et vous augmentez les risques de saturation. N'oubliez pas : chaque fois qu'un visiteur charge une page, il accède à la base de données. Avec des centaines de visites chaque jour sur

plusieurs pages, vous demandez beaucoup d'activité au serveur.

Si une grande portion du site Web s'appuie sur une base de données, assurez-vous que le client a en place un système de sauvegarde. Il s'agit d'un serveur redondant, contenant une copie de la base de données (sauvegardée environ toutes les 30 minutes) et qui est placé automatiquement en ligne si le serveur principal se plante.

Une autre tactique est d'avoir un serveur différent pour chaque base de données majeure. Cette configuration répartit la charge sur chacun des serveurs et aide à isoler les problèmes.

Les visiteurs ne viennent pas par magie

Il existe de si nombreux sites Web sur Internet qu'attirer l'attention du public et l'amener à visiter le vôtre est très difficile. Il n'est désormais plus possible de mettre un site en ligne et d'espérer que les visiteurs affluent comme par magie. C'est pourquoi vous devez construire, en concertation avec le client, un solide plan marketing et commencer à l'exécuter avant même que le site existe réellement sur le Web.

Le meilleur plan marketing pour un site Web met en jeu une combinaison de marketing traditionnel hors ligne et de relations publiques avec des tactiques en ligne. Par hors ligne, nous voulons dire chaque moyen de promotion en dehors du Web : radio, salons, publipostage, publicités imprimées et publicité à la télévision (pour ceux qui ont le budget…). Les techniques en ligne peuvent coûter beaucoup moins cher ou être gratuites en étant aussi efficaces. Voici quelques idées :

- **Échange de bannières de publicité ou achat d'espace de bannière.** Identifiez un certain nombre de sites Web qui ont une clientèle similaire, et proposez d'échanger des bannières de publicité. Pour tenir compte de la disparité entre le trafic sur votre site et celui de votre partenaire, il existe des formes de compensation. Par exemple, si le trafic sur le site du partenaire est plus étoffé, proposez par exemple aux employés de cette entreprise une remise sur vos produits.

En dernier ressort, vous pouvez acheter de l'espace de bannière ; toutefois, nous recommandons de l'éviter, car les bannières sont chères comparativement au trafic qu'elles génèrent.

- **Copromotion avec d'autres entreprises.** Une autre tactique marketing efficace est de travailler en partenariat avec d'autres entreprises en ligne dont les clients sont susceptibles d'être intéressés par vos produits. Par exemple, si votre site vend des lunettes de lecture personnalisées, essayez un partenariat avec un site Club du livre, avec une publicité comme « Abonnez-vous au Club du livre aujourd'hui et bénéficiez d'une remise de 10 % sur les lunettes de lecture personnalisées ACME ».

  Vous aurez sur le site Web du partenaire une présence beaucoup plus grande qu'avec une bannière de publicité, et il est même possible que ce partenaire vous promotionne activement dans ses campagnes marketing en ligne et hors ligne.

- **Employez des balises `<meta>` pour aider les moteurs de recherche à trouver votre site.** Lorsqu'un visiteur utilise un moteur de recherche comme `www.google.fr` pour rechercher un site Web, il entre dans une case de saisie une série de mots clés ou une phrase comme « cheval, vente, fjord bai ». Afin de trouver les sites Web qui contiennent ces mots-clés et phrases, le moteur de recherche regarde non seulement dans le texte des pages Web, mais aussi dans les balises `<meta>` contenues dans le code HTML de ces pages. Lorsque vous construisez un site, vous devez chercher tous les mots-clés et phrases qui sont en relation avec le contenu de votre site et les inclure dans les balises `<meta>` de chaque page.

Glossaire

abonnement Internet par câble : compte qui connecte votre ordinateur à Internet par le câble TV.

accessibilité : principe consistant à rendre tous les sites Web consultables par des personnes handicapées, comme des malvoyants et des malentendants. Les sites commerciaux devront, sous peu, proposer une version de leur site accessible à tous, et ceci en respect du grand principe de l'égalité des chances.

Acrobat : logiciel d'Adobe pour créer des documents électroniques portables dits PDF.

administrateur système : personne ou groupe responsable de la configuration et de la maintenance d'un réseau ou serveur Web. Également appelé *administrateur réseau.*

adresse électronique : code au moyen duquel Internet vous identifie et vous permet de recevoir du courrier électronique. Elle se présente généralement sous la forme `utilisateur@site.pays`, « utilisateur » représentant votre nom d'utilisateur, « site » le nom de la machine sur laquelle est ouvert votre compte utilisateur et « pays » un code représentant le pays ou le type d'organisation auquel se rattache votre site (« site » peut lui-même être composé de plusieurs noms séparés par des points).

ADSL (Asymmetric Digital Subscriber Line) : technologie permettant des débits très élevés sur ligne téléphonique (beaucoup plus rapide qu'un modem traditionnel de type RTC). Chez nous, les FAI proposent diverses formules qui garantissent un débit de 512 Kbps à 24 mégabits vers l'utilisateur. L'implantation se poursuit régulièrement sur le territoire national, mais les zones à faible densité démographique ont peu de chance de pouvoir en bénéficier.

agrandir : action par laquelle une fenêtre occupe la totalité de l'écran. Une fenêtre peut être agrandie en double-cliquant sur sa barre de titre, ou en cliquant sur le bouton qui, à droite de la barre de titre, contient un rectangle (double-cliquer de nouveau dans la barre de titre ramène la fenêtre à sa taille précédente).

AJAX : acronyme pour Asynchronous JavaScript and XML et désignant une solution informatique libre pour le développement de pages dynamiques et d'applications Web.

ancrage : pour définir la destination d'un hyperlien. Voir aussi **lien absolu** et **lien relatif**.

animation : série d'images qui, lorsqu'on les affiche les unes après les autres, créent l'effet de mouvement.

antialias : processus qui donne l'illusion d'un lissage des bords dentelés d'un graphisme, en intercalant des pixels de couleurs proches le long des bords de l'image.

antivirus : programme qui intercepte et détruit les virus lorsqu'ils arrivent sur votre ordinateur.

application : programme (tel que traitement de texte, tableur, base de données ou publication assistée par ordinateur) qui permet à l'utilisateur de réaliser des actions.

appliquer : cliquez sur ce bouton et Windows XP applique et enregistre tous les changements apportés aux options.

archive zippée : fichier contenant des fichiers compressés.

arrière-plan : autrefois appelé « papier peint », l'arrière-plan est une image qui recouvre le fond du Bureau. Le Panneau de configuration de Windows XP permet d'en choisir un dans une longue liste. Il est aussi possible d'utiliser une photographie ou un dessin personnel comme arrière-plan.

assistant : miniprogramme spécial, intégré à un logiciel, qui vous mène pas à pas dans une tâche.

attribut : partie de la spécification HTML qui modifie le comportement d'une balise, ainsi que le texte, l'image ou tout autre élément que la balise décrit.

AVI (Audio Video Interleave) : format vidéo natif de Windows semblable à QuickTime.

balise : nom formel pour un élément HTML, généralement entre crochets (< et >).

balise de fermeture : balise HTML qui désigne la fin d'une section de mise en forme, généralement identique à la balise d'ouverture mais assortie d'un slash. Par exemple, la balise de fermeture de `<CENTER>` est `</CENTER>`. Voir aussi **balise d'ouverture**.

balise d'ouverture : en programmation HTML, signale le début d'un élément HTML. Peut comporter des attributs. Voir aussi **balise de fermeture**.

bande passante : quantité de données pouvant être transmises via un canal de communication. Certains types d'informations, comme les graphismes, consomment plus de bande passante que d'autres, comme le texte.

barre de menus : dans de nombreux programmes, des menus représentant les fonctions courantes du programme sont organisés sous forme d'une barre horizontale, en haut de la fenêtre, pour un accès facile. Sur un site Web, la barre de menus est plus souvent une série d'images ou de liens textuels qui donnent accès aux pages principales du site.

barre des tâches : barre située en bas de l'écran. Elle contient, de gauche à droite, le bouton Démarrer, les icônes du Lancement rapide, les boutons des fenêtres réduites et une zone de notification.

base de données : recueil de données organisé en une ou plusieurs tables, avec des champs organisés en colonne et des enregistrements disposés en ligne.

baud : mesure de vitesse de transmission des données. Le débit en bauds indique le nombre de bits de données transmis en une seconde. Un *baud* est égal à un bit par seconde. Les modems d'aujourd'hui travaillent à des taux de 33 600 ou 56 000 kilobits par seconde (Kbps).

bit *(binary digit)* : la plus petite quantité d'information représentable dans un ordinateur. Un chiffre binaire peut prendre la valeur 1 ou 0. On utilise plus couramment des « paquets » de bits appelés « octets » (1 octet = 8 bits).

bitmap : type de fichier d'image dans lequel l'image est décomposée en points individuels.

boîte aux lettres (*mailbox*) : fichier placé sur votre serveur de courrier entrant (POP ou IMAP) où vos e-mails sont stockés jusqu'à ce que vous les téléchargiez avec votre programme de courrier. Certains programmes d'e-mail possèdent également une *boîte aux lettres* dans laquelle vous stockez vos messages.

boîte de dialogue : zone de message affichée à l'écran pour transmettre ou demander des informations.

bordure : bord d'une fenêtre. Les bordures peuvent être déplacées afin de redimensionner la fenêtre.

boucle : groupe d'instructions de programme exécuté à répétition jusqu'à ce qu'une condition soit remplie. Les animations sont souvent conçues pour tourner en boucle, de façon à ce que les images qui les constituent se répètent sans cesse.

bouton de raccourci : bouton qui, dans le menu Aide, mène directement à l'emplacement à configurer.

bouton Démarrer : bouton situé en bas à gauche de l'écran. Il contient des menus servant à charger des programmes et des options. Cliquer sur le bouton Démarrer affiche le menu Démarrer.

bps (bits par seconde) : mesure de débit de données. Voir aussi **baud**.

bribe : lorsque vous sélectionnez du texte ou des images dans un programme et que vous déposez cet élément sur le Bureau, Windows en fait une « bribe », c'est-à-dire un fichier de données contenant des informations. Cette bribe peut être enregistrée ou déposée dans d'autres programmes.

browser : (appelé également brouteur, navigateur, explorateur, fureteur, butineur...) logiciel d'exploration du Web. Ce mot est généralement traduit en français par *navigateur*.

Browserlab : nouvelle fonction de Dreamweaver CS5 qui permet d'effectuer un aperçu du site dans la majorité des navigateurs Web existant sans être contraint de les installer sur votre ordinateur.

bureau : zone de l'écran qui héberge les fenêtres et les icônes. La plupart des utilisateurs recouvrent le bureau d'un *arrière-plan* (une jolie image ou la photo des enfants), appelé aussi *papier peint*.

byte : voir **octet**.

cache : zone de stockage dans laquelle Windows mémorise temporairement les fichiers récemment utilisés afin d'accélérer leur chargement, au besoin. *Cacher* est également utilisé comme verbe pour faire référence à l'acte de stocker de telles données

cadres : extension HTML de Netscape, aujourd'hui reconnue par Microsoft Internet Explorer, permettant à plusieurs documents HTML de s'afficher dans une même page Web. Crée des sections distinctes à l'écran, qu'il est possible de faire défiler, et qui peuvent contenir des liens capables de modifier le contenu des autres sections, ou cadres, de cette même page Web.

caractères spéciaux : caractères tels que ~ et &, et caractères diacritiques tels que les lettres accentuées. Dans les pages Web, ces caractères doivent être exprimés sous forme d'entités HTML ou en utilisant des balises spéciales de caractère. À l'exception du caractère souligné, il ne faut pas les inclure dans les noms de fichiers des pages Web.

carte PC : principalement utilisée sur les ordinateurs portables, une carte PC peut contenir un modem, de la mémoire, une carte réseau ou tout autre accessoire fort commode. Les cartes PC sont aussi appelées « cartes PCMCIA ».

casse : terme emprunté à l'époque de la typographie au plomb. Il sert en informatique à indiquer la nature d'un caractère : majuscule ou minuscule. Dans un logiciel sensible à la casse, *Concombre* et *concombre* sont deux mots différents.

chaîne : série de caractères formant du texte ou une instruction de mise en forme.

chargement en continu : technologie permettant de commencer à lire du son, de la vidéo ou d'autres données dès qu'assez de matière a été téléchargée. Pendant cette lecture, la suite du fichier se télécharge. On parle de *vidéo en streaming*.

charger : transférer des instructions de programme ou des données à partir d'un disque dans la mémoire vive de l'ordinateur (RAM).

chat : (bavarder, « tchatcher », récemment devenu « causette ») discussion sur Internet, au clavier, en direct.

chemin : phrase sibylline pour le novice qui décrit la succession des dossiers et des sous-dossiers qui mène à l'emplacement d'un fichier. Le nom de ce fichier fait partie du chemin.

clic : action consistant à appuyer sur le bouton de la souris et à le relâcher. Cliquer avec le bouton gauche sert à sélectionner un élément. Cliquer avec le bouton droit affiche des informations concernant l'élément.

client : Internet est une organisation de type client/serveur. Le client (habituellement un navigateur Web) est le côté utilisateur, qui réside généralement sur un ordinateur personnel et communique avec un serveur Web. Voir aussi **serveur**.

code brut : programmation HTML derrière une page Web.

codec : petit programme qui prend souvent la forme d'un plug-in installé dans un navigateur Web pour lire des fichiers audio et vidéo. Il permet donc de coder puis de décoder des fichiers répondant à certains critères de compression. Les codecs sont surtout implémentés dans les lecteurs multimédias des ordinateurs comme le Lecteur Windows Media, QuickTime, et RealOne Player (pour lire des fichiers MP3, WMA, WMV, MOV, DivX, RealMedia, etc.).

compression : opération visant à réduire la taille d'un fichier ou d'un groupe de fichiers (une archive). S'effectue au moyen de logiciels particuliers tels que WinZip, dans le monde PC, ou StuffIt, chez les adeptes du Macintosh.

compression avec perte : tous les détails ne sont pas conservés lors de la compression du fichier.

concepteur Web : également appelé *développeur Web.* Professionnel ou amateur qui crée des pages Web.

connexion à distance : technique de connexion à Internet au moyen d'un modem et d'une ligne téléphonique.

cookie : en américain courant : petit gâteau sec plutôt consistant. Sur le Web : petit bloc d'informations stocké sur votre disque dur par un site que vous visitez et qui lui sert à mémoriser certaines de vos caractéristiques personnelles qu'il retrouvera lors de votre prochaine visite. Également considéré comme indigeste par beaucoup d'utilisateurs d'Internet.

crypter (ou coder) : convertir des données dans un format illisible sans le recours à une clé ou un mot de passe. Le cryptage (ou chiffrement) est le système le plus utilisé pour transférer confidentiellement des informations via Internet.

CSS (Cascading Style Sheets) : partie de la spécification HTML vous permettant de définir des propriétés de style (par exemple : police, couleur, espacement) et d'opérer des modifications globales de mise en forme en appliquant ces styles. Semblable à la façon dont on utilise les styles dans un traitement de texte et en publication assistée par ordinateur.

curseur : petite ligne clignotante qui indique l'emplacement où un caractère typographique apparaîtra lorsque vous aurez appuyé sur une touche. Synonyme : *barre d'insertion.*

cyberespace : l'ensemble du monde constitué par les informations et les services en ligne. Terme inventé par William Gibson dans son roman *Le Neuromancier.*

décompression : opération inverse de la compression grâce à laquelle on restitue leur forme originale aux fichiers compressés d'une archive. Dans le monde PC, le logiciel le plus utilisé pour cela s'appelle WinZip. Pour les Macintosh, c'est StuffIt.

défilement : déplacer une fenêtre horizontalement ou verticalement pour rendre visible l'information qui se trouve au-delà de la zone affichée.

défragmentation : réorganisation des fichiers présents sur le disque dur afin d'accélérer leur lecture.

dégroupage : processus qui permet aux fournisseurs d'accès haut débit d'utiliser les lignes téléphoniques en mettant fin au monopole de l'opérateur historique sur les communications locales et nationales. Ainsi, l'internaute bénéficiant du dégroupage total peut utiliser son boîtier de connexion pour surfer et téléphoner sans être abonné à France Télécom. Cette possibilité n'est offerte qu'à ceux dont la ligne téléphonique est dite *éligible*, c'est-à-dire faisant partie d'une zone où le dégroupage total est possible. Quand ce n'est pas possible, l'utilisateur peut bénéficier d'un dégroupage partiel qui l'oblige à conserver son abonnement France Télécom. La téléphonie peut malgré tout être gratuite, tout en continuant à verser tous les deux mois le prix de la location de la ligne téléphonique auprès de France télécom.

DHTML (HTML dynamique) **:** partie de la spécification HTML qui ajoute la capacité de changer des propriétés de style ou de positionnement via un langage de script. DHTML inclut les feuilles de style (Cascading Style Sheets), les calques, les scénarios et les comportements. Voir aussi **langage de script**.

dingbats : caractères ornementaux, tels que puces, étoiles et fleurs, servant à décorer une page.

DivX : codec qui encode la vidéo numérique pour en diminuer la taille tout en préservant une bonne qualité d'image. C'est le moyen désormais utilisé pour partager des films sur le Web en téléchargement. Pour être lus, les fichiers AVI DivX nécessitent un lecteur DivX autonome ou implémenté sous forme de plug-in dans un lecteur multimédia informatique. Un long métrage peut tenir sur un CD-R/RW. On dit généralement que le DivX est à la vidéo ce que le MP3 est à l'audio.

document : fichier contenant une information telle que du texte, un son ou une image. Les documents sont produits et modifiés par les programmes.

DOS : (Disk Operating System, système d'exploitation de disque) système d'exploitation obsolète. Windows XP est cependant capable de faire tourner des programmes écrits pour MS-DOS (Microsoft-DOS).

dossier : organisation thématique des fichiers dans des zones bien définies. Autrefois appelés « répertoires », les dossiers peuvent eux-mêmes contenir des dossiers.

double clic : action consistant à appuyer et à relâcher le bouton gauche de la souris deux fois, à intervalle très rapproché (le double clic avec le bouton droit est sans effet). Les gauchers peuvent permuter les boutons de la souris afin d'améliorer leur confort de travail.

download : mot n'ayant pas de strict équivalent en français qui signifie « téléchargement *à partir* d'un serveur ».

dynamique : caractérisé par une activité ou des modifications en continu.

e-commerce (commerce électronique) : acheter et vendre des biens et services via Internet.

écran de démarrage : écran d'ouverture qui apparaît lorsque vous démarrez un programme ou lors de votre premier accès à certains sites Web. Sur le Web, de nombreux écrans de démarrage sont créés avec Macromedia Flash.

éditeur HTML : programme utilisé pour créer ou modifier des pages HTML. Les éditeurs HTML sont de type texte ou WYSIWYG (tel écran, tel écrit) comme Dreamweaver ou des BBEdit.

élastique : technique de sélection d'un ensemble d'éléments avec la souris : cliquez à un endroit de l'écran puis, bouton gauche de la souris enfoncé, tirez un rectangle englobant les éléments à sélectionner. Relâchez le bouton pour sélectionner tous les éléments (ils apparaissent en surbrillance).

élément : composant d'une structure hiérarchique (par exemple, un site Web). Également toute forme manipulée individuellement dans un graphisme. Ici, le terme *élément* est alors synonyme d'*objet*.

e-mail (*electronic mail*, « courrier électronique ») : Système permettant à un utilisateur d'ordinateur d'envoyer des messages à d'autres utilisateurs sur un réseau. En bon français, on parle de « courriel ».

entrelacement : processus permettant de charger une image en plusieurs étapes. Crée l'illusion que les images (et par conséquent la page elle-même) se chargent plus rapidement. L'internaute voit rapidement une première version de l'image, grossière mais reconnaissable, il sait ainsi si cela vaut le coup d'attendre ou s'il passe à autre chose.

environnement : matériel ou système d'exploitation (ou les deux) pour applications ; par exemple, Mac OS sur Macintosh et Windows sur PC.

environnement graphique : environnement qui ajoute l'emploi de graphismes à celui du texte.

Ethernet : un des standards les plus utilisés sur réseau local. Ethernet a été développé en coopération par Xerox Corporation, DEC et Intel, dans les années 1970. Il autorise des transferts de données à un taux rapide – jusqu'à 1 000 Mbps. Si votre ordinateur est connecté au réseau de votre entreprise, il est probable que ce soit par le biais d'une carte Ethernet.

événement : fait suite à une action de l'utilisateur, par exemple une icône qui change d'aspect lorsqu'on clique dessus. Dans les sites Web, il est possible de concevoir des éléments pour répondre aux événements.

extension : (1) balises ou attributs exploités par un éditeur de navigateur, comme Netscape ou Microsoft, mais ne faisant pas partie de la spécification HTML de l'époque. (2) extension de nom de fichier. Il s'agit alors de la dernière portion du nom de fichier, comme `.doc` pour les documents Microsoft Word ou `.gif` pour les images au format Graphics Interchange Format (GIF). Les noms de fichiers Macintosh ne réclament pas d'extension. Cependant, tous les noms de fichiers affichés par un navigateur doivent disposer d'une extension.

FAI : fournisseur d'accès à Internet. Société nationale ou locale qui vend de l'accès à Internet. Par exemple, en France, Wanadoo, AOL et Club-Internet.

famille de police : jeu de fontes dans plusieurs tailles et poids issu de la même police.

FAQ (Frequently Asked Questions, foire aux questions) : ensemble des questions les plus fréquemment posées. Ces questions sont regroupées avec leurs réponses, postées et mises à jour, dans la plupart des listes de diffusion et groupes de news d'Usenet. Avant de poser une question à la cantonade, il faut toujours regarder si la réponse ne se trouve pas dans le forum FAQ. Faute de quoi, on court un grand risque de se faire *flamer.*

favori : terme utilisé par Microsoft pour désigner un **signet**.

favoris : moyen d'enregistrer l'adresse d'un site Web pour y accéder facilement plus tard. Autre nom : *signets.*

fenêtre : rectangle affiché à l'écran ; il contient les données sur lesquelles vous travaillez. Les programmes s'ouvrent chacun dans une fenêtre.

fenêtre active : la dernière fenêtre dans laquelle vous avez cliqué, reconnaissable à sa barre de titre bleue, est considérée comme active. Toute action sur une touche du clavier la concernera.

fenêtre d'affichage : zone définie de l'écran dans laquelle le texte et d'autres informations sont visibles. Voir aussi **fenêtre**.

Fetch : le programme FTP le plus populaire sur Macintosh pour transférer des fichiers entre client et serveur.

fichier : ensemble de données cohérentes réunies dans un format lisible par les ordinateurs.

fichier compressé : fichier de données modifié pour consommer moins d'espace, souvent à l'aide d'un programme comme WinZip ou StuffIt. Avant de pouvoir l'employer, un fichier compressé doit être décompressé.

fichier joint ou **pièce jointe :** fichier informatique agrafé de façon électronique à un message électronique et envoyé avec lui.

firewall : littéralement « mur de feu » (voir **pare-feu**).

Flash : le plus célèbre programme d'animation sur le Web. Flash exploite une technologie vectorielle pour créer des animations à chargement rapide, susceptibles de contenir du son, de la vidéo et des images fixes.

fonte : ensemble de lettres, symboles de ponctuation, chiffres et caractères spéciaux, issus d'une même police, dans une graisse (style) et un corps (taille) précis. On rencontre de plus en plus le terme *police* à la place.

format numérique : forme que présente quelque chose, par exemple une image ou un son, lorsqu'elle est stockée en tant que données informatiques.

formatage : opération consistant à préparer un support magnétique (disque ou disquette) de manière qu'il puisse recevoir des données. Un disque doit être organisé en pistes concentriques divisées en secteurs. Le formatage d'un disque efface toutes les données qui s'y trouvent.

forum : dans le sens le plus général, groupe de news.

fournisseur d'accès (FAI) : entreprise commerciale disposant d'une connexion directe à Internet par l'intermédiaire de laquelle vous devez passer pour vous raccorder vous-même au Net lorsque vous ne disposez pas de ce type de connexion.

freeware : on dit parfois en français « graticiel ». Logiciel disponible gratuitement sur le Net.

FTP (File Transfer Protocol) : protocole de transfert de fichiers très largement utilisé entre sites raccordés à Internet.

GIF (Graphics Interchange Format) : format d'image bitmap qui utilise la compression pour réduire la taille des fichiers. C'est CompuServe qui a commencé à exploiter ce format pour stocker et transmettre des graphismes sur des réseaux distants. C'est actuellement le format de fichier graphique universellement accepté sur le Web.

GIF animé : une partie de la spécification GIF permet de placer plusieurs images fixes dans un même fichier, pour créer l'illusion de mouvement en les affichant tour à tour. Une animation GIF se crée avec des programmes comme GIF Builder et Photoshop Elements. Voir aussi **animation**.

giga : préfixe signifiant un milliard (1 000 000 000).

glisser-déposer : manipulation en quatre phases permettant de déplacer un objet sur le Bureau. La première phase consiste à pointer sur l'objet (une icône, un paragraphe sélectionné...). La deuxième phase consiste à appuyer sur le bouton gauche de la souris et à le maintenir enfoncé. Dans la troisième phase, le pointeur de la souris est déplacé là où l'objet doit être déposé. La quatrième phase consiste à relâcher le bouton de la souris : l'objet se trouve au nouvel emplacement.

graphisme : représentation d'une image sur une surface à deux dimensions.

GUI (Graphical User Interface, interface graphique utilisateur) : interface utilisant des icônes graphiques pour représenter un programme informatique ou un système d'exploitation. Les interfaces graphiques, telles celles utilisées dans Windows et sur Macintosh, sont considérées plus intuitives que les systèmes d'exploitation basés texte comme le DOS.

haut débit : connexion rapide et permanente à Internet, via un modem ADSL ou câble.

hôte : ordinateur permettant aux utilisateurs de communiquer en utilisant des programmes, par exemple pour l'e-mail, Telnet et FTP. Tout ordinateur capable de se connecter aux autres sur Internet est un hôte. Ce terme fait généralement référence aux serveurs Web.

HTML (HyperText Markup Language) : langage de programmation utilisé pour créer les pages Web et autres fichiers à diffuser via Internet. HTML est un sous-ensemble du SGML (Standard Generalized Markup Language). Voir aussi **hypertexte**.

HTTP (Hypertext Transfer Protocol) : protocole qui rend possible le transfert d'informations entre un navigateur Web et un serveur Web.

hyperlien (ou *lien*) : connexion prédéfinie entre deux emplacements dans le même fichier (site Web) ou entre deux fichiers différents. Voir aussi **hypertexte**.

hypertexte : système de représentation et de diffusion d'informations par lequel on peut faire apparaître sous forme unitaire des documents éparpillés sur différents sites d'un même réseau. Voir aussi **HTML**.

icône : petite image représentant un programme ou un fichier dans un système graphique comme Windows, Mac OS ou Linux.

image bitmap : graphisme formé par une matrice (tableau) de points (pixels) affichés à l'écran.

image cliquable : ensemble de coordonnées pour déterminer des zones distinctes d'une image GIF ou JPEG à l'aide de formes carrées, circulaires ou polygonales. Ces zones peuvent contenir des liens vers toute URL. L'internaute atteint ainsi différentes destinations en cliquant dans les différentes sections de l'image.

image incluse : image à laquelle on peut attribuer un emplacement spécifique sur une page Web, en contexte avec du texte et d'autres éléments multimédias. Les images incluses sont affichables directement par le navigateur Web et ne réclament ni la présence d'un plug-in ni l'emploi d'une fenêtre séparée.

image vectorielle : image dont les formes sont décrites à l'aide de formules géométriques. Les fichiers vectoriels sont indépendants de la résolution. Cela signifie qu'elles sont toujours dessinées dans la meilleure résolution possible sur le périphérique de sortie. Une forme géométrique même plutôt complexe est descriptible à l'aide d'une formule de quelques lignes seulement. Les fichiers des images vectorielles tendent donc à être beaucoup plus petits que ceux des images bitmap, qui doivent être décrites en utilisant plusieurs bits de données pour chaque pixel dans l'image.

imbriqué : structure incluse dans une autre. Les balises HTML sont souvent imbriquées. Par exemple, une balise de mise en forme est incluse dans une autre. Les sous-dossiers sont imbriqués dans les dossiers.

incorporer : insérer une commande directement dans un programme. C'est également le nom d'une balise HTML servant à lier objets et éléments qui font appel à des modules externes pour s'afficher.

infrarouge : moyen de communication particulier entre des ordinateurs ou avec des périphériques. Il repose sur le transport des données par faisceau de lumière infrarouge. Les *ports infrarouges* (ports IR) équipent souvent les ordinateurs portables, les ordinateurs de poche, les appareils photo numériques et les imprimantes.

interface : point de communication ou d'interaction entre un ordinateur et un opérateur humain ou un périphérique. Mise en page et conception des contrôles graphiques d'un ordinateur ou d'un programme. Voir aussi **GUI**.

Internet : (notez l'usage de la capitale *I*) un *internet* est un réseau ; *Internet* est un ensemble international de réseaux interconnectés. Internet est le plus grand internet qui soit au monde.

Internet Explorer : navigateur édité par Microsoft.

interplate-forme : versions pour plusieurs systèmes d'exploitation comme UNIX, Macintosh, Windows. Peut aussi faire référence à des applications, comme celles créées en Java, capables de s'exécuter sur plusieurs systèmes informatiques incompatibles entre eux, avec peu ou pas de modifications.

intranet : site Web privé créé et géré dans une entreprise ou une autre organisation. À la différence des sites Internet, les sites intranet sont réservés à un public particulier, habituellement les employés de la société.

IP (Internet Protocol) : protocole utilisé sur Internet pour acheminer les informations sur le réseau.

IP (adresse) : numéro en quatre parties, comme 208.31.42.252, qui identifie un hôte sur Internet.

Java : langage de programmation inventé par Sun Microsystems, utilisable sur toute plate-forme informatique. Cette polyvalence rend Java particulièrement populaire sur Internet, car il permet aux programmeurs de créer un programme qui fonctionnera sur des ordinateurs différents tels que Macintosh ou PC Windows. Les programmes écrits dans d'autres langages comme C ou C++ nécessitent une version différente pour chaque plate-forme.

JavaScript : langage de script permettant la mise en place de fonctions interactives sur les sites Web. JavaScript est capable d'interagir avec du code écrit en HTML. Il dispose de certaines caractéristiques de Java.

JPEG (Joint Photographic Experts Group) : format de fichier couramment utilisé sur le Web pour les images en vraies couleurs ou encore à tons continus (telles que les photographies).

kilo : préfixe signifiant 1 000 (ou plus exactement, en informatique, 1 024).

kilobits par seconde (Kbps) : mesure de débit de communication des modems et autres périphériques.

kilo-octet : 1 024 octets. S'écrit également Ko ou K tout court. Sert d'unité de mesure pour la mémoire des ordinateurs, l'espace disque et la taille de fichier. Voir aussi **octet.**

langage de balisage : caractères spéciaux incorporés dans un fichier texte pour indiquer à un programme comment gérer ou afficher le contenu du fichier. HTML est un langage de balisage.

langage de script : langage informatique, comme JavaScript ou VBScript, exécutable dans un navigateur Web, et qui permet l'ajout de fonctions interactives à un site Web.

lecteur : programme spécial démarré par un navigateur pour lire des éléments, tels que du son ou de la vidéo, lorsque le navigateur ne sait pas gérer lui-même ces éléments. On parle aussi de *player.*

lien : voir **hyperlien.**

lien absolu : également appelé « URL absolue ». Hyperlien HTML défini en utilisant l'URL complète, en commençant par le nom de domaine où le fichier est situé. Par exemple : <A HREF="http://www.nom_domaine.com/répertoire/nom_de_fichier.html>. Voir aussi **lien relatif**.

lien de contact : lien vers l'adresse électronique de l'auteur du site, vers un formulaire d'e-mail ou une page de coordonnées. Les internautes peuvent ainsi plus facilement entrer en contact avec les personnes qui ont construit le site Web.

lien relatif : également appelé « URL relative ». Lien défini à l'aide d'un chemin d'accès dans une structure de répertoires de site Web, sans mentionner le nom de domaine. Par exemple : <a HREF=/ressources/nom_fichier.html>. Voir aussi **lien absolu**.

ligne T1 : connexion haut débit dédiée à Internet. Véhicule un signal numérique à 1,544 Mbps.

ligne T3 : connexion à très haut débit dédiée à Internet. Véhicule un signal numérique à 44,746 Mbps.

logiciel : synonyme d'application et de programme.

logiciel utilitaire : logiciel servant à mieux gérer le système, éventuellement à en améliorer l'efficacité.

macro : liste de commandes servant à opérer des tâches fastidieuses et fréquentes. Les macros servent par exemple dans Microsoft Word pour automatiser des tâches courantes.

mail : courrier.

méga : préfixe signifiant un million (1 000 000).

mégaoctet (Mo) : 1 024 kilo-octets ou 1 048 576 octets. *Voir aussi* **octet**.

mémoire vive : ensemble de composants dans lesquels l'ordinateur stocke les données en cours d'utilisation et/ou de traitement. On l'appelle aussi *mémoire RAM*.

menu : liste d'options présentées à l'utilisateur par un programme ou un site Web.

menu Démarrer : menu d'options qui apparaît après avoir cliqué sur le bouton Démarrer. Il permet de charger des programmes ou des fichiers, de modifier la configuration de Windows, de rechercher des programmes, d'obtenir de l'aide ou d'arrêter l'ordinateur.

métacaractère : dans un fichier texte, caractère qui signale la nécessité d'une gestion spéciale. En HTML, les métacaractères sont les crochets (< >), le « et » commercial (&), le symbole dièse (#) et le point-virgule (;).

Microsoft Internet Explorer : un des deux navigateurs Web graphiques les plus employés (l'autre est Netscape Navigator). Voir aussi **navigateur.**

modem (modulateur-démodulateur) : dispositif électronique chargé de convertir des signaux électriques entre un ordinateur et une ligne téléphonique ou le câble télévision.

modem ADSL : boîtier qui connecte votre ordinateur à une ligne ADSL.

modem câble : boîtier qui connecte votre ordinateur au câble télévision.

module externe : accessoire ou programme utilitaire qui étend les possibilités d'une application, comme le lecteur Real Audio.

mot de passe : suite de caractères tenue secrète par un utilisateur au moyen de laquelle il complète son identification lorsqu'il se connecte sur un ordinateur particulier.

moteur de recherche : (1) site Web contenant des bases de données avec possibilité de recherche, ou programmes de recherche capables d'accéder à d'autres pages Web en se basant sur les requêtes de l'utilisateur. (2) programme créé pour rechercher dans le contenu d'un site Web des informations sur un sujet particulier ou en rapport avec les mots clés fournis par l'utilisateur.

MP3 : format de fichier de musique disponible sur le Net. C'est un format compressé qui permet de délivrer des fichiers audio jusqu'à dix fois moins lourds que leur équivalent WAV de qualité CD.

MPEG : système de compression de fichiers de sons et d'images élaboré par le Motion Picture Expert Group. Les fichiers portent l'extension .mpg.

MSN (Microsoft Network) : service de contenu en ligne de Microsoft. Propose également MSN Explorer, utilisable pour surfer sur le Web via votre compte MSN, et MSN Messenger, le programme de messagerie instantanée de Microsoft.

multimédia : présentation d'informations sur ordinateur à l'aide de séquences vidéo, d'animations, de son (en arrière-plan ou synchronisées à une vidéo ou animation) et d'illustrations vectorielles.

multitâche : capacité pour un système d'exploitation de gérer plusieurs programmes simultanément.

nanoseconde : milliardième de seconde.

navigateur : programme, tel que Netscape Navigator ou Microsoft Internet Explorer, utilisé pour afficher les pages sur le Web.

navigateur Web : logiciel permettant de circuler dans le labyrinthe qu'est le World Wide Web, de visiter des pages Web et d'examiner ce qu'elles contiennent. Windows XP est équipé de son propre navigateur : Internet Explorer.

net : raccourci familier désignant Internet.

netiquette : étiquette Internet. Règles formelles et informelles dictant le comportement sur le Net. De nombreux guides sur la netiquette sont disponibles sur Internet ; voir par exemple `www.sri.ucl.ac.be/SRI/rfc1855.fr.html`.

Netscape : navigateur célèbre qui existe en versions Windows, Macintosh et UNIX.

Netscape Navigator : un des deux navigateurs Web graphiques les plus employés. L'autre est Microsoft Internet Explorer. Voir aussi **navigateur.**

network : réseau.

news (groupe de) : regroupement de sujets ayant trait à un même thème. Les groupes de news sont articulés selon une arborescence. On les appelle aussi *forums*.

nœud : point de connexion individuel d'un réseau.

nom de domaine : identifiant unique qui associe un nom à une adresse IP particulière. Les adresses IP sont constituées d'une longue suite de chiffres difficile à mémoriser. Un ordinateur connecté à Internet vous emmènera sans rechigner au site Web 204.71.200.67 si vous lui indiquez cette adresse IP, mais il est bien plus facile de vous souvenir de `www.yahoo.fr`.

nom de fichier : nom d'un document (ou fichier) sur un ordinateur, par exemple un document de traitement de texte ou un fichier graphique.

octet : unité de stockage informatique. Un octet égale huit bits.

outil : (1) icône ou élément de palette dans un programme graphique qui réalise une fonction particulière lorsqu'il est sélectionné. (2) un logiciel utilitaire.

P2P : (Peer to Peer) modèle de communication qui permet à tous les ordinateurs d'un réseau P2P d'échanger des données placées dans un dossier « partagé ». Les réseaux P2P, ou peer-to-peer ou encore poste à poste ou paire-à-paire, les plus connus sont eMule, Kazaa, eDonkey et Gnutella. Le P2P est vivement décrié par l'industrie de la musique au point que cela provoque bien des dérives judiciaires. Mais il ne faut pas oublier qu'au-delà de cet aspect purement mercantile, les grandes entreprises étudient le P2P comme une solution devant permettre à leurs employés d'échanger leurs fichiers sans avoir à installer et à maintenir de coûteux serveurs centralisés.

page d'accueil : page d'entrée, ou page principale, d'un site Web. Une page d'accueil contient habituellement des liens vers d'autres pages Web. En anglais : *home page*.

page Web : le Web contient des dizaines de millions de pages sur tous les sujets et tous les thèmes. Chacun a la possibilité de créer les siennes et de les « mettre sur le Web ».

paquet : ensemble d'informations envoyées sur un réseau. Chaque paquet contient l'adresse de son destinataire.

par défaut : condition définie automatiquement dans un programme lorsque aucun choix explicite n'est opéré. En HTML, c'est la valeur affectée à un attribut lorsque aucune valeur n'est fournie.

parcourir ou naviguer : visionner des informations, particulièrement dans le but de trouver quelque chose. On *parcourt* des dossiers (répertoires), on *navigue* sur le Web.

pare-feu : matériel ou logiciel spécialisé, installé sur un réseau. Il empêche les intrus provenant notamment d'Internet d'accéder aux fichiers des ordinateurs. Certains pare-feu empêchent les employés d'une société de télécharger du matériel non autorisé. Windows XP et Windows Vista sont équipés d'un pare-feu qui doit parfois être activé manuellement.

PDA (Personal Digital Assistant) : assistant numérique personnel. Un PDA est un tout petit ordinateur équipé d'un carnet d'adresses, d'un logiciel de gestion du temps et, parfois, d'une messagerie.

PDF (Portable Document Format) : format de fichier où sont incorporées les polices et la mise en page, affichable sur n'importe quelle plate-forme. Nombreux sont ceux qui considèrent que le PDF est le meilleur format pour placer des documents sur le Web lorsque leur aspect doit rester le plus proche possible de leurs homologues imprimés. Nécessite le lecteur Acrobat Reader d'Adobe, désormais intégré à la plupart des navigateurs. Le logiciel de lecture est distribué gratuitement par cet éditeur à l'URL `www.adobe.com/fr/acrobat`.

Perl (Practical Extraction and Reporting Language) : langage développé pour les systèmes UNIX, fréquemment utilisé pour l'écriture de scripts pour le Web.

pièce jointe : fichier électronique (texte, image, etc.) attaché à un message électronique.

pilote : fichier permettant à Windows de communiquer avec des périphériques tels qu'une carte graphique ou vidéo, un lecteur de CD, etc. Windows XP exige des pilotes programmés pour la version XP de Windows. Autrement, la communication ne s'établit pas.

pixel : mot créé à partir de *picture element* (élément d'image). Plus petit point qu'un ordinateur est capable d'afficher à l'écran. Les images créées pour le Web et les attributs d'espacement dans les balises HTML sont mesurés en pixels.

plate-forme : ensemble matériel et logiciel informatique, tel qu'un compatible PC équipé de Windows, un Macintosh, etc.

Plug and Play (PnP) : technologie de reconnaissance automatique par Windows des périphériques nouvellement installés.

point à point : technique de représentation d'une image par une matrice de points organisés en lignes et en colonnes.

police : design distinctif d'un ensemble de caractères. Il en existe deux catégories : serif et sans serif.

port (numéro de) : sur un ordinateur connecté à un réseau, c'est un nombre qui identifie chacun des programmes gérant une ressource particulière d'Internet. En général, vous pouvez parfaitement ignorer ces subtilités.

port série : emplacement à l'arrière de votre ordinateur où vous branchez votre modem. Également appelé *port de communication* ou *port comm.*

positionnement spatial (ou absolu) : fonction HTML permettant de spécifier l'emplacement précis d'un élément en relation à la fenêtre.

ppp (« points par pouce » ; dpi en anglais, pour *dots per inch*) : unité de mesure de la résolution d'image. Comptage du nombre de points contenus sur une longueur d'un pouce (2,54 cm). Plus le nombre de ppp est élevé, meilleure est la résolution (et plus le fichier est lourd). Une imprimante 600 ppp produit des impressions plus fines qu'une imprimante 300 ppp. La majorité des images créées pour le Web font 72 ppp, car c'est la résolution des écrans d'ordinateur.

Presse-papiers : partie de Windows XP qui conserve les éléments qui ont été coupés ou copiés dans un programme ou dans un fichier. Ces éléments peuvent ensuite être collés dans d'autres programmes.

programme : synonyme d'application et de logiciel. Fichier ou ensemble de fichiers programmés pour effectuer une tâche spécifique. Un traitement de texte, un tableur ou un jeu vidéo sont des *programmes*. Les fichiers produits par les programmes (courrier, feuilles de calcul, scores) sont des *fichiers de données*.

programme de base de données : permet de gérer l'ensemble des données sous une forme organisée et de les manipuler de diverses manières. Par exemple : FileMaker Pro, Access, FoxPro et dBASE.

programme de publication assistée par ordinateur : application utilisée pour composer des publications telles que lettres d'information et magazines. Par exemple : PageMaker et XPress.

propriétés : caractéristiques d'un objet qui définissent son état, son aspect ou sa valeur.

protocole : ensemble de règles qui définissent la façon dont les programmes d'un réseau interagissent. Ces règles définissent généralement des obligations de mise en forme des données et de contrôle d'erreur.

raccourci : icône qui exécute une action externe : chargement d'un fichier, lancement d'un programme ou émission d'un son, par exemple. Un raccourci se reconnaît à la petite flèche en bas à gauche du pictogramme. Elle différencie l'icône d'un raccourci (qui peut être supprimée) de l'icône d'un programme (qui ne doit pas l'être).

raccourci clavier : contrairement au raccourci, un raccourci clavier est une lettre soulignée dans une option de menu ; elle permet d'utiliser le clavier au lieu de la souris. Par exemple, dans le mot Affichage, le « a » souligné signifie que ce menu sera déroulé si vous appuyez sur Alt+A (pour voir ces lettres soulignées, maintenez la touche Alt enfoncée).

RAM (Random Access Memory ou mémoire vive) : mémoire qui stocke le travail et les applications en cours d'exécution à un instant donné sur un ordinateur. Pensez à la RAM de l'ordinateur comme à une mémoire immédiate, et à son disque dur comme à une mémoire à long terme.

RealAudio : format de codification de fichier audio permettant une transmission et une audition simultanées.

RealVideo : format de codification de fichier vidéo permettant une transmission et une diffusion simultanées.

réduire : réduction d'une fenêtre à la taille d'une petite icône placée dans la barre des tâches. Pour ce faire, cliquez sur le petit bouton qui, dans la barre de titre de la fenêtre, montre un tiret.

rendu : transformation de la version fil de fer d'une image en version détaillée. Sert pour les images en trois dimensions.

répertoire : partie d'une structure arborescente gouvernant l'organisation des fichiers d'un ordinateur.

requête : méthode grâce à laquelle des données sont demandées à un serveur. On saisit une requête pour chercher dans une base de données.

réseau : connexion entre eux de plusieurs ordinateurs afin que les utilisateurs puissent se partager des données sans avoir à quitter leur poste de travail.

réseau local (LAN) : ordinateurs situés dans un même bâtiment, connectés par des câbles, qui peuvent partager des fichiers, des imprimantes ou une connexion Internet.

réseau sans fil : réseau utilisant la radio au lieu de câbles.

réseau téléphonique commuté : réseau téléphonique principalement utilisé pour les communications vocales, mais aussi par le Web.

résolution : nombre d'éléments d'image contenus par unité de mesure dans une image. La résolution d'une imprimante est exprimée en points par pouce (ppp). La résolution d'un écran est exprimée en pixels horizontalement et en lignes verticalement.

ROM (Read-Only Memory) : espace de stockage que l'on peut lire mais qu'on ne peut effacer ou modifier. Par exemple, il est impossible d'enregistrer des données ou d'en effacer sur un CD-ROM ; vous ne pouvez que lire les informations.

routeur : ordinateur destiné à assurer l'interconnexion de plusieurs réseaux utilisant éventuellement des standards différents.

RTC voir **réseau téléphonique commuté**.

Safari : navigateur Web installé par défaut sur les ordinateurs Apple. Une version pour Windows est dispo.

sans serif : catégorie de polices ou les caractères n'ont pas d'empattement.

saut avec lien : hyperlien qui connecte à un ancrage dans une autre partie d'une page. Servez-vous des sauts avec lien pour lier du texte situé dans une partie de page à du texte dans une autre partie de la même page ou d'une autre page. Voir aussi **ancrage**.

script CGI (Common Gateway Interface) : programme qui confère un niveau d'interactivité plus élevé que l'HTML élémentaire, en passant des informations depuis le navigateur au serveur, à l'aide de formulaires ou de requêtes. De nombreux sites Web utilisent des scripts CGI pour mettre en place des fonctions comme des forums de discussion en ligne et des paniers d'achat. Ces scripts sont écrits dans des langages de programmation sophistiqués comme Perl, C et C++.

serif : catégorie de polices où les caractères ont des empattements.

serveur : (également appelé *serveur Web*) ordinateur connecté à Internet qui « sert » des fichiers en les envoyant à un autre ordinateur. Internet est une organisation client/serveur. Le serveur est sur un ordinateur distant, il répond aux requêtes du client.

serveur d'applications : aide le serveur Web à traiter des pages Web balisées de façon particulière. Lorsque le navigateur demande à avoir une de ces pages, le serveur Web remet la page au serveur d'applications, qui la traite avant de l'envoyer au navigateur.

serveur Web : voir **serveur**.

shareware : on dit parfois en français « partagiciel ». Logiciel avec copyright, diffusé sous réserve de certaines restrictions spécifiées par l'auteur. Ces restrictions impliquent souvent le paiement d'une licence à l'auteur lorsque l'on continue d'utiliser le programme après une période d'évaluation gratuite.

signet : adresse d'une page Web qui est mémorisée par le navigateur, facilitant ainsi une exploration ultérieure du même site Web. Pour on ne sait quelle raison, en France, Microsoft a choisi de traduire le mot original *bookmark* par « favori ».

site Web : emplacement spécifique sur Internet, hébergé sur un serveur Web et accessible par le biais d'une URL. Se compose d'une ou de plusieurs pages Web.

smiley (ou émoticon) : petite figure « dessinée » au moyen de divers caractères tels que :-) ou :-(qu'il faut regarder en penchant la tête à gauche. La mimique ainsi esquissée est très utilisée dans le courrier électronique pour ajouter de l'expression à un message. Parfois traduit en français par « souriard » ou « trombine ».

SMS (Short Messaging System) : format concis utilisé pour envoyer des e-mails et des messages instantanés vers et en provenance de téléphones portables.

source du document : code HTML en coulisses d'une page affichée sur le Web. Le code de quasiment toutes les pages Web est ainsi accessible.

sous-dossier : répertoire en aval d'un autre ou, mieux, un dossier contenu dans un autre. Une bonne organisation d'un disque dur repose sur des dossiers et des sous-dossiers. Par exemple, le dossier malbouffe contiendra des sous-dossiers Fastfood, Colorants et Hormones. Bon appétit et voyez aussi **dossier**.

sous-répertoire : également appelé *sous-dossier.* Répertoire qui se trouve dans un autre répertoire (ou *dossier*). Voir aussi **répertoire**.

spam : mot servant à désigner toute tentative de publicité déguisée. Très comparable au flot des prospectus qui encombre régulièrement votre boîte aux lettres postale.

surbrillance : néologisme dont le sens équivaut à « surligné ». Un élément en surbrillance est un élément sélectionné.

surfer : acte de se déplacer d'un endroit à un autre sur le Web sans itinéraire prédéterminé – suivre toute « vague » (ou lien) qui semble bonne.

SVGA : l'un des standards d'affichage des données sur un moniteur. L'affichage SVGA gère une grande variété de couleurs et de résolutions.

synchroniser : FrontPage dispose d'une option de synchronisation, pour garantir que les fichiers sur votre serveur Web sont identiques aux fichiers dans votre dossier de site Web sur votre disque dur.

syntaxe : règles que régissent l'emploi du code dans les langages de programmation.

système d'exploitation : logiciel qui contrôle la manière dont un ordinateur s'acquitte des tâches les plus élémentaires : démarrage des programmes, stockage des fichiers, communication avec l'imprimante, et autres opérations internes propres à la machine. Windows XP est un système d'exploitation.

TCP/IP (Transmission Control Protocol/Internet Protocol) : ensemble de protocoles et de services utilisé pour gérer les communications et applications réseau via Internet.

téléchargement : transfert de fichiers depuis Internet vers l'ordinateur et inversement (NdT : les Américains utilisent deux termes distincts selon le sens du transfert : *downloading*, pour le téléchargement vers l'ordinateur ; *uploading*, pour le téléchargement vers Internet ou vers un serveur Internet). Voir aussi **télécharger vers.**

télécharger vers (upload) : copie d'information de votre ordinateur vers un ordinateur distant. Par exemple, lorsque vous téléchargez les fichiers de votre site Web vers un serveur.

terminal : ensemble écran-clavier connecté à un ordinateur. De nos jours, on utilise plutôt un micro-ordinateur sur lequel tourne un émulateur.

texte seul : format texte qui ne comporte aucun code de formatage pour définir la mise en page et l'aspect du texte.

tierce-partie : accessoire, tel qu'un plug-in ou du code informatique, fabriqué par un autre fabricant et conçu pour fonctionner avec un équipement informatique de marque déterminée ou une application.

traitement par lots : réalisation d'une même opération sur de nombreux fichiers ou documents à la suite.

tramage : méthode servant à simuler des teintes dans une image comportant un nombre limité de couleurs. Les teintes sont reconstituées par des combinaisons de points colorés (pixels) affichés sous divers motifs. Sert souvent à donner l'impression de transitions plus douces entre les couleurs.

UNIX : système d'exploitation soulevant les passions à défaut des montagnes. On peut, en toute objectivité, lui reprocher d'utiliser le langage de commande le plus abscons que l'on puisse imaginer. Difficile, voire impossible, à utiliser par des profanes.

URL (Uniform Resource Locator) : façon de désigner une ressource d'Internet au moyen d'une adresse électronique précédée d'un préfixe dépendant du type de la ressource concernée. Les navigateurs en font largement usage.

utilisateur : personne qui utilise un programme informatique ou un périphérique pour réaliser une opération, du traitement de texte par exemple.

ver (*worm*) : virus qui se diffuse par e-mail.

version bêta : derniers stades de développement d'un programme informatique avant qu'il soit prêt à être présenté au public. La version bêta du programme est distribuée à un ensemble sélectionné d'utilisateurs pour en débusquer les erreurs ou bogues. De nombreux éditeurs proposent aussi maintenant gratuitement au public les versions bêta de leurs programmes avant de distribuer les versions finales.

VGA (Video Graphic Array, matrice graphique vidéo) : standard d'affichage assez ancien ; remplacé par le SVGA et d'autres standards encore plus performants.

virtuel : un mot très « tendance » recouvrant notamment la simulation informatique. Dans le langage courant, est virtuel ce qui *semble* réel mais ne l'est pas. Par exemple, lorsque Windows utilise de la mémoire virtuelle, il utilise une partie du disque dur pour la simuler, et non des barrettes de mémoire.

virus : programme autorépliquant, ayant fréquemment des effets destructeurs. Les virus se répandant par e-mail sont également appelés *vers*.

WAV (fichier) : format utilisé sous Windows pour les fichiers audio.

webcam : caméra vidéo numérique branchée à l'ordinateur et qui transmet de la vidéo via Internet. La vidéo peut apparaître sur une page Web ou dans un chat ou une conférence.

webmaster : une des nombreuses appellations utilisées pour désigner la personne qui conçoit des sites Web.

Wi-Fi : le plus répandu des types de réseau sans fil. Également connu sous le nom 802.11b, qui est le numéro du standard qui le définit.

Windows : système d'exploitation de Microsoft (les versions les plus utilisées sont maintenant 2000, ME, NT, XP Familial, XP Professionnel et XP Media Center). La dernière version en date se nomme Windows 7.

WMA : format de fichier audio compressé développé par Microsoft pour concurrencer le MP3.

WMV : format de fichier vidéo compressé développé par Microsoft pour concurrencer le MPEG et le RealVideo.

World Wide Web (Web) : la « toile d'araignée mondiale » qui étend ses ramifications (câbles téléphoniques, faisceaux hertziens...) sur l'ensemble du monde. Des myriades de données transitent en permanence d'un bout du monde à l'autre. (NdT : le Web a été inventé au début des années 90 par Tim Berners-Lee, un ingénieur du Centre européen de recherches nucléaires, à Genève.)

World Wide Web Consortium (W3C) : groupe industriel dont le but est de promouvoir des standards pour l'évolution du

Web et l'interopérabilité entre produits Web, en produisant des spécifications.

worm : voir **ver**.

WYSIWYG : (*what you see is what you get*, «tel écran, tel écrit») prononcez *wizzy-wig*. Désigne les outils de développement HTML et autres programmes qui restituent à l'écran l'aspect que le document final aura une fois imprimé ou en situation.

ZIP (fichier) : ensemble de fichiers compressés à l'aide du programme WinZip (peut ne contenir qu'un seul fichier). Le décompactage s'effectue avec le même programme.

zone de notification : partie de la barre des tâches située à droite. Elle contient l'horloge ainsi que des icônes de programmes.

zoom : agrandissement d'un document pour remplir l'écran ; réduction pour le rendre plus petit pour en voir une plus grande portion.

Index

B

C

D

E

F

G

H

I

J

K

L

M

Q

R

S

T

V

W

Z

CPI
AUBIN IMPRIMEUR

Achevé d'imprimer en février 2011
N° d'impression L 74214
Dépôt légal, février 2011
Imprimé en France